帝国豪门

18世纪史

〔英〕艾玛·罗斯柴尔德 著

巫语白 译

商务印书馆
The Commercial Press
创于1897

2016年·北京

Emma Rothschild

The Inner Life of Empires : An Eighteenth-Century History

© 2011 by Emma Rothschild

根据美国普林斯顿大学出版社 2011 年版译出

目录

导论　　观念和情感

　　18世纪的革命年代是政治和经济关系变革的年代，是看待世界的方式发生改变的时代。本书将从一个庞大、不同寻常而极富有冒险精神的家族，即约翰斯通家族及其家眷、亲友和仆奴的角度出发，对那个时代所发生的某些变革进行探讨。

　　约翰斯通家的四姐妹和七兄弟在18世纪20至30年代成长于苏格兰，并最终在想象中或现实中踏上不列颠、法兰西、西班牙和莫卧儿帝国最遥远的领土之上。其中两名兄弟历经磨难成功积累了大量财富。这个家族生活在启蒙运动的边缘，他们与大卫·休谟、亚当·斯密的和诗人詹姆斯·（"奥西恩"）麦克弗逊来往密切，至少在某些时期是这样的。

　　当我在爱丁堡的图书馆中偶然发现长子詹姆斯·约翰斯通的书信集时，我只知道这个家族的另一个儿子约翰于1774年曾在亚当·斯密的家乡科尔克迪参加过议会竞选。[1] 即使在最辉煌的时期，这个家族也算不上名门望族。然而，他们生活在新兴帝国之中，终其一生都在面对着诸如商贸、国家、法律、法规、奴隶制和奴役等宏大而抽象的问题。按照长兄的说法，他们始终热切地关注着现代生活中的"苦痛与焦虑"，关注着各种场景的变动；1765年在加尔各答与约翰·约翰斯通成婚的伊丽莎白·卡罗琳娜·基恩将这种变动描述为"帝国和政府建立过程"中"人类事务那杂乱而令人厌烦的状态"。[2]

　　约翰斯通家族的历史是一个关于帝国之多重效应的故事，在这其中，身在家乡的个体通过信息的传播和对事物的期待而与发生在东、西印度的事件建立起联系。约翰斯通家族中的姐妹姑嫂们，包括那些留守在苏格兰的女性，皆处于经济、政治和私人信息交换的中心，而这个家族正是依靠这样的信息而繁荣发展。在这个意义上，这也是一部家族历史。不过，这段历史同属于出现在这个家族生活中的其他个体，基于对两个世纪公共生活的回溯，其中有两个人物尤为重要——一位名叫贝尔或贝琳达的年轻女子和一名叫作约瑟夫·奈特的

奴隶。根据其对自己的描述，贝尔或贝琳达是孟加拉人，是约翰·约翰斯通的
"仆人或奴隶"；而来自非洲的黑奴约瑟夫·奈特对玛格丽特·约翰斯通之女婿
的起诉则终结了苏格兰的奴隶制。[3]

　　在约翰斯通家族的生活中，经济和政治，公共和私人，商贸、法律和良知
的因素是交织在一起的。他们的历史展现出的是一幅那个时代以及 18 世纪启蒙
时代所独有的关于新观念和新情感的图景。启蒙哲学家的政治思想在很多层面
上是对海外商贸和征服过程中所遭遇的困境之思考。[4] 苏格兰启蒙运动与约翰斯
通家族的关系使人联想到一种更为亲密的关系，即帝国的家庭关系。约翰斯通
家族的成员本身并非经济学家、地质学家或者历史学家。然而他们的一生都与
18 世纪爱丁堡的哲学家以及启蒙的大环境有着密切的关系。而这一启蒙氛围则
是由书商、校对员、律师和各类文职人员所传递的，按照约翰斯通的家族友人，
哲学家亚当·弗格森的说法，"仅仅由信息承载着便可进行传播的""科学之光"
和"社会氛围"所构成。[5]

　　约翰斯通家族的历史是一关于个体如何在 18 世纪的帝国世界中，尤其是借
助信息手段积累财富的故事。这也是一部关于东、西印度奴隶制的历史。七个
兄弟中至少有六人先后成为奴隶主。其中有两人公开反对奴隶制，而一人则是
奴隶贸易著名的支持者。约翰斯通家族在 19 世纪帝国历史以来的半个世纪中兴
旺繁荣，而这半个世纪被认为是现代政治制度的建立时期：印度的新不列颠帝
国、北美的新帝国以及西印度和西属美洲那启蒙了的（或不再愚昧的）大西洋
经济体系。[6] 这在更广泛的意义上是诸如竞争经济、个体权利、法治政府，以及
工业变革等现代观念建立的时代。[7] 在这段时期内，自由放任的经济观念尚为新
颖，甚至连经济或者经济生活本身——即经济交换所发生的特有的空间或场所
本身——仍显得那么古怪而不可靠。[8] 然而约翰斯通家族的帝国，或者说他们所
向往的那充满经济机遇的帝国，并非最终建立起来的帝国。在这个意义上，他

们的历史也是一个关于未能实现的各种可能性的故事，是一种充满了不确定因素的生活，其中经济生活和法律的界线模糊不清。

这个家族的兄弟姐妹生活在一个法律权力和政治权力、私人生活和公共生活，以及经济权力与政治权力之间的区分极为模糊的年代，而这些区别在下一代人眼中则变得不言而喻；然而在约翰斯通家族的生活中，以上这些事物则是他们所穷追不舍、满心焦虑的究问对象，用长兄詹姆斯·约翰斯通的话来说，即："什么是、什么不是法律"，"政府是什么"，以及"谁是仆人，谁为奴隶"。[9] 以约翰斯通家族及其亲友的理解，帝国本身象征着外在与内在影响力的结合，"帝国"既指统治权，又指代信息和语言的力量。他们的故事既是对这 11 个兄弟姐妹及其家眷的外在生活的描绘——他们的旅程、婚姻和债务，诉讼、包裹和官司，又是一部关于他们内在生活的历史，以及那个时代的众多新观念及帝国所建立的新联系对于这个 18 世纪家族而言意味着什么的故事。我们看到的是那些自身并非哲学家或者启蒙理论家的人们是如何去面对那些宏大而抽象的观念。在这个崭新而现代的世界中，如同其他众多事物一样，哲学的、政治的和大众观念之间的界线尚未明晰，借用大卫·休谟对"摇摆不定的"道德评价标准之描述：这是一个"内在和外在情感合二为一"的世界。[10]

在那个时代的公共事件中，约翰斯通家族所扮演的不过是一些微不足道的角色，并且总是令人匪夷所思地站在错误的政治阵营，或者注定失败的一方那里。然而他们却留下了关于自身生活数目惊人之多的证据和痕迹：事务清单、遗嘱、遗嘱附录、抵押契据、关于胡萝卜的日记、财产清单、就酷刑向枢密院提出的控诉、为亚美尼亚商人所做的证词、与平纹布有关的信件、奴隶名单、抚养费的判决书、仆人的年金、对波斯通信中所使用的各类纸张的描述、婚姻财产处理书、律师的票据、墓园、来自律师的情书以及彼此之间打官司或者与他人打官司的法律文献。他们对自身家族历史以及如何利用图书馆查阅资料的技术饶有兴趣；他们就信件分类的话题而写信；他们还涉嫌篡改自己出生证明上的日期。无论功成名就还是默默无闻，所有的兄弟姐妹，包括他们的众多仆人和奴隶在内，都留下了生活过的痕迹。

约翰斯通兄弟姐妹及其庞大的家族之历史是一个关于众多男女的故事，他们以一种或者多种方式彼此相互关联、与那个急剧变迁的时代相关联。然而，不同个体所留下的生活痕迹是颇为不同且极不相称的。这就仿佛我们能够从多角度清晰地捕捉到某一些人的细节，而另一些人则始终只是远方一处模糊的身影。其中不乏一些人，如贝尔或贝琳达，甚至没有名字（或者不曾有过像样的名字），他们没有留下出生和死亡日期，而他们的话语只不过是借助法庭书记员之口所表达的文字。"非常年幼的时候"就被从非洲带到牙买加的约瑟夫·奈特关于过去的记忆唯有毫无记忆的空白："他对于自己被售卖的事情一无所知。"[11]

约翰斯通家族的历史是一部微观历史，是一部人物传记（或者说是不同个体以及这一个体在他人眼中之呈现的历史）。从此意义上而言，这一研究受到了罗马帝国的家庭史及人物传记的启发，而约翰斯通家族在很大程度上是一个极具罗马式的家族：即新兴帝国中的"新兴人群"或者说不愿作为新兴人群一员的人们。[12]我们的研究也受到现代欧洲早期微观历史和"下层人物传记"的启发，在这种微观历史中，穷人和富人一样都可以成为定性历史研究的对象。[13]这是一项对约翰斯通家族及其庞大关系圈的个案研究。[14]不过从许多方面而言，这个家族的历史也是一种全新的微观历史。从约翰斯通兄弟们、与他们相关的两名女性，以及他们的至少四名奴隶一生所涉足的广阔地域上不难看出，这也是一部与地域空间相关的宏大历史；而约翰斯通姐妹们的故事在某种程度上所讲述的则是发生在远方的事件如何对苏格兰家乡产生一系列影响的故事。[15]这个故事中出场的人物来自不同的法律体系和社会阶层：其中不乏情妇、仆人和奴隶。它跨越不同历史研究领域的界线，既是经济生活史，又是政治思想史，还是关于奴隶制和家庭关系的历史。在这个家族的历史中，经济证据为政治史提供了线索，政治证据为情感史提供了参考，法律史与家族历史相关，而家族关系则为启蒙运动历史的研究提供了依据。[16]

约翰斯通家族的历史之所以是一种全新的微观史，在于它对将宏观的场景或更为显著的"宏观历史性"问题与作为其一部分的、关于个体和家庭的微观历史相互关联的新途径进行了探索。其中一种关联，便是认为个体本身具有重要性（如约瑟夫·奈特）。另一种途径则是通过描述手段，就如约翰斯通家族的历史本身就是对于他们所属时代的一种描述，或者可以称其为一个案例研究。还有一种关联便是典型性，或者典型性的缺失。在后现代微观历史领域存在一种全新的可能性是，那就是通过历史个体自身的联系而建立起微观与宏观历史间的关联。[17] 我便是试图通过这样的途径对约翰斯通家族的故事进行探索：从一起事件到另一起事件，逐步建立起联系，从家族到社会、帝国、启蒙乃至理念。然而，约翰斯通家族的历史却也是一个断裂、不连续的支离破碎的故事：是关于离别与死亡，以及那些消失得不留踪迹的个体（如贝尔或贝琳达）的故事。这，也是 18 世纪的商贸和帝国经历。

这一新微观历史的前景，便是对最为古老的历史问题之一，即内在生活的历史，形成一种全新的思考方式。用亚当·斯密的话来说，这便是通过引导读者"走进历史人物的情感和意识世界"而对公共事件的发展进程进行解读的一类历史。[18] 这是一部关于庞大的群体之理念与情感及其演变过程的历史，从这一意义上而言，这也是典型的 18 世纪历史。[19] 我们很难在约翰斯通家族的生活中找到内在与外在生活，或意识层面上内化、私人的事物与外在世界之间的明确界线（这一点对于我们自身而言是一样的）。同样地，我们也很难在私人与公务、感性与理性世界之间划出明确的区分。在《道德情操论》的最初几行文字里，亚当·斯密用了 11 个不同词汇来描述内在经验。[20] 我们将会在约翰斯通家族及其家眷生活的物证中频繁地看到对这类变幻不定、难以捉摸的情况的映射。

在此，约翰斯通家族的历史将会是对他们生活的一番写照：从苏格兰西部家乡的启程，到先后在加尔各答、格林纳达和彭萨克拉的立足，再到从海外帝国的重返故土，到最终于晚年对早期生活的回顾。我将会大量使用他们自己的原话，以及摘自当时档案的原文；我并未对那些写于 18 世纪的信件和文献加以任何拼写上的改动。在本书的前三个章节中，他们的历史更像是一个小说而非一部史诗；借用瓦尔特·司各特爵士的话，即"发生在某些个体（或群体）身上的那些日常生活中五花八门、稀奇古怪的事件，而非如史诗般环环相扣，将我们一步步推近那早已成伏笔的最终灾难。"[21] 但此书却并非一部小说，也不是一部历史小说。这是一部 18 世纪历史学著作，一项界线苛刻严谨的历史学研究。而这些界线范围本身也拥有属于自身的故事要诉说，这些故事是占据本书相当分量的注释所聚焦的主题，或者主题之一。

在接下来的三个章节中，我则把目光转向与商贸帝国和 18 世纪启蒙运动有关的、更为宏观的历史问题之上：即那个时代新生的经济理论和情感；约翰斯通家族自身的帝国经历，这些经历建立在奴隶制、信息交换的新面貌、家庭关系以及帝国的亲密关系之上；还有从约翰斯通家族的视角出发对那个时期启蒙运动的回顾。最终，我将焦点转回内在生活的历史之上，这既是家庭的内在层面，也是意识的内在层面，更是与约翰斯通家族息息相关的众多个体的意愿、性格和良知的表现——这些理念和情感也始终是历史研究的主题或者主题之一。最后，我也会再次对贝尔或贝琳达的故事以及她的历史重要性进行关注。

这是一幅家族画像，而这个家族的成员彼此之间、与其他个体之间的关系则处于这个画面的中心。然而从约翰斯通家族的视角出发，我们得以捕捉到一幅幅更为宏大的景象，而这些景象本身同属于内在与外在世界。至少这个故事所要涉及的部分女人和男人不曾停止对自身及他人内在情感的评判，而这一评判则是建立在外在环境的背景之下；另一些人则是法庭上、监狱中、市场上、教区教堂里被评判的对象。他们利用各种事件本身来获取解读意图和价值的信息。这正是亚当·斯密在《道德情操论》中所描述的在不断地反思中"以他人的视角，或者他人可能持有的观点"对自身情感的解读。[22] 这便是我所试图描述的 18 世纪意识世界。

第一章　启程

约翰斯通家族的兄弟姐妹们生于 18 世纪 20、30 年代的苏格兰，并且在英格兰和苏格兰边界的邓弗里斯郡度过了其童年时代。从芭芭拉于 1723 年诞生到兄妹中活的最久的贝蒂于 1813 年去世，他们漫长的人生见证了时代的剧变。他们生活在一个经济变革、商业剧变、远洋贸易扩展及帝国崛起的时代，他们见证了发生在印度、北美洲、法国和圣多米尼哥的革命，也目睹了随着现代社会的诞生，人们关于个人生活、政治权利、自由贸易以及欧洲的海外统治权的观念之变迁。[1]

约翰斯通家族的韦斯特哈尔庄园所在的艾斯克山谷位于这个新兴启蒙世界的边缘。在这里，牧羊、走私和无休止的遗产纠纷是日常生活的写照。[2] 据 1792 年出版的一则旅游手册的描述，"那里只不过是个粗鄙的蛮荒之地"；而笛福在他的《苏格兰游记》中则认为这片土地仅有一种景象："站在这片荒凉和多山的土地上，映入眼帘的唯有满目的苍凉与荒芜。"[3] 拥有自己的司法系统和宗教信仰的苏格兰，因 1707 年联合法案的发布而与英格兰合并到一个议会之下。[4] 然而，几个世纪以来，苏格兰仍旧是一个"贫穷的小国"。[5] 据与约翰斯通同时代的伊丽莎白·穆赫的描述，苏格兰西部在 18 世纪早期是一个"商贸萧条、耕种业落后的贫穷国度，一些地方还保留着旧的封建制度。"[6] 在约翰斯通兄妹的童年时期，苏格兰饱受着宗教冲突和政治斗争的困扰，如詹姆斯二世党人叛乱以及 1745—1746 年的战争，这些冲突和斗争既表现为家族间的战争，又是英法两国长期的、间歇性的、时而全球性的竞争。[7]

18 世纪经济和贸易的扩张——尤其是发生在荷兰、英格兰和法国的"经济革命"，跨大西洋和印度洋的远洋贸易的发展，以及"工业革命"所引发的纺织品和日用品的消费热潮——到达苏格兰西部的时间相对较晚。[8] 然而，根据伊丽莎白·穆赫的说法，到了 18 世纪 40 年代一切都开始改变了："40 年代以来，人们的财富开始大量增加。许多在英格兰与苏格兰统一后去往东、西印度的人带着巨额财富归来了。"与此同时改变的还有人们的思想观念。"从那时起，人们开始探讨思想的解放，自由成为了普遍的话题。"就连儿童也受到了反迷信的洗礼；"女孩们被告知不要让任何一种恐惧束缚你的思想；那些给孩子们灌输女巫和幽灵传说的奶妈们受到了训斥。"[9]

约翰斯通家族生活的年代中最为显著的事件即远距离商贸活动的扩展，或者说18世纪全球化的萌芽，这和大西洋上的南北美洲、加勒比及西非的奴隶贸易，还有印度洋上的东、南印度贸易密切相关。[10] 亚当·斯密于1759年写道：大洋变成了"沟通地球上不同国度的交通要道"，"人类的工业活动彻底改变了全球的面貌。"[11] 大西洋的奴隶贸易成了一项兴旺的商贸活动，同时也为来自印度的纺织品开拓了非洲沿海和内陆地区的市场，英国人在这中间获得了将奴隶贩卖到"南海"及西班牙在美洲的殖民地的特权。欧洲各帝国在1700年代平均每年将41万非洲奴隶贩卖至美洲，这个数量在18世纪90年代升至87万，英国人从中获利超过半数。18世纪90年代，仅运往英属西印度群岛的奴隶每年就到达了32万。[12]

随着英、法两国东印度公司的成功，这一时期欧洲和印度的商贸活动也发生了变化。东印度公司，即获得印度和英国统治者赋予的特权的私人商贸组织，成为了印度生产的工业品、纺织品、香料以及中国的茶叶大量涌入欧、非、美三大洲市场的媒介。[13] 公司还利用了莫卧尔帝国与其印度敌人间不断爆发的冲突，将自己的特权延伸至对领土的控制上。[14] 根据埃德蒙德·伯克于1797年的描述："这些拥有巨额资产的公司"，构成了一个"新的贸易世界"、一个"焕然一新"的（贸易）体系。[15]

伴随着18世纪全球化发展的是大规模、不间断的战争。从1740年奥地利王位继承之战爆发，至1783年美国独立战争结束的半个世纪，在那时被视作是一场完整的冲突，这一冲突包括休战期，有战后期，有虚假的、想象的或者期

待的战争期 [16]，这也是约翰斯通家族的时代。英法两国的海军为争夺从马德拉斯到加拿大北部，以及从好望角到安的列斯群岛的特权和领土而战；詹姆斯二世党的军队借助法国的支持在苏格兰境内进行战斗；英、法东印度公司的军队与莫卧尔和马拉地的王子们的同盟关系变幻莫测，并相互攻击。大卫·休谟在1767 年写给一位法国友人的信中说："这是一个连最琐碎的事物都能将战火从地球的一端烧到另一端的时代。" [17]

革命的年代，从 1757—1765 年孟加拉莫卧尔王朝被推翻和 1776 年美国独立战争，到 1789 年法国大革命及 1793 年圣多米尼哥（现海地）的革命，是约翰斯通家族及其奴仆生活中最后的场景。[18] 家族中五个兄弟都曾生活在英属北美殖民地，或者在后来成为美国的北美洲大陆上拥有过土地。约翰·约翰斯通的"仆人或奴隶""贝尔或贝琳达"于 1772 年革命爆发前夕抵达弗吉尼亚。威廉·约翰斯通的女儿卷入因法国大革命和拿破仑帝国而引发的激烈的家族争论中，以后我们会看到这一点。贝蒂·约翰斯通和她的两个侄女卷入了北美新共和国的政治活动中。[19] 这是属于约翰斯通家族的新世界。

四姊妹与七兄弟

约翰斯通兄弟姐妹的父母，芭芭拉·穆雷和詹姆斯·约翰斯通，是一对来自苏格兰低地并不富足阶层的年轻夫妇。按照爱丁堡治安法官的说法，这对年轻人于 1719 年"秘密且极不正规地"（或未经宣布）便结婚了。[20] 老詹姆斯·约翰斯通，即孩子们的父亲，是一名攻读法学的学生。他的一位熟人曾在多年后鼓励他："摆脱那困扰你的、让人受不了的羞涩。" [21] 他出身于一个外省律师及代理商的家庭，家族成员依靠为一些富有的土地主代理不动产事务为生。他还是新获得的诺瓦·斯科特男爵爵位，及负债累累的韦斯特哈尔庄园的继承者。[22] 芭芭拉·穆雷，即孩子的母亲，出身于地位不是太高的贵族家庭，家庭从事正当的职业活动，她的祖父是爱丁堡的外科医生，曾祖父是格拉斯哥的大主教。[23] 芭芭拉去世后，布道会上她被描述为虽然"脾气有些急躁，容易过度夸张"，但仍然具有"极强的感染力"；"她缺乏审慎的性格，也没有保守秘密的才能。"[24]

如同18世纪苏格兰的许多家族一样，穆雷和约翰斯通两家族在宗教信仰和政治观念上存在很大分歧。韦斯特哈尔的约翰斯通家族信奉苏格兰长老会并且支持苏格兰与英格兰的合并；而来自艾利班克的穆雷家族在那个宗教组织多变的年代忠于英国国教和苏格兰圣公会。芭芭拉·约翰斯通的一个兄弟，孩子们的"桑迪舅舅"，是一位活跃的詹姆斯二世党人，而另一个兄弟则是英国军队的牧师并效力于英国国会。

芭芭拉和詹姆斯·约翰斯通在1720至1739年的19年中相继生育了14名子女，其中11个长大成人。[25] 这是一个相当庞大的数字，在今天看来，要与10个兄弟姐妹（以及他们各自的家属和同伴）维持亲密或者潜在的亲密关系并非一件容易的事情。即使家人之间，常常也会出现误解；詹姆斯在1757年就曾经必须向威廉解释说，"那个忘恩负义和粗鲁的兄弟指的是吉迪恩"。[26] 在附录中，我较为明了地给出了有关这些兄弟姐妹们受洗、婚姻以及死亡的直接信息。下面是对他们情况的简要介绍。

芭芭拉·（约翰斯通）肯纳德（1723—1765）是11个活下来的孩子中的长女，她一生都不曾离开苏格兰。她的丈夫，来自佩斯郡的查尔斯·肯纳德，经过一些复杂的情况，从表兄那里继承了爵位和财产。18世纪的财产继承纠纷中充满着这种情况（表兄的妻子被控将枕头放在衣服下，假装怀孕，并谎称生育了两个男继承人）。[27] 查尔斯·肯纳德来自一个拥护詹姆斯二世的家族，他于1745年和老詹姆斯·约翰斯通的一名仆人瓦尔特·司各特因"串通谋反罪"一起被捕，据后来的家族传说，"他在狱中度过了自己的一生"。[28] 芭芭拉在她富足而短暂的一生中生育了五名子女。富裕的生活使得她得以购买"茶杯和茶壶"以及一辆"刻着丈夫名字的马车"。[29]然而，她的婚姻很快就破裂了。[30]分居之后，她一直独居在爱丁堡，直至于 41 岁那年去世。[31]

　　玛格丽特·（约翰斯通）奥格威（1724—1757）是家中的次女，并且是家族中第一个在公共生活中获得名声，或者说变得臭名远扬的人。她支持斯图亚特王朝复辟，拥护"冒牌君主"统治英格兰和苏格兰；1745 年至 1746 年间的大部分时间里，玛格丽特和丈夫大卫·奥格威随着"邦尼王子查理"的叛军穿越在苏格兰大地上。[32]据这时期的宣传小册《女性反叛者》的记载，她充满着"政治热情"，"有乌黑的秀发和乌黑的眼睛，身材尽管并不十分苗条，却也适中"。[33]叛乱被平息后，玛格丽特的丈夫逃亡法国，而她在被捕后被关押在爱丁堡城堡之中。1746 年 11 月，在兄妹的帮助和精心策划下，她成功越狱。他们是借助一个茶壶和"一个小姑娘"，让守卫觉得她卧病在床而成功逃跑。[34]后来玛格丽特流亡法国并在 32 岁那年死于肺结核。[35]她的女儿玛格丽特嫁给了来自牙买加的詹姆斯二世党人，约翰·韦德伯恩，也就是约瑟夫·奈特，那个于 1774 年在佩斯为了自由而上诉的奴隶的主人。

　　詹姆斯·约翰斯通（1726—1794）是家中的长子，在詹姆斯·博斯威尔父亲的推荐下，他被送到莱顿学习（"过程曲折又复杂"）。[36]1745 年战争期间，他在莱顿求学。在别人的印象中，他是一个"理解能力并不出众、头脑简单"，却是"这世上天性最温和的人"。[37]加入英格兰军队后，他曾与姐姐所在的叛军交手。他的母亲称他为"可怜又不幸的杰米"。[38]根据一名英国友人的描述，他身材高大，"有着赫拉克勒斯般魁梧的身材、外貌"，"庞然大物般的外貌"掩盖了他"无比的正直和强烈的直觉"。[39]詹姆斯娶了一位叫路易莎·梅瑞克的寡妇，婚后搬到了诺福克郡，并继承了约翰斯通家族在苏格兰的庄园，他将其描述为"疯狂摇摆的破房子"。詹姆斯在 68 岁那年去世，无子嗣。[40]在生命中的最后几年，他成为了议员，并反对奴隶制。

亚历山大·约翰斯通（1727—1783）也加入了政府军并被派往北美洲。他曾在加拿大服役，随后又到了纽约州北部，那里的一名家族友人对他的看法是："他十分腼腆并无时无刻不在抱怨。"他的一位姨妈在写给加拿大的舅舅的信中说道："他似乎总是十分古怪，但是我情愿将这归罪于他不幸的经历。"[41]后来亚历山大成为了一名负责西印度群岛之格林纳达岛防御工程的上校，他买下了岛上一片庞大的蔗糖种植园，及178名"黑人和黑白混血奴隶。"[42]他是格林纳达岛的议员，并曾在伦敦枢密院指责格林纳岛总督虐待奴隶。亚历山大活到了55岁，终生未婚，无子嗣，死后将奴隶、磨坊和煮糖坊留给了哥哥詹姆斯。

贝蒂·约翰斯通（1728—1813）一直留在父母身边，除了七年战争困难时期的一段时间内，她因一批印度纺织品的归属问题而与母亲发生了争执。她是整个家族的信息中心，传达着从土地租赁契约到来自牙买加的新闻；从姐姐芭芭拉的离婚到弟弟乔治在卡莱尔的竞选活动等各种消息。贝蒂是兄弟姐妹中最默默无闻的，终生都不曾参与到公共事务中，也未曾在公共记录中留下痕迹。父母去世后，她在爱丁堡租了一间自己的公寓。"在我看来，对于一个活到我这个年纪的人来说，最渴望的莫过于拥有一处属于自己的养老之地，"她在给兄弟的信中写道。1813年，她以85岁高龄去世，终生未婚。[43]

威廉·（约翰斯通）普尔特尼（1729—1805）曾与亚当·斯密一同在爱丁堡求学，用斯密自己的话来说，他们在一起"亲密地"生活了四年。[44]他的一位叔叔将其描述为一个"行踪诡秘的人"，从小便深沉严肃；斯密曾说："初相识时，他精力旺盛并富有幽默感，然而繁重的学业使得这一切都不复存在。"[45]他学习的是法律，并且是兄弟姐妹中最受尊重的，也是最成功的。大卫·休谟在其备忘录（涉及的是1763年的一起著名的虚假怀孕案）中写道："我们的朋友，约翰斯通，写出了这世上最出色的文章。"[46] 威廉娶了一名来自英格兰的女继承人，弗朗西斯·普尔特尼，并且随了妻子的姓氏。他做了 36 年的议员。[47] 威廉的资产遍布多米尼加、格林纳达岛、多巴哥岛、佛罗里达和纽约，他还是议会上著名的奴隶贸易的支持者。[48]1805 年，他没有留下任何遗嘱去世了，那时他已是英格兰最富裕的人之一。[49]

乔治·约翰斯通（1730—1787）13 岁就出海远洋了，这期间他做过海军候补少尉、上校，最后成了准将。[50] 他曾效力于西印度群岛、里斯本、佛得角群岛以及好望角的海军，1764—1766 年期间担任过英属西佛罗里达总督。他是议员，并且深深卷入议会与东印度公司和美国独立战争有关的政治活动中。起初他支持美国的独立，然而在 1778 年作为和解委员会的成员前往新成立的美利坚合众国后，乔治又成了英国政府的狂热支持者。乔治于 56 岁那年去世，留下了一个与妻子夏洛特·狄生育的孩子，以及四个与伴侣玛莎·福特生育的孩子。玛莎是伦敦秣市拍卖商的女儿。他们在 18 世纪 60 到 70 年代期间于西佛罗里达的肯辛顿同居。[51]

夏洛特·（约翰斯通）巴尔曼（1732—1773）是最小的女儿，也是母亲"最疼爱的女儿"，她直到 30 岁都与父母一起生活。[52] 在姐姐贝蒂因印度纺织品的归属而与母亲发生争执期间，她承担起了姐姐书写家信的任务（就像她在给哥哥威廉的信中所说的那样："尽管表达比她要逊色很多，然而无论如何要承认我得到了很多帮助"）。[53] 后来她嫁给了一位家族友人，附近一座教堂牧师的儿子，詹姆斯·巴尔曼。詹姆斯·巴尔曼后来变成了一名税收官，或者说是专门负责征收葡萄酒、烈酒和进口货物税的"海关税官"。在夏洛特的父母看来，这是一起灾难性的、极不体面的婚姻。[54] 夏洛特与丈夫生育了五个孩子，其中两个长大成人。[55] 他们居住在苏格兰，詹姆斯·巴尔曼一度十分尽心地帮助夏洛特的兄弟们在爱丁堡的图书馆中查询有关他们祖先事迹。夏洛特的父亲在临终前终于原谅了她，她活了 41 岁。[56]

　　约翰·约翰斯通（1734—1795）16 岁就加入东印度公司，后来成了一名驻加尔各答、达卡和内陆省份布德旺的税收官和商人，并且曾一度负责公司与波斯方面的联络。他是家族中另一个成功人士。约翰在印度生活了 15 年，流利地掌握"摩尔人的语言"（波斯语）和"乡下语言"（孟加拉语）。他是家族中唯一一个在海外赚取巨额财富的人，并且长期为至少五个兄弟姐妹提供经济支持。他与伊丽莎白·卡罗琳娜·基恩在加尔各答结了婚。这是一位在 14 岁那个纯真的年纪就翻译并出版了奥维德和贺拉斯诗集，并且在 1761 年同姐姐一起来到印度的女子。[57] 后来约翰和伊丽莎白·卡罗琳娜带着几个印度仆人回到了苏格兰，其中就有"贝尔或贝琳达"，同时他还带回了大量的财富并在房地产业以及自己和兄弟们的政治生涯上进行投资。他曾短期地担任过议员，并反对奴隶制。62 岁那年于苏格兰离世。[58]

　　帕特里克·约翰斯通（1737—1756）出生在约翰之后，他在 16 岁的时候也进入了东印度公司。他的父亲在他 14 岁的时候与他进行了一次关于"人生选择的严肃谈话"。[59] 在向公司提交的求职书中，他称自己"受过写作和财务方面的训练"，并提供了一份在一位爱丁堡老师的指导下"完成数学和簿记学业"的证明；他保证将以全部的热情和忠诚为公司效力。[60] 帕特里克在印度担任会计，还曾和哥哥约翰一起做生意。在 1756 年 19 岁生日前夕，他死在了加尔各答。

　　吉迪恩·约翰斯通（1739—1788）是最小的孩子，也是最不安分的。最初，他加入海军并和哥哥乔治一起在西印度群岛服役。随后他又以一名自由商人的身份投奔东印度的约翰，并成了东印度公司的一名行政官员，而且还加入公司的武装部队。他的足迹遍布巴士拉、毛里求斯和好望角。据传闻，在东印度期间他曾向印度朝圣者出售恒河水。后来他回到了美洲，在独立战争期间又返回西印度担任海军军官。他曾在纽约、普利茅斯岛和南塔吉特岛服役。[61] 1780 年，他与范妮·科尔基特结婚。科尔基特来自利物浦，父亲是律师和奴隶商船船主。49 岁那年，吉迪恩在苏格兰离世。[62]

困境

约翰斯通家族属于小地主阶层，因而并不算富裕。他们在韦斯特哈尔的家产也常年负债累累。[63] 老约翰斯通终生都在试图证明（在苏格兰的档案馆中寻找证据）自己是一名富裕的远方表亲，安嫩岱尔侯爵的合法继承人。正是由于这个关系，他与大卫·休谟成为了亲密的朋友。休谟曾在那位富有的表亲家中以一名"朋友和伙伴"，或者说，以雇佣陪同（像仆人那样被雇）的身份度过了 1745—1746 年的那个寒冷而阴郁的冬天。[64] 然而老约翰斯通的努力皆无果而终，为了保住自己的地产，他终生都背负着来自邻居、朋友以及妻子亲友的债务（他的岳父在"南洋"公司上投了巨资，然而结果却是灾难性的，这个公司负责向西属南大西洋地区贩卖奴隶）。[65]

1758 年，在为了小詹姆斯的婚约而对艾斯克山谷的家族总资产进行的评估中，得到的结果是"每年约 220 镑的收入"。[66] 这个数字对于一个拥有 11 个孩子的家庭来说算不了什么，它还不及苏格兰一名税务官年俸禄的一半，或者说不及夏洛特的丈夫后来职位年俸禄的二分之一。[67] 威廉到伦敦时，政客霍勒斯·沃波尔将他描述为"一个穷苏格兰人的三儿子"。[68] 小詹姆斯于 1794 年去世后，他欠了"苏格兰许多人的债，它们或者是债券，或者就是合同，总额远远大于其在苏格兰的资产本身"，因而约翰斯通家族位于韦斯特哈尔的地产曾一度面临被出售的命运。[69]

无论是在家里还是家庭教师家中，约翰斯通家的孩子都接受了一定程度的教育。[70] 他们具备读写能力，甚至还具有一定的文学修养，不过女孩们——尤其是母亲——的读写水平总体远逊色于男孩子们。韦斯特哈尔的家中有一些书籍，其中许多是借来的；管家和家庭教师也是不曾缺少的。"帕特现在每天都读一篇维格尔的诗作，"1751年，一位家庭教师在给威廉的信中写道，"吉迪恩的读书进程照常，只是有时他对奥维德的《变形记》表现出的热爱浓于对恺撒的兴趣——我计划从下礼拜开始让他学习算数。"[71] 约翰斯通家族与当时快速扩张的图书业、运输业，以及"走街串巷卖书"的商贩有着联系。[72] 当母亲要乔治给她买一些上好的白糖时，货物就从海路送到纽卡斯尔，随后又送到莱德劳流动图书公司。[73] 据卡莱尔的一名书商的统计，小詹姆斯·约翰斯通和他的妻子路易莎死后，韦斯特哈尔有785卷藏书和112本杂志以及小册子。[74]

　　然而，约翰斯通一家的生活总是充满着不安定的因素。1749年，附近小镇的一个零售商人为一笔38先令的债款而不断来信催促："也许您认为这不过是一笔微不足道的数额，"然而"庆幸的是：穷人及小人物同大人物一样也受到法律的保护。"[75] "给我寄来一双鞋吧，我又将赤脚啦，"1750年，他们的母亲一如既往以夸张的口吻给威廉写信。[76] 即使是在家族成员之间，每一笔开销都要斤斤计较。鞋子一直都是争论的焦点，1751年，家庭教师写信抱怨道："商贩寄给帕特的鞋子太小了，给吉迪恩穿又太大了。"[77] 最小的夏洛特生病时曾给哥哥威廉写信让他寄来值6便士的"芳香酸精"，并向他保证："一旦我有了这笔钱便将立即还给你。"[78] 同一年夏天，威廉欲邀请亚当·斯密及斯密的学生，也是威廉的朋友亚历山大·韦德伯恩，到韦斯特哈尔短住——目的是按照当时的夏季传统，喝羊奶以恢复精力——父亲对他解释说，由于"客厅旁的房间"已被占用，他和他的朋友们不得不共住一个房间，而斯密则要住到"楼上"。[79] 有时就连几块兔皮都会引发家人之间的矛盾，贝蒂曾给威廉写信说，父亲答应将兔皮送给两个女儿，"母亲却要卖掉它并私吞换来的钱"。[80]

　　在这些困难的时期，外面的世界提供了改善境况的机遇。在当时，改善或

"经营"生活的途径主要有三种：参军、从事海外商贸或者通过婚姻。约翰斯通家族成员及他们的亲友之间的关系皆经过微妙而精心的安排与策划："我真希望詹姆斯先生能够去一趟爱丁堡，是到了我们考虑帕特的未来的时候了，"帕特里克 14 岁生日刚过，家庭教师便在信中跟威廉说道。[81] 亚历山大被送往伦敦，身上带着一本"备忘录"，上面列有他需要拿到的推荐信。[82] 到了 23 岁那年，威廉已经将向权威人士自荐这门技术修炼得炉火纯青了。"我正计划向坎斯伯里公爵夫人推荐自己，"他写信告诉父亲，"我认为我在自我推荐这方面是个行家……我打算尽可能多地这么做。"[83]

　　11 个孩子之中有 7 个直接卷入了当时的军事冲突中：他们的身影分布在英格兰陆海两军、詹姆斯二世党军以及东印度公司的武装军队当中。有报道说，玛格丽特曾"作为丈夫的后援"参与 1746 年的战争；"她可真是一位女英雄，也许符合了最恰当的浪漫形象"，一位熟人曾说，"唯一能够触动她的似乎只有战斗的失败和事业的失落。"[84] 詹姆斯和亚历山大加入了英国陆军，乔治和吉迪恩加入了海军，而约翰和吉迪恩曾为东印度公司的武装军队效力。在玛格丽特入狱期间，老约翰斯通的担忧之一就是"不要让她的事情连累到服役中的其他孩子"。[85] 在苏格兰和英格兰北部服役的詹姆斯想成为牙买加一处要塞的长官，但没有获得成功，他后来升任为少校。[86] 在那个经济实力举足轻重的年代，约翰斯通兄弟们将精力放在通过推荐信以及金钱的力量来打通自己升往高层的道路。在亚历山大怀着到英属北美洲寻找机遇的目的前往伦敦时，他的父亲曾嘱咐他要从三位勋爵那里争取到推荐信，并且要分别"侍奉好"三名上校。[87]

　　第二种改善现状的途径是从事远洋贸易，约翰斯通兄弟们通过加入东印度公司而打开了这条道路。作为一个商贸组织，于 1600 年成立的英国东印度公司到了 18 世纪 40 年代已进入鼎盛时期。在政治联合之后的扩张时期，来自苏格兰的年轻人很是引人注目。1750 年，在两位舅舅的担保下，16 岁的约翰以文书员或者青年官员的身份成为兄弟中首个出洋远行的人。"（在我看来）他能够胜任办公室内的任何工作，"他在爱丁堡的老师向东印度公司推荐说。[88] 约翰于1751 年抵达孟加拉，他的弟弟帕特里克两年后在两位伦敦商人的担保下也到了那里。[89] 帕特里克在 1754 年抵达孟加拉后在加尔各答的会计部门做助理的工作。"我亲爱的哥哥和我正准备做一桩能够为我们带来很大效益的生意，"帕特里克在 1755 年 9 月写信对威廉说："我将在下一封信中向你描述我的具体情况和我对这里人们的看法。"最小的兄弟吉迪恩在 1762 年以一名"自由商人"的身份随之来到了印度并进入东印度公司。[90]

　　第三种途径，也就是通过婚姻来改善现状，对约翰斯通家族来说是好坏参半的。芭芭拉的婚姻以破裂而告终，而夏洛特的婚姻则被视为是家族的灾难。詹姆斯在 1757 年与一名富有的女继承人"门德斯小姐"订婚，他写信告诉威廉，说未婚妻"有价值一万两千镑的东印度公司股份。"然而他却在最后一刻解除了婚约。"一切都已准备就绪：礼服、婚宴和请帖，还有那位可怜的门德斯小姐是那么地爱他，"母亲在信中极力地向乔治描述大家在筹备婚礼上付出的心血，她甚至提出让乔治来代替詹姆斯遵守这个婚约；"我可真是喜爱她啊，她是个十分惹人疼爱、聪明、敏锐的姑娘……哦，上帝保证，你肯定会爱她的，并且这样也能够安抚她失去詹姆斯的伤痛。"[91] 在随后的一年，詹姆斯迎娶了一位牧师的寡妇，债务缠身、并且身为诺福克一处有争议的资产继承人的路易莎·梅瑞克；路易莎是母方三代亲戚——母亲、外祖母、老外祖母、姨妈、姨姥姥——的继承人。[92] 和路易莎长期分居的丈夫于 1758 年 2 月突然去世；随后她与詹姆斯在约翰斯通一家惊愕的目光中于当年完婚。（他们的母亲曾问威廉："詹姆斯要娶的这个人是谁？"）[93] 威廉的老朋友，那年夏天在他家喝羊奶的亚历山大·韦德伯恩律师则更多地表现出了支持："也许你们不该这样怪罪杰米，我认为门德斯小姐是个放荡的女人，从而（与梅里克的）这桩婚姻并不算个糟糕的事情。一旦我获知更多的消息便会立即写信告知你。"[94]

唯一一个通过婚姻而彻底改变经济状况的是"行踪诡秘"的威廉。[95]威廉在父母的教导下学会了满嘴的恭维话。作为一名法学学士,他精心制订出了一份将自己推销出去的计划。[96]1760年,威廉与弗朗西斯·普尔特尼结婚,婚后将自己的姓氏改为普尔特尼,并从妻子的表亲那里继承了大笔的财产。他父亲欣喜若狂地将这起事件归功于"上帝的保佑",亚当·弗格森和亚当·斯密闻之后则"欢庆"至深夜。[97]这笔来自弗兰西斯·普尔特尼的财产及后来约翰在东印度公司获得的财富共同奠定了家族日后的经济基础。

来自印度的噩耗

1756至1763年的战争期间是约翰斯通家族最困难的时期。[98]玛格丽特越狱后逃往法国,她的丈夫此时正效力于路易十五的军队。负责看守她的士兵在爱丁堡受到军事法庭的审判,不过很快就获得了乔治二世的赦免。[99]到了法国后,玛格丽特在写给母亲的信中说到道,自己已成了"法国国政院"负责接待苏格兰官员的"大使":"我的工作就是接待来访的大臣,为他们讲述我的经历和回忆。"[100]玛格丽特在法国生下了女儿,到1749年,小女孩"长出了四颗牙齿,并且是卢森堡所有人宠爱的对象。"[101]1751年,怀有身孕的玛格丽特在英国情报部门的严密监控下完成了一次重返苏格兰的冒险之旅,不久后她又回到法国并于1757年去世。[102]她的死讯在数月后才传到远在苏格兰的家人那里,芭芭拉的丈夫在1757年4月写给威廉的信中说:"我希望奥格威女士的死讯被证明是虚假的,(玛格丽特的姻亲)艾利家并没有得到任何消息,我希望知道你所了解的情况。"[103]

乔治于1758年从牙买加归来,情况就像吉迪恩在信中告诉夏洛特的一样:"他的健康状况十分令人担忧"。他们的母亲怀着对詹姆斯解除婚约("可怜、不幸的杰米对不幸的门德斯小姐那失礼的行为"）迟迟不肯释怀的心情在普利茅斯港迎接乔治。[104] 乔治在 1759 年写给一位叔叔的信中说道："我满腔壮志从西印度回来了，对于世界清楚的意识或无知使我相信它们是不可超越的。"海军军官、士兵和船员瓜分所俘船只的钱财的行为在 18 世纪颇为常见，然而乔治却未能从与海军战利品分配有关的冲突中获益。[105] 在大城市里，即乔治描述为"人际关系复杂、鱼龙混杂"的环境中，他也没能成功："我很快发觉……我所做的一切不过是对牛弹琴。"[106] 最终，他被派往里斯本担任一些微不足道的海军职位，主要负责追捕"小型私掠船"和非法渔船。"我将要出海了，想必无须多语你便能明白我的苦闷，"他在 1759 年末给威廉写信说。[107]

也是在 1759 年，芭芭拉的婚姻走到了尽头。"你姐姐和我"正考虑"永久地分手"，芭芭拉的丈夫在给威廉的信中说，随后转而询问"利特面粉厂"的酬金问题。[108] 贝蒂在父亲的嘱咐下前去将芭芭拉接回娘家，而她的孩子们则留在了前夫家里。当她的丈夫被问到两人之间"存在什么矛盾"的时候，"只是以性格不合敷衍了事"。在随后的离婚判决中，芭芭拉获得每年 130 镑的赡养费和 100 镑的家居费用。[109] 此后她便一直居住在爱丁堡。据贝蒂所述，她的状态"十分低沉"。"这里的人都认为芭芭拉并没有做错什么"，贝蒂写信告诉威廉，"然而除去两次的教堂礼拜之外，她就再也没有出过门。"[110]

到了 18 世纪 50 年代末，老约翰斯通已经债务缠身了，债主中包括妻子的哥哥。詹姆斯也是如此，他雄心勃勃的计划——花钱在皇家禁卫军中买个陆军中尉的军衔、前往牙买加、成为议员、在韦斯特哈尔的地产上发现一个铅矿——皆无果而终。他和路易莎在婚后不久曾一度面临因欠债而入狱的危机。[111] 他们决定变卖所有的资产，只留下所居住的路易莎位于诺福克的老家："我们将不再受债务困扰，并且我保证日后我们再也不会有这样的麻烦，"詹姆斯在 1759 年 7 月写给路易莎的信中说道。[112] 不久后，威廉与詹姆斯发生了一次激烈争吵，并以詹姆斯变卖苏格兰所剩的家族家产而告终。他自我嘲讽地称这种行为为"纯正的苏格兰式荣誉"和"遗传的贵族激情"。詹姆斯写信对威廉解释说，自己无权卖掉妻子的土地，更无法劝她"为了那可怕、荒凉的山丘而放弃也许是这世上最美好的地方"。卖掉那些山丘吧，他对威廉说，放弃"家族精神"、贫瘠的土地，以及祖先留下的破旧的"疯狂摇摆的老房子"。[113]

与此同时，印度也传来了糟糕的消息。约翰斯通七兄弟中有六个卷入了1756—1763年的战事，其中两个加入东印度公司的兄弟处于敌对的两方，甚至比在陆军的詹姆斯和亚历山大，海军的吉迪恩和乔治还更加对立。1756年战火燃起之时，约翰在东孟加拉的达卡，帕特里克则在加尔各答。兄弟二人皆被俘。约翰后来被交由法军羁押，帕特里克则在1756年6月20—21日深夜死于被称为"加尔各答的黑洞"的纳瓦布·西拉吉—伍德—道拉的监狱。[114]帕特里克的死讯到第二年才被确认。"我怀着极度哀痛的心情告知你，我们亲爱的弟弟帕蒂死了，然而我却无法将这个事实告诉我们可怜的父母，"詹姆斯在1757年6月写信对威廉说，"上帝知道这将给他们带去多大的悲痛。"[115]

在韦斯特哈尔，约翰斯通家族年长的成员们焦急地期盼着数月前甚至是数年前发生在印度的事件的相关消息。"我们十分担心桑迪和乔克，"成了家庭信息中心的贝蒂于1759年9月写道。同年10月，她又写道："我很担心乔克、桑迪和乔治，"不久后她又写道："我极度担心可怜的桑迪的安危"。1760年5月，她写道："有消息称东印度发生了战事，上帝保佑乔克……谁有吉迪恩、乔治或者桑迪的消息？"[116]他们父亲同父异母的兄弟瓦尔特，也就是他们的爷爷与一名叫朱丽安·梅克尔的女人所生的孩子，也是大家担心的对象。"瓦尔特叔叔在牙买加被炮弹蹭破了大衣，"贝蒂于1758年写信告诉威廉。[117]1761年，吉迪恩从牙买加给威廉写信说，自己近来十分"焦虑"，"在过去16个月中，我没有收到来自朋友们的哪怕只言片语。"[118]

　　海外的兄弟们时不时地寄回一些礼物。据贝蒂给威廉的信，从牙买加归来的吉迪恩带回了"四幅小画像以及七个用来装水果的篮子"。"可怜的人啊，他说他如果有多余的钱一定会送给威利更好的礼物。"[119] 他们的姑父，一位爱丁堡律师，常常带来赚取外快的机会：吉迪恩"从弗格森先生那里拿到了 5 镑，他会把钱汇给你，"在芭芭的拉婚姻危机期间，贝蒂曾写信告诉威廉；"我也从他那里得到了 40 先令。"[120] 乔治曾给夏洛特和贝蒂寄钱，她们用这些钱买了"卡丹奈尔"，即"红色大衣"。[121] 除此之外，约翰也从印度寄回了包裹：从陆路运来的"两块上好的印度布料"；由葡萄牙商船运抵的"两包花布"，这是送给夏洛特和贝蒂的；以及送给詹姆斯的"13 件衬衫，一块上好的达卡塔吉布，以及两块布料。"[122]

　　然而这些礼物却给这个家庭带来了最为严重的一次危机，也就是母亲和贝蒂之间那场灾难性的冲突。约翰在信中没有说明如何在贝蒂、夏洛特和母亲之间分配那批印度纺织品，而贝蒂和母亲都认为其中一块平纹布是送给自己的。1760 年初春，贝蒂离开了家；据夏洛特在 1760 年的记录，他们的父亲"悲痛万分，甚至无法回复"她的来信。"我确实想去一趟韦斯特哈尔，"瓦尔特叔叔向威廉倾诉，"我知道我有义务去看看，可是一想到那里的气氛我就浑身不自在。"[123]

　　"虽然极不情愿，我却不得不告诉你这令我心痛的消息，"一年多之后的 1761 年 10 月，父亲写信告诉贝蒂，"尽管我已使出浑身解数想让你母亲与你和解，我却仍然无能为力"，"她声称一旦你回来，她便离开。"夏洛特说他们的母亲"一打开包裹，看到没有平纹布，就很愤怒。""我敢确定，这世上没有比无家可归更悲惨的了，"贝蒂在信中向威廉诉苦。她曾在多位朋友和邻居家中寄宿，私人物品则放置在一个行李箱里；在给威廉的信中，她说自己考虑成为一名"寄膳者"。不过，出走两年后的 1762 年 5 月，她终于回到了家中。1762 年，约翰又从印度寄来了一封信，贝蒂承认了这场矛盾不过是个误会："事实上，那块平纹布确实是给母亲的。"[124]

西方帝国的先锋

贝蒂回家的几个月后，随着七年战争的结束，约翰斯通家族的境况得到了显著的改善。根据 1763 年的巴黎合约，法国将加拿大、西印度群岛中的格林纳达、多米尼加和多巴哥岛割让给了英国，将路易斯安那割让给了西班牙；英国把瓜德罗普岛和马提尼岛割让给了法国；而西班牙把则佛罗里达割让给了英国——这一切为英国殖民者开辟了一个崭新却又动荡不安的世界。[125] 在纽约和加拿大服役时屡屡受挫的亚历山大——他曾在给长官的信中写道："总是有千万个绊脚石（挡住我的去路）"——被派往格林纳达岛担任陆军上校。[126] 乔治的升迁则更令人喜出望外，他于 1763 年成了英国新殖民地西佛罗里达的第一任总督。乔治在战争期间的军事仕途十分坎坷，他一度被海事法庭派往里斯本，就如同他向威廉抱怨的那样，带着一个密封的袋子，里面装着他的委任书："就像一名不得不随身携带着使自己受到惩罚的信件一般。"[127] 然而 1763 年他就重返了伦敦，并进入到新国王乔治三世的政治圈子之中。[128] 乔治在西佛罗里达的任命仅仅是一系列委任活动，即（国家）在新殖民地区任命苏格兰籍官员，或者用自由党激进派的话说"苏格兰人"的事例之一，"这是对苏格兰人行政权的最大讽刺。"[129] 乔治抵达佛罗里达时，法国驻路易斯安那的官员曾发表这样的评论："据说政府将他派到莫比尔是为了摆脱他，因为他是反对派最为激进的分子之一。"[130]

新英属北美洲殖民地的领域从西印度群岛向西、南方向，一直延伸至墨西哥湾和墨西哥大陆，它被视为近代英帝国的基础。盛产蔗糖的岛屿以及为西印度群岛种植业供应劳动力的大西洋奴隶贸易是美洲贸易这个新领域中利润最大的部分。[131] 这些岛屿被视作一个更庞大的海洋帝国的入口，在这个帝国中，英国海军将对墨西哥湾的统治延伸至洪都拉斯和英国人称为"莫斯基托海岸"的西班牙殖民地。[132] 这里将要诞生一个贸易帝国，其范围扩张到在18世纪60年代仍然被认为是美洲最富饶的西班牙殖民地区。这片土地将要成为英国"下一场战争"，即与法国争夺盛产蔗糖的殖民地，其中最为富足的圣多米尼哥半岛以及墨西哥的资源储备地。

　　约翰斯通家族对这个新世界也满怀憧憬。亚历山大及其军队所驻扎的格林纳达岛是一个繁荣的奴隶社会，据新英国政府的统计，这里拥有646户"（白人）家庭"、10531名"黑奴"，以及3315名"青年黑人"。[133] 根据1770年一本英国手册的描述，这里"文明程度很高，耕作业发达"；"是我们近期以和平方式获得的最有价值的地区"，这里的"种植园主比大陆的法国皮货商更加文明。"[134] 由于大批法国种植园主的离去，亚历山大得以拿到一大块地产：巴卡耶种植园；他是兄弟中首个直接并大规模地参与到大西洋奴隶贸易中的人。亚历山大所获得的这一地产经历过异常复杂的交易程序：这片种植园最初的法国主人在1764年4月将它卖了，新主人则在四天后再次将其转卖；最终亚历山大在威廉的经济支持下于1764年12月从原主人的寡妇手中将整片种植园及其奴隶买下。此刻他已变成了"67名成年男性"、"50名成年女性"、"29名男孩"、"32名女孩"和所有的"黑人及黑白混血奴隶"的主人。这些人的姓名在买卖合同上均被列出，其中包括"时髦"、"凶猛"、"受洗者约翰"和"约翰斯通"等名字。[135]

　　然而格林纳达这时也深陷政治、宗教和军事冲突的泥沼之中。这里革命不断，奴隶大量逃亡，一名新任英国总督描述道："由于所有权发生了改变，加之奴隶们突然混杂在一起"，大量奴隶"胆大包天"地"躲藏在茂密的山林里"。[136]在英国政府初驻入的时候，亚历山大曾经在信中这样描述格林纳达岛："暴动和骚乱占据了整个岛屿。"[137] 随着新管理体制的建立，这个有几百户"（白人）家庭"的格林纳达岛上有了一些新的变化：设立"众议院"和"参议院"、保证天主教徒的政治权利、设立官方的印刷机构、将英语和法语设定为官方语言、调查因"害虫、时间和意外事件……以及腐败行为或疏于管理而毁坏"的"公共档案的情况"。[138] 然而好景不长，几个月后就爆发了地方官员和军队之间、英法庄园主之间以及清教徒之间的种种矛盾和冲突。人们就"奴隶管理法案"，即英法两国设立的奴隶管理条例争论不休，同样也在是否能对管辖地区内的反抗者动用酷刑问题上进行争执。[139] 在亚历山大及其友人们后来的描述中我们可以看到，那是"英国殖民地管理史上最为混乱、最为专制、法律的约束最为薄弱的一段时期。"[140]

亚历山大入选了岛上的众议院；他与总督和军队长官都存在矛盾。[141] 其中包括一起因一个在科克加入军队，"负责为士兵清洗衣物的洗衣女"而引发的一场关于民法和军事法的争执。[142] 亚历山大最终被指控构成造反罪并被解除了职务；"他的一位熟人告诉我，此时他的精神状况十分不佳，"詹姆斯写信告诉父亲。[143] 然而在这个诸事不顺的时期，亚历山大在新购置的地产上却获得了成功。1770 年，他的资产总额为 95017 英镑，包括 266 名奴隶。到了 1779 年，法国人卷土重来的时候，他已是 351 名奴隶的主人。[144] 远在千里之外，他以家乡所在的艾斯卡谷的"韦斯特哈尔"命名他的地产。这个名字沿用至今。

乔治所在的新兴帝国前沿——西佛罗里达殖民地——的境况则更为混乱不堪。在今天的亚拉巴马州大部分地区以及密西西比州和路易斯安那州的部分地区，也就是曾经的西属佛罗里达和法属路易斯安那的境内，遍布着沼泽和湿地。这里的商贸并不发达，甚至不如格林纳达岛。1763 年的人口统计数据显示，此地的非原住民大约有一千人，其中多数是非洲奴隶。[145] 很少有人知道这个地方：一位记者曾经写信给《绅士杂志》请求"任何一位居住在佛罗里达或者毗邻地区的人告诉我们，那里的森林里是否生活着狮子。"[146] 乔治将佛罗里达的首府彭萨克拉形容为"英帝国的边缘"；而"环绕着这个镇的一条小溪"则被当作与"克里克人（克里克部落）的分界线"。这个小镇上"除了一些破木头屋子之外什么也没有"。[147] 一名英国官员曾抱怨道："莫比尔的环境糟糕透了"，"不远处就是烂泥湿地"，"面包简直难以下咽；这世上没有比这更难吃的面包了。"[148]

　　乔治在 1764 年被强制派往佛罗里达。他乘坐的是一艘载满了"送给印第安人的礼物"的退役的捕鲸船"虎鲸号"。与他同行的还有"奥西恩"诗集的译者，也就是佛罗里达的秘书长詹姆斯·麦克弗逊。大卫·休谟曾调侃道："我建议他与乔克托人或者切诺基人同行，这样可以驯服驯服他。"[149] 乔治怀有身孕的伴侣玛莎·福特，似乎也在随行的人员之中。他几年后向东印度公司出示的证明显示，他们的一个孩子于 1764 年 12 月 10 日在彭萨克拉受洗。[150] 玛莎的名下有两处资产："彭萨克拉的一处花园"、五百英亩荒地以及该地区未来开采的所有"金银矿"的所有权。[151] 乔治和玛莎似乎是居住在乔治于 1765 年在彭萨克拉建造的"总督府"中（"装饰着壁纸和书架的房子"）。[152] 一名来自南卡罗来纳的牧师在看了佛罗里达后失望地说："总督是个单身汉，有一个情妇和孩子，影响极不好，并且还受到模仿。"[153] 詹姆斯·（"奥西恩"）麦克弗逊则表现得更为宽容，他在写给身在莫比尔的乔治的信中说道："您的家人一切安好。"[154]

　　在新政权建立之初的几个月中，乔治和（"奥西恩"）麦克弗逊的首要任务是协调与殖民地周边的克里克部落和乔克托部落之间的关系。"滚，滚开，去告诉你们的长官，我们红番人不欢迎英国人。"1765 年 4 月，奥萨格斯和密苏里的酋长们这样对一名英国官员说道，"我们不认识你，更不想与你见面。"[155] 乔治怀着一份对美洲政治蓝图的美好设想和踌躇满志来到西佛罗里达。"印第安政权的本性，即无数分散的共和政体的联合，导致了其内部必然的激烈权势竞争，"他写信给伦敦说道。[156] 乔治和麦克弗逊同一些英国官员，包括一位来自牙买加的海军上将以及一名来自苏格兰的陆军上校，与莫比尔的乔克托和彭萨克拉的克里克人举行了多次和平会议。[157] 乔治在给伦敦政府的信中这样写道："我们举行的两次会议是美洲有史以来规模最为宏大的。"[158] 人们给他起了一个叫安古拉沙·马塔哈（或者说安姆喀拉沙的支持者）的乔克托语的名字。他还曾试图总结出美洲原住民们的多重帝国身份：英国人、法国人、西班牙人。[159]

在与克里克人举行的大会中，乔治说："外面流传的谣言说我们试图侵占印第安人所有的土地。没有比这更荒唐的事情了。"他声称英国人的目的在于："让你们看到我们是一家人。""由于其他白人都走了，"他还要为克里克人"提供充足的、来自世界各地的商品"，并承担起调节"来自荷兰的精美物品"、"漂亮的布料"、"孟加拉丝绸"的价格的责任。对于乔克托人，他则向他们保证"所有的黑暗都将被光明驱除"，并驱赶贩卖"毒药般的朗姆酒"的商人（"那些因酗酒而毁掉自己生活的人就如同烂在泥潭里的癞蛤蟆一般"）。对于伦敦的政府，他则汇报说美洲人同意进行"自由贸易"。[160] 莫塔尔的首领说："现在与白人的谈判顺利"，艾米斯特塞郭的战士则说："我手中的鹰尾是我们国家的风俗，如纸片般伸展。"[161]

乔治另一个宏伟设想是建立起一个延伸至美洲南部和西南部的海洋商贸帝国。"这世上不会存在第二个拥有如此纯净无瑕天空的国度了，"抵达美洲后不久，他以"总司令、总督、总指挥"的身份自居给一家英国报社写信："西佛罗里达是一个理想的商贸中心，也是这个新世界中最美丽的地方。"在他看来，这是墨西哥湾中建立英西法联合商业中心的理想之地，"在彭萨克拉建造的商业中心应是一座由科林斯式柱子装饰的宏伟的建筑"。[162] 他给伦敦商业局写信说，与西班牙人进行"商业"贸易的潜力是无穷的，"贸易范围可以扩展至所有领域"。[163] 乔治在给路易斯安那新总督的信中提到了西班牙外交手段的高超，以及对一个"超越经济利益"的繁荣世界的设想。[164] 乔治也与原法国总督保持外交往来，据那位总督向巴黎政府的汇报，这样的情况令后者十分头疼：

> 我因工作关系而不得不与来自各方的英国人打交道，尤其是那位身在莫比尔的约翰斯通总督，这使我忙得不可开交。他是个不同寻常的人。由于他获知我懂得英文，于是他有时会以诗的形式写信给我，他对我谈论弗朗索瓦一世和查理五世，他还将庞蒂亚克与米特里达特进行比较。他说自己对孟德斯鸠的作品爱不释手。[165]

在佛罗里达，新政府开始进行乔治称之为政府构建，或者"殖民地政府建设"的工作。这项工作包括"成文法的拟定"、"为政府办公部门进购办公用品"、"设立立法机关"，以及"为国王陛下的画像镶上相框"。[166] 新首都彭萨克拉的布局呈长方形展开，它的街道拥有一些令人过目不忘的新奇名字。威廉、爱丁堡的舅舅、玛莎·福特，以及（"奥西恩"）麦克弗逊都获得了购买镇上土地的许可。[167] 如同彭萨克拉，佛罗里达也建立了新的政治机构，其中包括殖民地议会；议会发言人准备了一份献给国王（另一个阿尔弗雷德大帝）的关于不列颠的罗马式征服的慷慨演说。同时设立的还有参议院，乔治在 1765 年 5 月在那里发表了一番"关于人的自由"的演讲。[168]

然而，乔治最初对殖民地所抱的美好幻想很快就破灭了。他和麦克弗逊到达此地不久就和当地的英国军事官员发生了争执。起因于双方对军事权力和政治权力关系，或者用乔治的话说，是由于对"帝国中的帝国不能共同富裕"的原则理解存在分歧。[169] 根据麦克弗逊的描述，争执引发了双方间的"谩骂和诋毁"。麦克弗逊本人也与立法长官发生了争执，并在 1765 年经由南卡罗来纳的查尔斯顿返回家乡。乔治对他的评价是："一位在殖民地政府建立中起到重要作用的绅士"，"现在政府已开始正常运作，他完全有理由动身回家"。[170] 人们争论着究竟应该为哨兵设立怎样的暗号（乔治建议使用"疯子"、"回令"、"精神病"等暗号），还就官员家逃跑的奴隶问题争吵不休。[171] 乔治在其官方通讯中将西佛罗里达描述为一个充斥着"猜忌"、"混乱"和"权力滥用"的地方。[172] "据可靠消息"，他在 1766 年从彭萨克拉发回报告说，"这里不久就将爆发一场大规模革命或者叛乱。"[173]

创建一个新全球贸易帝国的计划也落空了。西班牙贸易货船未能获得"自由进出的特权"，也很少有人能够具备乔治眼中"真正的商人"的条件。印度的贸易面临着被一群"无赖"掌控的境遇，"这些无赖甚至不如为他们运送货物的马匹"。[174] 在乔治看来，殖民地对"正常的进出口活动"的规范条例简直是一场灾难。[175] 来到这里不足一年的光景，乔治便向伦敦汇报了"四分之一的士兵和五分之一的居民的死讯。"[176]

在此境况下，乔治的政府转而将精力投入奴隶社会的建设上。如同 18 世纪 70 年代墨西哥湾沿岸的众多殖民地区一样，西佛罗里达有大量的逃跑的奴隶、逃犯和移民。因此政府试图效仿西印度群岛，在此引入奴隶种植园业。离开西佛罗里达之前，乔治签署了一份"黑人及奴隶管理法令"，从此以"肤色"作为"奴隶身份"之象征的习俗变成了成文法，同时他还颁布了一系列针对"犯罪和逃亡"奴隶的极其严酷的新处罚条令；然而他离开后不久这些条令就被更为血腥的法令取而代之。[177]

就连启蒙的新希望也破灭了。乔治上任后不久就向伦敦汇报说：美洲原住民认为"英国人的意图是将他们赶尽杀绝"。[178] 1756 年他向克里克人保证说："这纯属谎言。"[179] 然而他的政府却因土地、奴隶、衣物的失窃，以及对印第安商人的攻击事件等问题不断与原住民爆发冲突。[180] 政治上和平共处的实验失败了，同时失败的还有文明贸易的实验（孟加拉丝绸的贸易）。[181] 到了 1766 年，乔治再也不想用"昂贵而冗长乏味的会议"来解决纠纷了。[182] 他对一场乔克托和克里克部落间蓄势待发的战争的看法是："这场决裂对我们而言是十分有利的"，"我们在煽动两方矛盾的事情上绝不会手软"，"我认为我们应该挑拨战争爆发。"[183] 他向军事长官提议施行报复性政策。[184] 他还给伦敦政府写信说："克里克人必须受到严惩"，并要求组建一支 850 人的军队来"进攻低地的克里克村庄，并且无论男女老少，赶杀殆尽"。[185] 到 1776 年秋天，他终于决定执行这一毁灭性的政策。"当然，做出这一决定实属不易。即使确有必要，在任何情况下，正当的惩戒都不应以斩尽杀绝的形式被执行。"[186]

1766 年，乔治获得英王允许"回到英格兰，用六个月的时间处理私人事务"。但到 1767 年 2 月，他收到了另一封信，这是一封免职信，原因是英王对他在北美重燃"印第安人和国民之间的战争的鲁莽行为极度不满"，国王认为"他的分裂精神削弱和搅乱了彭萨克拉的殖民统治"。[187] 不过那时乔治早已不在彭萨克拉了。1767 年 1 月，在以 1 几尼的价格将一名叫作费丽思的黑奴卖给自己的秘书普里姆罗斯·汤姆森之后，乔治就踏上了返乡的旅途。[188]

一些作为礼物的小象

远在大英帝国另一端的约翰和吉迪恩则身在相对繁荣的世界中。18 世纪上半叶的孟加拉在英属东印度公司长官，也就是被后人尊称为"英属印度"之父的罗伯特·克莱武眼中仿若"人间天堂"。[189] 克莱武在 1772 年于下议院中曾说，孟加拉是"拥有不计其数商人"的国度，"常年流通着来自东、西方的大量金银"，"琳琅满目的奇珍异宝和商品供给整个世界都绰绰有余"。[190] 这个国度由孟加拉总督和莫卧尔帝国的君主联合统治，按照 1773 年的一本手册所记载："这里有很多远近闻名的地方"，与北美大陆的"荒无人烟"、"鲜为人知"截然相反。[191] 如同法国、荷兰和丹麦的商贸公司，以及波斯、亚美尼亚和土耳其的商业团体一样，英国东印度公司也是一个处于这庞大的商业、农耕业社会边缘的商贸组织。这些商贸组织多建立在海、河港口沿岸，并在印度政府的严密监管之下进行贸易活动；按照亚当·斯密的描述，他们所进行的贸易活动，只不过是"印度这片商贸汪洋中微不足道的一滴水罢了。"[192]

在约翰后来的描述中，1751 年初他抵达印度之时，"我们的领地还局限于壕沟和堡垒"。然而，到了 1761 年，约翰在写给儿时好友，即未来的姐夫詹姆斯·巴尔曼的新年贺信中则说："东印度公司处于最辉煌的时期，几乎是半个印度斯坦的所有者和主人，并且到处颁布法令。"[193] 在公司的崛起过程中，约翰是一个观察者，不过有时也扮演领导者的角色。"自从来到这里以后，我就一刻不停地从一个岗位到另一个岗位地忙碌着。"他写信告诉詹姆斯·巴尔曼。约翰成功地成为了布商、公司军队的长官、政党官员或情报官员、采购小牛犊的专家、公务员、内陆盐商（与弟弟吉迪恩合伙）、包税商（合伙人是一个叫马蒂拉姆的孟加拉官员），以及孟加拉帝国的高级土地税官。[194] 在印度的最后一段时光里，约翰还成了克莱武政权最重要的反对者。克莱武视他为一个"贪婪、腐败"的恶魔。[195]

18 世纪 50、60 年代英国东印度公司的崛起是孟加拉帝国内部一系列政治、经济和军事危机的结果。根据波斯－比哈尔历史学家吉拉姆·侯赛因的描述，西印度莫卧儿王朝的统治者对孟加拉帝国发动的战争拉开了 18 世纪一系列革命的序幕：那是一个"独立和反抗"意识觉醒的时代，"革命的预兆和时机已日益成熟"。[196] 英国东印度在冲突期间，战胜了它的欧洲竞争者，并最终摆脱了孟加拉政府的控制。

以商人身份来到印度的东印度公司雇员摇身成为了统治者；根据一名德国—荷兰—葡萄牙的代理商，也就是约翰食盐贸易的合伙人及后来伦敦极具影响力的作家威廉·博尔特斯的描述，公司创建了一个由"商人统治者，或统治者商人"组成的"魔鬼式政府"[197] 印度统治者之间的战争与英法两国几乎全球性的冲突，以及英、法印度公司为印度王子们提供的雇佣军密切相关。[198]1756
年对东印度公司在加尔各答领地的夺取（帕蒂克死于这场战斗）只是漫长战争
中的一个片断。克莱武在 1757 年指挥东印度公司军队在普拉塞获得的胜利（约
翰在这场战斗中是一名炮兵军官）同样如此。

　　如约翰所述，1756—1763 年的战争年代是"金钱大量流入的时期"。[199] 战
争期间存在着公司原先的纺织品及工业品贸易，有英国人称之为"乡下贸易"
的国内日用品贸易及军用品贸易。另外，还有英国人获得的税收权，以及印度
官员、银行家给予英国官员的各种"礼物"和"服务"。克莱武在 1760 年重返
英国时已经家财万贯——这包括那瓦布给予他的大片土地的税收权，以及一个
听上去不凡的头衔："阿拉姆吉尔的帝国之花"。[200] 在这个充满机遇的土地上，
约翰游刃有余地活跃在"黑市"和礼物经济的世界中。[201]

　　约翰在印度扮演的众多角色之中，有一个身份是固定不变的，那就是充当
公司和"当地政府"间的中介或翻译。他在爱丁堡曾学习簿记学和会计学，并
受到了"重商主义"的熏陶。[202] 到了印度，他任职于"波斯语翻译部门，负责
起草和翻译公共信件"；他还精通孟加拉语。就连他在公司的对手都不得不承
认："约翰斯通先生对当地语言的掌握是无与伦比的。"[203] 他甚至有一个波斯语
的尊称"tikhar—ud—daulah"，即"国家精英"。[204] 在东印度公司掌握了印度国内
事务的管理权后，约翰因其对"莫卧儿语言"的精通被任命为密纳波的最高长
官，密纳波被约翰称为"先锋地带"；不久后，约翰又成为了富饶的内陆省份布
德旺的最高长官。

　　"我……独自一人负责谈判，"他写道："我被困在一个破旧的房子里，身边
只有一名副官"；"协助我工作的只有一名文书"；"在几乎两年的时间内，我独
自一人应对所有事务。"他单枪匹马，同时又身处一个辽阔和陌生的世界之中。
在一份官方报告中，他写道："布德旺有近八千个村庄以及近二百万居民。"在

对该省地税状况的调查过程中，约翰在近八个月的时间里，每天雇佣"60 到 70 名记录员"，这招致了"很多人"的"怨恨和反感"。[205]

与此同时，约翰也卷入东印度公司浑水一般的权力斗争中。到了 1761 年，作为公司董事会成员，也就是东印度公司在孟加拉的殖民点、工厂（交易场所）以及领地的"政府"官员，约翰已经成为了一名公众人物。他在公司森严的等级制下一路攀升，"1751 年，我在公司雇员名单上排名第 80 位，现在我和总督之间仅隔着六七个人。"在写给詹姆斯·巴尔曼的信中，他以夸张的笔法描述自己的生活："当年西塞罗毅然辞去元老院的职务也抵不过我今日公开揭露总督意在侵犯公司职员权利的提案这般痛快。"不过，他也意识到自己的政治抱负与商业利益之间的冲突："我真希望远离商场，随性而行。"[206]

通过兄弟和朋友们的关系，约翰同时也卷入了东印度公司在英国的复杂事务当中。[207]根据威廉·博尔特斯的描述，东印度公司在伦敦的董事会是一个"不可预测的商人组织"。[208]它试图完全控制加尔各答的董事会。据吉拉姆·侯赛因所述，在印度的英国人很少与当地人交流，他们把时间都花在"答复来自欧洲的冗长信件上"。[209]克莱武曾抱怨说，东印度公司英国总部的指令过于"混乱、善变"，有时甚至与下一艘船送来的新指令相互矛盾。[210]更有甚者还会发生这样的情况，据约翰的描述，印度的公司雇员曾被要求签署一份保证"拒绝印度王子们赠予的一切礼物和特权"的契约，而下达命令的文件却与取消这一命令的文件"随同一艘船抵达"。约翰本人曾在 1764 年被公司免职，却在几个月后又官复原职。[211]他在加尔各答的一位同事曾经抱怨说："总部的指令如此变化不定，导致我们难以猜透他们的想法，从而影响海外的事务。"[212]不过，伦敦的总管们也抱怨自己缺乏足够的信息，"我们一样缺少用以做出正确决策的信息。"[213]

到了 1765 年，约翰已经成为孟加拉政坛和商界上呼风唤雨的人物了。他居住在富裕的内陆城市布德旺。对于这里的事情，他总是兢兢业业，"甚至是疲惫不堪、卧病在床的情况下，我也不会舍弃公务，"他在回到英国后写道。[214] 公司军队的一名官员曾回忆说："在获得军用物品的事情上，他竭尽全力，不仅给牛，而且给钱。"[215] 牙买加海战结束后，约翰斯通家族最小的儿子吉迪恩以一名自由商人，即非受雇于东印度公司的贸易者之身份来到孟加拉与约翰相会。约翰、吉迪恩和博尔特斯曾共同经营一桩成功的食盐生意，他们同时还从事包税商在内的行业。约翰曾分别通过东印度公司的官方渠道以及法国的私人渠道向家里汇钱。[216] 他们的父亲在 1762 年写给威廉的信中提到了"约翰给桑迪、吉迪恩和乔治及其他人寄来的钱"。[217]

在盎格鲁－印度人的圈子里，约翰也确立了自己的地位。东印度公司的一名牧师于 1761 年在加尔各答去世后，约翰买了 23 本布道书和 1 个银质盘子；在同一场集会上，兰克森·梅特尔买了 1 个"占星工具"，克利淳恩·波里特买了 3 顶假发，公司的外科医生狄索·索尔·汉克（简·奥斯丁的舅舅）买下 15 头绵羊和 1 头山羊。[218] 约翰精通几乎无人掌握的盎格鲁－波斯语。[219] 约翰成了克莱武及东印度公司其他官员眼中"稳健人士"的典型代表，"英国和当地政府之间的所有障碍便如此消失了。"[220]

然而，约翰在印度的岁月于 1765 年戛然而止。就像英国在印度的早期殖民时期常常发生的那样，这场危机源于孟加拉统治者的政权更替以及无孔不入的礼物经济。[221] 约翰是公司派往摩希达巴新政权代表团的负责人，因此，他自然也负责接收当地政府送给东印度公司的例行礼物，克莱武勋爵将这些礼物称作"我们必须接受的，礼仪性的小礼品、大象、马匹等。"约翰当然也收下了一些礼节性的礼物（一顶镶满珠宝的头巾、一把宝剑、一头公象，以及一块土地）。约翰还收过一些礼金，包括小马车运来的小额银币。他和代表团的其他官员以及吉迪恩都收过礼物，其中包括"印度重要的银行家"送来的礼物。他们曾在几天之内就收下总值超过 60 万卢比的礼物，约翰和吉迪恩两人的礼物总值超过了 7 万卢比。[222]

正是这些礼物成为了 1765 年那场危机的导火索。克莱武不久前刚刚从英国（经巴西）返回孟加拉，而且是带着任务回来的；用克莱武自己的话说，通过整治公司职员的腐败从而拯救印度，"我们所目睹的状况，是近乎无政府状态的混乱，更糟糕的是贪污腐败的盛行，"克莱武在 1765 年 5 月写给伦敦东印度公司的信中这样说。[223] 约翰接到命令，离开布德旺，重返约翰眼中那"间谍、告密者和寄生虫受到鼓励"，"到处弥漫着恐惧、不满、焦虑"的加尔各答。[224] 他和他的合伙人，一名叫马蒂拉姆的官员，被叫到刚在加尔各答成立的秘密委员会前。原因是新政权的统治者认为自己受到了冒犯，约翰没有"向我致以敬意"，"我简直怒火连天"。克莱武和约翰之间爆发了一场戏剧性的冲突，结果或者是克莱武不作声了（据吉拉姆·侯赛因所说），或者是约翰沉默不语了（据麦考利后来的描述）。最终，约翰被指控犯有受贿罪而离开了公司。[225]

约翰在两份长篇的陈述中为自己辩护道：所谓的秘密委员会实际上是由一群装腔作势、滥用职权的"检察官"组成，"他们的权限不受任何制约"。"我目睹了强权和暴力取代法律和自由"。"什么人会愿意自己受到这样的审判？"诉讼程序"侵犯了我作为一名英国人所应享有的自由，这在英国殖民地是史无前例的。"审判同样也侵害了约翰合伙人的权利，其中包括马蒂拉姆。他们"完全不了解我国的法律和公民权利"，被控有重罪、在"极度恐惧中被捕"的马蒂拉姆和财政主管在这种恐惧和混乱的情况下被逮捕。马蒂拉姆居住在东印度公司领地之内，他也应"享有上诉的权利"并且"有权聘请律师"；他应当"在英格兰国旗下以一名英国公民的身份"接受审判。[226] 约翰后来写道，就连布德旺的拉甲，以及孟加拉新政权的主要顾问都受到了恐吓："我还留着他们两人写给我的信，信的字里行间流露出极度恐惧和担忧的情绪。"[227]

约翰自己说，他和吉迪恩的收礼行为不仅是长久以来的一种风俗，而且克莱武早期也是这样做的。这场危机因对当地语言 "Cooch booligani"（"他什么也不会说"）的误译而引发，并且使得赛斯人误以为他们如果不 "默许" 他的服务，将会给自己的生意带来很大麻烦。[228] 根据约翰的描述，克莱武的秘密委员会对英国在印度的法规进行了篡改；印度统治者与东印度公司官员之间从属与互惠的关系如今已被视为非法，而克莱武本人早前正是利用这样的关系谋取了巨额的财富。东印度公司官员卷入印度王子复杂的税务管理事务中——这正是约翰所擅长的，按他朋友的说法，这种行为 "将当地政府的利润洗劫一空"——此时已经被视作是对英格兰荣誉的损毁。[229] 而包括约翰在内的许多人与当地商人、银行家和税收官建立起的各种关系从此也遭到了官方的禁止。从那一刻起，在英国领地内，只有英国人和欧洲人享有权利了。

1765 年，克莱武勋爵宣称自己重返加尔各答就是为了终结发生在印度的各种恶行——"唉！英格兰的名誉竟沦落到此种境遇！……我带着消灭腐败的信念归来了"——并进一步解决说不清道不明的政治、经济权力的纠葛。如此一来，东印度公司的命运，无非就是成为一个政府："我们必须成为实际意义上的统治者，哪怕名义上不是，至少也要做到能够出去伪装。"[230] 该到了 "扔掉面具"，确立为印度的统治者的时候了。[231] 克莱武在 1765 年 8 月前往摩希达巴和贝拿勒斯与莫卧儿君主签署了一份协议，该协议正式授予东印度公司对孟加拉、比哈尔和奥里萨三地的税收管理权——这一刻，在克莱武的传记作者约翰·马尔科姆爵士（其父曾是约翰斯通家族在艾斯克山谷的代理者）看来，是不列颠帝国 "在印度的政治、经济权力得到完全确立" 的时刻。[232]

约翰在 1765 年夏天开始着手收回自己和兄弟们借出的外债。早期，他曾和帕特里克，后来又与吉迪恩一起做生意，这使得他在印度的事业变成了一个家族的产业。威廉和贝蒂也曾在加尔各答进行投资，约翰将这些项目交给当地的一位律师管理；约翰曾支付给贝蒂 17141 卢比和 14 安那。[233] 由于一名英国官员的缘故，约翰还卖给了当地一名商人价值 98942 卢比的食盐，前者后来成了约翰在布德万的继任者。他和这位官员就交易的金钱、佣金、食盐的重量（工厂重量还是商店重量），以及约翰用孟加拉语起草的合同书的英文翻译等问题争论了一番。[234]

1765 年 9 月，约翰迎娶了伊丽莎白·卡罗琳娜·基恩。二十岁出头的伊丽莎白·卡罗琳娜是约翰斯通家族中最具文学修养的一位。她在三年前就出版了一部诗集，其中谈论到平方根、无限的空间、悲伤、恐惧、狂暴的海洋及未知的东西（对贺拉斯诗歌的翻译）。[235] 她在十四五岁的年纪就翻译并出版了一部奥维德的诗集（其中狄多的语言，在诗人奥利弗·戈尔德斯密斯看来，仿佛"出自一个浪子之口"）。[236]1761 年，伊丽莎白·卡罗琳娜在姐姐的陪同下前往印度，她们此行的目的我们不得而知，唯一能够了解的只是东印度公司批准了她们前往印度的探亲请求。[237] 在七年战争海上冲突的炮火下，她们乘坐东印度公司的"霍尔德内斯伯爵号"在护卫舰的护送下从朴次茅斯出发，并于 1761 年 7 月抵达莫桑比克。期间一名士兵死于天花，船也与护卫舰失去了联络。后来，他们驶往马德拉。然而姐妹俩的朋友却并未在马德拉出现，或许这位朋友本身就不曾存在。随后，两人继续前往加尔各答，并于 1761 年 12 月到达了胡格利河。[238] 起初她们住在船长的家里，后来搬到了一名东印度公司官员的"花园房"中，这位官员是一位老兵，她们带着拿给他的"介绍信"。[239]

1762 年春天，伊丽莎白·卡罗琳娜和姐姐来到了伊斯兰堡，即孟加拉的吉大港；在此，他们住进那位老兵的房子里。[240] 那一年正是传染病和地震肆虐的时期："若干次剧烈的地震……唯一牢固的砖瓦房化为一片废墟。"[241] 不过在吉大港，她们卷入了一场与一名东印度公司官员，也就是那个"花园房"的房主，尴尬的金钱纠纷之中。约翰的合伙人威廉·博尔特斯可能替伊丽莎白·卡罗琳娜姐妹预付了一笔钱。这一年冬天，她们决定返回加尔各答；"两位女士优柔寡断，犹豫不决是否该离开，她们迟迟不肯做决定，"她们的房主这样说。那时，姐妹二人正犹豫是否要前往位于雅鲁藏布江三角洲的罗基布尔。[242]

伊丽莎白·卡罗琳娜到印度四年后与约翰成婚，这场在东印度公司的领地举行的婚礼被视作是"非法"的。公司的牧师也因在未获得董事会许可的前提下擅自主持了一场国中之国的婚礼而被免职。[243] 到了 9 月 25 日，约翰提出申请，要求公司为"约翰斯通夫人及她的仆人和随身物品"提供一张"欧洲通行证"；10 月 5 日，他和妻子登上了孟加拉造的"史蒂芬斯上将号"踏上了返乡的漫长旅途。约翰斯通家族的早期历史于此告一段落：据轮船航海日志的记载以及商人统治者们的说法——"约翰斯通先生登船啦，11 门礼炮向他致敬。"[244]

第二章　回家

至此，约翰斯通家族迈入了他们的鼎盛时期。在经历了一段异常不平静的旅途之后，约翰和伊丽莎白·卡罗琳娜终于在 1776 年春天带着他们的家仆抵达了英格兰，他们乘坐的船就是后来被东印度公司称之为"疯船"的"史蒂芬斯上将号"。"史蒂芬斯上将号"顶着"呼啸的海风和翻滚的浪涛"缓缓驶过印度洋。在除夕之夜，它停靠在好望角的海岸——在这里，一名叫卡尔诺·马赫穆特·拉斯卡的印度水手死了，另一名叫米拉卜迪·拉斯卡的水手逃跑了，一位野心勃勃的商人购买了海藻、鸟和犀牛角。船驶到圣海伦娜时，一批来自边哨那边的偷渡者"趁着黄昏的余晖游泳逃走了"；在阿森松岛，船员捉住了一只据说肚子里装着两千枚蛋的海龟。这艘船上还载着两匹献给威尔士王子的小型马（"身高不超过 30 英寸"），不久后人们发现母马"顶着大肚子，似乎怀孕了"。途中，他们还遇到了一艘从加的斯驶往新英格兰的船、一艘由布里斯托尔开往巴巴多斯的船以及一艘荷兰东印度公司商船。"史蒂芬斯上将号"在北非海岸启航后，在里斯本停留了一个月。到了 1766 年 5 月 9 日，它停靠在道斯。[1] 至此约翰已离家长达 16 年之久。

家族的财政状况

约翰与东印度公司的纠纷并未就此了结。他遭到了起诉，被要求交出"印度王子、君主，以及莫卧儿行政长官……给他的所有礼物、奖品、酬谢品等"；这起案件提交到大法官法庭后，争论的焦点从礼物延伸至与"金钱或者珠宝交易"有关的所有事情上。[2] 约翰向公司呈上了一份证明自己清白的陈述，他希望"得到每一个公正、正直的人的认可"。他回国后不久出版了一本小册子，乔治为之写了后记。在这本小册子中，约翰将礼品经济与战利品经济相提并论，在礼品经济中，东印度公司官员从印度王子那里获得津贴；在战利品经济中，皇家海军官员获得被捕获的敌方军舰变卖后的收入。在约翰看来，改变"先前不正确的规则”却不“赦免原来按照原先规则行事的人”，这种做法是非常“不正义”的。[3]

　　经过伦敦东印度公司内部各方势力的交涉和妥协，控方最终撤销了所有的起诉，这样一来约翰便能专心料理自己的财产。对于约翰斯通家族及众多东印度公司职员而言，将印度的商品和黄金转移回英国的程序是异常繁杂的，这一过程始终受到海关规则和公司制度的限制。[4]曾有一家报纸称“史蒂芬斯上将号”上藏着巨额走私的财富和珠宝。[5]就连送给贝蒂和夏洛特的那批命运多舛的纺织品也是分三批分别送达的：一部分通过陆路，另一部分由一位从来不答复乔治信件的陆军少校捎带回来，最后一部分则被一位朋友的叔叔从里斯本带回。[6]随着约翰寄回家的物品数目渐长，这一过程变得越发复杂。他在信中多次提到荷兰盾、卢比、法国商船，以及自己与“里斯本和荷兰的绅士们交涉的过程”。[7]收件人中有威廉和贝蒂；威廉那时已将姓氏改成了普尔特尼，他甚至还为自己继承的地产也改了名；威廉还在时任英国政府副国务大臣的大卫·休谟的帮助下，说服一家属于法国东印度公司的银行将约翰在加尔各答的代理人所开的“奥尚柏垂格的威廉·约翰斯通”的账户改为“索尔威班克”的“威廉·普尔特尼”。[8]

　　“我被这些琐事烦死了，”约翰曾对威廉抱怨说。由于多起官司缠身，约翰和伊丽莎白·卡罗琳娜不得不带着他们一岁的儿子在伦敦定居。在这个“随处都是骗子和小偷的城市”中停留得越久，“我对这个国家的法律体系以及与它有关的所有事物就越发反感”。[9]约翰在印度的财政状况也面临着种种挑战：“我宁愿借钱在不列颠的股市进行投资，也不愿意与荷兰扯上任何关系，”他对威廉说。[10]约翰所取得的每一份成就，都历经了波折的过程。他对自己的内兄，伊丽莎白·卡罗琳娜的哥哥塔尔伯特·基恩（一位英格兰牧师）说道：“我们每一个人都应当以谦卑恭顺的心态面对我们的每一次胜利……我从不想伤害任何人，然而我的仁慈与善良却一再被他人所利用。"[11]基恩是一位英格兰牧师，曾参与约翰早年与印度资金有关的谈判。1770 年，重返苏格兰的约翰已家财万贯，他的名下还有多处地产。约翰在全国各地都购买了土地。他在"仔细地巡察了每一寸土地后"，花 46000 英镑买下了一处地产，随后购买的第二块土地据说"非常美丽，并存在升值的可能"，第三处地产则位于詹姆斯称作"天堂"的埃特里克森林边上。约翰购买这些庄园是出于一种浪漫情怀，用威廉的话来形容，"是一种感性的冲动。"[12]约翰最终与家人及奴仆在法夫郡巴尔哥尼城堡附近租来的一处宅邸里安顿下来。[13]

　　1767 年，在约翰从印度回国数月后，乔治也从西佛罗里达归来了，亚历山大则在 1768 年初从格林纳达返回。[14]乔治和玛莎·福特搬到了肯欣顿，并相继生育了四个孩子：乔治·林赛、索菲亚、詹姆斯·普里姆罗斯和亚历山大·帕特里克。这几个孩子们都在伦敦受洗。[15]玛格丽特·约翰斯通·奥格威的女儿，那个曾在卢森堡花园尽情玩耍的小女孩，也出现在 18 世纪 60 年代回国的流亡者之列。[16]1769 年，小玛格丽特嫁给了第二代詹姆斯二世党流亡者约翰·韦德伯恩。韦德伯恩在其父于 1746 因叛国罪被处决后逃亡牙买加，而他重返英格兰时已经拥有"来自牙买加的 1000 英镑年收入，以及在伦敦的 5000 英镑财产。"两人的结合是出于真爱。韦德伯恩夫妇在佩斯郡定居后，（出生于法国的）玛格丽特在舅舅和舅老爷的帮助下，开始为自己争取英国国籍。"我为这件事给您带去的麻烦感到十分抱歉，"玛格丽特的丈夫在写给威廉的信中说道，"然而除了求助于她的舅舅们，我的妻子别无选择。幸运的是，她有你们这样的舅舅，因为她父亲家族中一直盛行着将女人视作负担和累赘的封建思想。"[17]

　　就连兄弟姐妹中年龄最小、最不安分的吉迪恩也带着数额相当庞大的财富回来了；到了 1768 年，他开始筹划在苏格兰西部购买一处地产。[18]吉迪恩的足迹踏遍了大英帝国的每一个角落：1757 年跟随乔治到了牙买加，1759 至 1761

年重返牙买加，1762 年则又投奔孟加拉的约翰。1764 年，詹姆斯拿着伪造的年龄证明为他在东印度公司谋取了一份正式的工作。[19] 吉迪恩到底去了什么地方对于他的家人而言时常是个谜：1773 年乔治在海军的一位朋友曾告诉他，"在过去的四天中，我向办公室里不同的人打探吉迪恩的消息，有人说他已经死了，还有人说他此刻病危，且没有任何康复的可能性。"[20] 尽管如此，吉迪恩仍是约翰斯通家族中最有事业心的人。乔治原先在佛罗里达的秘书詹姆斯·（"奥西恩"）麦克弗逊甚至在 1774 年从其表亲那里听说"约翰斯通总督的弟弟通过向无法到达贝纳勒斯的朝圣者出售恒河水（每瓶一卢比）大赚了一笔"。[21]

　　留守家中的家族成员里，威廉·普尔特尼在妻子弗朗西斯雄厚的财力支持下接管了家族财政事务，并为家人料理远方的商机。1764 年，他曾借钱给亚历山大，资助他经营格林纳达的种植园；1765 年，他为约翰在加尔各答的生意投资；1766 年，他买下西佛罗里达的一块地产。为了经营种植园和购买奴隶，亚历山大也曾向约翰借钱。约翰在 1767 年曾给威廉写信说"桑迪另开出了一张用来买 12 名黑奴的 370 镑的票据，这是我不能接受的。"[22] 威廉也在格林纳达购买了一处奴隶种植园，随后又分别在西印度群岛的多米尼加和他的一个侄子后来任总督的多巴哥买下了地产。[23] 他还投资于法国人和苏格兰人在弗吉尼亚的烟草贸易，并用"荷兰盾或弗莱芒货币"买葡萄牙公债（他将之描述为"交换或交易"），以便在牙买加的地产保险中进行贷款。[24] 与此同时，威廉在英格兰的影响力也在与日俱增，他参与到英格兰南海岸胜地的开发项目中，还热衷于对时尚小镇巴思的规划。巴思部分属于威廉妻子的家族，同时也是新贵喜爱的温泉胜地。[25] 如同在格林纳达的亚历山大，威廉也仿造韦斯特哈尔家族庄园建造了一栋房子：至今，在英格兰海滨胜地韦茅斯仍有一条名为韦斯特哈尔街的大道。

　　最小的女儿夏洛特在 1763 年跟约翰斯通兄弟姐妹的一位童年好友，詹姆斯·巴尔曼私奔了，巴尔曼当时是一名税收官。夏洛特的行为给老约翰斯通夫妇造成了极大的痛苦："夏洛特刚刚跟牧师的儿子跑了，女人不该总是想着自己必须找到一个丈夫，"1763 年 1 月，她的姑姑写道。[26] 长女芭芭拉和丈夫查尔斯·肯纳德分开后一直在爱丁堡深居简出。除了与前夫的各种法律纠纷之外，她的大部分时间都被约翰斯通家族在"东、西印度"的事务占据了。她为兄弟在西佛罗里达的仕途出谋划策，还为瓦尔特叔叔的表兄，一名叫朱利叶斯·米克尔的诗人，给詹姆斯写了一封推荐信。[27] 芭芭拉的女儿在 1765 年夏天嫁给了一位医学学生，埃德蒙德·达纳，而两人的结合被视作是草率的。女方当时不过才十五六岁。达纳在寄往美国的家书中带着慰藉的口吻对家人说，妻子的舅舅中"有一个是西佛罗里达的总督，而另一位则是东印度某个省的总督。"[28] 同年 10 月，芭芭拉·肯纳德于爱丁堡去世。[29]

　　和母亲重归于好之后，贝蒂回到了韦斯特哈尔，并接管了家里的事务。她仍然是兄弟姐妹们的信息枢纽，她所处理的信息从婚姻的分离聚合到东印度的生意事务，无所不有。在约翰斯通家族的儿子们全部回国之后，贝蒂承担起了为家里人处理财政事务的责任。老约翰斯通于 1764 年 12 月写给威廉的一封长信一直由贝蒂保管，信中提到了房屋的租赁、与租户的官司、东印度公司的政治、约翰在布德旺的职位，以及孟加拉红酒的价格。作为（约翰在加尔各答价值 17141 卢比的种植园的）债主，贝蒂负责处理将种植园产生的利润通过法国人或者荷兰人汇到苏格兰的相关事务，同时还要协调英格兰和苏格兰法律的不同。她帮詹姆斯支付账单，替约翰谈判远期汇票的事宜，为乔治在附近一处英格兰选区的竞选活动出谋划策。詹姆斯在诺福克陷入困境时，曾写信请她用船运过去"两名瓦匠和四名工人"。贝蒂首先是所有信息之源："贝蒂知道房租是多少钱，"詹姆斯在 1770 年告诉约翰。[30]

　　到了 18 世纪 60 年代末，约翰斯通兄弟中只有詹姆斯的经济状况还未得到改善。詹姆斯夫妇搬到距离路易莎娘家不远的诺福克，他曾在和威廉的一次争吵中称诺福克为人间天堂。夫妇二人住在租来的房子里，并且债务缠身；到了1772 年，为了省下下一季度的房租，他们"冒着冰天雪地"搬到一处只有一间房子的屋子里。四十多岁的詹姆斯已经觉得自己老了。他最大的愿望就是能够拥有自己的房子。他曾给约翰写信说："生命的美好在岁月的皱纹和白发找上门来时早被生活的艰辛所侵蚀。"詹姆斯还经常生病，他曾写信对夏洛特的丈夫詹姆斯·巴尔曼说："我差点死了，更糟糕的是，我还没死却已经腐臭了。"[31]

为了保住韦斯特哈尔庄园，詹姆斯向所有能借钱给他的人借钱，包括贝蒂、夏洛特、约翰、亚历山大、詹姆斯·巴尔曼，以及他的律师。路易莎也曾为了买彩票向他们的律师借过钱，"倘若信纸会羞愧地脸红，那么当您读到这封信的时候，它一定变了颜色，"她对律师说。她解释说："这不是为了我自己，因为我是个天生的乐天派，金钱并不能增加我的快乐。但这会让我亲爱的詹姆斯感到十分高兴，"并且还进一步说："假如我能够幸运地赢得大奖，那么我越早知道这个消息越好；如果不能，那么至少在奖项公布之前我能够一直期待。"[32]

在瓦尔特叔叔看来，詹姆斯是个"古怪的人"。[33] 他的病状十分严重："我染上了一种叫恶妇的伤寒"，他在写给约翰的信中说道，"不过两天时间，我全身就布满了核桃般大的脓包，我的皮肤好像被烤过般炽热。"[34] 他给艾斯克的朋友吉尔伯特·佩特里写信说："我变得两手空空，只能依赖别人。"他从诺福克寄出的信以及他和路易莎两人抄在其农作日志中的信，提供了大量有关约翰斯通家族内部生活，以及家人之间在困难时期相互鼓励和安慰的信息。对于家人的事情，无论是精神还是身体上的，詹姆斯都十分关心。"每当我想到亲爱的约翰我都无比难过，"他写信对贝蒂说，"在孟加拉度过的那酷热难耐的 17 年只是他所遭遇的磨难的一小部分"，"保持平静的心情要比保证他双脚的干燥更能治愈他的病。"他给亚历山大写信说："放下那些（恼人的）公事，去呼吸新鲜空气、做运动、享受健康和友谊。"他给约翰写信说："贝蒂的敏感和多愁善感为她带去了太多的烦恼,""乔治考虑得太多了,病魔总是选择去困扰那些天才们。他若想康复,就必须少想一点。"[35]

在 1772 年,老约翰斯通去世前的几个月,詹姆斯已经"身无分文"了。"所有的债主都很直白地表明他们想要回自己的钱,"他给约翰写信说,"我心神不宁,根本无法给父亲写信。"[36] 不过整体而言,约翰斯通家族相当富裕。约翰和威廉在韦斯特哈尔庄园附近和苏格兰各地都购买了土地。就连喜欢四处游荡的瓦尔特叔叔最终也选择在威廉的某处庄园安顿下来:"我再也不想过飘忽不定的生活了",他在信中对威廉说,"我在梦中看到自己正悠闲地做饭、缝衣服、料理花园、打猎还有钓鱼。"[37] 约翰则专心整修父亲的庄园:"去吧,亲爱的贝蒂,去弄一些白蜡树来,"他在 1767 年写道,"我想种些橡树、白蜡树、杉木、山毛榉木、榆木、栗树和胡桃木,""我希望今年就能采摘一些醋栗和阿尔卑斯草莓"。[38] 约翰斯通兄弟们要比他们的父母富裕许多。老约翰斯通在 1772 年去世后,约翰和詹姆斯在整理父亲留下的文件时给威廉写信说:"令我惊讶的不是他欠下的债务,而是他竟然在这样的境况下撑了那么久。""每当我看到父亲的节俭,我便为自己的挥霍感到羞愧。"[39]

东、西印度的政治

约翰斯通兄弟姐妹们回国后不久,就参与到家族的政治事业中。约翰、乔治和亚历山大都曾在不列颠帝国的一些政府部门任职,如东印度公司董事会、加尔各答法院、西佛罗里达议会以及格林纳达岛两院制、双语制的立法机关。[40] 在国内,兄弟中有五人都励志进入下议院。在那个议会还未改革的年代,议会的竞选活动莫过于一场财富的较量,约翰和威廉利用自身的财富谋求政治影响力。[41] 早在佛罗里达的时候,乔治就渴望进入议会,他的命运因约翰的归来而改变了。"考虑到我的兄弟（乔治）的财产状况，"威廉于 1766 年在写给一位从政的友人的信中说道，"我本不太赞同他立即参选议员，然而我那位从印度归来的兄弟约翰却改变了这一切。他的慷慨是无限的。"[42] "我们的朋友乔治·约翰斯通即将回国；他的弟弟，也就是从印度回来的约翰，渴望将自己和乔治都送入议会，至少是让乔治进去，"大卫·休谟的表兄在 1767 年给上述同一个人写信说。[43]

最终，詹姆斯、威廉、乔治和约翰都如愿进入了下议院。在 1768—1805年之间，他们四人中至少有一位任职于议会，最多的时候同时有三人都是议员。[44]1768 年，兄弟五人的选区从科瓦尔的圣伊弗到苏格兰高地的克鲁马蒂郡，连成了一条弧线，因此，这次普选活动变成了一桩家族事业。最初只有威廉成功了（从参选的三个选区之一中胜出）。詹姆斯在圣艾夫斯弗落选，而约翰则在萨里的黑斯尔米尔被昔日的死对头克莱武勋爵的一位朋友击败。[45]亚历山大在威尔特郡的物顿·巴塞特也失利了。[46]尽管贝蒂前来协助，乔治在卡莱尔的竞选仍然以落败告终："他在演讲台上站了整整八天，对任何有意选他的人深深鞠躬。"[47]1768 年夏天，约翰怀着低落的情绪告诉威廉："詹姆斯已经前往圣艾夫斯处理选举活动繁杂的收尾工作"，"乔治预计在卡莱尔会落选，那里的人们正在调查代理人的行贿事件。"[48]乔治后来在坎伯兰郡一个贪污腐败肆虐的选区，科克茅斯选区，赢得了竞选；随后于 1774 年他又参加了韦斯特摩兰郡的艾普比选区的选举；当时的政治史对此地的描述是："藏污纳垢盛行，腐败超出人们的想象。"[49]约翰最终于 1774 年在亚当·斯密的家乡，法夫郡的戴撒特·波尔格斯一场异常激烈的竞选中获胜。[50]而詹姆斯则在 1784 年于邓弗里斯·波尔格斯获选。

约翰斯通兄弟在议会任职期间正值人们对两大话题的争论达到顶峰的时期，即美国独立战争和东印度公司的改革；约翰斯通兄弟都加入了争论。在下议院中，从印花税法的颁布到美国宣布独立、再到美国独立战争这一系列与北美税务有关的争论，同起初印度的 1765 年"革命"、莫卧儿帝国的崩塌，以及东印度公司提供给英国政府的财政收入等话题所激发的更激烈的争论，在下议院的地位是相当的。[51] 约翰斯通家族的私人利益与这些公共事件息息相关，乔治曾将英国议会比作"世界的焦点"。[52]1772 年，乔治和威廉相继入选下议院所成立的负责调查东印度公司近期事务的特别委员会，而调查对象必然也包括约翰和吉迪恩的礼物。[53] 他们对约翰在加尔各答的死对头克莱武勋爵展开了毫不留情的调查，克莱武则反之对约翰在印度和英格兰的行为进行调查。"他（威廉）和他所有的兄弟都是我的死敌，"克莱武向一位政坛的朋友说，"想必你知道，他原来姓约翰斯通。"[54] "你和乔治扳倒了卑劣的克莱武"，1775 年克莱武因收礼行为被调查而自杀后，一位朋友对威廉说，"他造就了东印度公司的辉煌，却又亲手将其毁灭，而他本人的命运又何不如此？"[55]

威廉在他眼中这一"黄金时代"里成了公共财政、偿债基金和抵押贷款方面的法律专家。[56] 他尤其擅长奴隶抵押法和诉讼法，包括格林纳达的奴隶抵押；他熟知英国甘蔗种植园的外国股东，以及拥有原法国种植园的奴隶抵押契据的英国人的相关权益。[57] 他对议会的运作程序，以及他在一场关于魁北克财产法的辩论中称之为"互惠礼节"的尤为感兴趣。[58] "倘若我们欲正确利用欧洲的财富，那么就应当将其最大程度地投入于商贸活动，"他在支持西印度群岛贷款时宣称，"这样，我们必将成为欧洲的银行家。"[59]

约翰斯通家族也卷入了最激烈、最复杂的反压迫辩论之中。1772 年，乔治在议会上发表的第一次重要演说也是一次对"我们公民政策中的自由精神"的歌颂；他谴责英属北美地区军政府的专制，并将其比作塔西佗笔下罗马帝国对非洲的蹂躏："军事机构的建立意在保护我们公民的权利，而非对其进行侵犯。"[60] 乔治是美国独立战争早期一位广受欢迎的演说家。他曾带伤（"胳膊上一道深深的伤口，双腿肿胀而疼痛")与另一名议员就"国家荣誉"进行决斗。[61]
随着北美危机的加深，乔治不断地谴责（英）政府"残酷的迫害"，同情殖民地
人民的斗争，"反对我们在从新斯科舍到佐治亚的广大领土拥有绝对的权力。"
乔治赞扬新英格兰人民的"智慧、勇气、节制和坚韧"，并且希望北美的奴隶
团结在主人膝下——"总体而言，我认为主人对奴隶是友好的"——乔治并在
1776 总结道，"这是一场罪恶的战争。"[62]爱丁堡年轻的数学家瓦尔特·明托，
也就是乔治和玛莎·福特大儿子们的家庭教师，在 1777 年曾说："乔治在全世
界最庄严的大不列颠议会中，开启了新的篇章，伯克·查尔斯·福克斯、科
林·巴尔跟随着他的脚步。"[63]

　　约翰在议会上极力反对英国政府废除海外犯人之人身保护权的提议。他怒
斥政府的这一做法是"专制、残暴、恶魔"的表现，是对"保护个人自由的伟
大英格兰政体"的侵犯。约翰在 1777 年宣称，"这样一个带有惩罚性色彩的体
系将会在大西洋两岸引发一连串包括任意逮捕、监禁，以及血腥屠杀在内的不
堪设想的恶果，这使他感到恐惧和不安。"[64]同时，约翰也支持北美的独立运动，
抨击人们"试图征服美洲并且获得最高立法权的浪漫幻想"。[65]约翰尤其关注自
由迁移的权利。在 1776 年讨论移民的议会上，他引用"自由原则"反击道：
"大不列颠的自由公民无法在陛下的领地内自由迁徙，这怎能算得上是一个真正
的国家？"[66]作为斯特林的治安法官，约翰极力维护贫苦的苏格兰人民的权益，
反对政府阻挠他们向北美洲移民的行为："约翰斯通简直荒谬极了，他用激烈的
言辞抨击各位治安法官，声称这种阻止是违法的，他们无权这样做。"当地一名
议员在 1775 年 10 月的一个雨夜抱怨道："他说他想让更多的普通人能够意识到
他们是自己的主人，倘若他们想移民，便可以移民。总之，他的荒谬言行一言
难尽。"[67]

　　在关于东印度公司改革的争论中，约翰斯通家族也表现得十分活跃。与约

翰在孟加拉的合伙人威廉·博尔特（他也来到了伦敦）的看法一致，乔治认为东印度公司是由"可怕的、非正义的、专制的、没有政治原则的"统治者商人和商人统治者组成的怪物。[68] 约翰斯通兄弟们甚至还明确地将发生在东方和西方两个帝国的情形联系到一起。1772 年，乔治在议会中声称："正义应当来自国王"，国王应确立自己对孟加拉的统治，然后，"效仿新英格兰及其他一些特许殖民地那样，将孟加拉的土地给予东印度公司"；"费城的情况完全说明并佐证了我的观点。"[69]

几个月后，乔治将东印度公司的政治与美国独立战争更为直接地联系到了一起。他向东印度公司董事会提案，希望国会批准"公司将印度多余的茶叶出口到海外，消除一切贸易壁垒，并取消北美市场百分之三的关税"的议案。[70] 正是这一法案，后称"茶叶条例"，成为日后"波士顿茶党案"爆发的导火索。1773 年 12 月，装扮成印第安人的北美抗议者将大量装满茶叶的货箱倒入波士顿湾。[71] 在北美人民看来，"东印度公司运来的这些该死的茶叶"体现了一个靠贪污和行贿获得"贸易垄断特权"的公司的"政治阴谋"；（港口的）守夜人此后被告知"每晚都要发出警报：午夜十二点过啦，当心东印度公司。"[72] 乔治在 1774 年悲哀地感慨道："可怜的东印度公司夹在北美和英格兰之间。我曾试图说服官员们停止向北美出口茶叶。我早已料到这是一个不会带来好结果的举措。"[73]

在关于东印度公司的争论中，约翰斯通兄弟们表明自己是受压迫的印度人民的代言者。约翰于 1765 年离开孟加拉之后的数年中，东印度公司加强了对孟加拉内陆地区的贸易垄断，包括土地税的征收以及内陆商品（食盐、槟榔果和烟草）的销售。英国官员擅自提高税收，从而动摇了长久以来稳定的社会秩序。1769 至 1771 年间一场可怕的饥荒夺去了近两百万人的生命，其中很多人来自约翰曾经居住的布德旺地区。在议会上，乔治慷慨陈词，竭尽全力为孟加拉那些"深受（克莱武勋爵）的专制机器压榨的、衣衫褴褛的"可怜人争取权益。[74]
他期待印度发生一场革命。[75]乔治和约翰所在的特别委员会主席感慨道："上帝
啊！这是怎样的一声呐喊——唯命是从、受尽苦难、天生为奴且甘愿服从东方
专制的印度人第一次有所触动，第一次晃动了铁链，第一次发出了反抗不列颠
暴政的呐喊。"[76]

至1771年2月，约翰已全面复职，他从苏格兰写信给东印度公司，主动要
求回到印度担任孟加拉总督，这是应东印度公司官员的要求而设立的职位。约
翰以一颗"自觉的廉正之心"保证，从未有人像他一样"如此热忱地为公司效
力"，也不曾有人"怀着对当地人这般仁慈之心"来管理孟加拉的财政事务。[77]
然而约翰的请求却被驳回了，公司最终将职位指派给了沃伦·黑斯廷。在安慰
约翰的信中，詹姆斯也表达了对印度人民的慰问："在我看来，关怀、正义和人
权不应因肤色的不同而有差别"；"一个政府部门由像克莱武的朋友那样的恶棍
统治，我真是感到十分遗憾。"[78]

启蒙的科学与艺术

在那个夏天，约翰斯通家族不仅在政坛上站稳了脚跟，还进一步在启蒙运
动的文化领域也找到了归宿。海外冒险归来后，迎接他们的是英格兰和苏格兰
启蒙运动的巅峰时代。在大卫·休谟的描述中，乔治是一个"充满骑士精神、
直觉敏锐的年轻人"、"我曾多次与他谋面"，休谟甚至还对约翰斯通兄弟姐妹之
间的关系进行过评论，而乔治将之称为"人类最基本的家庭关系"。[79]在去往佛
罗里达之前，乔治曾写信对休谟说："可以说，我对我的姐妹们之言行的看法与
您在上一封信中所描述的十分吻合。"1769年，休谟曾写道："（威廉）普尔特
尼的行为……是高尚的"，他还将自己的著作，《英格兰史》的样稿托给威廉邮
寄（威廉作为议员拥有免邮费的特权）。[80]约翰则和"杜格尔德·斯图尔特、普

来法埃、罗伯森，以及苏格兰文学界的其他人士有着密切的往来。"[81] 当时最杰出的画家曾为约翰斯通家族成员作画。18 世纪 70 年代初，托马斯·盖恩斯伯勒为威廉创作了一幅画像——那是一幅风格奇特的作品，画中的威廉两侧分别是象征着其双重身份及两种生活的背景，左侧是生机盎然的英格兰春景，右侧则是一片如《麦克白》第一幕那般阴森恐怖的森林。[82] 安吉里卡·考夫曼笔下威廉的女儿，亨丽艾塔·劳拉·普尔特尼，则身穿白色纱裙在一片林中空地上翩然起舞。[83] 乔治·罗姆尼创作的那幅名为"约翰斯通夫人"的画像上的主角几乎可以肯定是玛莎·福特和她的一个孩子。[84] 亨利·雷本则画下了约翰和贝蒂与他们的外甥女，约翰·韦德伯恩的女儿玛格丽特谈话的情景，画中贝蒂头戴饰有淡蓝色彩带的上等白色帽子。

家族中最富有的威廉和约翰开始投资建筑工程。苏格兰建筑家罗伯特和詹姆斯·亚当在巴思为威廉建造了带有"托斯卡纳式门廊"和威尼斯式窗户的普尔特尼桥，他们还准备以"浓郁的哥特式风格"重装什鲁斯伯里城堡，不过这一计划从未付诸实践。约翰计划建造两处"刻有牛头的"陵墓，一个建在他最终定居的克拉克曼南郡奥希尔丘陵带的阿尔瓦庄园，另一处建在靠近韦斯特哈尔家族庄园的韦斯特柯克教堂。他还计划在阿尔瓦庄园建造一座富丽堂皇的古典建筑："它拥有宽 100 英尺的庭院。庭院的中心是一个圆形的堆积垃圾的地方……再往前走是一个圆形的鸽子舍，鸽子舍支撑着一个顶着锥形屋顶的八角楼。庭院四周是八栋两层楼高的楼房，楼的屋顶呈锥形，"以及八栋一层高的房子，包括"一个酿造间、家禽房、乳制品间、清洗间、洗衣房、屠宰间、马车间、马厩、牛棚、一间木匠房以及一间铁匠房。"[85] 这一计划也没有实现。

乔治是所有兄弟中最喜欢与诗人和哲学家做伴的。他在西佛罗里达的秘书是（"奥西恩"）麦克弗逊；之后，在去里斯本执行海军任务时，他的随身秘书是其表兄威廉·朱利叶斯·米克尔。米克尔是路易斯·德·卡蒙斯的《卢济塔尼亚人之歌》的译者，而《卢济塔尼亚人之歌》是一部关于"葡萄牙帝国及其商贸活动的史诗"。[86]詹姆斯也对《卢济塔尼亚人之歌》十分着迷，他时常大声朗诵其中"自己最喜爱的部分"。[87]后来，乔治前往费城和纽约执行公务时的秘书是哲学家亚当·弗格森。为此他得罪了年轻的杰里米·边沁，因为弗格森的位置本来是许诺给后者的。乔治最终用对哥哥威廉的调侃来讨好边沁：据说威廉对边沁的《政府片论》"爱不释手"，并"走到哪儿口袋里都装着一本"。[88]

　　乔治对启蒙科学及全球贸易的各种关联十分感兴趣。"白种人最伟大的成就"便是成功地凭借"风帆的力量，将商品穿越波涛汹涌的大洋运往"世界各地，乔治在乔克托族的代理人于1765年在西佛罗里达感慨道；而乔治回到那片田园诗般的地方是很多年以后的事了。"近来政治上的重大变革都已经告诉你了，"乔治写信对（"奥西恩"）麦克弗逊在印度的一位表兄说，"除了一则有关法国人的新发明的消息，我不能再为你提供什么新闻了。法国人近来发明了一种在空中运载人的玩意儿，叫热气球。""这东西简直是太奇特了！"乔治以乔克托般的语言表达了自己对蒙戈尔费埃这一发明的看法：

　　　　我用笔墨记录下我的想法，大船穿越波涛汹涌的海洋和呼啸的风浪，文字送到了地球另一端的朋友手中，大船随之载着东方的奇珍异宝踏上返航的旅途——这已足够令人惊叹，我们所有的发明在它面前都显得微不足道——然而谁又能料到，所有的这些商品有朝一日将在空中运输？[89]

　　约翰斯通家族对历史也表现出浓厚的兴趣。早在大卫·休谟在他们那位富裕的亲兄家度过的那个阴郁的冬天之前，约翰斯通兄弟姐妹们的身影在苏格兰各个档案馆和图书馆中随处可见，而他们的目标就是寻找证明家族血统之尊贵的证据。他们最感兴趣的祖先，或者说他们期待是自己祖先的，是曾经参与15

世纪40年代战争的马修·德·约翰斯通。夏洛特的丈夫詹姆斯·巴尔曼，以及爱丁堡律师图书馆的一位并不十分勤快的助手也加入这一找寻之中，这位助手名叫"B先生"或者"布鲁斯"。"据我观察，"詹姆斯在信中对自己的内兄抱怨道，"（B先生）只是在毫无目的并且漫不经心地反复翻看印刷书籍。"[90] 就连刚刚从格林纳达回来的亚历山大也在信中向身在牛津的表兄威廉·朱利叶斯·米克尔提到"牛津大学波德林图书馆中收藏的毕肖普·肯尼迪历史中的一段，尤其是相关于（1455年）阿肯霍姆的战争"，并想要"找一个人抄下这一段（我会付给他一些报酬）。"[91]

约翰斯通家族的第三代成长在那个时代启蒙氛围的熏陶下。芭芭拉的女儿被送到了一所寄宿学校；她的丈夫查尔斯·肯纳德曾告诉威廉，芭芭拉的儿子"对维吉尔很感兴趣，并且时常谈论奥维德的作品"。[92] 乔治对"教育体系"的观点体现出超越国度的包容性；当他和玛莎·福特的两个儿子在老师瓦尔特·明托的陪伴下于1776年夏天来到比萨后，乔治希望他们能够"在不同环境、不同政体的熏陶下开阔眼界、消除狭隘之情，同时又不丧失分辨是非的能力。"孩子们要阅读普卢塔克和奥西恩的作品，阅读《圣经》中最华美的部分，但不要卷入任何宗教争论中，而只是将其视作已经成为过去的历史和如今的人们所争论的事物。他们这样的人所应拥有的"国民性格"应来自于"理性、节俭的中产阶级"。不过在意大利生活的目的并非仅仅为体会"不同文化"："让他们每个星期六都去看一场歌剧或者戏剧"，"每天都应该吃一些葡萄。"[93] 明托在写给身在苏格兰的哥哥的信中，亲切地称乔治的两个孩子为"我的男孩们，"并对乔治对孩子们"毫无保留的父爱"进行了称赞。[94]

废墟中的印度

此时此刻是约翰斯通家族最幸福的时光：发表关于罗马帝国的演说，与阿姆斯特丹的银行家协商抵押贷款事项，朗诵最喜爱的葡萄牙史诗，思考飞行器的未来，在艾斯克山谷种植阿尔卑斯草莓，一切都显得如此安然、闲适。然而轻松惬意的生活背后并非表面看上去那般风平浪静，他们并没有完全将东、西印度彻底抛在脑后。亚当·斯密曾经这样描述孟加拉东印度公司的职员：“他恨不得立即离开这个地方”，“在他带着所有财富离开的当天，即使整个国家被一场地震毁灭，他也漠不关心。”[95] 斯密的描述与波斯历史学家吉拉姆·侯赛因的判断十分相似：“他们目光狭隘且自私无比，即使身后留下的是一片废墟，也不为所动。”[96] 然而约翰斯通家族的人却无法将这些惨淡的景象抛在脑后，东、西印度的废墟或者说关于废墟的记忆跟随着他们回到苏格兰绵延不断的山丘中、回到英格兰的政坛上。

于是，格林纳达岛上一批英、法领主选举亚历山大代表所有人向“伦敦帝国最高政治机构、国王最亲信的智囊团——枢密院，抗议格林纳达岛总督漠视法律、残暴无度、专制压迫和一切非正义行为”。[97] 在初回英格兰的几年中，亚历山大一直忙于准备诉状，他撰写了八篇揭露总督罪行的文章并出版了相关的小册子。亚历山大和他的朋友们认为，新大英帝国在西印度群岛的现状，是个人和社会的双重不幸。由于总督的煽动，亚历山大被控犯有叛变罪。他对此感到痛心，除此之外，还有宪政理论、英法种植园主间的宗教冲突，以及深受逃亡奴隶起义困扰的海岛社会。

亚历山大和朋友们在一则名为《对梅尔维尔总督的控诉的进展报告》的小册子中明确指出，格林纳达的危机是由于伦敦政府对“普遍人权”的忽视，他们“漠视与自身直接利益无关的任何事物”。[98]（岛上）国王的天主教新臣民受到了最“不公正的”宗教迫害；法律和法规是混乱的；立法和司法权遭到滥用；公共档案被封锁起来；另外，“民法”与“黑人法令”，即法国奴隶政府的法律体系下人民的各项权利没有得到保护。亚历山大的一位同事曾因“激动地”

阅读法文而被定罪，并且和来自"各阶层的罪犯及逃亡奴隶"被关押在同一间牢房里。[99]

在这个非洲黑奴占据了人口百分之九十以上，并且如同 18 世纪 60、70 年代许多美洲殖民地一样，逃亡奴隶暴动频发的岛上，还存在其他大西洋式的压迫。[100] 亚历山大的指控只向枢密院的老爷们呈现出远方恐怖景象的冰山一角。亚历山大控诉到，曾有五名奴隶因一起谋杀案受到了"最为残忍的酷刑"逼供。亚历山大的对手，格林纳达总督，在回应中却为"在紧急情况下"使用酷刑的行为进行辩护："（因为奴隶制是合法的）倘若奴隶享有与自由人相同的法律权利，那么白人居民将会面临危险的境遇。"指控提到了一起关于一名叫作奥古斯丁的奴隶的离奇政治事件，奥古斯丁投靠了政府，并诱使另外几名逃亡奴隶向政府投降。亚历山大指控说，"上下两院在两个小时之内就通过了一项名为'无罪释放奥古斯丁'的提案"，而被指控犯下强奸和杀人双重罪行的奥古斯丁随即被无罪释放。[101]

格林纳达岛的个人、司法，以及政治危机是相互纠缠在一起的，亚历山大和他的朋友将之描述为"道义的混乱"。[102] 当地有的治安法官身兼军事法官之职，有的还存在虐待奴隶的行为。[103] 亚历山大的指控是整个家族的事情，"我哥哥卧病在床的时候"，乔治"代替哥哥"去了枢密院。威廉是在"格林纳达岛领主联合声明"上签字的领主之一。[104] 在亚历山大和他的朋友们看来，枢密院对格林纳达岛上"奴隶完全是一种财产，被视作地主财产的一部分"这一现象了解得不够充分。根据《对梅尔维尔总督的控诉的进展报告》，到了听证会的第二天，枢密院的十位大臣中便有三名缺席；一人在听证会上声称酷刑"向来就是用来对付奴隶的"；另一人则"在听证最关键的时刻，选择答复私人商业信件"。[105] 最终，枢密院驳回了亚历山大的诉讼。

约翰食盐贸易的合伙人威廉·博尔特斯在不久后也到了英格兰。他和约翰、威廉、乔治、贝蒂以及伊丽莎白·卡罗琳娜都有密切的往来。[106] 在其于1772年于英格兰出版的三卷本的书中，博尔特斯将他和约翰在加尔各答的对手克莱武勋爵，以及曾经对伊丽莎白·卡罗琳娜姐妹极度不满的东印度公司官员哈里·威尔斯特，描绘成了奥维德式的恶魔形象。和亚历山大在西印度看到的情况相似，博尔特斯在印度所看到的是英格兰施加的各种残暴和压迫。东印度公司董事会身兼数职：治安法官、上诉法官、税收官、"商人统治者"；"这些人利用职务之便，为所欲为……（此种境况下）很难查处他们。"

博尔特斯的书中随处都是对负债累累、深受压迫的可怜人之悲惨遭遇的描绘；书中讲述了约翰的合作伙伴马蒂拉姆被监禁的经历；还提到加尔各答一名叫作"拉蒂胡·塔戈尔的黑人商人"在替一名制帆人向东印度公司董事会的官员讨要一笔数额很小的债款时"立即遭到后者警卫的逮捕"。[107] 博尔特斯的书，是在为那些良知尚存的东印度公司职员、那些居住在印度的其他欧洲人和亚洲人，以及在英国统治下、被他称作新英格兰公民的印度人进行辩护。"所谓的新公民，特指国王在亚洲的新子民以及在印度定居的英国移民，"博尔特斯写道，"以及成千上万文明守己、勤勤恳恳"，英勇善战，并且宽容大度的人。这些人曾经是"黑皮肤的印度君主"的子民，他们生活在一个富饶的商业与手工业社会，如今却深受英国"极端暴政"的迫害。[108]

约翰回到英格兰后的几年是人们对印度政治问题极为关注的时期。印度传来的消息源源不断，甚至有许多商人、翻译家，以及波斯印记专家不惜远渡重洋，亲自踏上来往于印度的旅途。[109] 约翰斯通兄弟所涉入的关于东印度公司的激烈议会辩论都被详细地报道了。"议会对此问题已经进行了41次讨论，"埃德蒙·伯克说。[110] 有人将1770—1771年孟加拉的饥荒怪罪于繁重的税收，有人将之归因于垄断行为，还有人认为与这两者都有关，因为即使到了最危急的关头，东印度公司的职员们依旧只顾维护自身利益。据《绅士杂志》一名记者的报道，"饱受饥荒的人群中"死者的尸骸被"野狗、豺狼和秃鹫撕咬着。"另一则 1772 年的记录写道："我们的行政官员擅自赋予自己无限的权力，做着丧尽天良的事情，他们操纵并垄断了所有的生活必需品"，"克莱武勋爵签署了两百万名同胞的死刑令。"[111] 乔治总结道，东印度公司强加的苛捐杂税和"违反自然的法规"，"是孟加拉大饥荒及其他一切灾难的始作俑者"。[112]

印度的灾难爆发后，两位加尔各答和贝拿勒斯的亚美尼亚－波斯裔商人继威廉·博尔特斯之后，也从孟加拉到了英格兰，这两人都是约翰的朋友。他们曾经因商业执照的事情与东印度公司官员发生冲突，而随后被以"最为突然、残暴和不人道的方式逮捕"，而逮捕他们的官员正是约翰和伊丽莎白·卡罗琳娜在加尔各答的老对手。亚美尼亚人来到英格兰是为了讨回公道，这很快演变为一场长达八年的法律诉讼，最终，事情闹到了上议院。他们的诉状经由约翰斯通兄弟的调停人提交给了下院。乔治声称自己很愿意为一个信仰基督教的、"受压迫的亚美尼亚商人"进行辩护，不过即便他信奉的是"伊斯兰教或者印度教"，乔治也不会改变自己的立场："我之所以为他辩护，并非因为他是基督徒，而是由于他是一个人、一名兄弟，还因为他的案子能够让议员们看到一个真实的孟加拉。"[113]

约翰、博尔特斯，以及一名来自克朗斯塔德的商人都为亚美尼亚商人出庭作证；这位来自克朗斯塔德的商人现居阿姆斯特丹、家乡在伊斯法罕，他通过一位翻译陈述自己的证词。原告控诉到，他们在英国官员下达的密令下被关进监狱，这些英国官员借助"小纸片"，或者说命令中夹杂的命令来传达旨意。如往常一样，约翰的证词建立在他"曾长期作为波斯语翻译"的身份上，因而他能够向法庭展示"在东方人们如何通过将指令隐藏在信文中而传达带有针对性的信息。"[114]

贝尔，别名贝琳达

印度的世界也跟随约翰回家了，甚至回到了他位于苏格兰的新家里。1771
年对于约翰斯通家族而言，与往常没有什么区别。约翰在法夫的巴尔哥尼租来
的房子里料理他和威廉在印度的生意及在格林纳达岛种植园的账目。"这是个永
无止尽的苦差事，"他写信对威廉说，"不过我会全力以赴完成的。"这期间，他
收到吉迪恩从布索拉传来的消息，还得知乔治患上了坐骨神经疼。[115] 同年春天，
夏洛特和她的丈夫前来看望他。到了夏天，他和伊丽莎白·卡罗琳娜前去韦斯
特哈尔探望病重的母亲；母亲在九月份同他们一起返回了巴尔哥尼。在诺福克
的詹姆斯和詹姆斯·巴尔曼一起忙着寻找祖先爵位的证据，詹姆斯还和瓦尔特
叔叔讨论伦敦的诱惑："生活是一场持续的梦。有梦的人也许不是最富有的，但
是最幸福的，哲学也是这样；诱惑也是这样。"[116]

但是，这一年的夏天和秋天，在法夫的库珀郡法院以及佩斯郡的巡回法院
却发生了一件非同寻常的事件。1771 年 6 月末，在距离约翰和伊丽莎白·卡罗
琳娜家不远的列文河中浮现了一具包裹在亚麻布里、"带有明显暴力伤痕"的男
婴尸体。母亲的身份很快就查明了，她被押送到库珀郡并受到了谋杀儿童罪的
起诉。起诉书中对她的描述是："贝尔，别名贝琳达，来自东印度孟加拉的黑女
人，约翰·约翰斯通的奴隶或仆人。"1771 年 7 月 4 日的审讯记录显示，她自
称为"一个名叫贝尔或贝琳达的黑人女孩。"她说自己是跟着约翰斯通夫妇从
孟加拉到了伦敦，在伦敦居住了四年之后又来到苏格兰。据她的陈述，上个星
期天她在"女主人的房间里产下一个孩子，孩子生下来的时候已经死了。她没
有告诉任何人自己怀孕的事情，并且没有人知道她生下了一个男孩。两天之后，
她将孩子的尸体裹在一块布里丢到河水中。""约翰斯通夫妇在孩子出生之前就
已经离开了家，并且在贝尔或贝琳达被逮捕时还尚未归来。"[117]

共有 18 名证人为此案作证，其中有 6 名来自毗邻的庄园、4 名来自约翰家，包括"约翰·约翰斯通的奴隶或仆人，一个叫莫莉的黑人女孩"。据证人所述，贝尔或贝琳达曾离开她与其他仆人共用的房间，去往约翰斯通夫人的卧室。起诉书中写道："（你说）你太热了或者因为在河水里洗澡而患上感冒"、"你在生产前一直待在卧室和更衣室里……生下孩子后，你也独自在原地逗留了很久。"然而没有足够证据用以还原当时的真实情景，起诉书认为贝尔或贝琳达将自己的孩子"勒死或者撞击头部将其致死"，或者以"其他暴力手段致其死亡。"但是，当时的"儿童谋杀法令"认为，甚至是隐瞒怀孕或者独自生产都可作为蓄意谋杀的证据，于是贝尔或贝琳达在佩斯郡北部的巡回法院出庭受审。[118] 十年前，一个名叫玛丽·布尔格斯的女仆就在该法庭内被判犯有谋杀儿童罪，并在 1762 年于佩斯郡被处以绞刑，死后还被"公开分尸"。[119]

1771 年 9 月的一天上午，也就是贝尔的案件开庭的上午，佩斯郡首席法官约翰·斯温顿以被告"不懂本国语言和法律"，并且两天前刚刚抵达本地"因而尚未有机会得到法律援助"为由而将开庭事件延迟一日。斯温顿的提议得到了采纳，案件于第二天上午正式开庭审理。根据庭审记录，被告人是"贝尔或贝琳达，一名来自东印度孟加拉的黑人女孩、约翰·约翰斯通的奴隶或仆人。"现场有两名来自爱丁堡巡回法庭的法官，其中一位是约翰斯通兄弟姐妹（曾给过贝蒂 40 先令）的舅舅。贝尔或贝琳达被带到了法庭。[120] 当法庭要求贝尔或贝琳达为自己辩护的时候，她呈上了一份由两位公证人签署的新诉状。她在诉状中说："她不会写字，不过她碰了碰笔。""她来自孟加拉帝国，来到苏格兰的时间不长，因而对苏格兰的语言和法律所知不多"，"她相信法庭会发现她没有蓄意谋杀。"不过，这时故事中又出现了一个新人物："约翰·泰特，被告声称此人能够证明她的清白"，"不过该证人目前身在伦敦，无法出庭作证。"因此，贝尔请求法庭将自己流放，"因为她的确是抛弃了自己的孩子"。"在此恳请法官大人将我流放到国王陛下位于东、西印度或者美洲的种植园。"[121]

法官们许可了她的请求，贝尔没有被判谋杀罪。他们判处将贝尔"终身发配至国王陛下位于美洲或者西印度殖民地的一处种植园"。随后她被"移交"给格拉斯哥的商人帕特里克·科洪，根据合约，科洪将"找一个合适的时机将她流放"："法官大人们下令将被告贝尔或贝琳达移交给帕特里克·科洪，她将被贩卖为奴，且终身为奴……同时她仍将服从约翰·约翰斯通的支配，而被告被出售换来的所有钱在扣除了流放的费用后应当交给约翰·约翰斯通。"法官在判决书中还附加了一条流放判决书中常见的条款，如果贝尔或贝琳达胆敢重新踏上苏格兰的领土，她将会被押送回佩斯郡鞭打，然后再次流放。庭审期间，约翰也在场，至少在判决期间，他一直在场；他在庭审记录以及判决书上签了字，表明他认可了法庭的判决。[122]

贝尔或贝琳达最终被发配到北美洲。在 1771 年 9 月的几天之内，北方巡回法庭的法官们一共将四人流放，其中包括一个曾试图帮人流产的男人、一个偷了一些蓝白格子亚麻布的女人、一个靠装扮成对方失散已久的兄弟骗取多名佩斯郡农民钱财的诈骗犯，以及贝尔或贝琳达。他们全部被发配至弗吉尼亚。[123]流放者乘坐的是贝特塞号，船长名叫詹姆斯·拉姆齐，该船于 1772 年 1 月 12日从格拉斯哥出发，在同年 3 月 31 日抵达弗吉尼亚。詹姆斯河上游的一名海军军官于 4 月 19 日在威廉斯堡签署了接收文件，文件在规定日期内被送回到苏格兰法庭。[124]

约瑟夫·奈特

同一年内，在佩斯郡还上演了另一出跨大西洋法律事件，其中涉及到的不仅有约翰斯通家族的成员、他们在苏格兰的奴隶，还有关于压迫的遥远记忆。相比于贝尔或贝琳达案，此案则更为著名，其结果也与前者截然不同。案件历经 1772 年至 1778 年长达六年的审判，玛格丽特·（约翰斯通）奥格威的女儿，那个曾在巴黎度过愉快的童年、与其丈夫约翰·韦德伯恩定居于佩斯郡，并且曾为加入英格兰国籍向舅舅们寻求过帮助的女孩是案件的当事人之一。[125]

约翰·韦德伯恩从牙买加带回了一个名叫约瑟夫·奈特的奴隶，约瑟夫在小时候就被约翰从一位奈特船长手中买下来。约翰和玛格丽特在佩斯郡的巴林登庄园生育了四个孩子。约瑟夫·奈特也和庄园的一名女仆，他后来的妻子，生过一个孩子，不过孩子很早就夭折了；约翰·韦德伯恩给过约瑟夫一笔用来支付"医疗和丧葬费用的钱"。然而到了 1772 和 1773 年，约翰·韦德伯恩和约瑟夫·奈特之间的关系开始恶化。据约瑟夫所言，1772 年夏天，他从"报纸中得知了一名叫作萨摩塞特的黑人在高等法院胜诉的消息，这自然引起了他对自由的向往。"奈特提到的案件，正是著名的詹姆斯·萨摩塞特案，黑奴萨摩赛特从伦敦的主人家中出逃，被捕后被关押在一艘开往牙买加的船上的铁笼里，随后又因"人身保护法"而最终获得了自由。这一案件于 1772 年 6 月由曼斯菲尔德勋爵做出终审判决。詹姆斯·萨摩塞特的主人查尔斯·斯图尔特，与约翰斯通兄弟们相似，也是苏格兰大西洋殖民界的一名风云人物，他还是波士顿海关的财务总监以及本杰明·富兰克林之子的友人，同时也是约翰斯通兄弟们的詹姆斯叔叔，魁北克总督的朋友。[126]

1773 年，约瑟夫·奈特已决意离开韦德伯恩家；根据约翰·韦德伯恩的说法，他"开始对所有事物都表现得不满、心情十分低落，他把自己的衣物都打包好了。"1773 年 11 月，约翰·韦德伯恩要求当地治安法官来到家中证明自己对约瑟夫·奈特拥有终身支配权，法官们照做了。据约翰而言，约瑟夫"对这样的判决十分不满：他告诉治安官他要向大法官上诉，大法官肯定会比他们更公正；的确，大法官做出了有利于约瑟夫的判决。"[127]

1773 年 12 月，约瑟夫向佩斯郡主法官提交了一份上诉书——据约翰·韦德伯恩所述，他"为此攒了好久的零用钱"——诉状声称"上诉人不承认自己的奴隶身份"。副法官驳回了他的上诉。约瑟夫随之向上级司法部门提出申诉；用约翰·韦德伯恩的话说，约瑟夫似乎"更相信佩斯郡大法官的公正度"。1774年6月，大法官判决约瑟夫胜诉："本国法律不承认奴隶制的合法性，本国的法律原则也与奴隶制不相容；牙买加的奴隶制不适用于本国，因此驳回被告（约翰·韦德伯恩）声称其对（原告）所拥有的终身支配权。"约翰·韦德伯恩将此判决描述为"法官对司法体系的任意篡改"，他随之向苏格兰最高法院提出上诉。该案，即"约瑟夫·奈特案"，在最高法院历经了从1775年3月至1778年1月的审理。[128]

　　约瑟夫·奈特案与约翰斯通家族的生活之间的关系极其复杂。判决约瑟夫胜诉的法官约翰·斯温顿正是三年前贝尔或贝琳达案的主审法官。斯温顿的弟弟萨缪尔·斯温顿是乔治在海军服役时的战友，他的哥哥阿奇博尔德·斯温顿是约翰在印度的好友。约翰曾称阿奇博尔德为"最可敬的斯温顿"、"没有人比他拥有更崇高的人格。"[129]约翰·韦德伯恩最初聘请的律师是约翰斯通兄妹的舅舅詹姆斯·弗格森，弗格森是审理贝尔或贝琳达案的两名法官之一。约翰·韦德伯恩后来又聘请了一位名叫罗伯特·库伦的律师，库伦和威廉一样，也是亚当·斯密的学生。约翰和玛格丽特·韦德伯恩在1772年，也就是约瑟夫·奈特失去孩子的那年，生下了一个小女孩。这个孩子正是后来在雷本的画作中与约翰和贝蒂谈话的年轻女子。到了1775年冬天，即约瑟夫案终结的前夕，玛格丽特·韦德伯恩再次怀上了身孕，并且患上了严重的疾病，根据她的丈夫于1775年1月写给威廉的信所述："她瘦得只剩下一副骨架，高烧不退，虚弱不堪。"从1775年春天到秋天，贝蒂一直住在佩斯郡，陪伴着韦德伯恩一家；同年3月份，在约瑟夫·奈特案移至爱丁堡的几天后，贝蒂写信给威廉告诉他玛格丽特去世的消息："我失去了她，这种悲痛仿佛失去了自己的亲生孩子。"[130]

与贝尔或贝琳达案相似，这起案件的审理过程映射出了苏格兰法律体系的情况。约翰·韦德伯恩的律师在法庭上呈现出前所未有的强有力的证据以证明奴隶制的合法性。他们引征《出埃及记》中描述主仆关系（"仆人是主人的财产"）的话语，柏拉图、亚里士多德和西塞罗关于"人类情感"的观点，以及英国法律直至 1765 年以来"授权并支持黑奴贸易"的案例。罗伯特·库伦列举了黑奴贸易对不列颠帝国的至关重要性（为 195 艘商船、超过 13000 名水手提供就业机会，为国家带来 200 万英镑的年收入），以及约瑟夫·奈特的胜诉将会对北美奴隶的潜在影响："那些放荡、慵懒、只知道抱怨的奴隶将趁机扰乱整个大西洋地区的秩序"。詹姆斯·弗格森预见性地警告道："灾难即将降临，我们白人的地位将会遭到动摇。"[131]

弗格森说："也许我们的确应当尽可能地坚持我们的自由观念，不允许奴隶制在我们眼皮底下存在，然而我们既然已选择走上成为世界第一大贸易帝国的道路，并且将自身利益与众多海外殖民地捆绑在一起，这便决定了我们不得不与奴隶制共存的命运。"[132] 在这些话语中，启蒙觉悟与保守思想奇怪地交织在一起。库伦对佩斯郡法官的判决的评价是："这种地区性的解放真是异想天开的幼稚做法。"在他们看来，人们应当以一种全球性的视野看待奈特案，而在现代世界中奴隶制几乎是被普遍认可的。库伦认为，法律最初是"完全地域性的"；不过"人们很快发觉以特定社会的准则来定义普遍正义观是多么的狭隘，"因此，"为了纠正地域性的偏见，（人们）开始借鉴其他国家的法律制度。"约瑟夫的辩护律师引用了法国（海事）法庭解放奴隶的种种先例；库伦反驳说，这些先例发生在"国际贸易尚未将普通法带入他们的视野中、他们尚未关注其他国家的法律的时期。"[133]

根据美国独立宣言的精神，以一个更为开阔、现代化及公正的视角来看待问题，就须考虑世界各地的观念和法律，并且"关注全人类的思想。"因此，约瑟夫·奈特的主人应当胜诉。然而法庭却似乎并不这么认为，最高法院在 1778 年 1 月以 7 比 5 的票数维持了佩斯郡地方法院的原判："黑人胜诉。"[134] 约瑟夫·奈特于 1772 年 7 月在《爱丁堡信报》上获知萨摩塞特案的相关信息，到了 1778 年 1 月他本人的案件则被另一家苏格兰报社报道为："黑人的自由首次获得苏格兰最高法院的认可。"[135] 这样一来，几个月前的贝尔或贝琳达案就成为不列颠法庭对奴隶制的最后一次默许："法官大人下令将被告贝尔，别名贝琳达终身贩卖为奴。"[136]

第二章 结局与死亡

围绕着约瑟夫·奈特和贝尔或贝琳达而展开的一系列法律诉讼标志着约翰斯通家族的故事进入了最后的篇章。这个故事，犹如许许多多真实的故事一样，终究未能摆脱悲剧的命运。"岁月的痕迹在我身上越发明显了，"他们的母亲在约翰动身前往印度前的几个月写信对他说，"衰老的过程对于你那可怜的父亲来说可不是一种享受，他时刻都生活在对失明的恐惧中……除了病魔缠身，困扰着他的还有无尽的孤独。"[1] 母亲在 1773 年去世之前，已经送走了两个女儿，玛格丽特和芭芭拉，夏洛特在母亲去世两周后也离开了人世。夏洛特同玛格丽特的女儿一样，都是死于产后疾病。[2] 终生未婚的贝蒂也常年饱受疾病的困扰。老约翰斯通在 1772 年 4 月写信对威廉说："可怜的贝蒂患上了腹泻，"且她的情况"非常不稳定"；她患有严重的风湿，有时"走路都很困难。"[3]

约翰斯通兄弟姐妹之间的通信总是少不了关于疾病的话题，这是 18 世纪司空见惯的事情。从海外归来的兄弟们带回了一身的病：俗称帝国病。詹姆斯患上了奇怪的病症，乔治受肠胃胀的困扰，亚历山大双腿有疾，约翰则常常浑身发冷："在孟加拉度过的那炽热难耐的 17 年，只是他所饱受的磨难的一部分。"约翰和他兄弟们总是双脚冰凉。他们在写给彼此的信中提到过一些治疗产生的严重副作用："父亲……流了血，浑身长满了水泡，呕吐不止，他吃下了三服大黄，"夏洛特对威廉说。他们还谈到了芳香精（夏洛特用 6 便士买来的）、金鸡纳液、氧化镁、驴奶、锑汞和盐在治疗腐败热的奇效。[4]

精神疾病也是约翰斯通家族关注的领域。"据多年的经验，我深知精神对肉体有多么深远的影响，"1771 年 11 月詹姆斯写信对约翰说。几个月后，在回韦斯特哈尔看望年迈的父母之前，约翰哀叹道："晚年最大的痛苦莫过于心情的抑郁。"约翰写信对他的律师倾诉道："焦虑、烦恼、担忧"、"现实的痛苦、苦难和挫折阻碍了我们对美好未来的向往，岁月摧毁了一切。"在妻子伊丽莎白·卡罗琳娜病重的时候，肠胃不适的约翰写信描述了自己的近况，"近来，我身体极不舒服。"⁵瓦尔特叔叔，他们父亲同父异母的兄弟，总是在一家人陷入困境的时候被召唤而来，这一次，玛格丽特的儿子在斯卡伯勒遇到了困难："精神不好的人不仅疑心重重，而且目光短浅。"⁶不过瓦尔特自己也饱受痛风的折磨，在一个暴风雨的日子里他于杜姆弗雷写信对詹姆斯·巴尔曼说："我将自己紧紧地裹在毛毯里，就像个没人要的可怜虫一样蜷缩在壁炉前。"⁷

　　贝蒂在父母于 1772 和 1773 年相继去世后，借住在朋友和亲戚家里。"我居无定所地从一个地方搬到另一个地方，"1773 年 10 月，她对威廉说，"为此我的精神状态一直不佳。"约翰"曾极力坚持让我与他和约翰斯通夫人同住"。然而"自从父母去世后，我最大的愿望便是能够拥有一处属于自己的住处"。约翰最终"对我的想法表示赞同"，贝蒂在爱丁堡找到了"一处通风条件很好的新房子"，"房子有四个房间和一个厨房。"为此，她需要从自己的资金中取出一百英镑"用来购买一些家具"，而这笔钱则在威廉手中。"我已经买好了家具，不过在尚未付款之前，我无法拿到它们，"她写信告诉威廉，而威廉显然对这个消息感到很惊讶，并表示自己并不方便提供这笔钱。贝蒂曾经说："在我看来，人到我这样的年龄，应该有一处属于自己的养老之地。"⁸

帝国的碎片

　　七个兄弟中，只有约翰一人最终在苏格兰定居。亚历山大、乔治和吉迪恩总是在短暂停留后匆匆离去。亚历山大位于格林纳达岛的"韦斯特哈尔"甘蔗种植园引发了他、威廉和约翰之间的法律纠纷。詹姆斯将这一事件称为"断绝兄弟情义的诉讼"。最终，他们之间的"对立、争吵和纠纷"在詹姆斯的调解以及卧病在床的父亲的干涉下得到了解决。⁹亚历山大终身未婚，死后没有合法继承人，于是他在格林纳达的资产（包括黑奴在内的所有奴隶及磨房和糖作坊）留给了詹姆斯、詹姆斯的"男继承人"，以及其他潜在的继承人；威廉（"与现任妻子之外任何妻子所生育的")长子；乔治和玛莎的"长子"乔治（不过他须先通过苏格兰法律验证而成为乔治的合法继承人）；还有约翰、吉迪恩和他们的儿子们。[10] 半个多世纪之后，亚历山大的孙女安（"亚历山大·约翰斯通上校的黑白混血女儿，简·卡斯蒂诺·约翰斯通之女"），曾向约翰的孙子求助，却只"得到了一英镑"的援助。她那时在爱丁堡卡农基特的一个食品杂货店工作；她的丈夫，一名牧牛人，"摔断了腿并且身上有多处创伤。"[11]

总是带着远方亲友的消息在爱丁堡短暂驻足又重新启程的吉迪恩死后也没有留下合法的继承人。1780 年，再次入伍海军后，他被派往利物浦。在那里，他与一位叫作范妮·科尔基特的当地人结婚，范妮的家人从事的职业有律师、商人、奴隶船主和海关官员。她的父亲，也就是利物浦港口的副关长，对吉迪恩的第一印象并不好。因此，他仔细地在遗嘱中规定了女儿的收入将"不由现任及未来任何丈夫继承或控制"。然而在一年之后的遗嘱附件中，他却将吉迪恩描述为一个"令我十分尊敬的人"，"因此决定将他列为家族资产的继承人之一"。[12] 婚后不久，吉迪恩的船队就被派往北美洲，他曾相继在普利茅斯湾、南塔吉特和纽约服役。[13] 回到英国后，他和范妮曾先后在约翰于伦敦格罗夫纳广场附近租下的房子以及约翰在苏格兰的一处新庄园中居住过。[14]1788 年，吉迪恩去世后将遗产留给了夏洛特的孩子们，所有地产则留给"我挚爱的哥哥约翰"，"我对他的感激和爱，远远超越了我所能给予的一切。"[15]

乔治也是一个一生都不曾安分的人。在他关注着东印度公司以及北美革命的间歇，又将注意力转回其早期设想的墨西哥湾的贸易帝国之上，这是一个起于洪都拉斯，延伸至牙买加，并连接大西洋市场的贸易帝国。1777 年，乔治所从事的国会项目是对中美洲的莫斯基托海岸（今天的洪都拉斯和尼加拉瓜地区）的建设，在这里，两名苏格兰承包商和一个叫古斯塔夫·瓦萨的人（此人就是后来名为阿罗德·爱克伊诺的获得自由的奴隶）建立起了出口产业（出口生产羊毛所用的"植物油"），以及日后的"棉花"产业。[16]

1778 年，乔治被选入由年轻的诗人及议员卡莱尔伯爵所率领的卡莱尔委员会，负责与北美殖民地，或者说新美利坚合众国商讨有关和解的事务。[17] 不过，此任务以失败告终。哲学家亚当·弗格森是委员会的秘书长。乔治认为，美、法联军的胜利是迟早的事情，因此，就像他在给美国友人的信中所说的那样，委员会及他本人此行的目的是"协商彼此的共同利益"，或者是寻找"最明智、最持久的合作方式"。然而，乔治寄出的这三封信演变为了一桩政治丑闻，而当他被指控试图以一万几尼来贿赂对方时，事情变得更严重了。[18] 国会在 1778 年夏天声明，"出于对国会名誉的维护，我们不能与乔治·约翰斯通扯上任何关系，尤其是在涉及到自由和美德的事务之上。"在此之后，乔治立刻返回了伦敦。[19]

守在伦敦的玛莎·福特，以及在老师的陪伴下身在比萨的儿子们皆焦急地等待着乔治的消息。"你们可以从地图上看到纽约，"玛莎写信告诉孩子们，"我知道你们都很担心你们那最可敬的父亲，我亲爱的儿子们……无论情况多么艰难，他时刻都挂念着你们。"[20] 从美国回来后，乔治与孩子们的老师在信中发生了激烈的争吵。[21] 他要求两个（分别为 11 岁和 13 岁）儿子立即乘坐从里窝那港出发的商船回家。然而正是在这艘船上，乔治的儿子们连同他们的老师，以及"一名来自孟加拉的黑人男孩"都沦为一艘法国军舰的俘虏，并被"押送到马拉加"。在地中海战火的纷乱中——"（直布罗陀海峡）停泊着 36 艘等待护航的渔船，船上的货物已经开始变质"——他们的命运取决于断断续续的外交谈判，"法国人则提出了一个极不合理的条件"。最终，他们在加的斯被释放，并在原地等待"一个恰当的时机返回英格兰"。[22]

乔治和玛莎在 1778 到 1781 年之间的某个时期分开了。乔治再次将发财的机遇寄托在风险极大的海军捕获敌船的活动，即战利品经济之上；他率领着 37

艘护航舰为波尔图的葡萄酒商船护航。后来，乔治指挥了独立战争期间最奇特的一次冒险征程：1781 年，乔治在为前往马德拉的东印度公司商船护航的掩护下，密谋夺取好望角，继而在东印度公司的私人军队及两千名印度"士兵"的协助下，夺取锡兰群岛和西里伯斯群岛，最后折返夺取现今阿根廷拉普拉塔流域的西班牙殖民地。[23]1782 年，乔治在里斯本迎娶了自己的第一任妻子，夏洛特·蒂，他们生育了一个儿子，是他们唯一的合法继承人。[24]

　　乔治的计划在被伦敦一名法国情报人员截获后，他的舰队在非洲西海岸的佛得角群岛遭遇了一场战斗（后来伦敦那名情报人员成为了史上最后一个因从事间谍活动而被绞死、示众并分尸的人）。法国人最终抢先一步抵达了好望角，而作为一个个头庞大却意志并不十分坚定的指挥官，乔治的惊人之举便是"趁着夜色的掩护"攻击好望角附近的四艘荷兰东印度公司的商船。[25]乔治的队伍中有一部分舰船继续向东驶往印度，有两艘向西驶向了南美洲，乔治本人则返回了里斯本；"他的脑子被无数的计划和方案搅得混沌不堪，而最终他却无法做出任何抉择，"乔治在海军最亲近的朋友在其动身前往"产生了世界上一半以上财富、著名的拉普拉塔河流域"时说道。[26]此次征程的命运，如同乔治的许许多多的计划一样，最终闹到了上议院。乔治的冒险之旅就这样在一起关于佛得角群岛的海军军事纠纷和法律诉讼中画上了句号。[27]

　　在 1786 年至 1787 年期间，即其生命的最后几个月中，身体虚弱却"头脑清醒、记忆力敏锐"的乔治对自己的帝国生涯进行了一次全面的回顾，这一过程是以他不断地对自己遗嘱的内容进行补充而进行的：他将自己所有的枕套和"丝绸以及印花棉布"全部留给妻子夏洛特；所有"中国和日本的瓷器"寄到约翰所在的阿尔瓦庄园，并且要在"姐姐贝蒂的照看下于特殊节日使用"；为了表达对威廉和弗朗西斯·普尔特尼之女亨丽艾塔·劳拉的感谢，将"我的红色头巾"留给她；"两尊罗马皇帝半身像"留给威廉；日式银质茶壶和奶壶留给贝蒂；"我最珍贵的一套格拉斯哥版本的米尔顿全集"留给韦斯特哈尔庄园；将"我的钢剑"留给了他和玛莎的儿子詹姆斯；把"另一把剑"留给了他们的儿子亚历山大，或者桑迪。乔治仿佛是通过这样的途径随着一点点送出的物品与自己的记忆进行最后的割舍。乔治"深知自己的一生中充满了不确定的因素"，因而他遗嘱附件中所提到的内容随着时间的进展而变得越发古怪和琐碎。在生命临近尽头的时刻，乔治渴望回到艾斯克山谷："我希望我的遗体由六名居住在韦斯特柯克教区的穷人抬到墓穴，他们将得到一身灰色粗布衣并获得两几尼的报酬，也许可以给发参加葬礼的人价值十几尼的饮料。"[28]

詹姆斯·约翰斯通一家

在所有兄弟中，只有詹姆斯到了晚年才过上相对舒适的生活。1772年，老约翰斯通去世后，詹姆斯继承了韦斯特哈尔的家族资产，不过，这笔财产非常之少。"詹姆斯继承的遗产真是少得微不足道，"约翰在写给威廉的信中说道，正是在这封信他提到自己在了解到父亲生前的窘境时满心的愧疚。[29]然而几年之后，詹姆斯继承了亚历山大位于西印度那处与韦斯特哈尔同名的蔗糖种植园，并且凭借着这笔财富过上了至少相对富足的日子。他搬到亚历山大在伦敦的家中，家里有一名管家、一名厨师、一名女仆、一名马车夫和两名男仆。[30]不过，他和路易莎始终未摆脱债务的困扰；夏洛特的丈夫詹姆斯·巴尔曼在1792年去世后，他在苏格兰税务局的一位朋友在其随身笔记本中发现了一张前者在1792年为詹姆斯支付的一笔钱款的账单、詹姆斯在1760年向夏洛特借钱的欠条、1786年巴尔曼借出的一笔价值433镑的契据、一张购买"白兰地"的账单，以及一笔为"约翰斯通夫人购买俄罗斯毛巾"的15先令的账单。[31]詹姆斯没有和路易莎生育后代。[32]不过，他有一个名叫安的女儿。安嫁给了卡莱尔的一名商店主。而路易莎曾帮助安抚养她的孩子。除此之外，詹姆斯还有一个儿子，名叫詹姆斯·穆雷·约翰斯通。他将儿子交给自己的管家及其兄长，一位格林纳达船长来抚养。[33]

詹姆斯曾在 1784 至 1790 年期间以及 1791 至 1794 年期间两度担任议员。在议会事务上，他所表现出的乐观和热情与其在诺福克穷困潦倒时所写下的信件有着一致性。詹姆斯极力维护小商贩的权益（他拒绝"给帝国境内任何一个商贩带去丝毫的痛苦与不幸"）；他质疑海军的豁免权（"这是蹂躏印度人民的特权"）；他反对施加于女仆的税收（"这是对那些从事最为人性化职业的个体之压迫"），以及对典当行业的税收（"这相当于将穷人逼上了绝路"）。"如果议会拥有随意篡改法律的权力"，詹姆斯在一场竞选活动的辩论中宣称，"便意味着大不列颠人民独立自由时代走向终结。"在人们的印象中，"他的演讲往往带着斯巴达式的雄辩"。1788 年，他甚至在为自己于一场议会辩论的失态言行进行道歉时，也令大家保持"不错的情绪"："他承认自己当时喝醉了，并且希望得到大家的谅解。"据说乔治曾经在一场关于邮局的辩论中宣称："他会质疑议长，质疑主教大人们，质疑所有的议员；他的到来就是为了质疑所有人。"[34]

1783 年亚历山大去世后，詹姆斯成了格林纳达韦斯特哈尔庄园的奴隶主。多年前，他曾写信向约翰表达了自己对东印度公司、对孟加拉的统治的看法，乔治认为：人们所应享有的关怀、正义和人权不应因肤色的不同而有所差别；多年后，当他自己成为奴隶主的时候，詹姆斯的观点仍然没有改变，并且试图在人性与利益之间寻找平衡点。1789 年出版的一本反奴隶制的小册子向詹姆斯致敬，并称其为"仁慈、无私的种植园主"。[35] 詹姆斯在 1792 年曾宣布："我在过去的三年中没有添购任何奴隶，而我已有的奴隶将会安详地在这片种植园上生活一辈子；即使是不再生产哪怕一两的白糖，我发誓也绝不对他们进行压榨！"[36] 如同亚当·斯密一样，他认为可以用耕犁代替黑奴的"手工劳作"来生产蔗糖。1792 年，在议会就"逐渐废除奴隶贸易"举行的辩论中，詹姆斯说道：

他认为奴隶贸易应被立即废除。他声称本人已经将耕犁技术引入到自己位于西印度群岛的种植园，并且发现，通过此途径蔗糖产量要远远高于黑奴的手工劳作。最后他总结道，奴隶贸易的立即废除不仅能够使英国种植园主们大大受益，更能提升大不列颠的国家形象。[37]

詹姆斯时常向韦斯特哈尔种植园的监工询问奴隶的状况；他从苏格兰的韦斯特哈尔庄园向格林纳达的种植园派去了"一名有经验的农夫"，农夫带去了苏格兰人常用的耕犁。一位同样主张废除奴隶贸易的朋友曾说："我发现詹姆斯先生甚至给奴隶送去了鞋子；"奴隶们的"衣食得到了良好的照料"。[38]1793年，种植园经理向詹姆斯汇报，尽管圣多米尼哥的革命搅得时局十分动荡，然而"我们的生产经营活动照常。黑奴们的身体和精神状况良好"。[39]1794年，詹姆斯去世后在遗嘱中留给"言行正直的种植园经理"100英镑的遗产，留给"对黑奴仁慈的监工"50英镑，留给"教授耕犁的农夫25镑，并感谢他耐心地指导我的奴隶们正确地使用耕犁"。[40]

詹姆斯还努力改善艾斯克山谷的韦斯特哈尔庄园。他在庄园北部的山地中发现了一个锑矿，并将其命名为路易莎矿。[41]当时锑广泛地用于印刷业以及医药和火药的生产。詹姆斯有一名跟他同名的黑人仆人。1778年，韦斯特柯克教区中，一名叫亨丽艾塔·艾伦的女仆因"产下一名私生子"而受到讯问，在被"劝告要坦白交代"后，她交代出了孩子亲生父亲的名字："詹姆斯·约翰斯通先生的黑人男仆，詹姆斯·约翰斯通。"教区的记录同时也表明，三年之后，（黑人）詹姆斯·约翰斯通在讯问中"坦白了自己曾经与亨丽艾塔·艾伦有过不正当的往来，但拒绝承认自己就是孩子的父亲——因为孩子没有任何黑人血统。"[42]詹姆斯去世后将格林纳达的种植园留给了妻子，他同时也留给"我的黑人男仆，发现了锑矿的詹姆斯·约翰斯通"每年 20 英镑的收入。[43]

　　韦斯特哈尔矿产公司在 1793 年为采矿工人建立了一座图书馆，图书馆最初拥有 17 本用以"提升工人精神修养"的书籍，其中包括：罗伯森的《苏格兰史》、塞内加的《论道德》、"弗格森演讲"和"拉瓦锡化学"。詹姆斯的男管家捐给图书馆一本祈祷书《人性的四阶段》，他的秘书则捐赠了一本《美国的政体》。1793 年 8 月，矿工们又从爱丁堡的书商那里订购了休谟的《英格兰史》，《查理·格兰迪森爵士传》，《罗迪克·兰登传》，亨利·麦肯齐的《感知的人》和《彭斯诗选》。1793 年 10 月，新图书馆的记录薄显示，"今晚矿工们聚在一起，交换图书，并成立了拥有一名主席、一名文书、一名会计和两名管理员的小协会。"或许詹姆斯·约翰斯通，或约翰斯顿，那个发现了锑矿的詹姆斯·约翰斯通，也是该协会的成员，并且还身兼协会的图书管理员；他曾在 1793 年"因未按时还书被罚了一便士"，第二年"因弄脏了书"又被罚了一便士。1795 年 7 月，"该协会认为有必要将他们不成文的规则记录下来，以便大家遵守"；到了 1797 年 1 月，"协会发布了一份正式的准则"，同时还附带了一本"规则摘要"；同年 4 月，他们订购了亚当·斯密的《国富论》和罗伯森的《印度》。[44] 如同苏格兰南部的众多地区一样，这片在 1759 年被詹姆斯描述为"荒芜和恐怖的山区"的土地，历经一代人的努力终于焕然一新地沐浴在启蒙工业社会的曙光之中。

印度黄丝绸

　　1795 年，约翰·约翰斯通在他位于克拉克曼郡奥齐利山的阿尔瓦山庄中去世。他和伊丽莎白·卡罗琳娜在贝尔或贝琳达被流放到北美的一年后便离开了在巴尔哥尼所租的房子；他们的返回"只是为了打包行李并向这座古老的城堡做最后的道别"，约翰在 1773 年写给威廉的信中说。[45] 在约翰这个由英国人和印度人组成的家庭之中，还有另外一名年轻男子或者女子也离开了。1773 年 4

月，有一位名叫詹姆斯·约翰斯通的人在艾斯克山谷中韦斯特哈尔以南几英里的基克德罗斯教堂受洗，此地已跨过苏格兰边境进入了英格兰。根据当时的教堂记录，"（受洗者为）一名大约 19 岁的黑人，由苏格兰韦斯特哈尔的约翰·约翰斯通先生从东印度带到这里"；或许这个人与那个可能是也可能不是亨丽艾塔·艾伦儿子的父亲、发现了路易莎锑矿、矿工图书馆管理员的詹姆斯·约翰斯通是同一个人。[46]

在东印度公司撤回了对他的起诉，并于 1771 年离开孟加拉政府后，约翰与公司的纠纷就此告一段落。他的好友威廉·博尔特斯离开了英格兰——"可怜的博尔特斯走了，这对我姐姐、约翰斯通夫人以及我自己都是一个不小的打击，"约翰写信对威廉说，后来，据说博尔特斯来到了里斯本，并忙于为一次东印度之旅准备一些巴西货物，此次旅程打着奥地利女皇的旗号，由一些反叛的船员参与。[47]约翰的那些与他在印度的收礼行为以及格林纳达种植园的投资有关的官司也都不了了之，其中包括：东印度公司对约翰斯通的起诉，约翰斯通和博尔特对法迪奥的控告（因东印度的纠纷和格林纳达岛上的奴隶抵押的纠纷），约翰斯通、普尔特尼以及其他人（代表贝蒂和伊丽莎白·卡罗琳娜）对博尔特斯的起诉，还有约翰斯通与约翰斯通的官司（威廉、约翰和亚历山大之间那场违背兄弟情谊的官司）。[48]

半退休状态下的约翰将精力主要投入到家庭事务当中。在他位于巴尔哥尼的家中，除了贝尔或贝琳达之外，还有另外一名男仆和三名女仆，这些人在贝尔的案件中都曾出庭作证。[49]约翰在阿尔瓦庄园，也就是那个有着圆形鸽子舍和八角形塔楼的庄园中的生活则更为奢华：在申报仆人税的时候，他申报了四个女仆，六个男仆，包括一个管家，一个随从和一个马车夫。[50]约翰的孙女在很多年后回忆道："客厅的老家具上覆盖着印度黄丝绸，上面还有天鹅绒的神像"，以及"精美绝伦的印度瓷器"，"极好的书室"中"藏有写在烫金烫银的上等印度皮纸上的信件。"[51]

伊丽莎白·卡罗琳娜在 1778 年去世后留下了一对年幼的儿女。约翰曾写信给詹姆斯·巴尔曼说，他的幸福"在于家人的幸福，而非别的事物"。[52] 他曾精心照顾病重的乔治；"似乎只有我用手擦拭他的头部，或者用一些鸦片才能缓解他的痛苦，"他写信告诉威廉。威廉·朱利叶斯·米克尔为乔治所写的悼文使其落泪不已。[53] 他是芭芭拉孩子们的监护人；乔治年幼的孩子将他视作"第二个父亲"；乔治去世后，他帮乔治照看其遗孀和玛莎·福特。詹姆斯称他为"我亲爱的好人约翰"，瓦尔特叔叔对他的评价是："尽职尽责、品德高尚的约翰。"[54] 阿尔瓦墓地中有一座罗伯特·亚当为伊丽莎白·卡罗琳娜立下的墓碑，在距离韦斯特哈尔庄园不远的韦斯特柯克公墓中有亚当为老约翰斯通夫妇所立的墓碑。[55] 约翰和其小儿子詹姆斯·雷蒙德·约翰斯通以及姐夫詹姆斯·巴尔曼加入了 1788 年于爱丁堡成立的废除非洲奴隶贸易组织。该组织曾向议会请愿，并且重印了威廉·库柏的"黑奴的控诉"：

> 英国来的人将我买去又卖掉，
> 我的身价卑微可怜；
> 他们就这样侵犯我，
> 然而心灵却永不可能被出售。[56]

约翰是吉迪恩和乔治的遗嘱执行人，他在父亲和乔治去世后替他们整理生前的文件；约翰自己的那些极有名的子孙们在 19 世纪，带着对远方亲戚的思念，试图寻找约翰和伊丽莎白·卡罗琳娜侄子侄女们后代的踪迹。[57] 不过，即使是在早年，约翰也不曾彻底脱离他的家族。1765 年 10 月，在他离开加尔各答前的那段紧张的日子里，他也没有忘记在遗嘱里给"我亲爱的姐姐贝蒂·约翰斯通女士"留下"17141 卢比和 14 安那"的财产。[58] 据说，约翰在最后的日子里不断反思自己与兄弟之间的过往矛盾，并且常常思考如何在未来长久地维持和睦的家庭关系。他的挚友亚当·弗格森在他临终前不久写信说："你将会与你的兄弟相聚，我会与你们两个相聚。"[59]

财政大臣

约翰斯通家族的韦斯特哈尔庄园在詹姆斯去世后被出售。威廉继承了准男爵的头衔以及詹姆斯剩余的财产。威廉不太愿意接管苏格兰的财产，因为"这样他就要承担其所有的债务"；"看到詹姆斯在苏格兰的资产已不抵债"，路易莎也不愿意接受遗嘱。[60] 路易莎和威廉因格林纳达的种植园发生了激烈的争吵；"那个混蛋的威廉·普尔特尼把我们都耍了，我没想到他竟然能做出这样的事，"路易莎的律师在 1796 年写道。[61] 路易莎在自己的遗嘱里将一切都留给了诺福克的娘家，她还强调"詹姆斯女儿的所有的孩子都要接受教育"。[62] 在 1797 年去世之前，路易莎以其旧式并且文学韵味浓厚的语言给其表兄，也就是遗嘱继承人，写信说道："我的确存在过，但几乎不能说真正活过。"她还深受痛风病以及从格林纳达传来的消息的折磨，然而"最悲伤的莫过于失去了我最亲近、挚爱的丈夫，詹姆斯·约翰斯通爵士。对于我而言，这世上一切的美好已都随着他一起被埋葬，永不复返。"[63]

兄弟中寿命最长的是威廉，他也是他们之中为人处事最谨慎、一生都不曾涉足东西印度大地的人。他的妻子弗朗西斯·普尔特尼在 1782 年去世。[64] 他们的女儿亨丽艾塔·劳拉被送到巴黎的一所隐修会学校学习。她在 1784 年返回英格兰时，按照《白厅晚邮报》所说，成了"这个国家有史以来最有名的女继承人。"[65] 不过在威廉看来，亨丽艾塔·劳拉的教育过于自由了，于是他为女儿换了一名家庭教师，想使其"有所约束"。[66] 威廉同时还煞费苦心地为了女儿的婚姻而与他人谈判，他心目中的候选人包括首相威廉·皮特，以及其他一些英国贵族。"普尔特尼小姐确实被父亲许配给过皮特先生，"纽约的一家报纸在1789年报道，"前提是，他要获得巴思伯爵的爵位。"[67]亨丽艾塔·劳拉最终在1794年嫁给了一位远房表兄。[68]

创作于1798年的一幅卡通画将俯身在成堆的钞票和债券中的威廉戏称作"财政大臣"。[69]在他侄子芭芭拉·肯纳德的美国女婿的描述中，他还是国会的选民或选区的财政大臣，"就像英国所有贩卖选区的人一样，忙于购买和出售选举的席位。"[70]1805年，《绅士杂志》报道说"他被认为是英格兰最富裕的下议院议员。他的固定资产超过了两百万英镑；他还是美国有史以来最重要的股票持有者。"[71]詹姆斯去世后，威廉涉入到格林纳达种植园经营的细节中。他将自己位于格林纳达罗亚尔港的两名分别叫作"加尔各答"和"邓弗里斯"的奴隶租借给了韦斯特哈尔的种植园。[72]他操心从格林纳达带到英格兰的名叫"皮埃尔"的奴隶的交换问题，包括怎样使用和多少价格的细节。詹姆斯原来的种植园管家也想要皮埃尔。就像他在争夺路易莎的地产时给律师的信中所说的：

> 我不觉得克斯先生（那位管家）所提出的以另外一个成熟的奴隶来换取皮埃尔的建议有什么不妥的地方，不过他并没有说明他要用哪个黑奴来换取皮埃尔，也未说明谁来进行裁决，或者他换来的这个奴隶是否和皮埃尔等值……自从离开了格林纳达岛之后，克斯先生就一直占用着皮埃尔。[73]

至此，威廉的地产延伸到了北美大陆。1780年，他的一名手下激动地向他讲述了改造新奥尔良和密西西比三角洲的前景："这里的泥土与尼罗河下游的埃及相似，都是由河水冲刷而来的淤泥沉淀而成。"[74]1791年，威廉开始着手实施其最大的一笔投资项目，本杰明·富兰克林的孙子也参与其中。他和帕特里克·科洪，也就是在 1771 年受佩斯郡的巡回法庭之命将贝尔或贝琳达在美国出售的年轻的格拉斯哥商人，共同购买了纽约州超过 1 300 000 英亩的土地。[75] 科洪当时已在北美洲拥有相当显著的声誉。1804 年，威廉第二次结婚，妻子叫玛格丽特·斯图尔特，是他和亚当·斯密在爱丁堡的一位共同友人的遗孀。[76]

1805 年初，晚年的威廉在议会的一场辩论中扮演了至关重要的角色，在这起复杂的辩论中，下议院驳回了威廉·威尔伯福斯关于废除奴隶贸易的提案。[77] 威廉和其朋友所支持的修正案将奴隶贸易的废除期限延迟了一年多，"那些支持奴隶贸易的人"为此修正案的提出进行了比以往更频繁的"游说活动"。[78] 这一决策影响了十几万人的命运：1806 年，共有 12 万人在大西洋奴隶贸易中被贩卖为奴，其中，95000 人由大不列颠和美国的船只运送。[79] 在最后一次参与议会的重要决策时，威廉宣称自己反对废除奴隶贸易提案的原因是，这一提议是建立在理论之上的，而他不喜欢理论："提案的原则最终将导致整个奴隶制的废除。"[80] 威廉于 1806 年去世时没有留下任何遗嘱；他的遗孀在四十多年后的 1849 年去世。[81]

远方的命运

个人命运与帝国命运的交织甚至延续到了下一代身上。乔治和玛莎·福特的孩子中，有三个都加入了东印度公司；其中约翰于 22 岁那年死在印度、亚历山大 25 岁的时候死于印度，亚历山大死后留下三个年幼的孩子。[82] 芭芭拉的儿子帕特里克·肯纳德也去了印度，并于 1771 年死在当地。[83] 夏洛特的儿子乔治·巴尔曼同样也前往印度。[84] 约翰的长孙女伊丽莎白·卡罗琳娜成为了研究伊特鲁里亚的历史学家，她试图探索一个失落的商业世界："一个尚未被帝国沉重的枷锁将一切相捆绑的古老的世界。"[85] 芭芭拉的女婿，也就是来自麻省剑桥地区的那个医学院学生，成了英国国教的一名牧师。他的女儿，芭芭拉的外孙女，在波士顿嫁给了东印度公司的一名官员——"他的为人和言行令我感到恶心，"她的美国舅舅曾说——后来二人定居在加尔各答；芭芭拉的一个孙子被派去打理家族位于纽约北部的地产，另一个孙子则参加了1802年"埃及的远征"。[86]

　　玛格丽特·（约翰斯通）奥格威的孙女，玛格丽特·韦德伯恩，也就是在约瑟夫·奈特从报纸上得知奴隶也可获得自由的那个夏天出生，后来与约翰和贝蒂一同出现在雷本的画上的姑娘，和姐姐在威尔士王子群岛（现今马来西亚的槟榔屿）定居。她的丈夫是东印度公司的首位英国总督，菲利普·邓达斯；她的姐姐也与槟榔屿的一名东印度公司官员结婚了。1806年，玛格丽特没有摆脱祖母和母亲的命运，死于产后疾病。[87]她的丈夫不久后也去世了，姐夫也很快离世；在遗嘱的附件中，她的丈夫将两个年幼的儿子托付给"一名女性奴隶"照料，"我在此不便列出她的名字。"[88]

　　北美家族资产所引发的矛盾延续到这一代约翰斯通家族成员的身上。乔治的幼子与表姐亨丽艾塔·劳拉的丈夫为了纽约北部的大片家族地产而争吵：这起复杂的纠纷像通常那样，走上了纽约日内瓦法庭，而且导致外人开始收购纽约的地产；最初威廉和科洪签订了土地协议，后来威廉和他的女儿与他们各自的配偶签订了土地的婚前协议。[89]美国前副总统亚伦·伯尔在访问爱丁堡的时候，被约翰和伊丽莎白·卡罗琳娜的女儿安娜·伊丽莎白及夏洛特和詹姆斯·巴尔曼的女儿伊丽莎白·卡罗琳娜列在了有关美洲事务的名单上。[90]乔治的遗孀在1805年写道："亨丽艾塔·劳拉告诉我的儿子说她拒绝将他视作亲属，并且还声称威廉·普尔特尼先生从改掉姓氏的那一刻起，就撇清了与约翰斯通家族的任何瓜葛。"[91]

　　劳拉·普尔特尼是约翰斯通后代中唯一一个试图摆脱复杂的帝国和家族关系的人。约翰斯通家族的故事充满巴尔扎克式、个人与婚姻间交错、循回式的纠缠，用乔治·卢卡奇的话说，"就像巴尔扎克笔下那些奇怪的、不可预见的命运和孤独的灵魂那样纠缠不清。"[92] 劳拉的故事也是巴尔扎克式的，因为这些循回式的关系最终与法国革命的帝国政治有着密切的关系。在与自己的表兄结婚后，劳拉保留了立遗嘱和处置自己财产的权利，用她自己的话来说，"就像是未婚的人的那样。"最终，她决定将自己的遗产留给两位女性朋友：诺丁汉一位牧师的妻子（要求对方"不受现任或者将来任何丈夫的控制"），以及另一名儿时朋友的女儿：一个在法国隐修会学校上学的女孩。后来，那位牧师的妻子却成了一起极其复杂的离婚诉讼的被告（其中当事人曾爬进爬出过教区长的窗户），劳拉的遗产自然成了她那位朋友与前夫所生的十个孩子以及与第二任丈夫所生的四个孩子之间一系列法律纠纷的争夺焦点。[93] 不过劳拉那位法国故人的女儿之命运则更加传奇。那个小女孩后来成了拿破仑的养女、帝国的公主，并且对后拿破仑时代德国所推行的众多"野蛮的"习惯法感到悲哀。[94]

乔治死后，玛莎·福特活了四十多年。她的四个儿子都先于她离开了人世；从印度回来的乔治·林赛·约翰斯通留给母亲一年 1500 英镑的收入，这相当于邓弗里斯郡约翰斯通家族旧宅价值的五倍。[95] 她的女儿索菲亚·约翰斯通嫁给了一位西西里公爵。[96] 玛莎·福特于 1830 年在伦敦去世，享年 86 岁；她的房子后来成了皇家医学学会的所在地。[97] 她在遗嘱里将自己的财产留给了孙子孙女们以及女儿索菲亚，"这笔钱只得由索菲亚一人支配，我的遗嘱规定她的现任或者未来丈夫都不能支配这笔钱。"[98]

贝蒂是约翰斯通兄弟姐妹中最后去世的，纺织品事件、卢比事件以及对家族事务的记录使得她一直处于这个故事的中心。她居住在爱丁堡那间属于她自己、"有着四个房间的公寓"里，"楼上住着两个不怎么出声的老太太"，这是哲学家亚当·弗格森的描述。[99] 后来她搬到了约翰和吉迪恩在爱丁堡郊区霍克希尔的别墅中，她的外孙女们曾带亚伦·伯尔到此看望她，而她则以马德拉红酒招待他们：“我们被请进了约翰斯通女士的房间，这里真漂亮，景色也不错，马德拉酒也很好。”[100] 贝蒂在 80 岁那年写信给自己的外孙女安娜·伊丽莎白或贝蒂，以鼓励的语气说：“努力，你一定会成功”，并且向对方通报了自己最近的健康状况：“我发现没有什么比运动对我更好的了。”[101] 贝蒂在 1813 年去世，她的遗嘱与乔治的遗嘱一样，是对自己帝国经历的一种回顾。她的外孙女贝蒂负责分配她的衣物，包括她那件黑丝绸新外袍；弟弟乔治的画像留给他的儿子约翰（那位纽约北部的诉讼当事人）；身在槟榔屿的可怜的玛格丽特·邓达斯得到了一个纪念品盒；“我从乔治那里得到的那个银质茶壶”留给夏洛特的女儿；而“可怜的桑迪·约翰斯通的剑要送给约翰斯通夫人，以便留给她在印度的儿子”；约翰的女儿贝蒂得到了“那块有些破损的印度丝绸”。贝蒂留下的资产总值 740 英镑。[102]

第四章　经济生活

连续不断的官司、挫折和烦恼使得约翰斯通家族的历史绝非一个平淡无奇的故事。这是个庞大而野心勃勃的家族。他们生活在一个有趣的时代，而他们的历史为我们提供了一个视角——一个特定的大家族之视角——来对重大历史变化进行观察。他们生活中有奴隶制和奴隶的影子；他们的成功源于对经济信息的掌握，而这些信息亦是基于私人关系的信息；他们的帝国基于家族事业，他们家族事业的巨大影响力渗入到苏格兰内地；而他们的帝国是建立在亲密的人际关系基础之上的。他们的历史是现代帝国建立初期一段失落的历史，其中承载了一个时代对未来的憧憬——哪怕这种憧憬是对一个基于个人（或家族）事业的帝国，即自由的帝国之建立的不切实际的奢望。

约翰斯通家族和他们的奴仆目睹了帝国的兴起与没落，见证了其他终究未能实现的可能性。要想成为新时代的观察者，就须先观察即将落幕的旧时代以及那些在人们或期待或恐惧的目光中可能降临的种种未来。相对于时光而言，我们很难忽视历史知识的不对称性：即历史学家所能够看到的结局和终点，是那些被探索的历史人物永远无从得知的结局。在空间和信息的意义上，我们同样也很难不去察觉这种不对称性的存在：试想一下，对东、西印度或者美洲大陆只有一些模糊的概念是怎样一种感受。最难以想象的，是那些生活在过去的个体如何对未来生活方式、思维方式进行设想与期盼。而这些设想本身就是约翰斯通家族帝国经历的一部分。[1]

在当时的人们以及后来的历史学家眼中，约翰斯通家族最辉煌的时期，即亚历山大、威廉和约翰积累了巨额但不稳定的财富的阶段，是新帝国建立的时代。他们生活在19、20世纪帝国历史中标志着现代盎格鲁-美国世界建立的三个重要历史阶段。即：在1765年的冲突中（约翰是这场冲突重要的当事人），东印度公司夺取了孟加拉、比哈尔和奥里萨邦的财政大权，当时英国官员决定——用克莱武勋爵的话说——"自己成为莫卧儿国王"；或者说，按麦克雷勋爵后来的说法，当时印度官员决定在道德上变得勇敢起来，"我们东方帝国行政管理的纯洁由之开始"；[2] 美国独立战争——威廉曾将之讽刺为"以自由为基础构建一个新帝国的美好幻想"；[3] 以及从 1772 年萨摩塞特案尘埃落定，到 1806 年不列颠帝国奴隶贸易的废止，到西印度群岛和南大西洋地区新兴、不纯粹的不列颠帝国的建立，按照希莱在维多利亚时代晚期所说：大西洋奴隶经济"消失了"，"我们承认我们的愧疚，对奴隶经济的状况感到后悔，并最终废除了它"。[4]

这个为约翰斯通家族提供了无数机遇的时代也是一个思想变革的时代，是人们的经济和政治生活观念改变的时代。他们生活在一个被当时及后来的历史学家描述为政治经济学和个人政治权利建立，以及经济关系中"领地"观念兴起的时期。根据法国经济学家让-巴蒂斯特·萨伊对 19 世纪早期历史的描述，这是"斯密第一次提出"政治经济学与政治学的区别的时代。[5] 根据约翰·斯图尔特·穆勒后来的说法，只有到了这一时期，政治经济学才成为可能，因为财富的生产和分配"在人们的脑海中关联了起来"。在穆勒看来，政治经济学的研究领域，即商品交换，如同一片被开荒者初步开拓却尚未受到城墙禁锢的土地："尚未刻意分类，事实自成各类。"[6] 从这一角度而言，政治经济学建立者们最有意义的发现莫过于人们的经济生活，或者说他们发现了一系列经济交换关系的存在。

约翰斯通家族就生活在这个充满戏剧性变化的年代。然而奇怪的是，他们总是处在"事物发展的对立面"，处在"胜利的对立面"（就像贝尔纳·贝林对美国独立战争中失败者的描述那样），"这些胜利从后来的历史视野回溯，最终被证明是具有进步力量的"，换句话说，站在帝国力量对立面的他们，自然也就落到了失败的一方。[7] 这个家族的成员曾在 1765 年反对克莱武在印度的殖民行为。他们最终成为了美国独立战争的敌对者。他们或他们中的部分成员支持 18 世纪 60 年代到 19 世纪初在大英帝国境内扩张奴隶制。他们站在政治革命败方的阵营上，就连他们的经济观念也是错误的。

在公共演讲和政治演说当中，约翰斯通家族令人注目地使用了当时新兴的政治经济概念。1776 年《国富论》出版之前，他们已是主张"自由贸易"和"财产安全"的官员。[8] 约翰在 1761—1765 年间于孟加拉发表的公共声明中多次提到自由竞争、自由贸易、自我发展，以及财富的前景。乔治于 1764—1767 年间在西佛罗里达也无数次地表达了对自由贸易、自由迁徙、自由进口、自由出口、与印度人进行"公平贸易"，以及与"世界各地"建立贸易往来的向往。[9] 然而约翰斯通家族所表现出的个人进取心只能很模糊地被定义为一种纯粹的经济事业。大卫·休谟和亚当·斯密的经济自由建立在交换之上，这种交换就是亚当·斯密在《国富论》、大卫·休谟在《道德、政治、文学论集》中多次提到的"商业的一般过程"和"商业和贸易的一般过程"。对于约翰斯通家族而言，这种交换是一系列个人和政治危机的产物。[10] 他们是一批注定将被历史掩埋的新世界的规划者。

潜在的帝国

在长达一个多世纪的阶段里，约翰斯通家族最为突出的一个特征，就是对各种不确定性的担忧。"迷茫而不幸的伊丽莎死去了，"1761 年，伊丽莎白·卡罗琳娜在离开英格兰前往印度后出版的贺拉斯译作中悲叹着国家与帝国的动荡。[11] 贝蒂曾写信向威廉表达自己对约翰和亚历山大的担忧。詹姆斯在写给约翰的信中提到了"痛苦、焦虑和烦恼"。就财产分配和律师费用的问题，约翰曾写信对威廉说："这些事情给我带来了巨大的烦恼。"[12] 詹姆斯给贝蒂写信表达了对约翰的财产安全的担忧，"（他的）财富与一些从未谋面的人们息息相关"。[13] 约翰和乔治在公共演讲中时常使用一些过分渲染的抽象词汇："惩罚、报复、以牙还牙、苦难、悲惨、压迫，以及嫉妒、烦恼和猜忌。"[14] 根据约翰斯通兄弟们的描述，大英帝国的新领土是一片荒凉、悲惨之地。约翰笔下的加尔各答到处都弥漫着"恐惧、不满、矛盾和焦虑"。亚历山大和他的朋友们印象中的格林纳达，则是一幅"特权与权力混为一谈、动荡、混乱"的景象。[15]

在约翰斯通家族和他们的亲友看来，大英帝国的外部潜藏着太多不确定的因素。就连帝国应该如何发展这样重大的问题都没有得到解决。[16] 以一种具有讽刺意味的方式，约翰斯通家族意识到自己生活在这样一个新纪元的开端。乔治在动身前往西佛罗里达前不久，在一封充满忧虑的信中写道："倘若我们生活在帝国的鼎盛时期，并且享受到了一个繁荣昌盛社会的各种好处，那么，我们就用不着带着悔恨忍受着各种不便。"[17] 帝国的不同命运在他们所从事的不同活动中相互纠缠在一起。在西佛罗里达，乔治一心想创造罗马共和国式的崛起，并"称霸世界"；几年之后在英格兰，他则试图让英格兰避免重蹈罗马帝国和西班牙帝国的覆辙。[18] 就像他们的表兄威廉·朱利叶斯·米克尔在信中对乔治所说的那样，葡萄牙是"世上第一个现代贸易帝国"，它以另一种令人沮丧的方式失败了，"它的结局无疑可以作为英格兰的前车之鉴。"[19] 相比之下，荷兰帝国的道路则更有前途，至少对于威廉来说是这样的；他期待不列颠能够像荷兰一样，成为"欧洲的银行家"，或者像北海的特塞尔岛那样，成为"世界各地商品的储藏库"，在这里世界各地的大商船卸下它们为阿姆斯特丹市场所运去的货物："荷兰不就是这样变得繁荣昌盛的吗？整个国家，不就是在扮演特塞尔岛的角色吗？"[20]

有意思的是，他们对帝国最大的担忧，在于不列颠统治是否能够持久。[21] 1774年，乔治在议会上声称政府认为"可以将东印度的财富源源不断地输入英国"的想法只不过是"美丽的幻想"。[22] 约翰在 1777 年说，征服美洲的愿望是一个"不切实际的梦想"。[23] 建立一个新的、独立的美洲帝国是个不错的设想，威廉在 1778 年写道，不过其中的"缺陷"也是"不容忽视的"；"难道不存在任何让我们担心的隐患吗？"[24] "他们那些美丽的幻想终于破灭了"，乔治的一个朋友在 1781 年就西里伯斯岛、锡兰群岛以及南太平洋地区的探险写道；几周之后，他描述自己"向拉普拉塔河岸的幻想告别了。"[25] 乔治和玛莎·福特的儿子，乔治·林赛·约翰斯通于 1801 年在议会上说，不列颠在印度建立的帝国，是一个"当地人对我们的统治十分不满"的"没有基础的帝国"；"他不愿意预测我们在印度的统治会持续多久；但是作为一个乐观的人，他觉得我们的帝国还能维持200 年。"[26]

在约翰斯通家族的新兴商贸世界里，就连最庞大的政治空间重组也存在不稳定性。约翰斯通家族的生活体现着东方帝国（亚洲）与西方帝国（大西洋），南美（奴隶）和北美（道德）社会之间的关联。[27]18 世纪 70、80 年代那些重大的历史时刻——印度英国殖民地的建立、美国独立战争的爆发，以及反对大西洋奴隶制的人道主义运动的兴起——，后来都被视为对政治和经济格局的重组。在当时，存在着拥挤贫困的印度帝国、跨越空旷的大陆延伸向西方的北美共和国、[28] 美国北方正义的共和国（其奴隶制存在于加勒比热带地区），以及南美的奴隶社会。然而以上这些地域都不包含在约翰斯通家族的帝国版图之内。根据约翰及其朋友于 18 世纪 60 年代的描述，孟加拉才是现代社会中最富裕、最勤劳的"人间天堂"。在西佛罗里达的乔治则憧憬着有朝一日建立起一个新的海洋贸易帝国，这片广阔的区域自西印度群岛起，向西、南方向延伸至洪都拉斯湾和加勒比海地带；在墨西哥湾和莫斯基托，则像牙买加和圣多明各那样，发展奴隶种植园经济。[29] 到了 1779 年，乔治心目中的美洲新共和国应该是一个基于海洋与河流的共和国："这里的人们最熟悉的莫过于众多大河与海湾交汇而成的、纵横交错的地貌。"[30] 与其说这是一个殖民帝国，不如将其视作一个海洋贸易帝国。

在贝尔或贝琳达于 1771 年 4 月的诉状中有这样一句话，"（请将我）流放到国王陛下位于东、西印度或美洲的殖民地"，这句话体现了东、西、南三个方位的帝国之间边界的模糊性或连续性。[31] 贝尔本人的生活也如此，在美国独立战争期间身为奴隶，从加尔各答到伦敦，又从伦敦来到法夫，最后从法夫抵达弗吉尼亚。同样，约翰斯通家族成员本身的身份也非常混乱，他们是印度人，又是美国人和西印度人。吉迪恩在其一生中，足迹遍布牙买加、摩希达巴、贝拿勒斯、巴士拉、毛里求斯、好望角、南塔基特岛和纽约。曾被大卫·休谟的表兄称作"印度人"的约翰，在西佛罗里达和格林纳达拥有的多处资产。威廉的投资项目遍布加尔各答、巴巴多斯、格林纳达、多巴哥、多米尼加、纽约、弗吉尼亚和佛罗里达。[32]

约翰斯通家族历史中那些次要的人物，或者那些在约翰斯通家族的生活中曾短暂驻足的朋友们，也生活在潜在帝国动荡的世界中。约翰斯通家族表现出了巨大的野心。他们的亲友也不停地奔走在东、西印度的土地上，寻找各种商业或获利的机遇。这个家族的成员还与其他家族历史存在关联，而这些故事本身拥有多重帝国背景。甚至连约翰·斯温顿，那个彻底改变了贝尔或贝琳达和约瑟夫·奈特命运的法官，也与来自远方印度的种种机会有着这样那样的联系。[33] 他的兄弟萨缪尔曾是驻西印度群岛的海军官员，在定居于伦敦后成了法国报社的出版商，最终又成为了专门为加尔各答的东印度公司官员供应红酒的酒商。[34] 他的另一个兄弟，阿奇博尔德最初以外科医生的身份前往印度，后来成了孟加拉的波斯语翻译，并且还当上了波斯印章专家；1767年，阿奇博尔德·斯温顿与一名莫卧尔使者一起回到了苏格兰。此人是一名孟加拉的波斯学者，也是最早（用波斯语）记载欧洲游记的孟加拉人。[35]

曾经在1751年夏天和亚当·斯密一起在约翰斯通家族的韦斯特哈尔庄园喝羊奶的亚历山大·韦德伯恩一家也不曾停止奔波。在东印度公司的法律纠纷中，韦德伯恩担任克莱武勋爵的辩护律师，他同时还是东佛罗里达两万英亩土地的主人。[36] 他的兄弟，大卫·韦德伯恩曾加入克里克的军队，当时乔治是彭萨克拉总督；大卫在到达佛罗里达的时候，一度为究竟是"去征服墨西哥或秘鲁"还是选择在密西西比河上游地区"寻找致富的机会"而犹豫不决。[37] 他最终成为了东印度公司驻孟买的一名军官。他于 1771 年写信给自己的姐姐说："此刻，我拥有两栋房子、两辆马车、六匹马以及五十三名仆人"，"这里气候宜人、空气清新"，"我觉得我有些害怕回到欧洲"。两年之后，大卫·韦德伯恩在进攻印度西北要塞巴鲁克的行动中身亡。[38]

帕特里克于 1753 年加入东印度公司时，有两位伦敦商人为他提供担保，其中一位身兼会计、彩票发起人（实质上是购买汉斯·索纳爵士的博物馆的欺诈行为），以及巴巴多斯和弗吉尼亚总督的多重身份；另一位则是东印度公司的股份持有者，他在牙买加当过医生，还是当今塞拉利昂的班瑟岛的主人之一。[39] 詹姆斯·（"奥西恩"）麦克弗逊结束了他在西佛罗里达的任务和南卡罗来纳的旅程后，当上了阿尔科特的行政长官在伦敦的代理人，以及东印度公司历史学家。[40] 约翰斯通家族的老朋友，佩特里兄弟，是艾斯克山谷的一名牧师的孩子。詹姆斯曾写信与其讨论意识和意识的问题。佩特里兄弟中，有一名曾是东印度公司驻孟加拉军队的军官，在这期间他也是约翰的律师并且住在吉迪恩位于加尔各答的家中；后来他成了伦敦的蔗糖商人并在多巴哥购买了土地。他的弟弟是东印度公司驻马德拉的官员，回到伦敦后成为了一名银行家；在生命的最后几年中，他出任当今槟榔屿的威尔士王子群岛的总督。最后一名兄弟是今天加纳海岸角堡的总督，后来成了多巴哥议会的大臣。[41]

乔治在西佛罗里达的秘书普里姆罗斯·汤姆森（乔治将一名"叫菲丽丝的黑奴"卖给了他）在乔治离开了之后仍然留在美洲。[42] 汤姆森很快就对不列颠政府的办事程序了如指掌，包括财政预算的定制程序；他曾告诫乔治的继任者："每一笔支出都要有收据凭证，哪怕这笔钱少得微不足道，这是我多年的经验告诉我的。"[43]普里姆罗斯·汤姆森后来去了印度，在印度，他出任孟加拉（伊斯兰）大臣部队的"军需总管"并在服役期间去世。他的亲兄弟在乔治任职期间曾在西佛罗里达服役，此人后来在乔治指挥的一次前往好望角、马德拉或者拉普拉塔河的征途中担任副指挥；他在遗嘱中声明自己欠约翰和乔治的债务将从他哥哥普里姆罗斯留给自己的"16000卢比"中支付。[44]

什么是政府？

对于约翰斯通家族而言，帝国的界线十分模糊，因为这一界线在某种程度上是几乎完全基于想象的界线，是私人与公共生活领域，以及贸易、权力和法律之间的界线。就像亨德里克·哈尔托格所描述的18世纪美洲的法律世界一样，约翰斯通家族的经济世界也是一个"古怪而陌生的世界"。以历史的眼光回顾，这种陌生感是存在的。据哈尔托格所述，"将法律看作是思想和行为的个别的、有界线的领域"是18世纪末、19世纪初产生于北美的一种新观念；将经济本身或者经济和商贸活动视为一种独立的存在这一观念对于美洲和其他地区而言同为新奇。[45]"使得贸易活动全球普遍化"的经济帝国（大卫·休谟所说的和平交易）是基于一个购买与销售、杀戮与征服、统治与管理相交织而成的世界。[46]

在约翰斯通家族及其所熟悉的新理论看来，贸易与交换活动之所以能够进行，得益于众多相关政治机构的存在，以及对人身安全和私人财产权的保护以及司法的公正性。[47]同样一股不可忽视的力量，便是那个时代特有的温和、中庸的新社会氛围——即人们自觉遵守法律，而非以恐怖、暴力手段解决纠纷的美德——而这正是爱丁堡哲学家们最为赞赏的品质。经济交易既依赖、又独立于政治（或法律）和社会（或心理）机构而存在。不过，事物通常的情况，或按斯密的说法，即"人类生活中普通和平常的交易，即买卖行为"又总是受到不良政治制度和道德倾向的威胁。最直接的威胁，斯密认为，存在于远距离贸易中，或者来自于一些"商业系统的规则"，"那些关注美洲和东印度贸易的人也许比其他人为这一体系增添了更多的混乱"。[48]

在约翰斯通家族生活的年代，经济、政治和军事之间的关系是大众——包括商人和士兵在内的人群——所关注的对象。约翰的一位同事于1765年在加尔各答写道："一个既具有商贸性质又拥有武装力量的公司就如同一头长着两个脑袋的怪兽，是不可能在自然界中长久生存下去的"，"我们的掠夺和扩张行为会持续不断地进行下去，直到有一天双手麻木。"[49]亚当·弗格森在1772年对（"奥西恩"）麦克弗逊的表兄感慨道："对美洲来说，我们既是商人又是士兵"，"现在问题变得更为复杂了。"[50]"究竟什么是政府？"亚历山大·韦德伯恩于1773年在议会关于东印度公司的一次辩论中质问道，"如果东印度公司是政府，那将意味着什么呢？"[51]就连威廉在其最后的日子里也对早期这些争论进行反思："商人和统治者是不同的，他们的合二为一向来都是对商贸体系的一种危害。"[52]

与此同时，商贸与权力的关系直接影响到约翰斯通家族所做的抉择。现在我们很难想象出18世纪人们的内心世界，当时人们尚未清楚地意识到经济或经济生活是人类社会一个独立的子集；更加令我们难以置信的是，在当时对经济生活的区分和定义本身就困扰着人们。[53]然而，这就是约翰斯通家族所生活的帝国之真实写照。这个家族的兄弟们无时无刻不要面对无数利益关系的抉择，我们就以18世纪60年代生活在孟加拉的约翰为例：他的私人利益，这种利益可以通过公共经济中的礼物经济、私人经济中的乡村贸易而获得；他在公司贸易中获得公共利益，而这种利益本身也是私人的；他在东印度公司董事会的地位为其谋取的私人利益；以及他在董事会上对"职员的自由"进行捍卫时所获得的私人利益。然而即便如此，约翰斯通家族也并非通过婚姻、社交、做官，或者兼具经济、军事性质的战利品经济，以及兼具经济、政治性质的礼物经济致富的，更不是通过《国富论》说的商贸活动。人们指责约翰在1765年大发雷霆，只是因为银行家塞斯不是"私下地"，而是公开地向他送礼，他辩解说，自己生气并非由于送礼行为的公开，而是因为礼物是装在一辆"马车"里送来的。[54]

　　除了威廉之外，其他兄弟以及玛格丽特都或多或少地参与到军事生活当中。然而，军事本身实际上是一种与金钱和商贸有关的活动。曾在东印度公司担任会计的帕特里克是兄弟姐妹中唯一一个直接死于战火的。约翰以文书的身份加入东印度公司，后来他在公司的私人军队中当过军需官、炮兵指挥官等，1761年他从加尔各答给詹姆斯·巴尔曼写信说："我总算脱离了军队。"[55]曾经在西印度皇家海军服役的吉迪恩以自由商人的身份来到印度，并最终在巴特那加入了东印度公司的军队。[56]大卫·韦德伯恩在1772年总结道，东印度公司的军队实质上是一个提供了"暴富之可能性"的私人军事事业，"（它使人）具有冒险精神，但却不提供生命的保障"。[57]不过，国王的军队也是如此，充斥着金钱交易，就像路易莎、夏洛特和贝蒂在信中对上尉和少校头衔的价格进行讨论那样。[58]约翰和威廉在整理亚历山大的格林纳达种植园账目时发现了一张1000英镑的借款单："这肯定是你给他用来买官的那笔钱。"[59]

　　乔治和吉迪恩卷入了情况同样复杂的海军战利品经济之中。乔治于里斯本服役期间所写的信件满是对各种海上追击事件的描述："我忘了告诉你我捕获了两艘私人武装船，还有一艘装满价值200英镑海鱼的小船"，他在1761年对威廉说。[60]他们从战利品经济中受益的多少取决于海军情报的准确性、缴获物的价值、海事法的规定，及战利品法庭的决定。也就是说，收益的多少取决于私人关系，这种私人关系也是经济关系。[61]就连约翰斯通家族在苏格兰所购买的地产数额也受到海军战利品经济的影响。吉迪恩打算返回苏格兰时，约翰建议他"买一处不太奢华的庄园"，只要"让你能在议会选举上具有一票之权"并且

"易于管家管理"就可以了，"在你劫获下一艘西班牙船，能够购买半个郡县之前"，这样就足以了。[62] 到了 1809 年，在乔治去世二十多年后，一位爱丁堡会计师还在为他留下的账目而头疼："有太多（涉及到海军战利品和军官的）古怪而不完整的账目了"，"我很怀疑是否能为他理清这些账目。"[63]

礼物经济的存在加剧了政治、经济利益关系的复杂性。据克莱武在下议院所述，东印度公司的高官"没有谁不曾收过礼。在孟加拉送礼行为极其普遍"。[64] 约翰斯通兄弟们的一位政治盟友曾"十分诙谐地对礼物经济做出了一番总结"："假如礼物是强行获得的，那就是抢劫；倘若得到了默许，那便是内幕交易。"[65] 但是对于约翰来说，在印度所收的礼物则涉及一个极为严肃的法律和道德问题。在他收到的礼物中，有上级对下级的赏赐，如克莱武勋爵的"jaghire"（印度的一块领地）；还有下级给予上级的，如赛斯银行家献上的"以表感谢之物"。[66] 这些礼物中既有他作为公司中政要时所收下的，也有在他离开公司后以商人的身份所收的。在约翰看来，这些礼物皆为"合法、公正的收入"，"并且符合该国的习俗和习惯"；"在印度一切收礼行为都是光明正大的。"相比之下，东印度公司自己的规章制度却显得模棱两可，"每一周、每一天，甚至每个小时都在改变"，承载着新下达的规章文件抵达印度的船上甚至有可能同时还携带着下令撤销这些规定的文件。[67]

什么是法律，什么不是法律

在约翰斯通家族看来，法律是一个善变而不可靠的东西。11 个兄弟姐妹先后都卷入各种法律纠纷和诉讼案件之中，其中包括因杀婴案、叛国罪、（佩斯郡和格林纳达的）奴隶法、继承法、私生子女、海上救援费、债务、赔偿费、竞选、破产、军事法庭、不动产继承权、虐待、赡养费所引发的诉讼，以及英格兰（路易莎）和苏格兰（芭芭拉）的离婚诉讼。"我真是受够了一切与法律有关的事物"，约翰在因收下礼物和珠宝而与东印度公司发生法律纠纷期间写信对威廉说。詹姆斯在经历了围绕着路易莎的继承权而展开的可怕的法律诉讼后对亚历山大说："（律师）是这个世上最卑微、最无耻的败类。"[68]

在这个新兴的贸易世界中，不仅经济生活的各个方面间的界线是模糊的，法律本身的界线也是不确定的。与同时代的大多数人一样——如将"规章制度"写在纸上的韦斯特哈尔矿工们；或者像劳拉·普尔特尼在法国的继承人，认为"恢复习惯法要比复活愚昧野蛮的观念容易多了"的德国公主那般——约翰斯通家族也认为，法律是一个抽象的理想。然而，在他们看来，这一理想在大英帝国处于岌岌可危的边缘。约翰曾在布德旺试图教会"当地人"如何通过"公开的方式""争取正义"。[69]约翰于 1761 年在加尔各答写道，东印度公司"到处颁布法律"；到了 1765 年，约翰发现公司的秘密委员设法使自身成为一个"权力无边"的法庭。多年后，约翰在斯特林抗议道，当地行政官员采取的限制移民的措施是"违法"的。[70]亚历山大指责格林纳达岛上的虐奴行为是"违法和反自然的"，并且声称对他本人的起诉是"恶意、违法的"，他还认为格林纳达政府的做法是"违法、骇人听闻、残忍、暴虐和不公正的"。[71]

乔治在 1765 年从西佛罗里达写给英国总督的信中说："我在你的信中看到了一些与法律相违背的说法，并且还有一些违背宪法的论道。"[72]他在写给贸易委员会的信中对各种"没有意义的语言"、"大而无当的话"进行了指责："我真的认为，民用法有时与军事法相对立，有时与刑事法相对立，有时与规范法相对立，有时又与成文法相对立，这般错综复杂加之解释各异，确实比西佛罗里达更让人困惑。"[73]乔治在信中还对法律的实践、政府的活动进行了评论："法律记录都被扔到大街上去了"，比如在格林纳达，逃亡奴隶奥古斯丁案的许多记录都"丢失或被销毁了"，"很多公共文献消失了"。[74]（"奥西恩"）麦克弗逊在佛罗里达写道："创造法律的权力无权干涉它，这是我们心照不宣的事实。"乔治在佛罗里达所做的最后的事情之一就是对一项法律的签署，这一项条款指明了"本省的法律之有效范围"。[75]

当涉及不同的宗教、制度和社会时，法律的界线变得更加模糊不清，这其中包括格林纳达由两种语言构成的法律、西佛罗里达由四种语言组合而成的法律，以及加尔各答"市法院"颁布的法律。[76] 乔治曾经卷入一场官司中，这场官司可依据法国法律、西班牙法律或者海事法进行审判，涉及的是一名在墨西哥湾的海难中幸存下来的逃亡奴隶和一名签署了契约的"黑白混血儿"。[77] 乔治曾试图告诉克里克和乔克托人以及法国和西班牙人，西佛罗里达是由众多岛屿和来自不同地区的人种组成的地域：在密西西比河两岸住着的英国人和法国人、新奥尔良被当作西班牙人的法国人，还有佛罗里达被视作英国人的法国人。[78] 亚历山大和格林纳达总督因在科克加入军队的"洗衣女"产生的纠纷涉及到了民事法和军事法。[79] 约翰在孟加拉深深卷入一场争论之中，争论涉及的是英国官员的代理商是否只服从英国法庭的判决；对此，约翰当时的盟友沃伦·黑斯廷斯写道："（这样的做法）不仅取消了（印度居民）自己的法律，甚至还使印度居民不受任何法律的保护。"[80]

奴隶法既是家庭法，又是不同司法制度的结合。约瑟夫·奈特在 1778 年于苏格兰胜诉的关键取决于"牙买加地方法"与"将自然法则视为基本准则的苏格兰法"之间的关系；在于在这个"商贸关系广泛建立的时代"如何看待"其他国家的法律"；以及那份以当地语言撰写的合同是否还在。[81] 许多个体的命运就处在不同法律的交叉口，如约瑟夫·奈特、到伦敦向英国高等法院讨要正义的亚美尼亚商人们，还有约翰于 1765 年在加尔各答的合伙人马蒂拉姆——约翰曾说，马蒂拉姆虽然生活在东印度公司的领地，却"不了解我们的法律与权利"。[82]

贝尔或贝琳达在 1771 年于佩斯郡的诉状中，自称是刚到苏格兰不久的孟加拉人，并且与约翰对马蒂拉姆的描述一样："对苏格兰的法律一无所知。"她的案件涉及不同的司法制度：其中包括英国人称之为"当地"法的印度法律、东印度公司自己的法律、海事法、好望角的荷兰殖民法、里斯本的葡萄牙法、英格兰法以及苏格兰法。她在诉状中声称自己深知谋杀婴儿的罪孽深重（"这是一项违背上帝的罪恶，且在所有国度都是反自然的罪行，她对之深恶痛绝"），同时，她对自身身份的定义是一个物件，一件属于主人的私有财产，"但她渴望拥有属于自己的人格"。根据苏格兰的法庭文献的记载，她的身份是"奴隶或者仆人"，在苏格兰寄往弗吉尼亚的文件中，她则是四名"罪犯"之一。抵达弗吉尼亚后，贝尔或贝琳达又成了被另一个司法系统支配的对象，在这一司法系统中，"除了与大英帝国有着友好关系的土耳其人和摩尔人之外，其余所有从海路或陆路进入这个国家的黑人、摩尔人和黑白混血人都被视作奴隶。"[83]

威廉·博尔特斯对印度的法律和人们对正义的不同定义进行了描述，约翰在演讲中针对取消北美洲人身保护法将引发的后果发出了警告——"任意逮捕、监禁、屠杀等一系列恶果"，商贸、主权、司法的动荡也改变着人们的法律地位。[84]法律在改变，因而，各种法律、规则、规范、指令，以及价值之间的界线也极大地改变了。哈尔托格笔下的 18 世纪北美大陆，"司法、行政和立法权之间界线不明确"，同样界线不明的还有人身权与财产权、法律的判定和事实的判定之间的区别，以及政治、道德、法律的论证。在北美洲，将法律视为自治体系还是一种新的观念，就约翰斯通家族所理解的行政权而言，这也是一种陌生的观念。在约翰斯通家族的经历中，经济、政治和军事领域之间的界线是不确定的，法律也面临着一样的境遇，用詹姆斯于 1785 年的话来概括，即"什么是法律，什么不是法律。"[85]

个体的社会

约翰斯通家族想象力的缺乏——或者说他们倾向于站在大英帝国历史失败的阵营上，尽管取得如此之多却又随时可能消失的财富——是由于不断冲突和变动的各类客观事实的存在，以及商贸力量与政治力量的不断较量。这个家族中的每一个个体，无论是身在家乡还是远在海外，都是一个独立的经济个体；他们按照亚当·斯密描述的那样去看待和使用金钱。亚当·斯密曾说："每一个人的生活都离不开商品的交换，每一个人在某种程度上都扮演着商人的角色，人类社会就这样成长为真正的商业社会。"[86] 在事业方面，约翰斯通家族表现出极富魄力的冒险精神，他们不断改变自身的生活：新名字、新身份、新家。乔治在 1765 年 3 月于北美对乔克托人发表的第一次政治演说，在某种意义上是在对商品的价格进行诅咒："我要告诉你们的是，这烈酒是以极低的价格进购的，而你们却以十分昂贵的价格买来……我手中拿的这块手帕在过去那些悲惨的岁月里卖过 30 块钱，现在只用 50 美分就可以买到同样的。"[87]

约翰斯通家族同时也是"商贸体系"，即欧洲与亚洲和美洲的新世界之间那受到严格控制的贸易体系的参与者，这一体系也是斯密在《国富论》中的主要批判对象。[88] 约翰和吉迪恩曾经在印度短暂地做过自由商人。他们按照斯密在自由贸易理论中所描述的个人身份前往印度积累财富，以约翰斯通的表兄威廉·朱利叶斯·米克尔的说法，这是在"混乱状态"或者"政府允许人们自行做决定"的状态下获取财富。[89] 约翰斯通兄弟们有时也效力于东印度公司、皇家海军和商务部等相对成熟的机构。他们时而与世隔绝，时而通过自己的职务、家庭及政治影响力与这个世界紧密相连。

约翰斯通家族在那个政治与经济力量不断变化和碰撞的时代中壮大：经济交易、经济结构、经济规则（包括作为所有私人交易基础的规则，以及只是保护某些特定私人利益的规则）在不断发生变化。在这个被约翰称为永不可能得到满足的、对"金钱与权力的追逐"中，他们以经济信息为基础参与竞争，这些信息包括自身的名誉、影响力以及纯粹关乎利益的信息。[90] 然而反之，约翰斯通家族在其政治预期中做出的明显误判，也是经济贸易世界中混乱的利益关系所造成的。

在关于美国独立战争的争论中，约翰斯通家族明显站在了错误的阵营上，与当时不列颠关心时事的所有人一样，他们认为即使不从政治，而单纯从经济角度来看，新兴的美利坚之独立终将是昙花一现。约翰斯通家族站在失败的一方，是因为他们自始至终都认定有关美国的冲突只是一个纯粹关于利益和妥协的问题。威廉在 1778 年出版的关于北美事务的小册子中声称，具有温和的美德之人"能够抛开一切激情和偏见，清醒地认识到美国真正的利益"。[91] 身为英国与北美殖民地和解委员会的成员，威廉不合时宜地写信给芭芭拉女婿的兄弟说，（我们要）唤起"你们国家的最大利益"，即"各方利益的综合"。[92]

约翰斯通家族心目中的美洲经济帝国，充满着各种机遇。乔治和约翰在与苏格兰承包商之间因洪都拉斯湾的莫斯基托地区的投资问题产生纠纷时宣称：就私人财产的安全而言，"一个更规范的政府"的建立是至关重要的。然而在这一时期负责维护商贸秩序的机构混乱不堪。甚至对于英国官方而言，在帝国的前沿地带建立起一个殖民政府的想法都是不切实际的。英国政府对乔治的抱怨的答复反映了当时的状况，莫斯基托的英国定居点纯粹是私人建立的："（我们）从未将其当作殖民地来对待，而是将其视为个人的组织。"[93] 威廉于 18 世纪 90 年代在北美继续进行投资时——在新的美利坚合众国购买土地——都是与重要的政治盟友合伙，如帕特里克·科洪（贝尔或贝琳达在 1771 年被委托给的格拉斯哥商人）、约翰·亚当斯的女婿亚伦·伯尔、本杰明·富兰克林的孙子、亚历山大·汉密尔顿，以及芭芭拉的美国孙子。

就连约翰斯通家族最不切实际的期望——中美和南美地区的新大西洋帝国的建立，也是来自于这种温和的国家观念。在他们的脑海中，蕴藏了大量机遇的帝国之地理界线应在美洲大陆南部和西南部的沿海、沿河地区，乔治将沿海沿河地带的贸易称作"水路贸易"。约翰斯通家族和他们的朋友尤其关注通往南太平洋地区的水路："经由尼加拉瓜湖"（穿越莫斯基托的冒险），或经由喀塔赫纳（他们的叔叔早先的远征），或经由当今阿根廷的拉普拉塔河（那次征服锡兰和西里伯斯岛的失败的计划）。[94]除此之外，他们还关注各种岛屿、贸易港口以及水生贸易。对于亚历山大的朋友来说，18世纪60年代的格林纳达是一个"文明程度和耕作水平都相当发达"的地方，彭萨克拉将会成为新世界的贸易中心；在乔治和他的友人看来，1777年的莫斯基托"是一片令人心驰神往的土地"；而对于帕特里克·科洪而言，特立尼达岛"则是一个相当不错的岛屿，只需经由一批白人勤恳的努力，便可成为世上最富饶和高产的国度之一。"[95]

从对未来投资的角度上来看，南部的新兴帝国是一个由许多个体和商人组成的社会，而非一个建立在殖民统治和土地占领之上的帝国。这是一个没有政府的帝国，其安全性依赖于海上武装而非政府军。这也是一个奴隶制盛行的帝国，或者说建立在新种植园经济之上的帝国，奴隶在其中既是生产工具又是交易对象。[96]这还是一个唯利是图的社会。威廉在反对威尔伯福斯废除奴隶贸易提案的演说中对所谓完美的政治家进行了一番描述，其"不应只有口若悬河的本领"，"他还应该是个精明的人"。[97]总是权衡一切利弊的投资商人，毫无疑问可以算得上是个精明的人。威廉在同一场演讲中还补充道："倘若我们要探讨的只是犹如人道主义与正义精神这样当下十分流行的话题，那么问题就很简单；然而如今我们所要面对的是更为棘手的话题：是涉及到国家利益的问题。"[98]

一个温和的帝国

约翰斯通家族在印度的投机活动也涉足商业贸易和帝国事务这两个领域。在19、20世纪的帝国史上，约翰斯通兄弟中唯一一个能够占有一席之地的只有约翰。[99] 他曾是东印度公司早期"腐败"形象的代表，而克莱武勋爵则被认为在 1765 年这一关键的命运转折点上，战胜了这一腐朽的体系。按麦克雷勋爵的说法，约翰是东印度公司中"最大胆、最可耻的恶棍"。[100] 依据麦克雷的历史版本，约翰、吉迪恩和他们的朋友因对孟加拉的纳瓦布和塞斯银行家的收礼行为而失势的这一事件起到了一场净化仪式的效果："从此英国人在此地的权力不再不受约束、毫无道德标准。"[101] 这是对此类温和状态的抵抗，这一状态下"我们终将被贪污腐败和革命暴乱所摧毁。"[102]

然而属于那个时期的所谓"温和的帝国"，只存在于自由贸易的领域。1765 年夏天，约翰和克莱武勋爵在加尔各答的那场纠纷，涉及到东印度公司和印度统治者之间的关系，以及英国官员参与印度贸易活动的行为准则，还有众所周知、令人不齿的礼物经济（就像约翰斯通家族曾多次指出的那样，克莱武勋爵本人早先曾是礼物经济最大的受益者之一）。[103] 约翰对克莱武的批判在很大程度上是在为自由和竞争进行辩护。他指出，内陆食盐贸易改革的提案实际上是一种"垄断"行为，与之相反，原先"竞争"者的存在使得人们拥有"自行从事买卖活动而改善生活的能力"，"所有商人都拥有与莫卧儿帝国的地主进行贸易往来的自由"。[104] 在约翰记忆中 1761 年的孟加拉，欧洲人和印度人的贸易活动呈现出一派繁荣的景象。人们甚至能够自由地买卖土地，"和我们这里一样，土地所有权的转让和出售都是被允许的"，"为了获得收益和确保财产安全，工业和农业也得到了发展。"[105]

以克莱武勋爵为首的一方势力则提倡强势的政府。克莱武明确地表明自己对政府（或者公司）管理权的维护，反对"每一名职员和商人有权与任何人进行商品交易"的自由贸易。[106] 他和约翰所代表的一方冲突的焦点在于个人的自主权，即个体不受某一机构限制的自由。克莱武在 1765 年说，此次危机的关键点围绕着"独立精神"，即"独立思考和行事"，以及"独立而不羁的精神"而展开。克莱武回到印度后，发现英国官员之间的"等级差异明显淡化了，各级别的人在一定程度上变得平等了"。这样"过度淡化等级"，是"民主无政府状态"的前兆。[107]

于 1765 年发生在印度的那场冲突，涉及到作为臣民的英国官员和作为统治者的印度王子们之间的关系。克莱武如此厌恶的所谓温和政府，其实正是东印度公司官员们赖以生存的政治体系，而一个多世纪以来他们受到印度王子们和印度法律的保护。英国人只是商人，并非统治者。随着他们在印度逐渐安顿下来，"英国人与印度政府之间的隔阂渐渐消除了"，英国人也逐渐变成了地地道道的印度人。[108]用约翰的合伙人威廉·博尔特斯的话来说，他们是移民，是"定居在印度的英国移民"。[109]约翰居住在印度这片他无权拥有，却可以进行食盐贸易或者征收税务的土地附近。[110]他是另一种截然不同命运的象征，甚至符合波斯历史学家吉拉姆·侯赛因对侵略者那番不太切实际的描述："尽管他们想法、行为古怪"却最终"在本国的土地上扎稳了根基。"[111]就像 1765 年夏天在与约翰的纠纷中，克莱武所抱怨的那样："黑人和白人似乎以某种方式联合起来了，试图瓜分公司的全部资产。"[112]

经济理论

从以上所有方面而言，约翰斯通家族都生活在一个自由的世界里，不过，他们的世界同时也是一个存着妥协和政治利益斗争的旧世界。[113]用威廉于 1788 年的话来描述，他们是"纯粹贸易精神"的代表，是贸易精神所引发的各种冲突的代表。[114]他们以各类得体、正当、适当的手段参与竞争。不过贯穿着他们的一生，随着环境的变化，所谓"正当"的界定也在不断发生改变。他们的每一次选择几乎恰好就是政治经济学家们所关注的问题：究竟该怎样参与竞争？是通过提高自身的影响力、获取价格信息，还是步入政坛？

从 19 世纪早期经济思想史起，根据经济学家的科学理论，以及在公共生活中的"中值原则"或"准则"（用经济学家瓦尔特·白芝浩的话来说）的判断，《国富论》出版后的一代人被视为新政治经济体系的开创者。[115] 然而，自由贸易体系却一直饱受抨击，约翰斯通家族的许多亲友都加入了批判者的行列，并且与以往相似，他们的立场各不相同，同一人的立场甚至在不同的时期也发生改变。

对自由贸易的第一种批判认为，这一新政治体系是不现实的，因为，自由贸易理论忽视了贸易须获得强有力的法律和军队的保护这一事实，尤其是在涉及到海外贸易的事物上。威廉·朱利叶斯·米克尔于 1778 年在其翻译的《卢济塔尼亚人之歌》那段篇幅相当长的导言中，就是从这一角度出发对亚当·斯密的亚洲贸易理论或者"与印度的自由贸易"理论进行抨击的。米克尔写道：斯密所设想的出于自发、独立或者纯粹经济的移民，"没有考虑到印度人对欧洲人的嫉妒与仇恨"，"按照（斯密）博士的说法，（英国人）到印度定居生活，并与印度人进行贸易往来就如同去一趟伦敦桥附近的账房或者到科文特花园附近买点儿豌豆一样安全。"[116]

在米克尔和其他人对斯密的早期批判中，远距离贸易至少对以下一种政治秩序的存在做出要求。即，贸易国的统治者所提供的秩序；包括东印度公司在内的所有商人统治者的商贸公司提供的秩序；商人本国的统治者提供的秩序，从军事和政治意义而言，这是帝国所依赖的秩序；以及那些尚不存在却很可能超越现有的政治社会的机构提供的秩序保障。批判者们发现，公司力量与帝国力量都是自由贸易理论家们所抨击的。自由贸易理论家倾向于抛弃欧洲殖民者而保护当地满怀嫉妒的统治者，或者维护空想的政治活动。[117] 以上这些争论是关于政治经济理论和种族政治的。1765 年加尔各答以约翰和克莱武为首的对立阵营争论的话题无非如此：贸易的独立和自由，以及"黑人与白人合作"的可能性。[118]

对新自由贸易理论的另一种批判认为，它过分笃信个体的智慧，因而越发不切实际。在批判者看来，自由贸易理论家们天真地认为人们之间的竞争完全建立在纯粹的经济动机之上，而忽视了人性本身对权力与地位的渴望。"斯密先生……认为贸易活动应当完全自由，因为只有个人才最了解与自身有关的利益"，爱丁堡的政论家威廉·普莱费尔（威廉和帕特里克·科洪的同事）在自己编写的扩充版《国富论》中评论道；他同时还说，斯密"对垄断现象愤愤不平，一定是出于其自身迅速积累财富的渴望"。[119]

在真实的商贸世界，尤其是真实的帝国世界中，个体的确并不总是表现得极具智慧和富有预见性的。作为个体，越是对政治规则掌握得透彻，就越能谋取更大的经济效益，而这些规则包括：举荐的规则、议会选举分区的规则、间接税交纳的规则（就像乔治的东印度公司向北美出口茶叶的计划，以及在洪都拉斯经营植物油种植园的计划）、控制从印度王子们那里得到礼物的规则，以及奴隶抵押的法规等。"除了金钱之外，（威廉）对其他一切事物都漠不关心"，约翰斯通的美国侄子在晚年写道，"他的个性变得疏远、冷淡，脑子里只有一个概念，那就是如何操纵议会选举。如果这就是品德高尚的表现，那么我便彻底无话可说。"[120]

再者，新政治经济体系之所以被认为是不现实且充满危险性，是因为它忽视贸易对文明和美德的要求，而新的政治经济体系却在不断颠覆人们的传统美德观。在早期批判家看来，新政治经济体系对社会结构的秩序具有破坏性。提出该观点的是以威廉·朱利叶斯·米克尔为首的一批人（包括詹姆斯的老同学，亚历山大·卡莱尔），他们抨击大卫·休谟和亚当·斯密的背叛："他们引入不受约束的全球贸易，这种贸易在增加商品的同时也增加了舆论的混乱。"[121]法国大革命之后，对新政治经济理论的批判演变成了关于社会解体的宏大理论。对于诗人罗伯特·骚塞而言，斯密是第欧根尼的现代化身，他受到毒害，以致"丧失了理智的翅膀，德性的羽毛也消失了"。[122]唯物论的目的就是要将社会变为欲望和利益至上的一片混沌，此种状态下的人类将会比"恒河的凯门鳄和扎拉的猛虎"更加令人毛骨悚然。[123]

所有这些对自由政治经济理论进行批判的观点对于约翰斯通家族和他们的亲友来说并不陌生。对威廉·朱利叶斯·米克尔翻译的《卢济塔尼亚人之歌》第一版爱不释手的詹姆斯，立即借来了带有对亚当·斯密进行激烈批判的新版本。"当他读到您对斯密博士书中那些谬论的致命批判时，肯定会兴高采烈地想要跟所有人表达他的看法"，瓦尔特叔叔写信对米克尔说。[124] 不过，在批评者的描述中，那些人们极不情愿却不得不做出的抉择——是在印度王子们的保护下生活还是自己成为统治者，是选择眼前利益还是做长远打算，是顺应自我和本性还是成为别人心目中的你——这也是约翰斯通家族所不得不面对的选择。他们醉心于各种经济理论和经济批判理论，同时也徘徊在无数个人抉择之间，这些抉择既关乎经济体系、又关乎思想观念。

在 19 世纪经济思想史中，已经或暧昧或明确地对政治经济理论进行了抨击，这些批判的观点同时也是那个时期经济生活的写照。这些观点在 19 世纪关于德性帝国的历史中也有所涉及。即使是在最文明的社会中，在这些历史故事里也仍然存在待改变的不完善之处（就如半经济半政治性质的陆军、海军、议会分区，以及东印度公司）。相反地，对于那些蛮荒社会而言，或者被约翰·斯图尔特·穆勒称作是处于早期阶段的"不成熟"的社会而言，根本不存在经济自由的可能性：唯一的现实只有帝国的统治和那迫切渴望改变的遥远梦想。在文明的商业社会中，政治经济本身就是美德的源泉。这是基督教的思维方式，是持久的习惯、规范的基础，是文明的竞争以及开明的自我利益的基础。[125] 这是约翰斯通兄弟姐妹那些值得尊敬的子孙后代们所生活的 19 世纪苏格兰以及不列颠帝国的精神世界。不过，我们故事的主角——约翰斯通家族的 11 个兄弟姐妹——却未能见证这一时代的到来。

第五章

帝国的经历

约翰斯通家族的帝国经历交织着公共与私人、政治与经济、鲁莽与谨慎的经验。在变革与帝国的双重力量驱使下，这一经验在许多方面都表现出了一种无序性。然而这个庞大家族的历史为我们呈现出的是一幅 18 世纪经济生活的写照。他们的故事讲述的是开明的东印度官员和大西洋贸易与当时的奴隶经济之间的种种联系。约翰斯通家族的财富积累史——也就是这 11 个目睹并经历过贫穷与人生之无常的兄弟姐妹如何利用各类信息、原始投资以及意外收获（如威廉的妻子所继承的遗产以及印度王子们赠予约翰的礼物）获取财富的过程——是一个关于资本积累的传奇故事。透过这个家族成员的交流活动，我们看到的是苏格兰内陆地区如何在远方世界的多重影响之下逐渐改变的历程，以及家乡的帝国如何演变为一个围绕着姐妹和侄女们而存在的信息社会。与此同时，呈现在我们眼前的还有一幅亲密交流的景象。

不列颠帝国的奴隶制

在长达四十余年的时间里，约翰斯通家族的成员参与到不列颠奴隶制的政治历史中。在不同的时期、面对不同的立场，他们所扮演的角色也各不相同。1770 年，亚历山大反对施加于奴隶的酷刑；1775 年，乔治称赞美洲奴隶主的仁慈；1788 年，约翰、他的儿子以及夏洛特的鳏夫詹姆斯都加入了废除奴隶贸易协会；1792 年，詹姆斯主张立即废除奴隶贸易，并且逐步废除奴隶制；1805 年，威廉则为奴隶贸易和奴隶制进行辩护。[1]玛格丽特的女婿约翰·韦德伯恩，是那起标志着苏格兰从法律上正式废除奴隶制的案件中的奴隶主，并且输掉了官司；约翰的侄子曾出任他的辩护律师。约翰斯通家族中的两名奴隶，贝尔或贝琳达和约瑟夫·奈特，是这些影响世界历史进程的事件的主角。贝尔或贝琳达是不列颠群岛上最后一个被法庭判定为奴的人，而约瑟夫·奈特对约翰·韦德伯恩的起诉结束了不列颠法律对奴隶制的认可。

在 18 世纪 30、40 年代离开艾斯克山谷之后，约翰斯通兄弟中先后有六人成了奴隶主。詹姆斯继承了亚历山大在格林纳达的奴隶。亚历山大用从威廉和约翰那里借来的钱购买了巴卡耶种植园及奴隶。威廉在格林纳达、多米尼加和多巴哥都拥有奴隶。乔治在西佛罗里达有一个名叫菲利斯的奴隶。约翰的奴隶有贝尔或贝琳达和"莫莉"，他还和亚历山大共同拥有格林纳达的一些奴隶。吉迪恩的婚姻将他卷入利物浦人的大西洋奴隶贸易中，他的岳父斯克鲁普·科尔基特是利物浦的一名律师，在议会上为"与非洲的自由贸易"进行游说，并且在 18 世纪 40、50 年代期间拥有来往于黄金海岸、牙买加、安提瓜奴和托托拉岛之间的三艘奴隶贸易商船的部分资产。[2] 伊丽莎白·卡罗琳·约翰斯通，那位伊特鲁里亚历史学家，还记得她那位"有一半黑人血统的奶妈——奶妈的父亲漂亮、正直，从前是老吉迪恩·约翰斯通的奴隶，老吉迪恩·约翰斯通曾买下霍克山庄并将其留给我的祖父。"[3] 唯有在 18 岁便早逝的帕特里克没有参与当时的奴隶经济，或者说，他与奴隶经济的联系仅仅在于，在 1753 年为他的印度之旅提供担保的两名商人——一位是弗吉尼亚和巴巴多斯的总管，另一位是塞拉利昂从事奴隶贸易的班斯岛的主人——所拥有的财富来源于奴隶经济。

对约翰斯通家族的女性而言，她们与帝国的相遇源于与奴隶制及一些奴隶的邂逅。1761 年，伊丽莎白·卡罗琳娜·基恩（后来的约翰斯通夫人）和姐姐乘坐"霍尔德内斯伯爵号"前往印度，当船靠近马达加斯加时，"四个人分别从两艘小木舟登上了我们的船"；"他们用生硬的英文向我们表示他们那里有很多奴隶和小牛出售。"[4] 玛莎·福特曾生活在彭萨克拉的奴隶社会里。佩斯郡的玛格丽特·韦德伯恩家中也有一名奴隶，名叫约瑟夫·奈特。约翰夫妇和他们的儿子与贝尔或贝琳达一起生活在法夫；贝蒂及夏洛特夫妇经常去看望他们。玛格丽特·韦德伯恩的女儿和女婿先后于加尔各答和海上去世后，他们留在槟榔屿的儿子由一名欧洲仆人以及一名"女性奴隶"照看。[5]

　　除了亚历山大和他的"黑白混血女儿"之外，约翰斯通家族的其他成员并未直接参与奴隶经济。[6]在其遗嘱中被认作"格林纳达的詹姆斯·约翰斯通爵士"的詹姆斯一生都未曾亲眼见过他所继承的种植园，只是种植园经理时常通过信件向他汇报经营状况："10月份吩咐我买的那个黑白混血的木匠的确是物有所值"、"我以每人56镑的价格分别买下了10个强壮的青年男女"。[7]约翰曾告诉威廉，亚历山大"不顾自己的反对"，擅自动用了他们的共同资产购买了"12名黑奴"。[8]即使在牙买加的时候，约翰·韦德伯恩也始终与进行奴隶交易的场所保持着一定的距离，用约瑟夫·奈特的话来说，韦德伯恩总是"远离"奴隶商船卸载货物的港口。约瑟夫·奈特在诉讼初期，于佩斯郡地方法庭上回忆自己抵达美洲的情景时说："自己在牙买加被从船上送到了韦德伯恩的家里。"[9]当格拉斯哥小商贩之子帕特里克·科洪成了一艘载有150名奴隶从塞内加尔前往弗吉尼亚的商船的大副时，他写信对自己身在格拉斯哥的妹妹说："这是我第一次出任大副，这一船的货物对于我来说是个不小的负担，这船上总是充满吵闹的噪声和刺鼻的恶臭。"[10]在约翰斯通家族的记忆里，并不存在这样的"第一次"与大西洋奴隶贸易直接接触的经历，更没有喧嚣与恶臭。

　　从东印度群岛到墨西哥湾，约翰斯通家族所设想的帝国蓝图中始终都有奴隶制的存在。他们有计划地加入了蔗糖产业。约翰与威廉商讨二人在格林纳达的生意时写道："我列出了我的首要计划，即'置办一处种植园'。你在1766年，即我们收到（亚历山大）来信后准备涉入蔗糖生意时，向我提出过这样的建议。"[11]亚历山大在遗嘱中将五名兄弟和三名侄子都列为自己名下奴隶和糖作坊的潜在继承人。[12]路易莎继承了丈夫詹姆斯在格林纳达的种植园，并且在1796年奴隶革命爆发期间是种植园的主人；路易莎的朋友们在1796年得知，"一切都已回归平静"，这便"意味着约翰斯通夫人将很快能够得到一笔丰厚的收入"。[13]威廉的女儿亨丽艾塔·劳拉后来成了格林纳达资产的主人，她的继承人与乔治的孙子们曾因这些财产打起了官司。路易莎的母亲在多年前继承了爱尔兰、英格兰、威尔士和巴巴多斯的多处资产，她的祖母也曾是爱尔兰、英格兰和巴巴多斯多处资产的受益人。[14]

在渗透至约翰斯通家族生活每个方面的苏格兰法律界，以及他们所在的亲友圈中，这种情况并不陌生。将目光放得更远，我们不难发觉，约翰斯通式的帝国经历在他们亲友的身上也得到了验证。曾经滔滔不绝地谈论东印度公司（"什么是政府？"）的亚历山大·韦德伯恩于 1775 年在信中与东佛罗里达的总督商讨"置办一处种植园的费用"，他甚至考虑要在东佛罗里达定居，并"成为一个真正的东佛罗里达人"："估算一下购买 30 个黑奴及一处大青叶种植园的费用。"[15] 他的弟弟，乔治的朋友大卫·韦德伯恩，经由圣克里斯托弗、安提瓜和牙买加的奴隶社会抵达了西佛罗里达。他于 1765 年到达莫比尔几周后曾写信对家里人说："前几天我的一个黑奴不小心被枪打中了肩膀"，以及他的一位新朋友对他的承诺，"假如我能肯定是个印第安人故意开的枪，那么他发誓将在天黑之前提着那个印第安人的头颅来见我。"[16] 大卫·韦德伯恩于 1771 年在印度安顿下来后写信向姐姐详细描述这片英国殖民社会的状况以及东印度公司的政治；他还"详细地列举了自己的收入和开销"："（在这里的）第一年，我的花销不可避免地超出了预期，因为有诸如家具、亚麻布、瓷器、马匹、马车、奴隶、房子等许许多多需要花钱的地方。"[17] 他于 1773 年在巴鲁克去世后，英国的家人收到了一份财产清单，其中包括"五只山羊、六名未成年奴隶、四个男孩、四个马拉巴尔仆人，以及一盒中国烟火。"[18]

约翰斯通家族故事中的那些次要的人物也同样拥有海外经历，在这些海外经历中，奴隶或曾经为奴的人们之身影出现在帝国的地平线上。约翰·斯温顿的弟弟，酒商及报纸出版商萨缪尔·斯温顿于伦敦的家中有一个"从西印度买来的"黑仆，后来还有另外一个仆人在 1771 年的案件中被描述为"斯温顿先生家里黄褐色皮肤的小男孩"。[19]约翰·斯温顿曾在当时一起轰动一时的案件中出任辩护律师，该案牵涉到约翰斯通家族的另一名朋友及邻居，威廉·麦斯威尔爵士，麦斯威尔后来成了亚历山大和詹姆斯的财产托管人；案件关注的焦点是麦斯威尔的妻子所继承的遗产、他妻子兄弟的离婚事件，以及人们所说的他妻子的嫂子与麦斯威尔以前的男仆之间的通奸行为；同时，麦斯威尔的奴隶拉奇莫所提供的证词因其奴隶且非基督教徒的身份而被视为无效。[20]1765 年，居住在苏格兰东部一位叫作伊莎贝拉·霍尔的女士从约翰在加尔各答的一名战时同事那里得知自己的兄弟在苏门答腊去世了，自己成了兄弟遗产的继承人及五岁的小侄女"佩蒂小姐"的监护人。佩蒂出生在苏门答腊岛，她被送到苏格兰时身穿一件"袖子上镶有金扣"的衣服，同行的还有"一个叫贝蒂的女奴"："她的奶妈是一名奴隶，所以必须回到印度。"[21]

对于约翰斯通家族的亲友，包括他们的世交佩特里家族而言，奴隶经济赤裸裸地地存在于非洲和东、西印度。1771 年詹姆斯写信与之讨论大脑与意识性质的吉尔伯特·佩特里不久前从奴隶贸易重镇，当今加纳的海岸角堡的总督之位卸任而归。为表示对旧交情的挂念，他送给詹姆斯一只"动物"；詹姆斯在回应中对佩特里进行了一番赞扬："16 年酷热难耐的岁月丝毫没有影响他忠诚的本性。"佩特里和他的弟弟约翰（后者是约翰和吉迪恩在加尔各答的朋友）曾来到诺福克探望詹姆斯，并与其讨论"腐败热"的后果。[22]吉尔伯特·佩特里后来带着自己的奴隶移居多巴哥，约翰·佩特里则成了下议院中奴隶贸易最为激进的拥护者之一。1799 年，他在反对威尔伯福斯废除奴隶贸易的提案时宣称："奴隶贸易的废除对非洲来说会是一场灾难；作为一名种植园主，他希望奴隶贸易得到废除；然而，作为一个世界公民，他出于对非洲海岸居民的同情则希望奴隶贸易继续存在"；在后来对演讲进行总结时有这样的一句话："一想到没有了奴隶贸易的非洲将会呈现出怎样的一幅景象，（我的）心不禁因恐惧而颤抖。"[23]

生活在北美地区的约翰斯通家族成员及其亲友同样生活在关系复杂的奴隶社会中。1804年，芭芭拉·约翰斯通·肯纳德的孙子在马萨诸塞州的舅舅写道，他的外甥几乎不可能改善威廉的纽约地产的经营状况；"他手中没有奴隶用来进行耕作"。[24] 贝尔或贝琳达于1772年前往弗吉尼亚时乘坐的贝特塞号的船长詹姆斯·拉姆齐于1776年从巴巴多斯去往格拉斯哥的途中被北美的私人武装扣押。包括拉姆齐船长、"两位绅士"和"一个属于詹姆斯·拉姆齐的黑人男孩"在内的人质先被送到了罗德岛，随后又被送到爱尔兰的科克。[25] 乔治参与的那次意在与北美和解的活动以失败告终后，委员会主席卡莱尔勋爵从纽约写信告诉妻子说，乔治将为她送去信件，并告诉她自己为北美的家购置的物件：

> 我吩咐弗雷德里克，如果他能找到一个大约十二三岁的黑奴就买回来……今天晚饭后，他告诉我他有一个黑奴要让我看看，不过年纪有些小。我很愿意看看，他就叫来了一个四岁大的孩子。他热爱自然历史，因而已经在我的家里养了浣熊、灰松鼠、鱼鹰以及其他一些动物，并且希望再有这样一个小黑奴。[26]

约翰斯通家族及其亲友与奴隶制的这段历史实则是一段关于18世纪晚期个人财富积累的故事，他们在大不列颠帝国中与奴隶制的相遇是一场迈入奴隶制经济（和社会）的冒险历程。不过，他们的历史同时也属于一个更为宏大的故事的一部分，这一故事随着历史的发展而改变，并且与人道精神、法律以及政治发展的进程存在很大不同；约翰斯通家族中至少有两名兄弟是这一故事中的人物（用希莱的话来说，即一场"掩饰性"的戏剧）。[27] 约翰斯通兄弟姐妹活跃在公众视野中的这四十余年——即从1763年新殖民地的建立，到1806年奴隶贸易的废除——是一个人道主义精神兴起的时期，如约翰和詹姆斯就加入了废除奴隶买卖协会；与此同时，这也是大西洋奴隶经济得到巩固和发展的时期。[28] 这一事实通过大西洋上被贩卖的奴隶数量便可察觉：法国奴隶贸易的高峰在 1790 年、英国在 1799 年、美国在 1807 年、葡萄牙在 1829 年，西班牙则在 1835 年。[29] 与此息息相关的还有其他一些因素：种族政治、奴隶社会的管理、对奴隶起义的担忧，及对奴隶制前景的思考。[30]

　　就如人们关于帝国、法律和经济生活的观念一样，18 世纪 60、70 年代的战后时期，约翰斯通家族的种族观念也是模糊的。1771 年的法律文件对贝尔或贝琳达的描述有："黑人女孩"、"东印度的孟加拉人"等。亚当·斯密在《国富论》中曾在多种意义下使用"种族"（race）这一概念："动物的种群"、"法国国王的宗族"、"劳工的种族"、"托钵僧族"，以及"通常被称为文人的不成功的一族"。[31] 然而在 19 世纪的帝国史上，所谓科学的种族主义，也就是优等民族的观念已经萌生了，就如约翰斯通的表兄詹姆斯·弗格森在约瑟夫·奈特案胜诉后的感慨："这是一个令人震惊的灾难，无疑代表着我们对自身种族的贬低。"[32] 在乔治于 1777 年向议会提交的关于莫斯基托的报告中，一名牙买加历史学家写下了这样的一句话："这里大多数人都是白人与黑人的混血，并且他们继承了非洲人最低劣的思想和个性。"[33] 1805 年的议会上，威廉在反对废除奴隶贸易的陈述中将这一问题上升到了人种选择的层面："以下这一事实得到了所有党派的认同，那便是：由于当地恶劣气候的限制，西印度的土地无法由欧洲人来耕种；假如要在此进行农业种植活动，就必须由另外一个人种来承担。"[34]

　　这一次，约翰斯通家族再次处在时代剧变的边缘上。就连身在印度的约翰在新的种族政治中的立场也是摇摆不定的。据克莱武所言，他是一个介于黑人（或印度人）与白人之间的叛变者。约翰对种族差异的见解表现在他离开印度之前和之后的自我辩护中；他一会儿对一个叫"马蒂拉姆的人所遭遇的苦难"深表同情（此人是个有家室的人，"却要忍受一个死刑犯所要面临的恐惧"）；一会儿又为他的波斯合伙人辩护（"我收到他们俩人的来信……信中充斥着令人绝望的恐惧和担忧"）；不过，他又对加尔各答市场上的商人拒绝他的货物感到失望（"黑人是多么愿意巴结别人"）；有时他还思考与种族和权力有关的一些宏大的问题："这个国家的黑人是否有决心和力量"去挑战（东印度）公司？[35]

在西佛罗里达，乔治的政府在缓慢而被动地进行帝国种族政治的改革。[36]佛罗里达的新政权忙于建立一个奴隶社会，处理与逃亡、被抓获、被遣返、被救援以及"死亡"奴隶相关的事件。就连乔治的账目支出中都包含着一笔支付给一位外来海军军官的"与其在船上失去的黑奴等价的"补偿金。[37]这期间发生了一起"令人十分棘手"的案件，起因是"一个白人谋杀了一个印第安人"，其中涉及到的难题包括"异教徒的证词是否能被采纳"、"蓄意谋杀与过失杀人之间的区别"，以及（殖民政府）与原住民之间的协议。除此之外，还有一起与从佛罗里达逃走的黑奴有关的事件，此人逃到了新奥尔良后和另外四名逃跑的奴隶以及一个"黑白混血"的契约工一同"登上了一艘西班牙护卫舰"，不过他们却在尚德利耶岛遭遇了海难——一名奴隶和那个黑白混血契约工被"一个法国人"救上了岸；随后，他们被带到新奥尔良，法国人以索要"（包括救援费在内的）赎金"为由将他们扣押。乔治写信给即将离任的法国总督说，这一事件不仅动摇了奥尔良的"海事法"，以及"相互遣返"逃亡奴隶的原则，并且伤害了"法兰西悠久的民族精神"："我不得不说，这是我平生第一次听说居然有人为拯救生命索要赎金！"[38]

乔治在离任之前签署的那份黑人与奴隶管理法案象征着一个新社会的建立，这个社会必然要"雇佣许多黑人"，并且"以肤色来界定奴隶之身份"。除了少数获得自由的奴隶之外，所有的黑人、印第安人、"黑白混血人"，都将被视作是"主人的动产"；这份法案中还列举出了惩罚"对白人做出暴力和侵犯性行为的黑人"的措施，"但不得危及（黑人的）性命或者造成严重伤害"。乔治离开后，这些条款被更为血腥的新规则所取代，"死刑和其他惩罚"被允许使用，其中还增加了思想犯罪的罪名："任何一个胆敢设想、想象一个白人死亡的奴隶将被处死。"[39]

在格林纳达，约翰斯通家族成员也陷入到变化无常的种族政治之中，他们同样也要面对尖锐的奴隶矛盾。同西佛罗里达一样，格林纳达饱受奴隶叛乱的困扰。就像在彭萨克拉和加尔各答那样，亚历山大在格林纳达卷入的一系列"骚乱和仇恨事件"是英国殖民者与英国官员之间的纠纷。不过，这些纠纷也与奴隶制法律及社会关系有关。亚历山大先后就岛屿内的奴隶暴乱、虐奴行为，以及英国人的"奴隶管理法"取代法国人的"黑人法令"等事件向枢密院提出控诉。据约翰斯通家族一位朋友所撰写的小册子的记载，"释放奥古斯丁法案"是格林纳达岛独特的社会环境的产物，是以下这些人之间异常复杂的关系的产物：即亚历山大的对手（格林纳达总督），他"亲密的朋友"奥古斯丁，奥古斯丁的情妇——"与著名的奥古斯丁拥有近亲血缘的一个黑人妇女"，以及奥古斯丁"乱伦的家庭：尤其是女主人、女儿和孙女，她们都与同一个人有着亲密关系"。[40]

格林纳达的韦斯特哈尔种植园影响了约翰斯通家族三代人的生活，通过观察这个家族的成员继承种植园的过程，我们得以对早期帝国历史进行回顾。亚历山大用兄弟们提供的资金所购买的奴隶使他在法国于 1799 年重占格林纳达岛时成了当地最富裕的海外领主之一——至少他拥有的奴隶数量是无人可比的。[41]在由詹姆斯管理的那段日子里，韦斯特哈尔种植园成了开明种植园的典范：穿着鞋子的奴隶手持耕犁在田间劳作。据废奴主义者的历史记载，在格林纳达岛上流行病肆虐、奴隶起义引发政治动荡期间（包括 1795—1796 年的费东革命），韦斯特哈尔种植园并未受到什么影响。[42]根据他新任命的经理的描述，威廉继承了种植园后以"（耕犁）并未达到节省开支、提高效率和产量的目标为由停止了对其使用"。这个经理后来成了 19 世纪最有名的奴隶制理论家之一："我了解格林纳达的韦斯特哈尔种植园，熟知它的每一个角落"，他写道，"一切黑色的东西都充满了愤怒"，"愚昧的非洲人唯有通过被奴役才能尝到自由的好处。"[43]

　　从这些方面来看，奴隶制的未来更取决于法制和管理体制的整顿而非政治或议会体制的改革。除此之外，被奴役者对自身政治生活的预期也是一个不容忽视的因素。[44] 约翰斯通家族和他们的亲友时刻生活在对奴隶叛乱的担忧与焦虑之中。亚历山大抵达格林纳达时，无处不在的叛乱充斥着整个岛屿，"茂密的山林藏满了来自各方的奴隶"。逃亡者奥古斯丁所引发的危机只不过是格林纳达岛上欧洲殖民者与逃到内地的黑奴，即曾经的被奴役者及他们的后代之间长达百年的战争的一个片段。格林纳达的"改善奴隶管理法案"提到了"极度的恐惧及显见的危险"，西佛罗里达的立法谈到了"逃亡的"奴隶。[45] 威廉于 18 世纪 70 年代初提出要改革西印度的抵押方式，他的朋友提出了与英、法两国奴隶抵押法有关的诉讼，这时正是法国殖民管理上最为"混乱"的时期——苏里南、圭亚那、伯比斯和圣多米尼哥的奴隶暴动接连不断。[46] 威廉参与的与抵押有关的最后一次议会活动是与格林纳达种植园有关的私人提案，该提案于 1796 年得到通过："欲通过抵押为近来动荡中的损失募集资金。"[47] "在白人发动北美革命之前，南美大陆和加勒比地区黑人和褐色人的革命早已爆发"，西蒙·沙玛写道，而且早在奴隶贸易引发的政治冲突出现之前，就已存在军事冲突，这些军事冲突同时又是政治冲突。[48] 这些也是约翰斯通家族关于奴隶制与帝国的记忆。

　　"暴风雨即将来临，危机一触即发"，威廉·威尔伯福斯在 1805 年的议会辩论时说道。在这场辩论中，威廉·普尔特尼作为关键人物延缓了奴隶贸易废除的期限，威尔伯福斯就这一失败写道："我从未因一起议会事件而如此感慨。我一度无法入眠。我的脑海中不断浮现出那些可怜的黑人们的身影。"[49] 如同先前的众多辩论一样，这场辩论最终的胜方仍是"国家的最大利益"。不过此次辩论引发了人们对圣多米尼哥（今天的海地），以及"黑人的内心世界"更深入的思考。[50] "他们拥有反思自身行为的能力"，据说威尔伯福斯这样形容西印度的奴隶（这番话很有意思地回应了乔治的儿子于四年前发表的评论，即印度当地人不喜欢"反思自己的行为"）。[51] 威尔伯福斯还声称："他们拥有思想情感，能够像人一样思考和行动，这一点是无可争辩的"，"最近的事例还表明，黑人与我们一样具备感知能力，并且他们能够完成他们所计划的事情。"[52]

在约翰斯通家族及其亲友所涉足的广阔区域内，奴隶制的情况是有所差异的。加尔各答和伦敦的东印度公司在马达加斯加、安哥拉、几内亚、圣海伦娜和苏门答腊西海岸的奴隶贸易中很活跃；就连约翰和伊丽莎白·卡罗琳娜于1765年乘坐的"史蒂芬斯上将号"上所运载的克莱武勋爵写给伦敦的信，也报告了从马达加斯加到苏门答腊奴隶贸易的成功。[53] 印度内陆地区的"家庭奴隶制"与西印度和北美的"传统奴隶制"存在很大的区别。[54] 乔治在一首哀悼莫斯基托海岸的诗中，表达了对英国商人"令人羞耻的掠夺行为"的震惊，"（他们）从周边的印第安部落掠夺人口，并将他们像货物一样贩卖到西印度的英格兰和法国殖民地。"[55] 法国、英国、西班牙、荷兰和葡萄牙的奴隶法各不相同且时常变化。北美殖民地的奴隶法也是如此。随着欧洲各帝国殖民政权的更替，这些岛屿及殖民地与个人资产有关的法律规定也在随之改变。个体的身份从未明确：贝尔或贝琳达是"奴隶或者仆人"、"黑人女孩莫莉是约翰·约翰斯通家的奴隶或仆人"，1765年在佛罗里达被大卫·韦德伯恩称作"我的黑仆"的仆人对于他的美洲原住民朋友来说则变成了"我的奴隶"。

对于被奴役者而言，包括约翰斯通家族的奴隶在内，不同的奴隶法规共同构成了他们被奴役的经历。在约翰斯通的历史中出现的几乎每一名奴隶都经历过不同的奴隶社会和不同的奴隶制；并且他们无一例外地生活在"毫无选择"

的世界之中。[56] 没有选择权就意味着他们一生都要被动地生活在无数动荡和变迁之中。换句话说，他们被迫适应从欧洲或亚洲的家庭奴隶制到美洲的种植园奴隶制的过渡。

被主人从北美洲带到英格兰的詹姆斯·萨摩塞特在伦敦出逃后重新被捕；当法庭给予他自由的时候，他正被关押在一艘开往牙买加的船上。约瑟夫·奈特从今天加纳的海岸角堡被贩卖到牙买加，后来又被主人约翰·韦德伯恩带到了苏格兰。奈特在 1774 年于佩斯郡法庭上提出的第一条要求便是："剥夺约翰·韦德伯恩先生将原告送至海外或者本国其他地区的权力"；约翰·韦德伯恩的反诉是："自己应有将约瑟夫·奈特带回西印度的权力，尽管他也许并无此意图。"[57] 贝尔或贝琳达生活在东印度及苏格兰的"家庭奴隶制"下；最终，是苏格兰的法庭宣判她不是一名"奴隶或者仆人"，而是"终身的奴隶"，并将她流放至弗吉尼亚。

"信息时代"

约翰斯通家族波折的致富历程对于他们同时代的人来说是一个谜，对于今天的人而言仍然如此。他们为证明自己是马修·德·约翰斯通，或者用詹姆斯的话来说"我父亲伟大的祖先"的后代所付出的努力于 1881 年才画上句号。[58]韦斯特哈尔的约翰斯通家族自封为贵族后裔的说法遭到了人们的嘲讽。按照那些（研究成功的继承人的）家谱学家的说法，约翰斯通家族与贵族之间只存在一些微乎其微的联系。这是个出产律师和地方公务员的家族，他们"长期受雇于伯爵和侯爵的门第"。他们"能够自由地"接触到与自己祖先有关的文献；据其他人的回顾，约翰斯通兄弟姐妹的父亲和祖父二人都曾有过利用自己的职务篡改历史记录的行为。[59] 换句话说，约翰斯通家族一手编纂了他们的历史。

在约翰斯通兄弟姐妹的早期生活中，经济状况恶化与获得财富的可能性时常并存。尽管威廉于 1767 年在伦敦被人称为"一个穷苏格兰人的三儿子"，但这个位于艾斯克山谷的家族与他们的邻居相比并不算贫穷。[60] 不过，他们却面临着因欠债而失去土地，从而社会地位骤降的威胁。"我真希望女孩子们能够安然无恙"，1759 年，乔治在家族经济状况跌入低谷时写信对威廉说。[61]

约翰斯通家族的成功综合着机遇、决心，以及有效利用各种信息的结果。这个家族的兄弟们既不是承包商，也非奴隶贩卖商或银行家，更不是（如克莱武勋爵那样）殖民地的当权者；他们甚至不是亚当·斯密意义上投机的商人："今年是玉米商，明年改卖葡萄酒，下一年则转而出售蔗糖、烟草或者茶叶。"[62] 只有约翰、帕特里克和吉迪恩在印度短暂地从事过日用品贸易——布匹、食盐，以及小公牛的买卖。约翰斯通家族生活在苏格兰的工业-科学革命早期，因而工业变革对他们生活的影响微乎其微。"远方战火的硝烟，似乎只有通过卡伦的喧嚣才传到我们这里，不过我想那场闹剧现在已经结束了"，约翰在美国独立战争期间写信对詹姆斯·巴尔曼说，其中他所指的"卡伦"即距离他在阿尔瓦的家不远的卡伦钢铁厂。詹姆斯、约翰和贝蒂的信件中满是对在苏格兰地产的山丘中寻找煤矿的描述。[63] 约翰斯通家族在工业方面的活动也是变换不定的——运河、硫黄和锑矿业。他们借助于信息和财富创造财富。

这个家族新积累的财富最初有两个来源。其一是 11 个孩子中排行第九的约翰从印度寄回的钱——这些钱来自于印度王子和银行家送给他的礼物，以及他从平纹布和食盐生意中获得的利润。其二是威廉的妻子，弗朗西斯·普尔特尼所继承的遗产。1760 年人们就期待着这笔丰厚遗产的降临，到了 1767 年，这一期待在威廉朋友们的欢庆声中终于变成了现实。到了 18 世纪 60 年代末，约翰和威廉已经家财万贯，他们将金钱投入到地产、债券及政治生涯当中。他们还借钱给兄弟姐妹、侄子侄女们以及瓦尔特叔叔，有时还补贴他们。他们的兄长，"可怜的桑迪·约翰斯通"、"性情古怪"又"命运多舛"的亚历山大凭借威廉提供的资助购买了格林纳达韦斯特哈尔种植园后，成了兄弟中第三个致富的人。[64] 这个家族本身就构成了一个充满投资机遇和信息的社会。

在这个 18 世纪晚期兴起的信息世界中，约翰斯通家族成功地将原始资本（或者意外收获）转化为持久的财富。这 11 个兄弟姐妹深知自己身处在一个求知欲旺盛的时代，与他们同代的维塞斯摩·诺克斯将之称作"信息时代"。[65] 如同简·奥斯丁最具印度特征的小说《曼斯菲尔德庄园》里的范妮·普莱斯一样，他们对人的"性情"十分关注——即为了信息本身而获得信息。[66] 与亚当·斯密相仿，他们对商贸活动的理解建立在对信息之重要性的认知之上；"行政部门"对远方殖民地不同政治人物的相对重要性"不可避免的无知性"；商人在面对不同对象的不同"性格和状况"的"不安感"；以及进行远方投机活动所必需的"情报信息"之上。[67] 他们对政治的理解也是如此。一名殖民地官员（乔治在西佛罗里达曾与此人的兄弟有过来往）认为，他们就如同与东印度和大西洋有着密切关系的北美人一样，"对于信息的渴求，在这些人身上形成了一种独特的性格特征"，"这样的性格在日常生活中被我们称作求知欲。"[68]

总体而言，无论是在自身看来还是在他人眼中，约翰斯通家族的确很有效地利用了信息。"他看上去是一个见多识广并且情感强烈的人，行为举止虽有些笨拙但却很有表达力"，这是一位英国外交官在 1779 年为玛莎和乔治两个被扣为人质的年幼儿子进行谈判时对乔治的印象。[69] 在这一家人及其亲友的信件中，信息交换量是惊人之多的。威廉在帕特里克死后收到他生前从加尔各答寄出的信，"我将会在下一封信里向你描述我的具体情况以及对这里人们的看法。"[70] 玛格丽特从巴黎写信给母亲谈论女儿换牙的事情及祖母的病情（"我担心她可能已经去世了"），并告知母亲自己成功地向法国法庭提交了苏格兰的要求。[71] 贝蒂在芭芭拉与丈夫分居后写信对威廉说："我会把我所了解的情况全部告诉你。"[72] 大卫·韦德伯恩从孟买给姐姐写信说："请时常写信给我讲讲你孩子们的情况以及其他我所关心的事情。"在从安提瓜岛去往牙买加的途中,他给兄弟写信说:"我会尽量去打听约翰斯通一家的备战状况","就现有的信息而言,我只能进行一些粗略的推断。"[73]

威廉是个精通票据和债券业务的专家,约翰斯通家族现存的私人信件大多数都来自于他的收藏。另一个他所擅长的领域即对信息的有效利用,这类信息的来源和种类各异:例如(新奥尔良情报员描述的)密西西比三角洲如尼罗河流域那般肥沃的土壤,以及(贝蒂描述的肯纳德夫妇分居后除了前去教堂礼拜之外便很少出门的)姐姐芭芭拉的情况。[74]他在下议院将自己称作可靠信息的接收者和提供者。"我所得到的信息全部来自于一个见多识广且消息灵通的人,"威廉在一起关于海军采购骗局的辩论中说。在反对威尔伯福斯废除奴隶贸易的提案时,他声称:"以他现有的知识和消息推断,奴隶们的处境已得到普遍改善。"[75]

依据当代信息历史学家的划分,约翰斯通家族所生活的18世纪晚期在许多方面都符合对"信息社会"的定义。[76]这个时期的报纸、小册子和书籍等大众传媒得到了迅速的发展,尤其是在不列颠和法国,当然欧洲其他地区、美洲和东印度的发展速度也不容忽视。[77]公共舆论的现代产业对于约翰斯通家族来说尚是个新奇的领域。"对于这个问题,我们已经在议会上讨论过至少41次了",1772年埃德蒙德·伯克在关于东印度公司的一场议会辩论中说道,"我们的办公桌上堆满了书籍和文件。"[78]克莱武就英格兰关于加尔各答食盐贸易的报道评论道:"全世界的眼睛都被各式各样的出版物所蒙蔽了。"[79]约翰·斯温顿的弟弟萨缪尔成了两家法文报纸,《伦敦信使报》和《欧洲信使报》的出版商,并且于1794年在奥斯坦德、马提尼克岛以及法国北部发行它们。他想"借助印刷出来的文字、乐观的精神,以及邮递员在夜晚将报纸送到城镇的各个角落"而将海外公众的观点和传媒业所提供的各种信息传播开来。[80]

在这个时期的帝国生活中,口口相传的传统信息传播方式并未随着印刷业的兴起而消失。来自远方新世界的消息通过各种公共和私人媒介进行传播：船长的文字记录和口头陈述、家人和商业伙伴的来往信件。1745 年战争期间，詹姆斯在莱顿读书时的两个朋友前往鹿特丹"试图得到一些消息"，然而"千里迢迢却一无所获"，于是决定"以一名银行家私人信件"的口吻"伪造一份报道"。[81]

约翰离开加尔各答后，他的朋友威廉·博尔特斯创办了一份报纸，这份报纸上"刊载了许多信息，其中大多数都是关于个人的"；博尔特斯每天十点到十二点在家里印刷报纸。[82] 到了 1762 年，吉大港已经有多家美洲报纸。[83] 除此之外，过路的商船也时常带来消息；伊丽莎白·卡罗琳娜和姐姐乘坐的船抵达马德拉后，船长声称自己在马尔代夫群岛遇见的一艘印度船告诉他："我们已经占领本地治理长达四个月了。"[84] 不过也存在虚假的消息："我听说加尔各答的亚美尼亚人收到了很多账单，俄国人占领了君士坦丁堡，"萨缪尔·斯温顿的一名同事被告知。1770 年从敦刻尔克寄往加尔各答的一封信中甚至还提到有关玛丽·安托瓦内特与未来的路易十六联姻的消息："他（路易十六）无论在精神上还是身体上都是个软弱的可怜人，而他的妻子则是个活泼开朗的德国少女，因而他们的结合极不般配。不过或许倒是能为欧洲带来和平。"[85]

约翰斯通家族的私人信息世界，就像罗伯特·达尔顿所描述的 18 世纪中叶的巴黎那样：是一个"由各式各样被人遗忘的媒介组成的交流网络"。[86] 这个家族的兄弟姐妹关注每一封信件所传达的每一项指令和内容，也关注信件标志时间与地点的方法（是通过哪艘船运达的、是否被吉迪恩遗忘了、约翰写给威廉的那封信是否从比利时的斯帕寄出的）。据议会文件的记载，威廉在下议院的 37 年中，只有一次短暂的情感流露时刻，涉及的是议员邮资免费这一看似不可行的议题："免除议员邮费，通过增加回信的数量，从而增加邮局的收入……免费邮递信件能够减少亲人之间因距离和别离而产生的相思之苦。"[87] 乔治最后的计划之一是通过驻开罗的英国领事馆开通一条"经由苏伊士运河到东印度的交流通道",这要依赖于"这个国家的慈悲",并"对私人信件只收取很少一点费用"。[88]

约翰斯通家族还将人与人之间的交往变得异常复杂,无论是书面的还是口头的交往,信件中信息的价值就由这种复杂性来确定。约翰斯通家族及其亲友间的信息交流有相当一部分就是关于信息和消息本身的。"我同你一样,对信件被人检查这一事情感到很不舒服",大卫·休谟写信对老约翰斯通说,"不过幸好我没有在其中提到任何人的名字也没有指明具体地点。"[89]有些寄往印度的信使用了盖尔语,有些信被人偷偷取走了,就如约翰斯通兄弟姐妹的舅舅写给他儿子的信:"或许由于我与约翰斯通家族的关系……(这封信)被人截获了。"威廉·博尔特斯曾用暗语写信,其中"太子港"代表"信德省"、"巴尔的摩"指代"孟加拉",而"美国国会"象征着"蒂普苏丹"。[90]约翰曾涉入一系列以信中之信方式传达信息的复杂事件中:如在亚美尼亚人案件中他所提到的信息,以及1761年他从杰拉索尔寄往加尔各答的一批"被海关截获"的信件,这批信件也许是伪造的,"信封上的封口印章任何一个雕刻匠都会仿造。"[91]

在约翰斯通家族所生活的18世纪末的帝国世界中,信息秩序的建立处在帝国权力的中心,就如柏利对早期英国统治下印度北部郊区的描述:"公共舆论活跃、信息的使用和传播领域竞争非常激烈。"[92]对于约翰斯通家族和他们的朋友而言,帝国的信息尤其与语言知识有关。约翰在印度的身份是波斯语和"摩尔语"的翻译,或者说,是不同帝国和不同语言之间的媒介。他在印度经历的一次危机的原因是由于翻译的失误——对方言"Cooch Booligani"("他什么也不会说")的误译,以及误将"然而"译作"而且"而使得一封波斯语信中"表示友好的话"成为"嘲讽意味"的语言。[93]当乔治向阿奇博尔德·斯温顿请教一封波斯来信上签名的含义时，后者认为"是'再见'的意思"，不过也许是"说完了"的意思。[94]乔治在西佛罗里达期间的开销包括雇佣六名印第安语翻译的费用，玛莎·福特的租地向北延伸到了印第安译者的领地。[95]大卫·韦德伯恩曾为1765年乔克托和切诺基议会的法国官员担任翻译，他渴望学会乔克托语（"鉴于这门语言的词汇量不大，这件事似乎并不困难"）。[96]在1770年去往印度的途中，他与一艘在佛得角群岛失事的荷兰东印度公司商船上的幸存者相遇，这些幸存者中有"20名德国士兵"，他用德文与他们交谈并将他们带到了东印度公司位于孟买的军队驻地。[97]

　　约翰斯通家族及其亲友生活在印度社会变迁的时代，历史学家吉拉姆·侯赛因将这一时期称作"不完整的知识时代"，即不完全的对话时代——这个时期的英国人只对他们能够用文字记录的事物感兴趣，对"人的性格和性情"则并不怎么关注。[98]然而在约翰早期的帝国生活中——欧洲人与印度人几乎同化，这恰恰是克莱武所拒斥的——无论是印度还是欧洲官员的性格特征都是人们关注的对象。约翰在1765年的自我辩护中描述了他与其合伙人（马蒂拉姆）、合伙人的下属、银行家（塞斯）、他为之服务的王子（布德旺的王侯），以及他所不信任的王子（孟加拉的行政长官）之间的关系。约翰在与身在印度的英国朋友的通信中，对他们所依赖的"当地"官员进行了评价：比哈尔王公的性格（"我完全信任他"），一名英国财政官的性格（"无论他的岳父是什么样的人，我确信他不会和任何阴谋有丝毫瓜葛"）。[99]约翰在1765年提交给公司的辞职信中说，克莱武的目的就是要"损毁（我的）信誉"，致使"我在所有人眼中变得一文不值"，最终达到"使我在人们心目中彻底丧失地位"的目的。[100]

　　约翰斯通家族对帝国的理解建立在他们对文字力量的认知之上：一封波斯语的信中表达友情的语句、莫比尔攻击性的语言，或者来自彭萨克拉的犀利言语。[101]与此同时，他们作为自己所属信息社会的观察者，对自身的存在也有意识。他们注重词汇的使用："正义、审慎、节制……这些是多么平庸无奇的词汇啊，"乔治在评价克莱武关于世界之眼的演说时说道。[102] 约翰表达了对东印度公司就 1765 年发生在加尔各答的事情的"叙述"的质疑："这番叙述或是为了谋取利益，或是害怕丧失名誉"，马蒂拉姆与亚杰特·塞斯各执一词，而雷扎·可汗对同一事件先后两次的描述相互矛盾，"什么人会接受这种描述？"[103] 他们关注公共记录的命运——是被遗弃在西佛罗里达的马路上还是在格林纳达被害虫侵蚀。吉迪恩在韦斯特柯克的出生证明或乔治·林赛·约翰斯通在彭萨克拉的出生证明表明，他们似乎在伪造和篡改公共和教区记录上十分在行。

以上皆是经济信息来源的渠道和源头。约翰斯通家族生活在一个商业和金融信息极速扩展和传播的时代，这一点无论是在以报纸业为主的大众传媒中还是在"有钱人和商人所主宰的世界"中都是显而易见的，用埃德蒙德·伯克对 1796 年的描述来概括："信息如闪电般迅速传播。"[104] 然而我们很难将约翰斯通家族所收集的信息看作是纯粹政治或经济性的。各种知识在他们的冒险活动中交织在一起：公共的与私人的、经济的与政治的知识。他们关心自己如何通过继承遗产、在军队的升迁、政府的职务、东印度公司的股份、法律诉讼、海军情报，以及预防蔗糖价格的变动而设立的保险从而获益。这个家族是经济发展的社会缩影。

约翰斯通家族是历史学家眼中"情感信息"方面的专家，所谓情感信息即家庭成员或者有亲密关系的人们之间进行交流的信息。[105] 不过，他们的交流既包括物品的价格和军队的升迁，也包括健康状况及孩子们的情况。在约翰斯通家族中，是女孩子们，尤其是贝蒂，在整个家族的信息交流中扮演了重要的角色，这些信息也包含发生在东、西印度的事务。老约翰斯通在写给威廉的一封长信中，提到了东印度公司的政治、加尔各答红酒的价格、发生在爱丁堡的一起诉讼、约翰在布德旺的职位以及他自己的烦恼（"当一个人四分之三的生命都已经跨进了坟墓，死亡应该近在咫尺了"）——以上所有信息都要经由贝蒂之手。[106] 詹姆斯写给约翰的信中对可继承的债券和生活的心酸进行了评论；写给贝蒂的信谈到了"煤炭的外观"；写给吉尔伯特·佩特里的信则对炽热的海滩进行了谈论，而路易莎将这些信件全部抄写了下来。[107]

在约翰写给兄弟们的信件中随处可见他们对各类文件的提及：吉迪恩忘记投递的一封写给威廉的信、一封向亚历山大索要"几个用来将吉迪恩的文件寄给你的大箱子"的信、在贝尔或贝琳达怀孕的那个冬天整理韦斯特哈尔种植园经营记录的"庞大工程"……[108]"整理文件这个可怕的差事落到我的头上了，"老约翰斯通对大卫·休谟抱怨道。[109] 约翰在父亲的要求下"和兄弟一起整理父亲的文件，并帮他处理相关事物"；后来他接管了吉迪恩和乔治留下的文件。在威廉·朱利叶斯·米克尔请求约翰在他从乔治那里继承的"山一样的文件"中寻找一封信时，约翰回信说："我真希望它能突然出现。"路易莎去世后，她的继承人被告知，威廉"有权获得韦斯特哈尔资产的一切文字资料"，以及其他文件和信件，而且，如果他们的朋友"愿意花力气整理这些文件和信件，并销毁那些与债务无关的信件，我们对此并无意见。"[110]

约翰和吉迪恩的生意伙伴威廉·博尔特斯对自身作为依赖信息而存在的个体这一事实有着更加清醒的认知。他在1805年写于里斯本的遗嘱中，将自己的账本以及"在葡萄牙帝国所生产结晶柠檬水专利或特许权"的股份列入了资产清单。各类文献在他的一生以及他对自己人生最后片段的设想中都扮演了至关重要的角色："将我所有的手稿、账目及商业的、历史的、政治的、传记的、哲学的及争论性的书信打捆，从阳台上抛出去，在距窗口不远的金特拉广场上的篝火中化为灰烬，"他这样嘱咐遗嘱执行人。[111]

在约翰斯通家族的机遇世界中，信息不仅是政治影响力的源泉，更是谋取利益的渠道。这些信息是广义上的经济信息，包括关于商业客户和政府官员个人性格特征的信息。约翰斯通兄弟从事股票和债券投资，也从事人际关系的投资。他们关注有关各种职务和价格的消息。"我认为我们明天可以试试以 273 或更高的价格卖出 1000 股……并且关注市场动态，准备卖出另外 1000 股，"约翰就他与威廉持有的东印度公司股份写信给对方说。[112] 除此之外，他们也关注与时间和地点相关的消息，就如威廉在 1800 年所做的那样，将负责保管格林纳达韦斯特哈尔种植园蔗糖的代理人告上了法庭，原因是（在威廉看来）后者过早地出售了蔗糖："威廉爵士严格禁止此种行为发生，因为他对价格的上涨有所预料。"[113]

不过约翰斯通家族的信息也涉及经济观念，或者说涉及关乎规则的规则。约翰从印度归来后曾写道，对于经济规则的理解以及对公共与私人生活中什么"被视作是恰当的"理解存在"许多偏见"。在自由放任主义的早期批判者看来，在毫无束缚和普遍的贸易活动中，经济交换的规则不停地变化对于经济秩序的基础是极其有害的。[114] 约翰与"黑人商人"合伙经营食盐贸易的行为，按照克莱武于 1765 年引入印度的不列颠殖民地的各种原则来评判是不合适的。他的行为则违反了东印度公司（公司本身是一个有秩序的私人企业）新的管理规章以及有关种族和美德的新标准。这时的英国人不再是商人，而是征服者。"我对食盐毫无兴趣，或者说，我对任何贸易活动都没有兴趣，"克莱武在约翰和家人准备离开印度时写信对他说。[115]

反过来而言，克莱武自己的金钱活动——或者用现代的术语说，他的内幕交易——从人们就东印度公司的管理规章进行的争论的角度来看，同样是不符合规定的；乔治和威廉后来深深地卷入了这一争论当中。他们所在的委员会于 1773 年对克莱武从印度回国的那个夏天起的所有私人信件进行公布。"去把那些见不得人的东西全部清理掉，"克莱武在前往加尔各答的途中从马德拉写信吩咐东印度公司；同一天，他又用密文给自己的律师写了一封信，上面有他对股票经纪人的指示，这封信由一艘从本地出发的法国商船寄送："将我放在公共基金里的钱，以及其他所有的钱，加上以我的名义所能借到的钱，立即投到东印度的股票里去。"[116]

约翰斯通家族所获得的信息是他们成功的持久源泉，这些信息由一系列公共、私人、政治、经济和哲学（或情感的）信息组成。其中包括关乎法律、规则、规则变化、互惠礼仪准则，以及准则变化的信息。约翰斯通兄弟姐妹们生活在一个充满经济机遇的新世界中，也生活在一个经济观念转型的时期。这些观念变化在政治经济批判者看来是极其有害的：它们影响了远距离贸易的政治环境；经济选择和政治选择之间的互联性（亚当·斯密曾批评那些试图通过政治影响力来谋取利益的商人）；以及经济机会下人们的美德观、荣誉感和责任心（如同约翰斯通兄弟姐妹的美国侄子在 1805 年对威廉的评价）。在这变幻不定的背景之下，属于约翰斯通家族的信息，是与经济抉择有关的信息——究竟哪些选择是有利可图的，或者是合法的。

家族历史

对约翰斯通家族的所有兄弟姐妹而言，帝国基于家族事业而存在。正是家族关系连接了过去与未来、印度与家乡：这是帝国的多重效应。"在这个王国境内，哪里没有失去儿子的父母或者失去父母的儿子？"乔治在东印度公司董事会的一次演讲中感慨道，而他的这番话不出所料地引起了不安。[117] 在 18 世纪 60 年代，印度东印度公司的英国雇员不超过几百人，伦敦或海上的雇员也许有两千多人：相对于印度的人口总数，这个数字相当之小，对于不列颠的总人口而言，这个数字也微不足道。[118] 就算加上前往西印度的几千名不列颠人——士兵、殖民官员，以及寻求机遇的个人，如詹姆斯派往格林纳达韦斯特哈尔种植园指导奴隶使用耕犁、后来留在格林纳达并"通过指导其他种植园主的奴隶来赚钱"的

农夫——参与到殖民贸易和殖民帝国活动中的个体的数量也是很小的。[119] 在 18
世纪 60 至 70 年代的"大迁徙"中迁往北美的人口也不超过不列颠总人口的百
分之一二，作为殖民地官员的约翰对这批人表现出了极大的同情。[120]

　　然而，对于这个消息灵通、人员庞大的大家族的早期现代世界而言，我们
很难仅仅凭借有关就业和移民的统计数据而对东、西印度的外在世界是如何影
响到大英帝国的内部世界以及无数与之相关的个体的内在生活这一景象进行全
面的还原。对信息的渴望和对未来的期待形成了一种影响深远的效应，在这之
中，每一个出海远行或者前往东、西印度的个体都与自己那些焦急等待消息的
兄弟姐妹们紧密关联，而后者有时还是他们的财产继承人。远方的人和离我们
而去的人——乔治在东印度公司董事会那次演讲中称之为"我那些苍白而远去
的朋友们"——通过信息交流、财产继承、商品交易，以及自愿的或被迫的旅
途与遥远的家乡保持着联系。[121]

　　帝国的多重影响在约翰斯通家族成员的身上十分明显，这种影响从经济上
看，是由那些与印度有关的工程费用引起的。[122] 约翰在阿尔瓦的新家中建造的
那些带有圆形鸽舍和八边形塔楼的古典建筑无疑为许多泥瓦匠、木匠和鸽子饲
养员提供了就业机会。家族成员之间围绕格林纳达韦斯特哈尔种植园而展开的
法律纠纷——"那些关于金钱计算的无休止的争吵"——为许多律师、会计和
律师助理提供了生活来源。然而信息和期许带来的多重效应远不止这些，这些
影响甚至使得斯特灵的瓦泥匠和鸽子商贩的脑海中都对东、西印度有所设想，
对约翰斯通家族有所设想，并且还对后者将"支付"给他们的薪水有所期待。[123]
对于爱丁堡的律师助理和林肯律师事务所的职员而言也是如此。用亚当·斯密
的话来说，每一个人都充满了好奇心，都对其他民族的性格充满兴趣；各自对
未来也都有自己的憧憬。[124] 帝国的多种效应——模糊的帝国观念——延伸到英
格兰和苏格兰的乡下，延伸到家庭的内在生活中。

约翰斯通家族生活在一个基于想象和回忆的家族关系中。这个家族的成员和他们的朋友总是提及家庭：乔治将其《弥尔顿全集》留在韦斯特哈尔的行为；玛格丽特丈夫家的封建观念；1759 年引发詹姆斯和威廉争吵的家族精神和部族热情；以及家在东印度的莫蒂拉姆遭遇的苦难。[125] 在约翰斯通家族的生活中，描述家庭关系的词汇不断发生改变。这时存在着由生活在同一个屋檐下的个体所组成的家庭（即使这个家庭在不断迁徙），基于出身或血缘的家族，以及规模大小不一的亲族家庭。[126] 约翰在父亲去世后将伊丽莎白·卡罗琳娜称作自己的"家人"："我希望她能够早些回到我的家人身旁，父亲的死带给她的悲痛胜过于失去亲生父亲。"[127] 然而以上所有的家庭类型，终究随着帝国的历史进程而改变。

对于约翰斯通家族的人，尤其是他们的奴隶而言，帝国经历仿佛是在未知的和令人恐惧的大洋上的一场毫无尽头的远行。约瑟夫·奈特"很小的时候"就被奈特船长从非洲西海岸的海岸角堡带到了牙买加。贝尔或贝琳达在 1765—1766 年随着伊丽莎白·卡罗琳娜从印度来到英格兰。1771 年夏天，她从自己所居住的家，也就是她的儿子死去的地方被带走，并被投入库珀的监狱；随后她又被转移到佩斯郡的另一座监狱；依照法庭的指令，她很快又从佩斯郡被带到了"下一个毗邻的海岸"，"依次从一个海岸转移到另一个海岸，直到最终抵达她被监禁的地方。"1771—1772 年的严冬，她是在格拉斯哥度过的；她最后的一段旅途，或者说是在苏格兰迷宫一样的法律文献中留有记载的旅途，是 1772 年 1 月至 3 月乘坐"贝特塞号"横渡大西洋前往弗吉尼亚的旅程。[128]

即使对于这个故事中那些未受奴役的个体来说，出海远行也是充满恐惧的冒险之行。乔治第一次出海时只有 13 岁，约翰前往印度为东印度公司服务那年刚刚 16 岁。帕特里克 16 岁的时候加入东印度公司，死在加尔各答的时候只有 18 岁。1761 年春天，18 岁的伊丽莎白·卡罗琳娜和姐姐一起离开了英格兰，"去马德拉的朋友那里",并接着前往吉大港,"带着推荐信"住在一名老兵的"平房"里。[129] 玛莎·福特从圣克里斯托弗岛到达西佛罗里达时(乔治曾在这次旅途中写下这样的话:"好运接踵而来"),是 20 岁,并且怀有八个月的身孕(根据东印度公司记载的其儿子受洗的日期)。[130] 乔治和玛莎的儿子乔治在和弟弟一起被私人武装船押作人质"带到了马拉加"的那年,是 11 岁。[131]"我很难保持愉悦的心情,"芭芭拉的儿子帕特里克在前往印度的前夕写信向自己的兄弟倾诉,"离开祖国和亲朋好友,想起来都令人恐惧。"[132]

不过,这些历史正是在各种家庭关系的背景下展开的,包括基于想象的家庭。甚至连约瑟夫·奈特案的焦点也在于家庭内的财产关系,这一家庭跨越了巨大的时空和法律距离。奈特在 1778 年最终获得自由前经历了一系列官司,而他呈交的第一份申诉有一部分是关于自己与主人之间的一次谈话:"约翰先生当时说他并不能给他(奈特)自由,因为这样他便会因无人雇佣他而饿死,但他会在牙买加给予他(奈特)自由,并给他一栋房子和一些土地,他在那里可以舒适地生活。这番对话的时间距今还不到十个月。"[133] 约翰·韦德伯恩则通过重述他们之间的对话以及对同为家仆的约瑟夫·奈特之妻子的观察对奈特进行了反驳。他从经济和道德的层面上将自己放在一家之主的位置上:"(奈特的)孩子死后,他本应与那个女人断绝一切来往,因为他对对方并没有什么好印象。然而他(约瑟夫)却坚持要和她结婚。"[134]

约翰斯通家族建立起了一个始自东、西印度,一直延伸到苏格兰乡下的虚拟的经济事业。这个家族所留下的众多谈论信用的信件,或者说抱怨信用问题的信件,本身就构成了一个信息转播中介。自夏洛特于 1751 年答应返还从威廉手中借的用来购买芳香酸精的 6 便士起,这个家族的兄弟姐妹们便建立了一种独立的关系。芭芭拉的婚姻破裂后,她与贝蒂一起住在爱丁堡,但要支付房租,"因为对于她而言,不付房费是不合适的。"[135] 贝蒂在与母亲发生冲突的那段时期写信向威廉提及一笔涉及到她、威廉、他们的父亲和叔叔的业务："我希望你能把我给你的那份收据烧了或者退还给我。"[136]1762年，当约翰还在印度的时候，他们的父亲写信对威廉表达自己希望能够"将约翰的钱用在桑迪和吉迪恩在苏格兰的前途上"的意愿；为身在伦敦的"乔治付钱"，并"为其他的花销开具收据。"[137]五年后，亚历山大向约翰和威廉收取了格林纳达12名奴隶的"费用"。在诺福克的詹姆斯曾先后对约翰、亚历山大、贝蒂、吉迪恩和夏洛特都开具过"账单"。贝蒂曾为了购买家具给威廉出示过一份账单，并放弃索要"你欠我的钱"："我对这给你带来的不便感到抱歉。"[138]"如果这其中有2.12英镑的误差，那么我希望你能够允许我先赊账，"詹姆斯从诺福克写信对约翰说，"我还未计算利息，因为我没有账簿。"[139]

这个家族内的交易有时数额很小，有时又很大。"我会满怀感激地将钱还给你（即使不能一次性还清），"路易莎于1771年写信向詹姆斯的律师借钱买彩票时写道。[140]有时涉及的金额惊人之大："我哥哥（亚历山大）将会用现金进行支付，"约翰在1771年初写信对家族的一位生意伙伴说，他会"在三天之后派我的仆人送去十张面值一万英镑的钞票。"[141]约翰在1769年写给威廉的信中提到了一笔数额巨大但不确定的资金："依据我现在生意的情况，无法为你提供所需要的那笔资金，为此我感到十分抱歉"；在1773年，他在另一封信中谈到自己的一笔支出："我不清楚你此时的状况，因而我不敢强求获得你的帮助。"[142]

经济上互相支持的局面在约翰斯通家族的上一代和下一代人身上皆有所体现。亚历山大在遗嘱中将乔治和玛莎的儿子乔治列为继承人之一，吉迪恩给夏洛特和詹姆斯·巴尔曼的孩子们留了钱。约翰和威廉一起关照芭芭拉的美国女婿埃德蒙德·达纳。[143]瓦尔特叔叔也在这些事情当中（"像个没人要的可怜孩子一样裹在毛毯里，"他在62岁那年这样形容自己的处境）。[144]"我从第一天起便从约翰那里知道你和约翰两人每月一起给我十英镑，"瓦尔特就他抱怨威廉吝啬的谣言给威廉写信解释说："我不知是谁跟你说了些什么，但是这话差点让我发疯了。"[145]

约翰斯通家族成员之间不仅交易金钱，也交流感情。"我希望你能考虑一下乔治的境遇并想出一个帮助他的办法，"约翰在一封谈论格林纳达资产的信中对威廉说，"我真希望我能为乔治提供一些土地而不是房子……如果我们能够统一意见并坚持这一计划，我想乔治是不会反对的。"[146]詹姆斯迟迟未能等来约翰的回信时，焦虑地询问贝蒂约翰是否对自己有什么不满。[147]夏洛特在一封信中向威廉表达了"担心别人认为自己不懂得感恩"的顾虑。[148]在家庭礼物引发的危机期间，贝蒂发现她很难了解乔治和约翰对自己及夏洛特"慷慨"到什么程度，因为"父亲不肯给我们看你们的来信"，不过"母亲也不允许他这样做"。[149]瓦尔特叔叔在表达自己欲在威廉的一处庄园度过晚年的信中谈到了他们之间长久的交情，"威利，你一定还是那个曾经骑在我的肩膀上穿梭在艾斯克山谷里的小男孩。"[150]在试图寻找自己是贵族后代的证据未果后，詹姆斯写信安慰夏洛特的丈夫说："无论如何，我都很清楚你拥有怎样的品格"，"早在那次我们从希尔斯漫步到韦斯特哈尔时，我便认定你是个高尚的人。"[151]

处在约翰斯通家族历史中心的，仍然是家族的女性。尽管这个家族中存在两位曾亲自前往"东、西印度"的不平凡的女性，然而在这个殖民统治和东印度公司主宰的世界中，男性还是占据了主要的地位。这两位不平凡的女性，其一是在冒着七年战争的硝烟与姐姐一同前往雅鲁藏布江三角洲之前出版了描述苦难和伤痛的诗集的伊丽莎白·卡罗琳娜；另一个则是经由牙买加来到西佛罗里达，并最终在印第安语翻译的营地旁拥有了属于自己的土地的玛莎·福特。[152]不过，留在家中的女性也传播了远方的各种机会的信息。

就连在殖民世界和东印度公司的管理体系内，推荐制经济在很大程度上也与家中的姊妹们有着密切的关联。芭芭拉写信给詹姆斯为威廉·朱利叶斯·米克尔在西印度谋求一份职位。他们的姑姑在写给他们身在加拿大的叔叔的一封信中提到了对两位官员的"推荐"，随即又"根据他的伙伴对他的描述"推荐了第三个人；信中还提到了两人的兄长为这位姑姑的一个儿子的前途所做的努力全部以失败告终的事情（"他不再有机会了，因此也没什么可期盼的"）。"鉴于你想要了解家里人的情况"，她还顺带着将自己女儿和侄女们的"思想观念和能力"、婚姻状况以及对未来婚姻的预期全部向自己的兄弟做了一番陈述。[153]大卫·韦德伯恩在从孟买寄给姐姐的信中写道："（你推荐来的）上校的确是个不错的人"，还提及了她推荐的另外一名官员，以及一位朋友推荐的另外一个人——"我会尽力提拔她所推荐来的每一个人。"[154]韦德伯恩同时还写信给（身在法国的）姐姐探讨东印度公司政治和物价的话题："我刚刚得知你不久前在东印度公司办公室对我的一些朋友表达了不满：不过我倒是很欣赏你们选出的这些董事。当股票涨到 260 时（不久就可能发生），我建议你立即卖掉你的股份。"[155]

对于留在家中的女性而言，生活中充满了或令人兴奋或糟糕透顶的预期。母亲在 1759 年写信对乔治说，她"满怀期待地盼望升任上尉的你归来"，却惊恐地得知"你在抵达普利茅斯之时健康状况十分糟糕。这使我非常焦虑。"[156]"每当想到倘若你及时将这个消息告诉我了，这样的事情本可以避免，我就万分懊恼，"父亲于 1764 年写信向威廉询问（关于约翰在孟加拉的职位）："（东印度公司的）常设法庭上都发生了什么？"（这封信后来由贝蒂保管。）[157]身在佩斯郡的芭芭拉的丈夫不相信玛格丽特的死讯，因为玛格丽特在安格斯的婆家尚未得知此事；詹姆斯认为帕特里克去世的消息"有待考证"；在伦敦的威廉认为没有理由相信吉迪恩已经去世，因为"没有信件提到此事"。[158]他们的母亲给远在印度的约翰写信说："这个世界对你是公正的，没有人说过你的一句坏话。"[159]

　　然而士绅的烦恼远不止这些。约翰斯通家族在邓弗里斯贫穷的管家乔治·马尔科姆于 1771 年写信对威廉说：“来自孟加拉的噩耗令我们都坐立不安。倘若你得到孩子们的消息，我恳求你，请一定与他们取得联系。”[160] 与帕特里克·科洪同姓的威廉·科洪同样也在 1771 年离家前往非洲的前夕写信对自己的姐姐说：“我在大约晚上七点的时候欣喜地收到你的来信，却惊讶地发现字迹似乎不是你的。”[161] “亲爱的兄弟，在此我向你表达深切的关爱，” 1771 年和贝尔或贝琳达一起抵达弗吉尼亚的流放者之一曾“伪造”了一封信寄给佩斯郡的一位农民，并骗了 30 先令的钱；他同时还伪装成另一家人“挚爱一生的兄弟”进行诈骗。[162]

　　在某种意义上，约翰斯通家族及其亲友们安全感的缺失源于他们的生活中太多不安定因素的存在。他们生活在未来，或者说，生活在对未来的预期当中（未来的幸福、利润、礼物及回家）；也生活在对未来的焦虑之中（未知的不幸以及帝国未知的前景）。他们还生活在过去：童年在乡间漫步的时光；约翰想象中拥有漫山遍野高山草莓的韦斯特哈尔庄园；以及威廉和亚历山大想象中的、带有名叫“约翰斯通”、“加尔各答”和“邓弗里斯”的奴隶的多赛特和格林纳达的韦斯特哈尔种植园。[163]

　　“他们将此视作另一起南海泡沫事件，而非一个坚实而可靠的存在：他们只顾眼前的现实，丝毫不考虑未来，” 克莱武勋爵在下议院的一次演讲中说道，这次演讲涉及的是东印度公司业主们对他们的新印度帝国的态度。不过，在那些身在印度或正在去往印度途中的帝国效力者看来，实际情况是截然相反的，约翰斯通家族及其亲友的经历表明了这一点。他们的脑海中充满了对未来的憧憬以及对连绵山谷的遥远记忆；对于他们而言，真正虚无缥缈的恰是现实。他们如同克莱武所形容的那些“刚刚踏上启程之旅”并且“在旅途中将彼此的期待激发到了极致”的一群年轻人；同样是这批年轻人，刚刚抵达印度，便“焦急而不安地询问自己的行为是否在什么地方违反了规则"，因为"风云莫测"的公司规章制度总是随着总部下发的"指令"而时刻发生改变。[164]

"每当想到亲爱的约翰，我就十分难过，"詹姆斯在 1772 年写信对贝蒂说，"他的资产全部掌握在一些从未谋面的人手中，而他们的信誉是否可靠我们不得而知。"[165] 约翰斯通家族清楚地意识到自己生活在威廉眼中的"黄金时代"；他们也很清楚自己对东印度公司的一切期待只不过是乔治的描述中所谓的"美丽幻想"。[166] 即使在回到苏格兰后，约翰也不曾停止奔波：从在巴尔哥尼租来的房子到韦斯特哈尔的家族庄园；从他欲在奥克尼郡和贝里克郡购买的庄园，到他在靠近埃特里克的罕津萧和卡伦附近的德诺万最终购买的庄园；而他最后选择在奥希尔丘陵的阿尔瓦安顿下来。"我最大的愿望便是能够在一片属于我自己的土地上找到寻觅已久的归宿，"他在 1769 年写信对詹姆斯说；而到了 1771 年，他则渴望重返印度。[167]

事物之间的联系

家族关系是家乡与帝国之间的媒介：它构成了信息、责任和商品的纽带。约翰斯通家族成员之间的来往信件，如同大多数家庭信件一样，是描述事物的信件。威廉在和亚当·斯密一同学习法律的时候，家里人请他为帕特里克和吉迪恩寄去鞋子；贝蒂给威廉寄过一些铲子，有些信中提到了兔毛和土豆。不过到了 18 世纪 50 年代，更多国外商品开始流通。芭芭拉在写给威廉的信中提到过一些"精美"的"茶杯和碟子"；而他们的母亲在一封将詹姆斯取消婚约的消息告诉乔治的信中请后者为她寄来一些"印度商船上的咖啡杯"、蓝白相间的碗以及一些上等的白糖，并要求乔治通过流动图书馆将货物寄来；贝蒂在信中与威廉讨论"绿茶"的价格。[168] 亚历山大·韦德伯恩在写给孟买的兄弟的信中，谈了威廉·博尔特斯书中存在的一些"错误观点"、他"对金钱的担忧"、他对

"留下更多的遗憾"的担心，以及妻子的新爱好："韦德伯恩夫人近来对收集有关自然历史的物件充满了热情，很多人给她寄来了贝壳及其他一些脏兮兮的东西。如果你也能为她提供一些你们那里特有的这类东西，她将欣喜万分。"[169] 不过这封信在他死后才送达。

约翰斯通家族和他们的朋友甚至曾往印度寄去一些东西。贝蒂所保存的一封他们的父亲于 1764 年写给威廉的信表明，约翰对"1763 年初寄出的红酒的质量"感到不满。[170] 萨缪尔·斯温顿为加尔各答的东印度公司官员提供"马格斯红葡萄酒"、"拉菲特干红"和"红香槟"。[171] 詹姆斯·巴尔曼给约翰寄去了一把小提琴和一部未能抵达的"三部曲"。约翰从加尔各答写信说："要求你将这样一把珍贵的克雷莫纳小提琴寄给我这个粗人，真是感到十分难为情"，"在我拿到它之前，雨季的潮湿就已将它摧残得支离破碎，尽管我和公司的人用我们笨拙的双手已尽力对其进行修复，但恐怕再也无法恢复昔日的光彩。"[172] 大卫·韦德伯恩请自己的姐姐帮忙为西佛罗里达的乔治寄去对方"遗忘在客厅里的打簧表和皮手套。"[173]

在海外安置的新家中有许多来自家乡的动植物。伊丽莎白·卡罗琳娜和姐姐前往加尔各答时乘坐的"霍尔德内斯伯爵号"上载有"黄华柳、杨柳和桤木"的盆栽，然而根据约翰及东印度公司加尔各答董事会其他成员在 1762 年写给伦敦的信所述，这些植物"全部在途中死亡"了；"种子被种在各类不同的土壤之中，不过没有一棵成功发芽。"[174] 曾为伊丽莎白·卡罗琳娜姐妹提供住处的吉大港官员从慕哈订购了香梨、温柏和李子树，并声称自己计划"在山上种满野果树"。[175] 在孟买的大卫·韦德伯恩写信请姐姐为他寄来"16 或 20 磅最好的大麦"。[176] 乔治的朋友前往南大西洋上的荒岛约翰斯通堡时，带上了"来自海角和欧洲的不计其数、各种各样的树木和草种"。[177] 就连居住在伦敦斯隆街的萨缪尔·斯温顿也做起了国外名贵树木的生意，他经营的树种包括：桃树、油桃、李子树、杏树、无花果树以及来自中国的红、白桑葚。[178]

在孟买，大卫·韦德伯恩建立了军队意义上的"家"，以及一个想象中的"新家"。他写信对自己的姐姐（讲述自己在英格兰的一次并不浪漫的邂逅）说："我热爱我的马、猫、狗、禽类、士兵和仆人；如果拥有一个妻子，我怎能不爱她呢。"抵达印度后，他在另一封信中更为详细地陈述了自己的想法："相信我吧，你不会有一个印度弟媳的"，虽然"你可能会有一个印度侄子或者侄女。"[179] 去世后，他的一位印度朋友——此人于乔治任总督期间和韦德伯恩一同在西佛罗里达居住过——写信告诉大卫·韦德伯恩的兄弟："曾有一个黑白混血的女人跟先生生活了长达 12 或 14 个月之久，先生对她似乎情有独钟。"[180] 韦德伯恩的姐姐在他去世后收到了他在孟买的财产清单，这份清单仿佛是对他两种人生的概括：8 尊瓷雕、2 瓶红酒、1 盒波斯蜜饯、1 盒长筒袜、1 台打字机、1 箱芒果干、1 个兔舍、68 只鸭子、1 头阿比西尼亚绵羊和 8 名奴隶。[181]

家人之间最频繁交换的商品是布料。劳雷尔·撒切尔·乌里希曾写道："纺织品的历史本质上是一个关于是商品国际贸易和观念国际交流的故事。"对于约翰斯通家族而言，他们的国际或者远距离贸易经历则是与亚麻布、平纹布和围巾有关的故事。[182] 乔治与克里克人举行的和解大会最终成了双方对"荷兰商品"和"孟加拉丝绸"交换率的协商。[183] 约翰和威廉·博尔特斯早期在印度主要做优质纺织品贸易，他们也不忘给家人寄去各类商品；根据乔治在 1758 年所列的清单，他往家里寄去了一些来自美洲的商品，约翰于 1761 年平安夜给詹姆斯和路易莎寄去了一批"印度商品"[184]，威廉·博尔特斯对东印度公司暴政的抨击实则是对那个曾经盛产优质精美平纹布的社会的怀念，"根据当地人的回忆，过去孟加拉出产的商品比现在好多了。"[185] 奈特船长——也就是曾买下又卖掉约瑟夫·奈特的人——在前往牙买加的途中路过西非的海岸角堡时，看到的是一个盛产"巴特那印花棉布"、"白色亚麻布"和"安哥拉山羊毛"的商贸中心。[186]

对于那些从未涉足印度的兄弟们而言，封闭的男性军旅世界对亚麻布和棉布的贸易保持关注。我"丢失了所有薄衣物，仅剩一些内衣，情况非常糟糕，"吉迪恩在 1759 年写信对乔治说；两天后，他又给威廉写信说："我不幸地在西印度丢失了我所有的衣物和内衣。"[187] 乔治在自己的遗嘱附件中将"所有的衣物留给在我卧床生病期间对我无微不至地照顾的仆人。"[188] 即使远在印度，东印度公司的官员们也十分怀念家乡的布料。萨缪尔·斯温顿，那位经营法国报纸和红香槟的商人，同时向加尔各答的英国人供应"红布及其他棉布、金银丝带、鞋子、帽子、丝袜、书籍、小册子等"商品。[189] 伊丽莎白·卡罗琳娜在加尔各答居住的那间花园房的主人从吉大港一位他曾为之寄去"腌蚝"和"装饰轿子用的红色流苏布"的达卡官员那里订购了"优质的大块布料、胡椒和盐、巧克力、紫色染料、装饰马车用的亚麻布"。[190]

对于留在家中的女性而言，生活也因眼前这个充满新事物的帝国而改变。从家族信件中我们似乎能够觉察出他们生活的一种微妙转变——一个曾经灰蒙暗淡的世界突然变得色彩缤纷。那些从印度寄来，或贝蒂和夏洛特用兄弟们的钱买来的纺织品（带头巾的外套）对于苏格兰的乡村而言，是充满新奇的商品。[191] 贝蒂的包裹中那批平纹布是无比珍贵的商品，也是韦斯特哈尔庄园中独一无二的。[192] 通过对自己葬礼情景的想象——教区的穷人们身穿"灰色粗布衣"——乔治仿佛在悼念苏格兰英格兰边境那古老的世界。他把枕套、丝绸和印花布留给了妻子，而红色披肩则留给侄女。在路易莎欠下的不计其数的债务中，有一部分是购买"俄罗斯毛巾"的欠款，而她的一名表姐在死后将自己"红色安哥拉羊毛床上用品和绸缎窗帘"留给了儿子。[193] 在雷本创作的家族画像中，身穿镶有黑丝带的精致黑色天鹅绒外衣、领口绣有白色薄纱围巾、头戴饰有蓝丝带白帽子的贝蒂呈现出一副苏格兰中上层社会典型的妇人形象。

生活的愉悦和舒适，这个家族的其他成员也深有体会。在接受佩斯郡治安法官的调查时，约瑟夫·奈特说"自己的衣物与约翰先生家其他的仆人没有太大的差别，唯一的区别在于除了四双之外，他的其他袜子的质地都比较粗糙。"[194] 同贝尔或贝琳达一起被发配到北美的杰奈特·艾伯奈斯被指控从一位阿伯丁商人那里偷走了"一块蓝白相间的亚麻布"，还从"另一名商人"处偷了"带有斑点花纹的布料"。[195] 就连贝尔或贝琳达的悲剧最终也与布料有关。"你的确谋杀了一个孩子"，起诉人宣称，"更确切地说，你将他地尸骸裹在一块亚麻布里扔进了列文河。"这块布被当作物证，并伴随着她在一场又一场庭审中出现。"她，陈述者，生下了一个已经夭亡的婴儿，"她在库珀郡第一次被提审时说道，"她将死去的孩子在身边留了两天，随后将其裹在眼前出示的这块亚麻布里，并将二者一同扔进了列文河的河水中"，"她声明自己用来包裹孩子尸体的正是眼前的这块布。"[196]

私人生活

从某些方面看去，帝国建立起了许多亲密关系。约翰斯通家族成员，如同他们在东、西印度的许多朋友一样，在返回家乡的时候已不再孤身一人。在约翰斯通家族生活的记录中，我们发现有六个人是从印度或者美洲"带回来"的。这其中有 1771 年在库珀说自称是"跟随约翰斯通夫妇从东印度的孟加拉来到伦敦，在那里住了四年后前往苏格兰并一直留至今日"的贝尔或贝琳达。[197] 还有莫莉，那个曾作为贝尔或贝琳达案起诉方的证人出庭并被描述为："约翰·约翰斯通家的仆人或奴隶"的"黑人女孩"。当然还有约瑟夫·奈特，他在 1773 年佩斯郡的治安法庭上自称是在"年幼的时候被一名奈特船长从几内亚湾带到了牙买加"，而"约翰·韦德伯恩在大约四年前将他从牙买加带到了英国。"[198]

除此之外，还有被威廉从格林纳达"带到"英格兰，并在 1797 年用来交换一名等价的"成熟奴隶"的皮埃尔；亚历山大在贝克斯雷·海斯的黑白混血女儿"简·卡斯蒂诺·约翰斯通（格拉纳多）"；以及"被约翰·约翰斯通先生从东印度带回来"，并且在 1773 年 4 月，即贝尔或贝琳达被卖到北美及约瑟夫·奈特从一家爱丁堡报纸了解到英格兰奴隶法后受洗的"黑白混血"詹姆斯·约翰斯通。这名"混血的"詹姆斯·约翰斯通有可能与詹姆斯·约翰斯通爵士的黑仆是同一个人，正是这个黑仆在 1778 年使亨丽埃塔·艾伦怀孕，不过，也有可能是詹姆斯在遗嘱里为其留下遗产的"我的黑仆，詹姆斯·约翰斯通"；还有可能是韦斯特哈尔矿工图书馆管理员詹姆斯·约翰斯通。[199]

在浩如烟海的历史文献中，关于这些个体——无论是孩子、女人还是男人——的记载是如此稀少，这一事实令人不安。我之所以如此称呼"贝尔或贝琳达"是根据她在库珀监狱中对自己的描述："1771 年 7 月 4 日，自称为贝尔或贝琳达的黑人女孩。"[200] 然而在她那距离我们越来越遥远的生活和历史中、在法庭对她的一系列描述中，"或者"这一词出现的频率惊人之多。她是一个"黑人女孩或者女人"；约翰·约翰斯通的"奴隶或者仆人"；她"只会一点或者完全不懂英文"；她在"一个星期五或者星期六的晚上"离开了自己的房间并告诉其他的仆人"自己太热或者感冒了"；她"全程独自或者大部分时间都独自一人"待在伊丽莎白·卡罗琳娜的"房间或者更衣室"里，并在"这里或者以上提到的其他地方生下孩子"；她被指控"掐死或者用重物撞击头部"而谋杀了自己的孩子；"孩子的尸体已被发现或者踪迹不明。"有时她是"贝尔或贝琳达"，有时又是"贝尔，别名贝琳达"；她并未"（在最初的那份陈述上）签字，因为她说自己不会写字"。她在呈给法庭的最后一份陈述中希望自己被"发配至陛下在东、西印度或者美洲的一处殖民地或种植园。"[201]

关于贝尔或贝琳达、莫莉和詹姆斯·约翰斯通究竟何时出生又何时死亡的信息几乎全无，至少我未能找到相关的记录。如果贝尔或贝琳达是随着约翰和伊丽莎白·卡罗琳娜一起来到英格兰的，并且詹姆斯·约翰斯通也在同行人员之中，那么他们应是在 1765—1766 年间乘坐"史蒂文斯将军号"从印度经由好望角和里斯本抵达英格兰海岸；那时詹姆斯应该只有 11 岁。然而无论是在当时的海航日志还是在印度水手记满令人沮丧的消息（"风雨呼啸、浪涛汹涌"）的日志中都没有他们的一丝痕迹。在那名带着海草和鸟登船的商人的日记中，也没有对他们的提及。在东印度公司后期文献中占据了重要地位的仆人之仆人的申请书里（"尊贵的东印度公司"之仆人的仆人），他们似乎也不曾存在。[202] 我们只在约翰于 1765 年 9 月在加尔各答"为约翰斯通夫人及她的仆人和行李"申请欧洲通行证的简短申请书中捕捉到一丝他们存在的痕迹。[203]

贝尔或贝琳达在她的大西洋之旅后再次销声匿迹了，这次旅途是由佩斯郡法庭决定的，贝尔或贝琳达将被终身贩卖为奴，而她的新主人将"对其拥有永远的所有权和支配权"。[204] 根据寄回苏格兰的文件记载，贝尔或贝琳达乘坐"贝特塞号"与其他三名犯人一同抵达弗吉尼亚；"贝特塞号"上确定有五名乘客和十一名船员登岸。被这艘船"运来"的犯人之一就是后来根据弗吉尼亚报纸的报道，从主人家中逃跑，又折回来偷走了一件带有白色法绒布的蓝色马甲的男孩，詹姆斯·帕特森。[205]

然而在苏格兰，贝尔或贝琳达、莫莉、"詹姆斯·约翰斯通"、约瑟夫·奈特并非没有留下踪迹。约瑟夫·奈特与约翰和玛格丽特·韦德伯恩的女仆，安娜·汤姆森，发生过一段恋情并最终在爱丁堡成婚。（他被"那个品行并不端正的女人控制住了，"他的主人毫不留情地谴责道。）詹姆斯·约翰斯通，或者众多叫作詹姆斯·约翰斯通的人之一，曾与詹姆斯和路易莎的女仆亨丽埃塔·艾伦有染，而他们的儿子詹姆斯"肤色白皙"，丝毫不像父亲。

贝尔或贝琳达在约翰和伊丽莎白·卡罗琳娜家里或者附近有过情人。她孩子的悲剧以及对她的那场诉讼在苏格兰东部的社会中引起了极大的反响：这又是内部关联的多重结果。贝尔或贝琳达案的证人，包括莫莉在内，有四人是约翰·约翰斯通家的仆人；除此之外，还有邻家一对夫妇及他们的四名仆人；三名助产婆、一名外科医生、两位法庭工作人员，以及在库珀替她代写那份未签字的陈述的两名"文书员"。在佩斯郡，约翰·斯温顿和两名公证人在贝尔或贝琳达的新陈述书上签了字；据公证人所说，这份陈述涉及到四名证人；最后，还有那位缺席的证人，约翰·泰特。[206]

约翰斯通家族的信件中不乏对疾病、焦虑和茶杯等事物的描述，却丝毫没有对"贝尔或贝琳达"、约瑟夫·奈特、1773 年受洗的詹姆斯·约翰斯通或者那名黑人詹姆斯·约翰斯通的提及——至少我尚未发现这样的证据。从我们的时代和观念出发，很难想象这些早在幼年时期便跟随着自己从世界的另一端来到这里，又共同生活多年的年轻男女为何在他们的生活中如此无足轻重：而这却是帝国亲密关系的真实写照。[207]

生活在现代的富足社会中，我们很难想象在 18 世纪，女主人与仆人和奴隶共同分享一个窄小的物理空间的情景。贝尔或贝琳达在"斯蒂文斯将军号"上与约翰和伊丽莎白·卡罗琳娜同住在一个封闭的空间内，而这样的情况对于从牙买加归来的约翰·韦德伯恩和约瑟夫·奈特来说是相似的。即便在富足时期，他们也未曾有过主仆之间在空间上保持距离的生活。通过阅读他们的信件，有时我们似乎能够在脑海中勾勒出他们生活的房子与房间的模样：当父亲在信中与威廉讨论他和朋友共用一个房间之时，或者当约翰从巴尔哥尼写信为自己将格林纳达种植园的文件放错位置的事情道歉时："在一番寻找后，我终于发现了那卷我亲手卷好的地图，原来是我外出的时候，约翰斯通夫人把我的东西从一个房间挪到另一个房间并把它放到了抽屉中"——过去的画面仿佛栩栩如生地呈现于眼前。[208]

无论从是时间上还是空间上，约翰斯通家族成员的生活都与他们的奴仆有着不可忽视的瓜葛。约翰在贝尔或贝琳达的孩子于 1771 年 6 月份出生之前的 5 月一直都在巴尔哥尼，尽管孩子出生之时，他和伊丽莎白·卡罗琳娜都外出了；伊丽莎白·卡罗琳娜自己在这期间很有可能怀着身孕。[209] 夏洛特和詹姆斯·巴尔曼夫妇及他们的家人在这一年的 4 月也住在巴尔哥尼；夏洛特在这一年夏天还怀上了孩子。[210] 贝蒂时常到约翰的家中探望他；她于 1771 年 2 月和 3 月都曾去过巴尔哥尼。1775 年，即约瑟夫·奈特与大卫·韦德伯恩之间那场引人注目的纠纷发生的春天和夏天，贝蒂住在侄女玛格丽特·韦德伯恩的家中。1771—1774 年，约翰斯通家族内部发生了一系列事件——1771 年贝尔或贝琳达被放逐，1773 年约瑟夫·奈特从报纸中读到萨默塞特案的报道，1773 年"黑白混血"的詹姆斯·约翰斯通在英格兰受洗、奈特声称自己不是奴隶，1774 年佩斯郡主法官对奈特案的判决——这些事件是那三位在童年时期便从印度和非洲经牙买加来到苏格兰的年轻人的生命中的片段。[211] 与此同时，这也是属于那些将他们带到苏格兰的"主人们"生活的片段。

对约翰斯通家族而言，远方帝国的影响在地理意义上延伸到了苏格兰内陆、延伸到他们定居的地方及他们所返回的山谷中，他们带着印度的茶杯、凸花条纹布，以及令人不安的消息所返回的那些山谷。帝国的影子渗透至他们家庭生活的内部和那些与他们一同归来并在贫瘠的山区中生活的人们的生活中。它甚至渗透到居住在法夫和佩斯郡的约翰斯通家族成员生活中最为私密的空间里。贝尔或贝琳达和其他仆人共用一个房间，至少她在 1771 年是这样告知库珀法庭的。她在同年 6 月的最后一天离开了自己的房间，"独自一人来到夫人的房内"："你的确如你所说的那样，在产前的大部分时间内都待在卧室或者更衣室里……并且在生下孩子后的一段时间内也未曾离开。"[212] 这也是帝国之亲密性的体现。

第六章　什么是启蒙

约翰斯通家族始终徘徊在帝国和启蒙的边缘。他们自身并非哲学家、化学家，更非历史学家；只有伊丽莎白·卡罗琳娜曾出版过一部文学著作；威廉曾撰写过一份时政小册子（他在其中表明了对 1778 年发生于北美那场冲突的看法，并指出殖民者试图以他们关于一个新政府系统的“不成熟的理论”为指导，建立一个“全新的、独立的帝国”是多么不切实际的妄想）。[1] 不过，约翰斯通家族与 18 世纪爱丁堡的哲学家们有着密切的往来，其中包括大卫·休谟、亚当·斯密以及亚当·弗格森。用亚当·弗格森的话来概括，他们生活在这样一个“社会氛围”之中，在这一氛围中“人们通过对其想要理解的各种问题进行探讨而获得信息”，从而得到启蒙。[2]

苏格兰展现给从海外归来的约翰斯通家族成员的，是三种不同的启蒙，或者说，不同的“启蒙之光”。其一来自于那些热衷探索自然科学和人性的哲学家。[3] 另外，则是由书商、印刷商、校对员、流动教师、律师、律师助理、翻译家以及编辑等众多人员构成的启蒙事业。这一情形在苏格兰和法国是相似的：这些个体的存在使得科学之光的传播成为了可能。[4] 最后一个，便是启蒙的倾向，或者说主要是 18 世纪意义上的意识状态或思想方式：如康德于 1784 年发表的《什么是启蒙？》所表达的；或是伊丽莎白·穆雷看到的苏格兰西部社会风尚的改变；又或是大众文化意义上，即人们在 1788 年提交给苏格兰皇家学会的对“Aufklarung”一词的翻译：大众的启蒙。[5]

以上这些意义上的启蒙运动中都曾出现过约翰斯通家族成员的身影，至少是在某个阶段有过他们活动的踪迹，而他们的生活则为我们用来分析被亚当·弗格森描述为“信息发展”、“社会发展”或是“人类意识发展”的历程提供了一个独特却又令人不安的视角。[6] 他们通过最为错综复杂的途径成为启蒙运动与帝国、家乡与西印度之间相连的媒介。他们的帝国故事在哲学家的世界中开展，而这些哲学家也生活在约翰斯通家族的帝国世界之中，并且相当熟知这一世界。

哲学家的派别

　　18世纪海外帝国所遭遇的种种困境时刻牵动着当时启蒙的政治思想。[7]大卫·休谟在其自称是"唯一一部首版就获得认可"的著作《政治论》中描绘出了一个庞大的全球商业化社会的蓝图。[8]弗格森的《文明社会史论》是对商人之美德的赞美和帝国之腐朽的抨击。[9]《国富论》三分之一的篇幅都与帝国有关，至少和斯密眼中的、与18世纪帝国活动有着错综复杂联系的远距离贸易有关。在1783年《国富论》最终版的补文中，斯密对羊毛、鲱鱼和东印度公司的描述占据了至少四分之三的篇幅。[10]

　　启蒙哲学最为抽象和困难的问题在那个时代对帝国的讨论中占据中心的地位，这些问题即：人性的普遍性、距离所折射的同感的因素，以及对休谟有着巨大吸引力的政府如何管理幅员辽阔的社会——远距离政治——等事物中的不确定因素。对帝国新景象的态度也是苏格兰启蒙运动成员间产生分歧的核心，甚至是最亲密的伙伴之间。亚当·斯密在《道德情操论》中借用弗吉尼亚一位律师（他在爱丁堡接受的教育）的话，谴责北美奴隶制为"人类最肮脏的污点"；他将非洲奴隶称赞作"英雄"，谴责北美殖民者为"魔鬼的化身"。[11]约瑟夫·奈特的辩护律师在1775年说，斯密对奴隶制的抨击体现出"一颗仁慈宽厚的心的愤慨之言"。[12]大卫·休谟在《论国民性》的一处著名的注释中，对人们视之为理所应当的"人种"等级进行了抨击："我并不认为黑人天生就低白人一等。"休谟的这一注释在18世纪70年代关于奴隶制的争论中被奴隶制的支持者们所引用，并被其苏格兰批评者逐句地进行批驳。[13]托马斯·克拉克森在《奴隶贸易废除史》所描绘的那幅"废奴地图"中，亚当·斯密同大卫·休谟的评论者们如同两股并肩流入象征着解放的海洋的美德之河一般。[14]

在这些关于帝国和商贸的争论中，启蒙哲学家往往只被视作是理论家。"我们很清楚当代的哲学家是如何以至高无上的姿态，轻蔑地从高高在上的奢华宝座上俯视眼前这群乌合之众，"威廉·朱利叶斯·米克尔在为东印度公司的辩护中说道。[15] 在米克尔看来，斯密对帝国的批判只不过是其"年老昏聩状态下糊涂的理论和空想"。威廉·（约翰斯通）普尔特尼在为维护奴隶贸易所做的最后一次演讲中宣称"（废除奴隶贸易的）提案纯粹建立在理论之上，而我最厌恶的便是空洞的理论"；"有的人声称我们应当雇佣自由的黑人而非奴隶……不过，这只是一个基于空想的理论。"[16] 即便对于帝国的批判者而言，苏格兰启蒙运动的哲学家们也仅仅是站在远方观望帝国所强加的压迫。诗人理查德·克拉克在 1773 年的一首讽刺诗中对休谟关于种族和奴隶的观点进行了抨击：

> 你何曾关切过东方所遭受的掠夺与蹂躏，
>
> 那些嗜血的暴君和贪婪的野兽？
>
> 遥远的苦难，你何曾体会？
>
> 他们凄凉的泪水、他们痛苦的呻吟，你是否了解？[17]

约翰斯通家族和爱丁堡哲学家们的历史为我们提出了一个截然不同而又令人不安的可能性，那便是苏格兰的启蒙世界距离帝国的阴暗面其实并不遥远。从分离的角度来看，约翰斯通家族本身就是启蒙的理性与远洋帝国的一个连接点——慷慨陈词反对奴隶制的亚当·斯密难道不认识一个奴隶吗？他的熟人中难道没有人认识一个奴隶吗？

约翰斯通兄弟姐妹与苏格兰人文哲学家，或者说启蒙运动的核心人物，之间的密切关系始于他们的童年时期。在大卫·休谟受聘于约翰斯通那位古怪而富有的表亲那段不愉快的经历期间，他们的父亲曾出面调解双方间的矛盾；这位表亲先后于 1747 年在苏格兰和 1757 年在英格兰被公认为"疯子"，他同时还是一部以喜剧收尾的曲折爱情小说的作者。[18] 休谟在 1745—1746 年期间给老约翰斯通寄出了总共 21 封信，这期间他与那位表亲生活在一起，并且精神状况极度抑郁："上帝宽恕你，亲爱的先生，上帝饶恕你，你从不来探望我们，更未曾写信。"在这场老约翰斯通称之为"灰色记忆"的事件过去后，休谟与约翰斯通之间仍然保持长期的联系。[19] 约翰斯通兄弟姐妹的舅舅，包括"贝尔或贝琳达案"的法官，都是休谟在爱丁堡最亲近的密友；休谟在 1764 年曾说："我与他们相交甚好。"[20]

约翰斯通家族年轻一代的成员也是休谟的朋友：休谟曾经称赞乔治为一位风度翩翩、行为得体的年轻人，而称威廉为"我们的朋友，约翰斯通"。休谟似乎在 1763 年还写信邀请乔治一同"介入"老约翰斯通与他们"姐妹行为"有关的事务中，并且在信中讨好般地称乔治为"最有影响力的儿子、最亲爱的兄弟。"[21] 1767 年，威廉请求时任副国务大臣的休谟帮助他通过法国东印度公司将约翰斯通家族在印度的财产转移至苏格兰。在 1772 年和 1774 年的东印度公司纠纷之中，休谟还曾为威廉及他的友人向自己的出版商拉票。[22]

约翰斯通家族和亚当·斯密之间的关系呈现出的是一幅相似的画面：东、西印度出现在苏格兰哲学家视野的地平线上。亚当·斯密像休谟一样，曾将自己与约翰斯通家族，至少是与威廉之间的关系称作是亲密的。[23] 在威廉的妻子于 1767 年继承巨额遗产后，斯密和亚当·弗格森以及休·布莱尔一同在爱丁堡的"波克俱乐部"进行了庆祝。[24] 1772 年，威廉曾试图为斯密在东印度公司成立的内部调查委员会中谋求一个薪酬丰厚的职位，不过最终并未如愿；斯密称他为"我最亲爱的普尔特尼"。[25] 斯密在 1773 至 1777 年居住在伦敦查令十字路的"不列颠咖啡屋"的期间（他的信就送到这里），也就是他最终完成并出版了《国富论》的那段时期内，他的社交圈子与威廉、乔治和约翰是重叠的。[26] 斯密时常为了给自己的熟人和朋友谋求各种职位而奔波：和乔治一起为埃德蒙德·伯克在印度的表兄谋求一个职务；与伯克一起为威廉在纽约的老朋友谋职（正是此人曾将亚历山大描述为"我所见过的最不知足的人"）。曾在西佛罗里达担任乔治秘书的詹姆斯·（"奥西恩"）麦克弗逊在为斯密的事而给自己在马德拉的表兄的信中，将斯密称作："亚当·斯密博士，我最亲近的朋友之一。"[27]

在苏格兰本土，斯密与约翰斯通家族的关系则更为复杂。从斯密在科尔克迪的家（当时他住在那里）到达约翰在巴尔哥尼所租的庄园，也就是贝尔或贝琳达的孩子在 1771 年被人发现于河中的地点，只需走上一个下午便可。我们几乎能够肯定斯密与约翰确实有过往来，即使仅仅通过与巴克鲁公爵有关的事务——而此人是约翰斯通家族在韦斯特哈尔所租土地的主人、他们在埃特里克森林的邻居，以及斯密的朋友和以前的学生。詹姆斯于 1771 年 4 月在一封明显涉及斯密的信中对约翰说："当你向斯密先生提起你整修伯肯的方案时（对此我十分赞同），我想问他是否会在埃特里克森林建立新的选举点以支持你。"[28] 与此同时，约翰还积极参与到科尔克迪镇的公共事务之中。1774 年，约翰代表包括科尔克迪在内的一批享有自治权的乡镇入选议会，当时，他击败的对手正是斯密家族的世交，担任过背风群岛总督的詹姆斯·奥斯瓦尔德的儿子、曾在非洲建立苏格兰商人中最为庞大的奴隶贸易帝国的奥斯瓦尔德家族的表亲。[29] 约翰于 1767 年 10 月给威廉的一封信是从科尔克迪寄出的；第二年 9 月份，他在另一封信中写道："我有必要亲自去一趟科尔克迪来解决我上次跟你提到过的那件事。"1771 年 6 月他在其游记中写道，"那时候我正在科尔克迪。"[30]

约翰斯通家族与启蒙运动中从事自然科学研究的人物也有过往来。贝蒂在因平纹布事件而离开韦斯特哈尔那段时间，主要为爱丁堡卓越的化学、医学教授，威廉·库伦运送矿物样本（后者的儿子，罗伯特·库伦在约瑟夫·奈特案中担任约翰·韦德伯恩的辩护律师）。"你还未告诉我你是否收到了那些矿物样本，以及库伦博士是否检测出了它们的成分，我们对此很关心，"贝蒂在 1762

年写信对威廉说。[31]"希望你在旅途中不要忘记我要的硫黄以及父亲需要的那些矿物，"詹姆斯在1770年从诺福克写信对她说；1772年，他又询问道："近来你是否与你那些从事矿物生意的朋友们取得过联系？"[32]约翰、威廉和乔治与当时两位著名的医学理论家威廉·亨特和约翰·亨特兄弟维持着一种基于互利和互助的友情，亨特兄弟在东印度公司事务上支持约翰斯通家族，约翰斯通兄弟们则在圣乔治医院事务上支持亨特兄弟。用约翰的话来说，威廉·亨特"真是帮了大忙"，而约翰·亨特"确实是我们的挚友之一"。[33]斯密和休谟共同的朋友，"哲学化学家"约瑟夫·布莱克，则和威廉一同忙于为一项名叫"维诺斯医生的植物液"的药物申请专利。[34]卓越的地质学家埃塞德里德·本内特是路易莎的表亲（他的孙女正是那个红色马海毛床的主人）。另一位著名化学家约瑟夫·布莱克和地质学家约瑟夫·胡通的学生詹姆斯·哈尔爵士是那个在一个名为贝蒂的奴隶的陪同下从苏门答腊来到苏格兰的"佩蒂小姐"的嫡表亲。[35]

在比萨的时候，乔治和玛莎的儿子们的家庭教师瓦尔特·明托曾带着孩子们住在天体物理学家约瑟夫斯·斯罗普·德·卡登伯格的家中。明托在接受休谟的介绍成为乔治儿子的家庭教师之前致力于研究意大利的古代生活——"他和他的朋友本准备如同依靠慈悲的人施舍的清教徒一样前往意大利"——后来他转而研究与天体运动轨迹有关的数学问题。[36]明托在和乔治关系破裂后本有机会"前往牙买加他的一位未结婚的叔叔家中去，他叔叔在蒙特哥贝拥有私人庄园"；然而他却选择移民到新泽西州的普林斯顿；在普林斯顿，他成为了当地的第一位数学教授。明托于1788年在一场毕业典礼的演讲中奉劝他的学生"勿让帝国在崛起和扩张的过程中被征服的欲望迷惑了方向，"并且捐出自己的部分薪水，设立奖项以奖励那些以"从法律和政策角度反对死刑以及反对对非洲人民的奴役"为主题的优秀文章。[37]

在所有的苏格兰哲学家当中，亚当·弗格森与约翰斯通家族的关系最为亲近，而他个人生活的变迁则十分形象地映射出了苏格兰启蒙运动的核心与帝国之间的联系。在 1767 年发表《论公民社会的历史》之际，弗格森希望自己能够继乔治之后，成为西佛罗里达的下一任总督。[38]1772 年约翰斯通家族的一位爱丁堡的熟人告诉威廉，他们的"文人朋友们"最近似乎都开始热衷于印度研究，其中弗格森最为着迷。当时，弗格森试图通过大卫·休谟和约翰斯通家族的帮助当上东印度公司在加尔各答监督委员会会长的愿望再次落空。到了 1774 年，弗格森前往日内瓦担任一位年轻贵族的老师（"我对欧洲的研究并不逊色于亚洲，"他写道）；1778 年，弗格森出任乔治和克莱尔勋爵在北美的秘书。[39]乔治在遗嘱中说，自己的幼子一旦到了四岁或者六岁的年纪，便应被立即送往苏格兰，小男孩的监护人包括约翰、贝蒂以及（"我敬爱的朋友"）约翰·韦德伯恩，最终则由亚当·弗格森抚养成人（"最值得尊敬的人"）。[40]乔治在印度的儿子以及他们的母亲玛莎终生都与弗格森保持着友好的往来。弗格森曾与贝蒂一同讨论约翰的病情，并且为贝蒂在爱丁堡的公寓寻找租户；约翰病危期间，弗格森曾与其讨论生命永恒的可能性。[41]

　　大卫·休谟、亚当·斯密、亚当·弗格森和威廉·库伦都曾是一个名叫"择优学会"的组织的成员，而众多史学研究皆证实，爱丁堡启蒙运动正源于此地。威廉、他的舅舅艾利班克勋爵、詹姆斯·弗格森（贝尔或贝琳达案的主审法官）都是该学会的成员；另外约翰·斯温顿（他后来提交了贝尔或贝琳达的诉状）、威廉童年的好友亚历山大·韦德伯恩，以及他那曾在西佛罗里达、佛得角群岛和孟买留下足迹的兄弟大卫·韦德伯恩也是该学会的成员。[42]威廉和詹姆斯后来加入了"波克俱乐部"，而该俱乐部的前身正是"择优学会"。俱乐部的其他成员还包括斯密、休谟、弗格森、他们的舅舅艾利班克勋爵、侄女婿约翰·韦德伯恩在约瑟夫·奈特案件中聘请的两名律师、另一位不知名的侄子，以及夏洛特的女儿卡罗琳娜后来的丈夫。[43]约翰斯通家族活跃在苏格兰启蒙圈子中，而启蒙哲学家们则出现在他们的帝国生活的社交圈中。

启蒙的社会环境：书与书商

在 18 世纪的苏格兰，帝国海外关系的图景远远超出帝国哲学家的群体，几乎就呈现在人们眼前。1774 年《苏格兰评论》中一篇文章讽刺道，苏格兰启蒙学派的人数如此之少，以至于休谟的《人性论》在全国仅有八本；而"苏格兰的自由思想者"人数不超过 626 人。然而，此时有一个更加兴旺的启蒙事业——由私人教师、公立学校教师、小型私人学校校长、神学博士，以及那些"不仅仅致力于观察作者，而更关注公众的品味和判断力"的编辑们所共铸的事业正在茁壮成长——而这，也是约翰斯通家族生活的一部分。[44]

从早年居住在韦斯特哈尔的时期起，约翰斯通兄弟姐妹们便喜欢借阅、购买和收藏各类书籍。老詹姆斯·约翰斯通曾从亚当·斯密的朋友詹姆斯·奥斯瓦尔德那里借过一本格劳秀斯的书，并委托大卫·休谟归还。[45]帕特里克和吉迪恩的家庭教师从邻居家里借来了一本《伊索寓言》和一本《顿罗普希腊语语法》，不过必须在邻居回来的时候还回去。[46]詹姆斯曾从威廉那里借了一本贺拉斯的诗集，"我拿走了一本弗朗西斯的贺拉斯，其他什么都没动，"詹姆斯在芭芭拉的丈夫给威廉的一封信的背面写道；在这封信中，芭芭拉的丈夫将玛格丽特在巴黎去世的消息告诉了威廉。[47]詹姆斯和查尔斯·肯纳德的遗产记录表明，他们的苏格兰庄园里有大量藏书：肯纳德的藏书中包括马基雅弗利和笛卡尔的著作，韦斯特哈尔庄园的图书室里有柏拉图和伏尔泰的作品、"芒卡斯特关于奴隶贸易的著作"，以及"麦克奥利夫人四卷本的《英格兰史》"。[48]乔治把自己最珍贵的格拉斯哥版《米尔顿诗集》留在了韦斯特哈尔，将他的三本航海手册《海神》给了大卫·休谟的一位表弟。[49]贝蒂在遗嘱中写道："我答应我的仆人普莱夫人、布莱尔·塞尔蒙斯博士。希望他们能将之给予她。"[50]威廉·朱利叶斯·米克尔在 1776 年将自己翻译的《卢济塔尼亚人之歌》送给了贝蒂、詹姆斯、威廉、亚历山大、乔治、约翰、大卫·休谟、约翰·斯温顿、阿奇博尔德·斯温顿、"印度的普里姆罗斯·汤姆森（两册）"、约翰斯顿兄弟姐妹的艾利班克舅舅和皮特弗尔舅舅、瓦尔特叔叔以及夏洛特的鳏夫詹姆斯·巴尔曼。[51]

　　在幅员辽阔的帝国境内，书和书商扮演了亲友之间交流媒介的角色。纽卡斯尔的巡回图书馆里有莱德劳的著作，而乔治曾通过巡回图书馆给母亲寄去白糖。他们的父亲为了给远在印度的约翰寄书花了很大一番功夫。[52]东印度公司的一名牧师在加尔各答去世后，约翰购买了 23 册布道书，其余的 40 册由其他七位官员买下。[53]乔治于 1759 年奉命前往里斯本之前将自己的藏书托付给了萨缪尔·斯温顿保管；斯温顿被派往纽卡斯尔参加"强制征兵"（一支以强制手段征收水兵的海军军官队伍）后给乔治寄去了一封信，并向他保证道："我的家具到哪里，你的书便会到哪里。"[54]就连威廉·科洪也在前往非洲的途中写信给他的妹妹："请你寄来我的那件棕色外衣以及其他你认为方便邮寄的物品，还有几本书。"[55]

　　威廉·博尔特斯于 1768 年被东印度公司驱除出印度之前曾被给予"两个小时左右的时间来收拾自己和妻子的衣物以及一些文件和书，并装箱带走。"随后，他在东印度公司军队一名上校的"监护下穿过站满士兵的街道；他的家门大敞，剩余的文献和财产任由民众随意抢夺"。[56]博尔特斯在遗嘱中说，将他拥有的"约 1400 册各类印刷书籍"列成清单，分别"发往伦敦、阿姆斯特丹和巴黎"，并将书"寄往格恩西岛出售"。[57]

　　与此同时，帝国也为书商打开了一个充满机遇的世界。这个时期流通在市场上的书籍各式各样：韦斯特哈尔的矿工们在 1796 年订购了一本罗伯森的《南美史》，第二年又订购了一本"罗伯森的《印度》"。[58]"这个国家（苏格兰）内到处都是书商，他们从一个小镇到另一个小镇出售书籍，"一名伦敦书商的律师在 1774 年下议院那场关于文字版权的著名辩论中声称；在此次争论中，埃德蒙德·伯克维护书商的私人财产权，乔治则站在其对立面为思想自由做辩护，他说道："如今每一座小镇都拥有一个小型印刷厂。工匠扔下钻子、纺织者扔下梭子去做印刷工人。"当时流行的图书常常是冒险类游记，如霍克斯沃思那部描写南太平洋东印度冒险之旅的《航海之旅》；这些被书商们视为珍宝的图书却在下议院被首席检察官斥为"品味低下"、"纯属胡言乱语的垃圾"。[59]

帝国所提供的机遇也是这些书商和出版商生活中的一部分。"你的朋友，书商唐纳德森推荐来的"那两位在 1772 年抵达孟买的"贝丽小姐可真是单纯、愚昧又善良啊，"大卫·韦德伯恩写信对姐姐说。[60]萨缪尔·斯温顿与自己的仆人（那个来自西印度的黄褐色皮肤的小男孩）在伦敦安顿下来，并且把乔治的书安置好之后，成了政治评论家让-保罗·布里索特的雇主。他同时还为"我在孟加拉的各方朋友和顾客们提供杂志和小册子……由于我未能找到合适的储藏处，于是只得将它们夹带在女士帽具里面。"[61]威廉·朱利叶斯·米克尔的父亲曾受聘为伦敦书商校改皮埃尔·培尔的《历史批判词典》的译本——"他写下了其中大部分的注释"，他的哥哥是一名熟练的印刷工人，而他本人则是牛津大学出版社的校对员。1765 年，米克尔也即将带着约翰斯通兄弟姐妹的瓦尔特叔叔"写给西印度的信件""前往卡罗琳娜那里"，或者去往东、西印度的某个地方。[62]

詹姆斯·萨默塞特的主人，查尔斯·斯图尔特的兄弟詹姆斯·斯图尔特是一名爱丁堡律师，而他的岳父则身兼著名语法学家、《苏格兰信使报》的出版商、爱丁堡律师图书馆的馆长（他的继任者是大卫·休谟）以及鲁丁曼的《拉丁语入门》的作者之身份。[63]詹姆斯·斯图尔特写给兄弟的信中满是对远方帝国变迁的暗示："我家里的一名仆人前去东印度拜访他的叔伯，只不过两人未来得及见面，对方就已经去世了"；一位"绅士的儿子"曾经在圣彼得堡做水手，后来"为了有机会踏上东、西印度的土地而决定前去伦敦试试运气";他自己那个本期望成为"东印度公司的文书"的儿子后来在"自家的印刷厂当上了一名学徒"("我建议他将来也开一家店从事售书行业");他的第三个儿子"由于被人推荐的可能性很大,对东、西印度"充满了向往。[64]詹姆斯·萨摩塞特在1771年随着主人的一次探亲之旅来到了爱丁堡;到了1772年1月,詹姆斯·斯图尔特再次对查尔斯发出了邀请,并希望他这次能够"停留得久一些","安娜(他的女儿)希望萨摩塞特能先行一步抵达。"[65]

法律信息

启蒙运动的另一个重要的领域,即苏格兰的法律环境,也与远方帝国所提供的机遇息息相关。约翰斯通兄弟姐妹母方的家属中有很多帝国的律师和军人。他们母亲的长兄,身为律师的艾利班克勋爵,曾为约翰在东印度公司的第一个职位提供担保,而他本人早年则参与过一次对卡塔赫纳(今哥伦比亚)的失败的征程;他们的外祖父先后在奴隶贸易的"南海泡沫事件"和西班牙人的南大西洋走私活动中损失了大笔资本;与他有相同遭遇的还包括休谟另外一位朋友的父亲,以及约翰斯通兄弟的另一个舅舅皮特弗尔勋爵,他后来是贝尔或贝琳达案的法官。[66]皮特弗尔勋爵的四个儿子中,一个曾在约瑟夫·奈特案件中担任约翰·韦德伯恩的辩护律师(他曾声称白人地位的降低将是一场可怕的灾难);一个是商人,后来成了多巴哥的总督;还有一个在北美的部队及格林纳达和多巴哥的亚历山大的军团担任军官,据亚当·弗格森的记载,在此期间"他多次在镇压黑奴起义中立了大功。"[67]

对于18世纪苏格兰的法律大家族而言,海外的机遇远远延伸到约翰斯通家庭关系之外的领域。大卫·韦德伯恩在去往西佛罗里达的途中,曾在安提瓜岛短暂驻足,在那里他遇见了哥哥亚历山大的一位老朋友,"他在酒吧里叫住我,像那天我们在街上那样，……他邀请我去他的家里，这封信也正是从此地寄出的。"[68] 亚历山大·韦德伯恩，即《苏格兰启蒙运动宣言》的撰写者（根据大卫·休谟传记的记载），曾参与东佛罗里达殖民地的管理："在加尔各答，不要为死亡黑奴发放补偿金，因为那里有数量充足的（黑奴）女人，新生儿很快会补代死去的人口。"[69] 约翰·斯温顿的儿子成了东印度公司加尔各答董事会的秘书。他的侄子瓦尔特·司各特爵士在1826年讲述了一个发生在斯温顿的孙子身上的著名的故事："我表兄乔治·斯温顿那个出生在孟加拉的儿子总是满脸好奇地到处张望。这孩子有一天指着一只在田里奔跑的野兔惊呼道：'快看，那儿有一只小老虎。'"[70] 司各特的父亲是律师，他自己也成了律师。他认为自己的家族与海外事件之间有着不可忽视的联系：他的一个兄弟曾在"西印度群岛中一个阴森森的要塞"担任海军军官，并最终死在东印度公司的一次征程途中；另一名兄弟在加拿大去世，身后有一个儿子在孟买为东印度公司效力；还有一个兄弟"在从西印度群岛归来的途中不幸去世"；他的妻子拥有大笔的财产，这些财产来自她在"印度萨勒姆市的经商的""亲爱的哥哥"。[71]

即使是在苏格兰的乡下，约翰斯通家族内部的各类事务也是通过法律进行调停和解决的。詹姆斯、亚历山大、乔治、吉迪恩、约翰、路易莎以及贝蒂的遗嘱，詹姆斯和兄弟们留给孩子和仆人的年薪，将财产从印度转移回国的契约文件，他们对庄园和地产的购买，土地和奴隶的租赁，继承权和婚姻引发的纠纷——以上这些事务为无数律师和法庭文书员提供了就业机会，而瓦尔特·司各特爵士则将这个法律主宰一切的世界形容为"一片被刻板的形式与条条框框束缚的贫瘠之地。"[72] 这片荒野是苏格兰启蒙的环境或环境之一，它体现了对帝国的各种不确定性的担忧。乔治的遗嘱是有条件的，他幻想自己能充分地认识到各种突发的状况，在这一点上，他与威廉·朱利叶斯·米克尔是一致的："人生的意外不可预测。"[73] 约翰在遗嘱中对未来的不确定性进行了防备：指导人们

"当我死的时候，如何按照我的财产所在国家的法律及实践"进行处置。[74] 那位帮路易莎买彩票的律师，即詹姆斯曾写信与其探讨未来美好的前景的人，同时也是玛莎·福特母亲的遗嘱执行人，以及她的孙子们在印度的（财产）受托人；除此之外，他还与萨缪尔·斯温顿共同拥有《欧洲信使报》。[75]

相应地，法律公开进行裁决的过程成了远方事件或属实或虚假的消息之源。在 18 世纪的苏格兰，执法的过程仍然是一个公众事件：地方治安官和法官们在大街上进行公开裁决。詹姆斯·博斯威尔及其他一些青年律师在 18 世纪 70 年代共同创作的讽刺剧《司法歌剧》，以"气势宏伟的篇章"拉开帷幕，然后是请求放逐的判决，或充满诅咒的语言：

> 哦，把我送往大海之上，
> 亲爱的大人……
> 哦，把我送往东方，送往西方，
> 把我送往南方，送往北方……[76]

示众性的惩罚在这一时期仍然存在：1760 年的平安夜，一名法官（该法官在后来的约瑟夫·奈特案中站在韦德伯恩一方）判处一位名叫克里斯蒂安·克劳福德的女子在爱丁堡当地时间的 1 月 9 日的正午至下午 1 点期间，带着颈手枷、脖子上悬挂一张写着"声名狼藉的撒谎者"的牌子示众；贝尔或贝琳达被驱逐出苏格兰后，一旦再次入境，执行绞刑的刽子手就要"在她被关押后的第一个集市日""在佩斯郡的街道上公开对她实施鞭刑，鞭子要抽打她裸露的背部，鞭打的次数、执行地点和时间与正常情况一致。"[77]

《苏格兰杂志》以一条极不属实的头条对贝尔或贝琳达案进行了报道："为维护主人利益，奴隶罪犯将被流放"。然而，这篇报道却为我们提供了巡回法庭记录未记载的许多细节：例如检察总长助理同意陪审团的判决，因为"预审以来进行的一次调查显示，并没有充足的证据支持蓄意谋杀的罪名。"[78] 另一家报社，《苏格兰信使报》，则将关注的焦点放在贝尔或贝琳达受审期间的内心活动以及那位缺席的神秘证人之上："尽管她十分清楚没有足够的证据使蓄意谋杀的罪名成立，然而却有一名了解实情的证人缺席，而对方此刻正身在伦敦。"[79]《大众信报》则报道了最终的判决："终身驱逐"。[80] 几个月后，《苏格兰杂志》对贝尔或贝琳达案进行了回顾，并将其与 1772 年 6 月詹姆斯·萨摩塞特在伦敦的诉讼以及发生在皇家法院上的那一幕进行对比。"倘若我们的巡回法庭审判的这一案件能够转至爱丁堡，"该杂志在评论贝尔或贝琳达案时补充道，"那么皇家法院现在做出的决定，或许能够得到充分的讨论。"[81]

一年后的约瑟夫·奈特案，是由信息引发的一起事件，这些信息中既包含他本人对法律的了解，也包含与其他奴隶有关的信息。这一事件最终演变成了一起不同寻常的公共事件："这起诉讼颇受女性的关注。昨日的旁听席上坐满了打扮时尚的夫人和小姐们，"《苏格兰信使报》在 1776 年报道说，前一天的杂志就发表了一篇以"将奴隶制引入本国的后果"为主题的慷慨激昂的文章，"在这个蕴藏了无限发展前景的国度里，我们或许很快便能看到一个由两匹马、两头牛和两名奴隶组成的队伍。"[82] 事情起因从约瑟夫·奈特了解到詹姆斯·萨摩塞特案的相关信息开始。"令他下定决心离开的原因是他从唐纳德森先生于 7 月 7 号出版的报纸里读到的一则新闻，"奈特在设于主人家中的治安法庭内宣称，"从那一刻起，他已决定不再继续服侍主人。"约瑟夫·奈特后来又得知发生在苏格兰的另一起奴隶案件："在他得知佩斯郡大法官解放了一名曾经为奴的仆人之后，他便立即对其产生了好感。"[83] 他的爱丁堡律师则有一个更为远大的目标："他憧憬着有朝一日，在一部非洲人的法典里，将会出现一种全新意义上的解放：假如那位可怜的黑人在祖国还拥有亲友，那么他将有权得知这令人欣慰的消息。"[84]

在治安法官、检察总长助理、副司法长官以及四季法庭法官的法庭上，约瑟夫·奈特案对众多书记员、引座员、文书、律师和法律记者的生活都产生了影响：而这又一次体现了帝国的多重效应。约翰·凯恩斯在其对苏格兰奴隶法的卓越研究中发现，在 18 世纪的前 75 年间，苏格兰境内先后有 78 名黑人或多或少卷入了法律事件当中。[85] 随着贝尔或贝琳达不断地被从苏格兰的一处监狱转移到另一处，她的案件本身对东、西苏格兰的法律体系也产生了一次次冲击。她经历了库珀郡的文书世界，他们拟出了她的第一份陈述，这一陈述"倾向于认罪"；库珀郡"郡法官"的世界，这些法官见到了这一陈述；那些随后调查她的意图的法庭工作人员的世界；以及佩斯郡的"公证人"的世界。[86]

几乎可以确定的是，就连那名缺席的证人，身在伦敦的神秘的约翰·泰特，贝尔或贝琳达曾向其"讲述事件的实情"，"要证明她无罪必须有其证言"，也是司法部门的官员。他或许就是那个于三年之后，在库珀的同一个郡法庭上为罗斯伯爵夫人辩护的约翰·泰特，这次诉讼涉及的是伯爵夫人兄弟家"家庭文件"的归属，或者说涉及"她拥有这些文件的权利"。[87] 又或者是负责处理约翰斯通家族格林纳达资产的"棘手事情"的约翰·泰特："请一定写信让泰特先生处理这个问题"。[88] 还有可能是替他们的表兄处理有关家族祖先事务的"代理人"约翰·泰特。[89] 还有可能是 1762 年因"用约翰的钱为桑迪和吉迪恩的未来铺路"的相关事宜拜访了老约翰斯通的约翰·泰特："泰特先生还未说出格伦迪宁有多少土地就要走，这让人很不舒服。"[90] 甚至还有可能是 1817 年未留遗嘱就去世的约翰·泰特；此人的儿子也叫约翰·泰特，后者留下了这样的记录："已归还的"来自"约翰·约翰斯通爵士"19.15 镑的借款，以及"尚未归还的"107.1 镑借款。[91]

文员与牧师

在苏格兰启蒙运动中，还存在一批从事与文字职业有关的流动人群：牧师、文员、私人教师和秘书。宗教信仰在约翰斯通家族生活中的分量似乎并不重。我们从贝蒂留下的众多信件和游记中几乎找不到任何有关宗教事务的记载，仅有的一处记载是贝蒂在一封信里认为与丈夫分居后搬到爱丁堡的姐姐芭芭拉"行为没有不得体的方面"，并且"除了两次前去教堂做礼拜之外，就没有出过门。"[92] 路易莎在晚年对"我们称之为偶像崇拜的异教徒"的"墨西哥人和伊斯兰人"的宗教产生了兴趣。[93] 约翰和他们的父亲一样，只有在极为庄重或严肃的时刻才会联想到宗教（对于约翰而言，这一刻是父亲去世的时候；而对于老约翰斯通来说，则是得知威廉继承了遗产的时候）；约翰在生命临近终点的时候与亚当·弗格森谈论了"来生"的问题，以及来世与兄弟们团聚的可能性。[94] 或许我们对其几乎一无所知，甚至连她自己的孩子们对之都了解甚少的伊丽莎白·卡罗琳娜是这个家族中最为虔诚的信徒。她的女儿在韦斯特柯克教堂墓园的碑文中对她的描述是："一生虔诚"；她在印度出版的诗集中包括一首1758年对法斯特将军的赞歌，并引用了《诗篇》的第139章。[95] 在我所查阅的所有家族信件中，只有母亲曾表达自己对于生命之永恒的看法——带着所有的愤怒和悲伤，母亲在一封情绪比以往更加烦乱的信中对身在印度的约翰说："经过认真的思考，我可以确切地告诉你，对于死亡我没有什么可害怕的了，感谢上帝，我对自己所做的一切非常满意。"[96]

然而如同18世纪大英帝国的许多个体一样，约翰斯通家族的生活始终都与英国国教会和苏格兰长老会有着无法割舍的联系。这个家族与苏格兰长老会、圣公会，以及英国国教都有联系。威廉在26岁的时候在包括韦斯特柯克在内的地区长老会担任过一段时间的"长老"。[97] 夏洛特、詹姆斯和约翰都与神职人员家庭结合。夏洛特那位被认为在吉迪恩伪造的出生证明上签字的岳父，是韦斯特柯克教堂的牧师。路易莎的第一任丈夫是英国国教会的一名牧师，而她本人则是坎特伯雷的大主教的侄孙女。[98] 伊丽莎白·卡罗琳娜那位曾经与约翰在信中讨论东印度公司事务的性情温和的哥哥，是英国国教会的牧师；她的侄子则是一名堂区牧师和有抱负的海军牧师，他曾试图在父亲去世后将自己手中那本休谟的《英格兰史》卖给苏格兰那些富裕的表亲。[99] 芭芭拉的女婿埃德蒙德·达纳，一位来自麻省的医学学生，后来成了英国国教会的一名神职人员，并最终升任什罗普郡的首席神父，他继承了威廉妻子弗朗西斯·普尔特尼的资产。[100] 威廉·朱利叶斯·米克尔的父亲是一名牧师。[101] 劳拉·普尔特尼的女继承人的第一个丈夫也是一名牧师（据说的她第二任丈夫曾爬进这位牧师的屋子里），而她的公公则是约克大主教。[102] 就连约翰·泰特，或者说众多约翰·泰特之一的一个孙子在 19 世纪也成了坎特伯雷大主教。[103]

约翰斯通家族与当时的神职文员或者说受过教育的文员之间有着不可忽视的联系。约翰的老师在其前往印度之时曾说过："（约翰）足以胜任任何文员的职位"；而约翰斯通家族成员自身在某种程度上就是文员：即很有可能过上文员生活的个体。[104] 他们的故事不同寻常的一点是，他们似乎总是历经变动，无论是从空间上、经济上还是社会地位上。他们对生活的预期时而乐观、时而悲观。在他们的父亲试图证明自己来自安嫩岱尔贵族世家之努力于 1881 年以失败告终后，根据当时的申请者的总结，这个家族的成员多数曾"受雇于贵族之家"。一个被认为是老詹姆斯·约翰斯通在 1766 年前后藏起来、装文件的旧皮包于 1876 年在爱丁堡约翰·泰特原来的法律事务所的办公室内被发现。[105]

约翰斯通家族及其亲友的生活中充满了各类文员和文书。有位教师曾与约翰斯通家一起住在韦斯特哈尔庄园里，和帕特里克一起阅读维吉尔的著作，教吉迪恩代数，并于 1751 年送威廉迈入社会之时给予他这样的忠告："记住要保持你最初的正直，至少在你不得不逐渐将它们割舍之前——不管你做什么，也无论你感受到了什么，都要保持庄重与谨慎。"[106] 在这个时期还存在一些负责代写和抄写书信的书记员或者文书。约翰·韦德伯恩在 1775 年的冬天，写信对威廉哀叹道："没有人替我执笔写信了。"[107] 当时他的妻子病危，而约瑟夫·奈特则开始了为了自由的起诉。大卫·韦德伯恩在动身前往西佛罗里达前夕在给姐姐的信中表明自己欲"读书、省钱"的决心；"我将带上一名优秀的数学家和一名优秀的学者，而不是侍从，与我一同北行。"[108] 约翰、吉迪恩和帕特里克都被送去读书了，他们的老师为他们提供作为东印度公司的"文员"所需要的证明。[109] 乔治和玛莎的三儿子上过一个簿记方面的课程，并"很好地掌握了这门技术"；他们在爱丁堡还学习过波斯语、"散文和诗歌"。[110]

约翰斯通家族的姐妹，以及朋友的姐妹，大多数都是通过自学获得知识。母亲很喜欢散文，但拼写却一塌糊涂。贝蒂早年的信件，以及她所写下的父亲口述的信很多都是按语音拼写的；到了她独自生活时，已经拥有相当的学识了。"你问我是否知道这个社会中还有无比你更无价值的人，"大卫·韦德伯恩于 1767 年从法国写信对他的姐姐说，"是的，我认识成千上万这样的人，"他同时给姐姐推荐了一门自修的课程，从读伏尔泰的《世界史》开始。[111] 他们的姨妈安娜·弗格森曾提到自己一个女儿的学习情况，"她最不让我省心，她智力超群，时常连我都理论不过她"；这个女孩所学的课程包括"狩猎、骑术、射击和拉丁语"，以及"音乐、板球和象棋"。[112] 到了 18 世纪末，约翰斯通家族的女孩们几乎都在学校接受教育了。芭芭拉的女儿伊丽莎白在肯特上学，威廉的女儿亨利艾塔在法国上学，乔治和玛莎·福特的孙女们在哈默斯密斯和切尔西上学。[113] 约翰和伊丽莎白·卡罗琳娜的孙女在 19 世纪初所记录的笔记中包含了有关《萨利克法典》和提尔城之构造的内容，以及希腊语、法语、意大利语、德语、希伯来语的段落。[114]

在约翰斯通家族的生活中，还存在一批来来往往、行踪不定的、受过教育的人。詹姆斯和路易莎在诺福克期间，他们的经纪人是一名叫作埃德蒙德·尼尔森的副牧师，此人替他们支付订购《伦敦新闻报》的账单，与一名叫作桑克蒂厄里的佃户及一名生活困窘的萝卜种植农进行讨价还价，并最终成为詹姆斯的遗嘱执行人和受益人。[115] 按照其父亲"迫切的心愿"，约翰和詹姆斯雇佣"B先生"，或约翰·布鲁斯，在爱丁堡的律师图书馆里"寻找"约翰斯通家族有权继承他们那名远方表亲的资产的证据。詹姆斯指示 B 如何进行这次历史文献的调查："要找到不止一处来源"；"我希望 B 先生将找到的东西完全按照文献的原样寄给我"；"如果他还要继续寻找，那么就让他集中于手稿和文字记录上面。"他还给 B 先生的朋友詹姆斯·巴尔曼提出了报酬的建议："别让那个脸上总是挂着微笑的人产生什么不满的情绪，让他高兴吧，把我那 19 英镑全部给他。"[116]

我们很难找到有关这些流动的文员和牧师们生活的记载。约翰斯通家族的家庭教师似乎是完全不可见的；他们就如《盖伊·曼纳林》中的"牧师"一样，从东印度归来的上校给了他"两套西服，一套为黑色的，另一套为乌灰色的"，[117]《盖伊·曼纳林》是瓦尔特·司各特小说中与约翰斯通家庭的生活最为接近的。即使按照休谟极富诗意的描述，在人们"蜂拥进城；急切地交流知识"的启蒙社会中[118]，他们仍旧是乡下人。他们在不同等级和阶层之间流动，被困在启蒙的"核心"与"边缘"之间，徘徊在教会和法律界那高贵的和文员与商人那卑微的生活模式间。约翰斯通家族在韦斯特哈尔的家庭教师写信对威廉说："当你离开的时候，我便不再抱有过多的奢望或恐惧了——我希望（在我的学生都完成学业之后）能够在意见纷争的英格兰大地上找到属于我自己的位置，只要我能得到哪怕最微小的鼓励——除此之外，我别无所求。"[119] 大卫·休谟住在约翰斯通家族那名表亲的家中时，既是"绅士"，又是仆人。持续到 18

世纪 60 年代的那场关于薪水的纠纷起因于"休谟先生在某一季度曾离开他的职位"，而"一名仆人不得在已有雇主的情况下于闲季寻找新的工作。"[120]

这些文职人员，或者说，这些依靠文字过着不稳定生活的男人和女人们，构成了整个约翰斯通家族的信息交换媒介：他们是"光明"和启蒙的传播者，这种光明和启蒙是亚当·弗格森意义上可通过信息而传播的知识，或者是休谟意义上"人们彼此交换信息的世界"中所流传的信息。[121] 甚至偏爱德国诗歌、善于处理家庭矛盾，且不太惹人喜欢的瓦尔特叔叔，也曾担任过那些被送到邓弗里斯与他同住的侄孙、侄孙女的家庭教师。[122] 瓦尔特叔叔模仿《老实人》中的语言给威廉写信说，"自己在地球上漂泊，并且从有学识的伏尔泰那里知道，上帝给予了人类自由"，还以《项狄传》的口吻写信说，"自己喜欢乡村生活"，幻想着在那里捉鸟、播种、修篱笆。[123] 在关于书商性质的争论中，威廉·朱利叶斯·米克尔告诉乔治，"在一个读书风气盛行的国度里"，对版权的限制会引发一系列危机："必然的结果是，将产生许多破破烂烂的书籍，没有注释，内容也被我们不知道的哪个老爷删去。"[124]

就这一意义上而言，在所有兄弟姐妹当中，只有常常在全国各地"奔波"、拥有"一些从事矿产生意的朋友"并且"居无定所"的贝蒂最接近文书的形象，她寄送接收信件、传达各种信息。这个庞大的家族中，她和她兄弟们的妻子写下并抄写了数以百封的信件。[125] 詹姆斯那封感慨肉身未死、灵魂已朽的信以及写给 B 先生的指令都由路易莎抄写的。[126] 贝蒂代父亲写信给威廉谈论红酒和东印度公司的政治。由于频繁来往于苏格兰各地间，她一直都是各类法律、政治、财经和家族信息的来源。"我从昨天路过这里的约翰斯通女士那里得知，那份文件根本就没有送到韦斯特哈尔"，约翰在巴尔哥尼对一个商业合伙人说，并对另一个合伙人说，"我将让我的姐姐，约翰斯通小姐为你带过去一张收据，她会在抵达霍伊克的时候将其交给你。"他给贝蒂写信说："你全权办理这件事……账单会在 45 至 59 天之后寄给你。"[127] 即使在兄弟姐妹皆已离世之后，八十高龄的贝蒂仍然是侄女们的家族信息之源，是关于信件的信件信息之源："那两封信都不错，"她在 1809 年写信对约翰和伊丽莎白·卡罗琳娜的女儿说，"继续做吧。"[128]

对于约翰斯通家族历史中那些相对次要的角色而言，世界大抵如此。曾经负责将贝尔或贝琳达运送到弗吉尼亚并将她卖为终身奴隶的帕特里克·科洪是苏格兰西部一名"地方法官兼公共档案负责人"的儿子。[129] 他在 16 岁的时候来到弗吉尼亚，并做了一名文书，回到苏格兰时，他已改行从事与运送罪犯有关的生意。[130] 随后他参与到亚麻布和平纹布的生意中。到后来，他在巴哈马地区从事"种植园生意"，并且对"在科克出售西印度人食用的哥腾堡鲱鱼"（或西印度奴隶的食物）的生意产生了兴趣。[131] 最后，他成了格拉斯哥的市长，并且创作了大量以警察、不列颠帝国以及贫穷为主题的作品。1787 年他向威廉进行自我介绍时自称是一名作家，"（与你）有着共同的热忱，急切地想去做好事"。他和威廉合伙在纽约购买了土地。[132] 科洪在描述自己的公共活动时说道，自己"受到同时代最杰出人士的尊敬，其中包括伯克先生、亚当·斯密博士以及谢菲尔德伯爵等"，而通过这番描述他将自己重新塑造成了一个启蒙人物；"他被视作是一名慈善家。"[133] 科洪的传记作者（也是他的女婿）在 1818 年对其所进行的改革做出了这样的评价："无数后人将向他致敬"。将近两个世纪后，他归为"苏格兰启蒙运动的领袖人物"之列。[134]

政治思想的社会环境

政治思想的产生本身就是启蒙环境的产物。在那个思想与制度领域时刻上演急剧变革的时代，约翰斯通家族不可避免地卷入政治生活之中。自童年起，他们就生活在一个建立已久的古老社会之中，也就是乔治在 1759 年称之为"建立在复杂关系之上"的社会。[135] 在这个帝国的新罗马宫廷政治中，亚历山大被要求前去"拜访"多名长官，威廉则忙于将自己举荐给公爵夫人们："皇帝的宫廷就如同勾心斗角的名利场，到处都充满了窥视的眼睛、窃听的耳朵和窃窃私语的声音。"[136] 英国的宫廷上，玛格丽特曾卷入觊觎英格兰王位的活动之中，在法国的宫廷中，她拜见大臣、呈交咨议。[137] 在摩希达巴，约翰是莫卧儿帝国宫廷政治的专家。乔治甚至将自己看作是奥斯曼帝国之宫廷礼节的专家（或者是精通从苏伊士到开罗的新邮政活动中如何"影响帝国的省督，并获得阿拉伯人的尊重"的专家）。[138] 乔治之所以在战后的 1763 年任职于殖民地定居点，在很大程度上归功于布特伯爵及其苏格兰秘书对年轻的乔治三世的影响。[139]

与此同时，约翰斯通兄弟及其朋友们也参与到各类新兴的选举与竞选活动当中：从格林纳达岛的众议院选举到西佛罗里达的州议会竞选，从东印度公司伦敦总部的董事会（按威廉·博尔特斯的说法："它是一个变化不定的贸易者民主的机构"）到东印度公司的加尔各答董事会。[140] 他们生活在欧洲帝国政治制度变革的时代，或者说生活在欧洲人的新兴帝国，即西印度群岛、北美殖民地以及印度的政治制度变革时代。约翰在 1761 年于加尔各答为所谓仆人，或东印度公司职员的自由权利进行辩护时，将自己与西塞罗相提并论，这一时期他所关注的正是这些政治制度。[141]"在这里，有足够的事情等着我去完成以至于我不会无所事事，不过，倒是不至于扰得我精疲力尽；至于政治，我所在的位置足以使我保持清醒，不过却不会令我恼怒"，大卫·韦德伯恩于 1771 年从孟买就其新生活的状况写信对姐姐说。[142]

约翰斯通家族生活在不列颠议会的政治程序及选举资金制度发生变革的时代。[143] 詹姆斯、威廉、乔治和约翰先后在英格兰和苏格兰的九个选区当选为下议院的议员；除此之外，他们以及亚历山大和吉迪恩，或以落选的参选人，或以所有者的身份，至少还与另外九个选区存在"利益"关系。贝蒂在 1768 年于坎伯兰郡那场著名的议会竞选中担任乔治的中间人，期间乔治在竞选台上连续站了八天，不断地向每位投票者鞠躬致谢；他和威廉在"择优学会"和"波克俱乐部"的老朋友们在他"忙于向选民拉票"的时候也曾前来拜访。[144] "我衷心希望您能将全部情况都告诉我，"乔治在卡莱尔的一名政治代理人写信对贝蒂说，并且问道，"我是否应在礼拜三的早晨将斯图尔特一家送去，还是在其他什么时候？" [145]

约翰斯通家族也参与到一种更为新奇、抽象的政治当中：即启蒙的政治。在他们的家书、公务信件、小册子以及演讲中频繁出现哲学语言。他们的文字和对话中涉及到有关"公共自由"、"民权"、"正义"、"人权"、"仁慈、正义与人性"的话题。深鞠一躬，乔治在议会的演讲便是一段气势宏伟的开场白："先生们，让我们关注古代的历史学家，尤其是塔西佗。" [146] 他在1775年先后九次发表的意在支持北美殖民地的演讲是对古代自由的歌颂（"我所提倡的制度……是为了维护自由的神圣不可侵犯性"），也是对权力理论的阐述（"我认为，一个自由的政府必然遭遇众多司法的冲突"，"大不列颠是世界上唯一一个通过保障人民权利而成功地建立起庞大帝国的政府"）。[147] 他的出版物中包括一篇关于"执掌人类幸福、建立在奇思妙想之上的政治。" [148]

约翰斯通家族还参与到大英帝国围绕着词语而展开的新政治领域之中：这是一场语言的统治斗争，以丹尼尔·罗杰斯对早期美利坚合众国政治的描述，这些词语"极富凝聚力并极为抽象"，能给予政治的外在形式以合法性。[149] 约翰斯通家族对自身在这一全新政治领域中所扮演的角色有所意识——乔治将这一政治称为"空洞而无意义的话语"——他们察觉到了政治思想产生的新过程。[150] 他们也意识到自己生活在一个政治词汇的含义不断扩充的时代，其中包括"主体的自由"、"自由的七种意义"等等，乔治在1765年曾向西佛罗里达议会对这七种意义进行了详细的阐述。[151] 他们既在关于公司权利的传统意义上使用"自由"、"权利"等概念（东印度公司"职员们的自由"）；也在 18 世纪晚期革命意义上，或者说在"普遍人权"的意义之上（如亚历山大和朋友们于 1771 年在格林纳达所撰写的小册子中所提到的）使用这些词汇。[152]

约翰斯通家族所卷入的议会世界几乎完全是对刘易斯·纳米耶爵士所描述的关于政治结构的世界的印证，即从最初不切实际的"忠诚为国"到 1760 年的"为朋友服务"之观念的演变。[153] 这也是一个利益被理念所装饰，而理念又实为利益的年代。议会上不同派别借助于反压迫的主张、官场的机遇以及不同商人派别的利益而相互勾连。按照大卫·休谟的说法，不同政治派别之间基于不同原则的、政治的或思辨的体系而相互关联，"这些体系依附于它在政治意义上或实际意义上的派别而存在"；"将整个国家分割成无数派别的每一党派，都构建起了一种组织，以保护或掩饰其所真正追求的目标。"[154] 约翰斯通家族在政坛上最活跃的时期，正是人们就北美殖民地的人身保护法、大西洋奴隶贸易的废除、东印度公司的法规以及孟加拉大饥荒的起因等问题展开激烈争论的时期；哲学原则的建立本身就是一场具有政治性质或实际意义的制度构建活动：即政治启蒙的事业。

从这些方面来看，约翰斯通家族成员的多重生活为我们提供了一个有趣的视角，使我们得以对 18 世纪后期政治的新环境以及各类原则、理念和利益之间的联系有所了解。在当时，出现了政治通信的景象；所谓政治通信，即政府通过书信进行行政管理的手段，波斯历史学家吉拉姆·侯赛因就发现，东印度公司的职员在"答复来自欧洲的冗长的信件"上花费了大量的时间。[155] 当时还存在通过对事件的描述进行行政管理的手段，这在约翰斯通家族的经历中就有所体现，他们对（佛罗里达的）骚乱、（格林纳达的）暴动、（加尔各答的）"不满和担忧"都曾进行描述。[156] 大卫·休谟在任英国驻法国大使的秘书，以及后来担任负责接收来自"欧洲、亚洲、非洲以及美洲"寄到伦敦的信件的秘书期间，对于处理公文信件十分在行。[157] 约翰斯通兄弟们在自身的政治生涯中也曾雇过秘书：约翰在布德旺雇用了 60 至 70 名抄写员；乔治在佛罗里达的秘书是（"奥西恩"）麦克弗逊，在里斯本的秘书是威廉·朱利叶斯·米克尔，战时在纽约的秘书则是亚当·弗格森。约翰及其同事在 1762 年从加尔各答写信抱怨道，东印度公司忘记补充"办公用品的供应"，因而他们不得不使用"当地的纸张"。[158]

约翰斯通兄弟们所发表的各类政治演说也属于启蒙运动的集体事业或从属事业的一部分。在那个时期，但凡重要的政治事件几乎都离不开雄辩的演讲术，如约翰在加尔各答的数次演讲（"西塞罗都不曾带着如此愉悦的心情离开元老院"），乔治在彭萨克拉对克里克人的演说："伟大的上帝"在"人类灵魂中"深深地烙下正义的印记。[159] 约翰于 1778 年听完一次关于"这场可耻的、毁灭性的战争"的军事合约演讲后写信对詹姆斯·巴尔曼说："我不曾听过一场比这更为深刻、逻辑更清晰、更有力度的演说。"[160] 一向小心谨慎的威廉在来到伦敦后也以"印度议会的演讲者"之身份为人所知。[161] 在约翰斯通家族活跃于政坛的时期，议会演讲已然演变成犹如一场场经过精心筹备而又异常繁杂的舞台剧，其中不乏费心准备的演讲稿、月刊杂志上对演讲内容的回顾、证据的汇编以及意想不到的证人之突然降临等事件（如来自孟加拉的那几名亚美尼亚商人）。宫廷里充斥着窥探和监视的眼睛，而下议院则位于"世界之眼"的中心。[162]

透过约翰斯通家族的生活和政治演说，我们甚至能够看到这些新兴政治奇观产生的过程，或者能够对这一幕幕舞台剧背后的组织机制有所发现。乔治那场精心准备的关于麻省、东印度公司，以及"内战的恐怖"的演讲却在他宣称自己"找不到备忘录，因此我将在此做结束语"后戛然而止。[163] 威廉关于加尔各答市长法庭"双重管理"的不公正的演讲来源于约翰的一封信以及威廉·博尔特斯所提供的信息。[164] 昙花一现的政治影响力本身就是一桩集体事业。约翰出版过一本关于印度礼物经济的小册子，后记为乔治所作；乔治出版了八本小册子，谈论印度、美洲，以及他对英国和法国舰队在佛得角群岛相遇的看法。他还给《大众信报》写过一封长信，反驳克莱武勋爵所著的一本小册子，并为约翰进行辩护，"（他是）一位深受尊敬的兄弟，却因病魔缠身卧床不起。"威廉继《论美国》之后，又出版了四本小册子，其中一本是在为深陷佛得角群岛法律纠纷的乔治进行辩护。[165]

从"两本关于东印度公司事务的小册子"的法文译本，到乔治在苏格兰的一位朋友为他赶制一份文字资料的提议："你只需将想法告诉我，我便能在三天之内为你整理成文字，不过前提是不可提到我的名字"[166]——诸如此类事务中最为微小的细节也是约翰斯通家族所关注的对象。约翰斯通兄弟们所出版的小册子中最为古怪的莫过于那本《对梅尔维尔总督的控诉的进展报告》，这是亚历山大向枢密院控诉格林纳达岛盛行虐待和压迫现象的一封冗长的匿名附言，它"想通过事实的陈述引发人们反对虐待和压迫行为的反思"。这份附言以第一人称开头（"我希望公众对我的行为做出判断"），紧接着又以第三人称的视角描述约翰斯通家族与该事件的关联："当日，乔治·约翰斯通受生病的哥哥的委托，来到了政府办公室。"这段文字既是亚历山大的申诉，也是他对对手的回应，以及针对对方再次回应的资料汇编：在亚历山大的控诉里，左右空白处都有（标注着"证据"的）注释，这些注释列举了各种官方文献；对手的回应那里有一些脚注，这些脚注是自相矛盾的。除此之外还有一个长达55页的附录。这份资料其实也是一部汇集，约翰斯通家族对"证据"、"备忘录"和"公共文献"的着迷在其中得到了集中呈现，它还是边注、旁注等印刷形式的极致体现，就像法国18世纪批判思想家皮埃尔·培尔（以及威廉·朱利叶斯·米克尔父亲）所撰写的辞典那样。[167]

然而，这一附言同时也是一部哲学著作，甚至是一部令人动容的著作。它详尽地列举出了亚历山大对总督的控诉，揭露前者对其职务的解除的内情，并提倡"拥有道德修养的人类自古以来便认可的普遍人权"。它主张信仰自由，并为拥有"公正分配制度"的殖民地进行辩护。它维护人们不受虐待的权利："不得虐待任何人，不得对任何人施加酷刑。"[168] 它所体现的，是那些生活在英法奴隶社会的人们对"最基本的权利保障"之渴望。[169] 亚历山大及其朋友们所提出的控诉涉及到他们自身的利益、他们的被忽视感，以及奴隶社会的根基。根据附言所说，问题的矛盾聚集在"为防止残酷的谋杀再次发生"，"在危机的情况下"（按照总督的说法）是否可以对奴隶"施行较轻的酷刑"。这篇文章的匿名作者或作者们——或者说亚历山大和乔治——回应道："这种说法本身已与黑奴已遭受的虐待存在同等的残酷性。"依据法律规定，奴隶不应"遭受酷刑"，酷刑的存在"违反了自然正义的第一条原则，违背了自然正义的目的。……由此类争论我们能够看出，那些最为冷酷无情的暴君们是怎样为自己的行为进行辩护的。"[170]

社会环境

政治启蒙在很大程度上是各类理想主义和哲学思想的汇聚，格林纳达的一本小册子将这种误区描述为："葛拉布街的产物"。[171] 约翰斯通家族的身影在启蒙的各个层面都可见——哲学家们的高层启蒙，书商、律师、文员和牧师的中层启蒙，以及新兴的政治产业。他们是这些情景与帝国的远方机遇相连接的媒介或者媒介之一。透过他们的各种活动我们得以发现一些或著名或默默无闻的个体，这些个体即将踏上去往远方帝国的征程，等待着兄弟们的来信，对某一个目的地心驰神往。大卫·休谟在早年便下定"走遍南北两极之间的世界各地"的决心；最终他"揣着献给当地知名商人的推荐信"在布里斯托安顿下来；据当时的一处记载，（休谟）的"雇主从事蔗糖生意"。[172] 在约翰斯通的表亲家度过了一个阴郁的冬天后，休谟在 1746 年也启程踏上了前往远方帝国的旅程（波士顿），不过，后来他却改变了行程，参与到一次进攻法国东印度公司的洛里昂港的征程中去。[173]

通过观察约翰斯通家族的生活，我们得以建立起发生在家乡的启蒙运动不同场景间的联系。现代编年史学对启蒙的理解分为三个部分，这一解释其实早在 18 世纪晚期苏格兰围绕"被启蒙的意识"而展开的争论中已经确立了。这三个部分的启蒙分别为：哲学家的启蒙（"高层的"启蒙）；思想的传播，包括传播哲学家思想的启蒙（"中层的"启蒙）；以及作为一种倾向的启蒙，这种启蒙是康德及那个时代其他一些人眼中的启蒙（大众的"低层"启蒙）。亚当·弗格森关于科学之光的预设已经暗含了这一点，这种科学之光仅仅借助于信息这一媒介便可进行传播，而人类意识本身也在这样光芒的照耀下得到了启蒙。不过，这也是《苏格兰评论》在 1774 年进行讽刺的一幅景象：有限的几个哲学家、神学博士和公共评论家之事业的兴旺，加之一个"荒淫无度、昏庸不堪、头脑麻木的时代"，到处充斥着"无信仰和怀疑论的兴起所引发的人为恐慌"。[174]

在约翰斯通家族对启蒙思想的传播之经历中，这些事物间的区别则更为模糊。在他们所生活的时代，启蒙的"核心"思想不是通过各种媒介有秩序地传达给民众；哲学家的政治思想也并非一定是对当时某一政治事件进行解释。当然，在议会和政治生活中，人们确实对哲学思想，至少是哲学家的各种思想有所提及。威廉的老朋友亚历山大·韦德伯恩在担任副检察长的时候曾发出过这样的疑问："什么是政府？"并对国内颇有势力的莫利主义者和耶稣会进行了讨论，他借用大卫·休谟《道德、政治、文学论集》中的话；国务大臣哈利法克斯勋爵在西佛罗里达劝乔治要保持"平和、谦虚"的心态时也引用了休谟在《道德、政治、文学论集》中的文字。[175]乔治本人的政治幻想基于对大卫·休谟思想的继承，他所出版的最长的一部作品、关于东印度事务的小册子中对荷马、爱尔维修、孟德斯鸠、米拉波、哈林顿、蒲伯、休谟以及亚当·弗格森的著作都有所引用。[176] 亚当·斯密的普遍人权思想直接受到约瑟夫·奈特律师的影响，并且还间接地受到亚历山大和乔治的小册子《对梅尔维尔总督的控诉的进展报告》的影响："怀有道德情操的人们"所公认的"人类的普遍权利"为"一切时代的所有人们"所拥有。[177]

然而，有时这种影响也会呈现出自下而上的情形。在那个时代的政治环境里，或者说约翰斯通家族及其他人的"中层"政治思想，也对哲学家的"高层"思想有所影响，或者说或多或少地影响了后者的表达。亚当·斯密对帝国政治那番著名的诠释——征服美洲的"美好幻想"、东印度公司作为商人和统治者的双重身份，以及试图将权力扩展至远方途中所遭遇的困难——早在 18 世纪 60、70 年代初就已是当时的政治写作和演讲中常见的话题。

"政府对东印度财富的觊觎只不过是一个美好的幻想，"乔治于 1774 年 5 月在议会以约翰斯通家族所熟悉的悲观态度评论道；1775 年 10 月，他又以相似的口吻评论政府对美洲的政策："（该政策）的目的显然只是为了讨好大西洋这一侧的人民，并使彼岸的人民产生分裂。"亚当·斯密于 1776 年在《国富论》著名的最后一段文字中写道："我们的统治者现在应该意识到这只是一个美好的幻想……他们应该醒悟了"，"百余年来，大不列颠帝国的统治者们以我们在大西洋彼岸拥有一个伟大帝国的幻想欺瞒着她的子民。"[178] "如果说英属东印度公司所信奉的贸易精神使他们成了不称职的统治者，那么可以说，他们的统治精神又使他们成为了不称职的商人，"斯密在一段同样著名的文字中对东印度公司的孟加拉政策抨击道；这段话回应了威廉·博尔特斯的描述："公司继续扮演着商人统治者和统治者商人的角色"，不停地追求"政府之上的政府"的权力。[179]

因此在这里，高层启蒙的哲学思想和公众及议会的低层政治思想是混为一谈的；就像在约翰斯通家族的远方亲戚的畅销小说《克里斯塞尔：一个几内亚人的历险记》中所描述的那样，这是一本关于东印度和美洲的畅销小说，被认为是写在黄油包装纸上，因而"片段零碎"，"与哲学有关的部分几乎全部被删去。"[180] 在斯密于伦敦几乎只字未留的那两年间，也就是他完成《国富论》的创作的那段时期，有可能曾帮助威廉和乔治准备议会演讲的"备忘录"，他们甚至还拿到过他的部分手稿。然而斯密如同约翰斯通兄弟们以及格拉布街的文人一样，同属于那个"空洞词汇"盛行的世界。随着哲学家的政治思想在行政管理领域的传播，各类政治演讲反之又对哲学思想产生影响，一个帝国的全新公共哲学世界在这些信件、小册子和演说中诞生了。

"每个人都有权拥有自己的思想。更确切地说，每一个有思想的人都拥有捍卫自身思想的权利，"卡姆登勋爵在上议院那场关于文字版权的辩论中说道，对于文字版权，人们曾就乔治的观点发表了慷慨激昂的演讲："如果一个人说话了，是让这些话语存在于私人言谈中，还是公共言谈中？他难道会对承载其思想的气息、空气和词语收取版税吗？这样异想天开的权利始于哪里？止于哪里？在哪里延续？"正是这样充斥着来自哲学家、政治家和校对员形形色色的观念世界构成了政治启蒙的环境。[181]

约翰斯通家族的启蒙

约翰斯通兄弟姐妹生活中最后的启蒙场景，是关于他们内在生活的场景，是他们作为启蒙中的男人和女人的场景，这种启蒙也是康德意义上的意识倾向或思维方式的启蒙。18世纪人类对自身意识世界的认知是现代启蒙史中最为奇特的事物，这在自19世纪早期后启蒙或者后哲学时代编年史研究领域里是相仿的。[182] 它是众多个体乃至整个社会的精神状态：按照休谟和康德对启蒙的浪漫诠释，在此状态下，人们接受新观念、渴望知识、质疑权威，并且摆脱了对超自然力量的恐惧。

就所有这些方面而言，至少是在大部分层面上，约翰斯通家族的成员毫无疑问都是启蒙之人。他们在空间和时间上漂泊不定——贝蒂的居无定所，瓦尔特叔叔在世界各地的游荡，约翰渴望能够"找到一块安顿我漂泊的脚步、属于我自己的土地"——在精神或意识上也漂泊迷惘。他们对自然界和人类社会充满了求知欲：波斯语介词的含义、乔克托联盟的政治组织、艾斯克河谷的矿物质、经济萧条的影响以及对鸟类的喜爱。詹姆斯在和路易莎搬到诺福克后开始记载的日志涵括了那个时代人们所关注的事物，其中包括：石灰对燕麦生长作用的"实验"，我兄弟寄来的在孟加拉制造硝石的报告书，"我在胡萝卜上做的若干实验"，以及"印度人制作粉饰石灰的方法"等。[183]

伊丽莎白·卡罗琳娜在前往印度后出版的那本诗集中对贺拉斯诗句"你要敢于聪明！"的翻译正是"什么是启蒙？"的题词；约翰斯通家族可以被看作是一个小型的启蒙社会，这一启蒙与康德意义上的启蒙很相似。[184]他们会对几乎一切习以为常的观念进行质疑，他们不惧怕新的环境，他们摆脱了权威的束缚，他们受到教育并且重视子女的教育，他们热衷于对各种观念的研究（就像亚当·斯密在格拉斯哥那场精彩演讲中所说的那样，"教育拥有很多益处，一个受过教育的孩子长大后，会喜欢对各种观念产生思考"）。[185]这个庞大的家族基本没有受到宗教信仰的影响。他们也与启蒙哲学家所极其厌恶的迷信思想保持着距离。在我所读到的约翰斯通家族那成百上千封信件及其他文字材料中，只有路易莎关于彩票的那封信对运气和命运有所提及，而就连此都是在一个极具讽刺意味的语境下进行的："她不仅上当受骗，而且全然盲目无知，但愿她能遇到我。"[186]

在所有这些层面上，约翰斯通家族的生活都生动地体现了当时社会风尚的变化，与他们同时代的伊丽莎白·穆雷对这一情景进行了如下描述："意识的奴役状态开始瓦解。'自由'二字挂在每个人的口头。……他们的女儿最关心的是意识是否能够不受任何束缚。"[187] 约翰斯通姐妹们不畏惧任何事物，无论是在其婚姻、行旅或政治参与中，她们都表现得无所畏惧；约翰斯通兄弟们结交的女人也是如此。她们绝非"温顺的动物"（康德语），"没有引导就不敢前进一步。"[188] 贝蒂坚持不依靠威廉而独立生活，坚持"我的决定是……我要有一个属于自己的房子"，"在我看来，人到我这样的年龄，应该有一处属于自己的养老之地。"[189]

玛格丽特的女儿，约翰·韦德伯恩的妻子，深深介入到与自己国籍有关的法律谈判之中；她的嫡表亲、芭芭拉的儿子在她去世后写道："这是最令她操心的事情。"她那死在槟榔屿的孙女在雷本的画中以大胆的、渴望的、有知识的形象呈现，手握书卷，手指放在正在阅读的书页上为姨奶贝蒂、舅爷约翰讲故事。[190] 贝蒂鼓励外甥女"继续做下去"。她的嫡亲、贝尔或贝琳达案主审法官的女儿，学习"设计和拉丁语"。[191] 甚至威廉也在 1791 年的一封信中对女儿劳拉进行鼓励："你的上一封信写得非常好"，"你要意识到自己真正的价值。这样做绝非毫无意义，而会纠正你自我评价过低的倾向。"[192]

这个家族总体而言对父权和男权制是有所抵触的。在遗嘱中，他们反对法律对已婚妇女身份的习惯性规定，按照这种规定，一个已婚妇女的"存在及法律身份都将与其丈夫合并。"[193] 詹姆斯留给女儿一份年金，"这份年金不受已婚妇女法律身份的习惯规定的束缚，不受其现任或未来任何丈夫的控制"，还留给妻子一份年金，这份年金也"不受已婚妇女法律身份的习惯规定"所约束。劳拉在遗嘱中说："我的遗嘱就如同一个未婚人士的遗嘱一样"。她将自己的财富遗赠给她的朋友，一个牧师的妻子，这些财产"不受其现任或未来任何丈夫的控制"。玛莎·福特的母亲，秣市拍卖师的遗孀，在其遗嘱中说，将"我已逝丈夫的钻戒留给我的孙子乔治·林赛·约翰斯通"，还将其年金百分之三的分红留给她的另一个女儿，并且规定"只得由女儿自行支配"。乔治和玛莎的大儿子将财产留给了他的妹妹、母亲和两个女儿，并且规定"这些财产与其现任或未来任何丈夫都无关"。玛莎将自己的庄园留给了女儿，"她的现任或未来任何丈夫都不得插手……庄园的事情完全归索菲亚管理。"[194]

吉恩·肯纳德（或珍妮特·肯纳德）结婚后，断绝了与芭芭拉的亲属关系，约翰斯通家族的近亲中没有哪个姐妹或女儿曾这样做。1768 年在爱丁堡的律师协会进行庆祝晚会后，詹姆斯·博斯威尔说"我与珍妮·肯纳德在一起非常幸福……这使我变得文雅、大方"：

> 我喝得太多。我继续寻找曾在街上见过的一个女孩。我遇见了肯纳德爵士的私生女，她是一个优秀的女孩。我与她在一起待了一个半小时，喝马拉加酒，气氛非常的好，我的病也痊愈了。[195]

在这个故事中，肯纳德是芭芭拉的丈夫查尔斯·肯纳德的女儿。查尔斯·肯纳德在一年前去世了，其离婚事务是由博斯威尔的父亲来处理的。珍妮特·肯纳德是约翰斯通的侄子和侄女同父异母的姐妹，如果不是如此，她在这个家族及其亲友的历史中是不会出现的。

受到启蒙熏陶的约翰斯通家族对各种偏见的存在感到不满。詹姆斯在与兄弟姐妹的私人通信中，使用了启蒙的抽象语言，他给约翰的信中声称自己"认为仁慈、公正和人道绝不能被肤色所限制"；在他们的佃户使用种子的事情上，他给贝蒂写信说："我们对他的种植活动的干涉是不公正、不理智的行为。"[196] 玛格丽特的女婿约翰·韦德伯恩对岳父家中"封建"的妇女权利观感到很震惊，同样，他也对不列颠政府对爱尔兰人民的苛刻表示惊愕，他在 1778 年写给威廉的信中说："我看到爱尔兰人总是受到压迫，我认为你提到的关于解放罗马天主教徒的想法是非常好的。"[197]

乔治在下议院为一个亚美尼亚商人（基督徒）进行辩护时说："完全没有理由说出一些只针对于基督徒却对穆斯林和印度教徒无效的话。"[198] 亚历山大及其好友在对格林纳达进行抱怨时说"区分不同宗教的狭隘口号"只适用于"最野蛮时代的无知和狂热"。[199] 约翰为他在加尔各答的生意合伙人莫蒂拉姆及其他的合伙人的权利进行辩护；而威廉·博尔特斯则是东印度公司官员种族偏见的坚定批判者："那些认为当地居民低等、柔弱的人不妨回想一下，正是这些当地人替我们在印度的战场上作战的。"[200] 詹姆斯祝贺下议院于 1789 年在"宗教宽容方面取得的迅速进展"（在苏格兰，英国国教和天主教解放的前景方面）："每一个人都有权表达自己的宗教信仰；对身体施加的专制是极其不良的事情，对意识的束缚则是不可容忍的。"[201]

约翰斯通家族的人甚至把自己看作是家乡那些受压迫者、小摊贩、女佣，以及苏格兰"普通民众"的利益捍卫者。约翰将"人身保护法"形容为"不列颠制度的保护神，每一个个体之自由的保护神"。约翰斯通家族中至少有五个人相继在公众生活中对这一法令表现出关注：亚历山大在格林纳达的努力，1775年在北美殖民地反对废除这一法令的乔治，1777 年反对"废除人身保护法提案"的约翰，1801 年爱尔兰危机期间对"废除人身保护法赔偿法案"的威廉，以及同一时期对该法案提出修正的乔治之子乔治·林赛·约翰斯通。[202]1775年的一个雨夜，约翰的邻居在斯特林抱怨道，约翰简直是荒谬至极："他说他要向更多的人说明，他们是自己的主人。……总之，无法向你描述他有多么荒谬了。"[203]

启蒙与压迫共存

就以上所有方面而言，约翰斯通家族的成员都是现代社会的个体，都是启蒙的人物。不过，在他们的生活中，启蒙与帝国及奴隶制所带来的那可怕的苦难长期共存。据记载，在约翰回国若干年后，不列颠统治下的孟加拉由到处都是"欢笑的农夫"、"树荫下无忧无虑生产的劳作者"变为一片"饥荒肆虐"且"野狗、豺狼和秃鹰撕扯着遍野饿殍"的土地。[204] 按照乔治的说法，美洲原住民认为盎格鲁—美国人欲"将他们从地球上消灭"，而在西佛罗里达，原住民所预料的结果已经在乔治的政府统治下成为了现实。[205] 依据法国于 1779 年重新征服格林纳达后官方的估计，英国在格林纳达岛最初的统治导致的是多达 85000 名"黑人的死亡"，这个数字是岛上最初人口总数的五倍，而亚历山大的财富最初就源于此地。[206] 在约翰斯通兄弟姐妹的时代接近尾声的时期，帕特里克·科洪曾对启蒙下的政治经济制度下的"黑人人口状况"做出了以下预测：死亡率远远超过出生率，"以这样的速度骤减下去，用不了四十年，奴隶人口将全部灭绝。"[207]

约翰斯通家族的启蒙经历，伴随着时间与空间双层面上的恐怖景象，并始终与他们共存。在他们的时代，围绕着帝国和奴隶制而展开的纠纷很大程度上在于看待这两者的方式，或者说，这样的景象是否会出现在眼前。在这一时期，他们的表兄在针对约瑟夫·奈特的演说（"也许我们的确应当尽可能地坚持我们的自由观念，不允许奴隶制在我们眼皮底下存在"），以及约瑟夫·奈特的律师的演讲（"在这个国度，我们可能很快会将会看到由两匹马、两头公牛和两个奴隶组成的队伍"）都是对这一观念的体现。[208] 然而约翰斯通家族成员和他们的亲友则亲眼目睹了帝国的各种疾病。帝国经济的恶果，即使是在"这片土地上"，即苏格兰，也未能幸免。他们的身边存在各式各样的人，有的本身为奴，有的亲眼目睹了邪恶的存在，而这些人同样也见证了启蒙的到来。

约翰斯通家族对自身的早期印度经历有着深刻的印象，他们身边的人对此也记忆犹存。在苏格兰，与奴隶有关的事件中最引人注目的莫过于威廉·马克斯维尔爵士妻妹的事件，一个名叫"拉特切莫"的奴隶目睹了或者很有可能目睹了这一事件。贝尔或贝琳达在佩斯郡提交的申诉中说道，她了解人的性情，深知身边的人将来会如何看待自己，她"知道她被指控的罪行在这个国家的人们眼中是多么罪孽深重，因而她在遭到这些指控后彻底失去了幸福。"[209] 约瑟夫·奈特案的关键点在于他是否对发生在非洲的事情有所记忆，在于他和主人在牙买加和苏格兰就其未来生活所进行的谈话。约瑟夫·奈特在备忘录中对自己与苏格兰曾经为奴的不同人的谈话做了记录："现在有一名黑仆，他清楚地记得自己如何在玩耍的时候被捉住，并被装进袋子里带到船上。"[210]

在 18 世纪围绕着奴隶制展开的争论中，常见的主题之一就是对现代奴隶主与"美德遭到玷污"的古代奴隶主进行比较，其中后者曾以"不可战胜的普遍习俗为借口"为自身进行辩护。[211] 约翰斯通家族则没有这样的借口。他们生活在那样一个，或者多个场景中，其中奴隶制几乎存在于每一个人的生活当中（无论是法国还是英国统治下的格林纳达岛），有时又扩张到更遥远的领土上（英属西佛罗里达），而有时又成为激烈矛盾的焦点。在他们的经历中，习俗从来都不是不可触犯的。

即使是在他们的家庭生活中，或者说在与亲友的交往过程中，约翰斯通家族与奴隶制的关系也是非常不同的。继承了亚历山大的奴隶，并且为格林纳达种植园送去鞋子和苏格兰耕犁的詹姆斯，在下议院主张立即废除奴隶贸易；兄弟中唯一一个在西印度的种植园或其附近生活过的亚历山大，在枢密院上反对虐奴行为；而威廉则是下议院中最后、最负盛名的奴隶贸易的支持者之一。乔治描述了南美奴隶主的仁慈："总的来说，主人对待奴隶的方式是友好的"，并且指责说，使得莫斯基托的印第安人沦为奴隶的是"可耻的交易"。[212]1772 年贝尔或贝琳达被卖往弗吉尼亚的时候，换来的钱是属于约翰的，但在 18 年后，约翰却成为了"废除非洲奴隶贸易组织"的成员。约翰斯通家族成员与他们的奴隶之间、彼此之间、与奴隶制之间的关系随着时间的变化也在发生改变。这也是他们的启蒙经历的一部分。

　　在 18 世纪 60 年代的新兴大不列颠帝国内，存在着大批比约翰斯通家族更为残酷的政府官员。他们所被人诟病的恶行主要围绕着他们的反抗和贪婪。孟加拉最极端的荒芜景象，即 1770—1771 年的大饥荒，出现在约翰回国之后，而他则声称"并未对当地居民进行什么压迫"。尽管如此，在征服的过程中他们的权利观、在恐怖的笼罩中他们的自由观，仍然是我们很难理解的。这就仿佛那些如此动听、熟悉并在现在的公共生活中仍然占据着核心位置的词汇在约翰斯通家族的生活中却只是昙花一现。"难道总督真的相信，只要有了诸如人性、慈悲、诚实和优雅等词汇的存在，美德也会随之源源不断地涌来吗？"亚历山大·韦德伯恩在对酷刑的控诉中质问道。"在我看来，那只不过是一些伪善、偏执和毫无意义的话罢了，"约翰对东印度公司针对自己的抨击回应道。而约翰斯通家族的语言——他们对权利、压迫和正义的评论——在我们看来时常这般伪善、偏执、空洞。[213]

第七章

观念的历史

约翰斯通家族的历史，是一个取景于动荡不安的世界、由众多支离破碎的片段构成的故事。这个故事的背景，离不开新兴的大英帝国，更离不开 18 世纪的启蒙运动。然而与此同时，这也是一段通过一个庞大的家族而彼此关联的许许多多的个体之公共生活与私人生活的历史；是一段关于这些个体如何描述帝国活动，以及他们反之如何被描述的历史。甚至贝尔或贝琳达也在佩斯郡的法庭上通过辩护律师之口表达了其内心的状态："她确信她将被证明与谋杀绝无关联"；而《苏格兰信使报》则以相似的口吻报道了她的话："她认为自己最终将被证明是清白的。"[1]

意识之眼

在约翰斯通家族成员动荡的人生中，内在世界始终是他们关注的对象。他们对于外在和内在的看法，如同他们对于帝国、经济以及人类意识历史的看法一样，总是在变动，就像他们生活中的其他东西一样。他们从来都不是一成不变的，也不像我们的各种观念那样未曾改变。"我从切身体会深知意识是如何折磨着肉体"，詹姆斯在 1771 年的冬天，也就是贝尔或贝琳达被关押在苏格兰监狱期间，写信对约翰说。对于约翰斯通家族而言，就像对于他们时代的所有人（乃至当今的我们）来说，意识与肉体之间的界线并不明确。伊丽莎白·卡罗琳娜病重的时候，身心俱疲的约翰曾写信向夏洛特的丈夫詹姆斯·巴尔曼倾诉："近来我的内心十分混乱。"[2] 当时存在着身体的疾病和基于身体的意识的疾病，韦斯特哈尔图书馆中藏有一本书，书名也恰为《身体的疾病，以及基于身体的意识疾病》。[3] 约翰斯通家族的成员常常谈及有关"压迫"与"焦虑"这些话题，而这些正是身体、意识，以及帝国统治之下印度的情景。英属北美殖民地存在着"惨无人道的压迫"，加尔各答的东印度公司中充满着"焦虑"，还有其他方面的"低落"和"不安"，这都是必须要消除的。[4]

　　就像对于所有人那样，对约翰斯通家族而言，在意识的内在生活和精神的内在生活之间只存在模糊的区别。《身体的疾病》的作者将"外在的人"描述为是由物质系统所构成的存在，而这一物质系统是身体和"理性灵魂"的统一体。"内在的人"是由精神所构成的，"精神只适宜与至上的无限进行交流"。[5]因此，内在世界是不可见的，唯有上帝能看到它的存在。伊丽莎白·卡罗琳娜在和姐姐动身前往印度后出版的诗集中，借助于对《诗篇》（第139篇）的释义，写道："在我有所思之前，上帝，你已知道一切，你了解我所想的一切，何处能够掩藏我的灵魂、避开你全视的眼睛？"[6]许多年后，她疾病缠身且双目失明的哥哥收到侄子詹姆斯·雷蒙德·约翰斯通寄来的资助时回复了"几行诗句"："意识有一双眼睛，一双比太阳更明亮的眼眸，意识是上帝的星辰。"[7]

　　在约翰斯通家族的生活中，意识或精神的内在生活与公共生活的外在事件之间没有一个明显的界线。在他们看来，存在于印度的帝国是一个基于"观念的帝国"，在美洲的帝国则体现出了权力的艺术——使得"人们相信自己永远不会遭受任何形式上的迫害"。[8]启蒙运动既是人类意识的趋向，又是一种社会氛围。无论身在印度、苏格兰，还是美洲殖民地，约翰斯通家族和他们的亲友似乎未曾停止对自身及他人观念和情感进行评价。从孟加拉摩希达巴莫卧儿帝国的宫廷大臣到彭萨克拉的军事官员，都是他们的关注对象。根据帕特里克最后从印度寄回的信，他们尤其注重对"当地人"的了解。[9]他们的世界中充斥着人类意识演变的痕迹，就如伊丽莎白·缪尔在"我们的时代人类行为变化的历史"，以及瓦尔特·明托在北美地区"人们习俗和行为方式"的历史（"他们正处在一个动荡不安的时期"）中所表明的一样。[10]

　　在约翰斯通家族看来，公共生活是内在与外在的情景交流。威廉在一本关于东印度公司及英国政体的小册子中评论道："经验丰富的人面对发言者，更倾向于关注其人格特征和处事原则，而非谈话内容本身。"[11]在亚当·斯密看来，政治生活，如同衡量人类意图和人类认知的法律以及重视"性情与情景"的商贸活动一样，是关于个体和社会的各种预测的结果。威廉在反对威尔伯福斯提案的演说中称"废除奴隶贸易的最大风险"在于"使岛上现居的黑奴意识到：倘若奴隶的境遇已经悲惨到令人们认定不能再允许其他同胞也沦落为奴，那么我们又为何要甘于做奴呢？"[12]

人类意识的历史

从以上种种事例中不难看出，约翰斯通家族的历史在某种程度上是内在和外在生活的历史，是"内在情感与外在情感"的历史；就像大卫·休谟在描述道德评判的"各种变化情况"时所说的那样。[13] 因此，这是一个保守与创新共存的世界。历史学家格奥尔格·尼布尔曾说，历史研究的重点（这也极大地启发了 19 世纪历史学研究）在于古代"平凡生活内在的事物"——正是这样的历史研究视角，为我们在厚重的时空迷雾中照亮出一条通道，将埋藏在历史尘埃中支离破碎的古代生活片段栩栩如生地呈现于我们眼前。歌德在 1812 年写给尼布尔的信中说道：唯有透过生活在特定时代的人们之视角，才可真正理解那个时代所发生的事情，"过去可以呈现出内在之眼及想象力。"[14] 直至今日，历史研究的形象仍然是一项"探究迷雾所掩盖的世界"或者探究"可验证的相互关联的世界"、探究"对内在世界的描述"的活动，以及对内在世界与历史事件的"外在世界"的关系的描述。[15] 反之又是长久的、宏大的历史研究的形象之一，或者说是人类意识及其演变的历程。

蕴藏了内在历史可能性的历史是极具诱惑力的，因为这样的历史才是最真实的历史。[16] 对于 20 世纪早期的唯心主义历史学家而言，"历史即思想史"、"（历史）是古代思想在历史学家脑海中的重现。"[17] 事实上，的确有些历史是关于思想的历史，尤其是帝国史。[18] 人类意识的历史是充满魅惑的，更因为它本身或有可能为我们提供时间变化的参考。这是启蒙历史学家眼中的普遍人性或者人类意识的普遍倾向，也就是说，被法律、商贸活动和社会制度的历史情景所改变的普遍人性或者人类意识的普遍倾向。这尤其是大卫·休谟眼中商品的和平交易及观念的和平交流，"从沉睡中苏醒、躁动的人类意识，开始观察事物的所有方面"，"这看似不可能，然而人们在彼此交谈、相互取悦的过程中必定感受到了人性的苏醒。"[19]

对于试图探索人性奥秘的 18 世纪历史学家而言，内在历史的探秘难度是显而易见的。哲学家孔多塞于 18 世纪 90 年代概述"人类意识的发展"时写道，历史学"缺乏足够的文献"，或者说对于数量庞大的历史个体，后人没有关于他们的足够档案、记录和材料。即使对于"少数人的历史"而言，在"公共事件"与内在结果之间也缺乏可观察的联系。[20] 几乎没有人留下其关于内在（或外在）生活的详细资料，即便留下了线索的人，能用来证明其情感、观念或外在事件对其内心的作用的证据也少之又少。

历史学家尝试了各种不同的方式，试图解决内在生活历史的困境，如通过研究精神史、神话和思想史，通过观念的社会史、微观史和传记史等个体历史研究。内在历史的困境甚至是道德的困境。倘若历史学家想要探明一个时代的历史真相，则不可避免地要涉及那个时代的人们之思想、情感、动机和价值观领域。然而，我们无从掌握关于大多数人之观念的资料。因此，历史学的困境就在于：历史要么是缺乏个人观念与情感的，要么是缺乏大多数人参与的——是仅属于大人物的历史、哲学家的历史，以及那些记录了自身感想或者被记录了的个体的历史。如孔多塞所说的那样：观念的历史只是少数人的历史，"大众"的历史"只能建立在观察的基础之上"[21]。这是典型的 18 世纪的困境，放弃普通人内心世界历史的可能性，就是放弃了对 18 世纪启蒙运动最重要的假定，即内在平等的假定：每一个个体都有探究真相的本能，对世界都有自身的道德感受与观念。

就这些古老的历史困境而言，约翰斯通家族的历史是一部微观史。不过，这是一部宏大的微观史。这在一定程度上是由于这个家族的人员之庞大及活动范围之广泛；另一方面是因为他们的家庭生活与如此之多的其他人物有关，其中包括贝尔或贝琳达以及约瑟夫·奈特在内的仆人和奴隶——而这些人的故事也具有不容忽视的重要性；还有一方面则在于翰斯通家族成员的足迹跨越了 18 世纪生活的不同领域——政治、经济和家庭——因而他们的故事也反之贯穿了不同种类的历史领域。与殖民和东印度事务有关的通信记录了对具体事物的管理，以及人们"不满、质疑和焦虑"的情绪。[22] 法律史则是一部关于法律抉择的历史，也是属于"被困在法律之网内的诸个体的历史"。[23] 充斥着关于礼物、战利品和奴隶抵押事件的经济生活史，实际是一部观念和情感的历史。家族的历史则是帝国的历史。我们可以从不同的视角出发，在约翰斯通家族及与他们相关的人们的生活中捕捉到一些事件，借用 18 世纪所流行的形象的说法，这种感受就如同一个旅者正在眺望远处的城镇一般。[24]

家族秘密

约翰斯通兄弟姐妹们时常在信件中向彼此倾诉各自的心声："我相信你对我的情感就如同我对你的关心一样深切，"贝蒂在他们与父母关系疏远的那段令人痛苦的时期写信对威廉说。[25] "我即将出海，想必我不用多说，你便能察觉出我的焦虑与不安，"乔治在同一时期写给威廉的信中说道。[26] 玛莎·福特在信中对儿子们的老师瓦尔特·明托说："抚养别人的孩子所带来的沉重压力，没有人比我更能理解您。"[27] 不过，这也并非意味着他们会将自己的内心毫无保留地表露。詹姆斯的日记本在写了寥寥几页之后就被遗弃，几年之后他又将其空白页面作为"私人"信纸使用，而上面记载的大部分文字居然是关于淀粉的："通过对胡萝卜的多次实验我发现，它是所有蔬菜中营养最丰盛的品种之一，而且几乎所有动物和家禽都喜欢它。"[28]

　　从约翰斯通家族兄弟姐妹写给彼此的信件中，我们看到了他们之间不同寻常的亲密关系：这样的亲密性建立在11个顺利长大成人的兄弟姐妹之间——他们都受过一定的教育、居住在不同的地方，并且出于不同的原因给对方写信。[29]不过这些书信的内容有时是发散性的，从情感倾诉到对农业事物或者装饰品的讨论，从一个话题切换到另一个话题。芭芭拉的丈夫在1759年写信告诉威廉自己即将与妻子分居，随后又询问了"磨房"的收益问题。同一年，他们的母亲芭芭拉在信中向乔治诉说自己"受伤的心"以及对他健康状况的担忧，紧接着又请他从"印度商船上"替自己买来一些咖啡杯子。[30]甚至约翰斯通兄弟们的公务信件也经常十分突兀地在私事与公务之间切换。约翰在离开加尔各答之前寄给东印度公司的信中提到了穆罕默德·礼萨汗"极度担忧"的心情，以及马蒂拉姆的"精神焦虑"和他"所遭受的痛苦与恐惧"；随即约翰又转而谈论"每月账目支出"的问题。[31]

　　与约翰斯通家族相关的其他个体，他们所留下的信息则少了一份如此强烈的个人色彩。约翰斯通家族拥有悠久的家族秘密，这些秘密有些涉及到女人，另一些则涉及到无名的人士，或者说，涉及一些没有合法身份的无名人：他们的大表兄，也就是帕特里克叔叔的私生子在1785年从印度寄来的信中自称"是个没有身份的人。"[32]路易莎开始与詹姆斯交往时已为人妇（她的律师称其丈夫为"你那可怜的丈夫"）；我们甚至连路易莎母亲的名字都不能确定（伊丽莎白·玛丽·路易莎，也常称作伊丽莎白·玛丽·路易莎·蒙哥马利）；在纳米耶和布鲁克的《国会史》中，路易莎的名字甚至被错误地与她舅舅遗孀的第二任丈夫相混淆。[33]关于玛莎·福特一生存在的证据就仅限于一系列出生和死亡证明，以及他人信件中一带而过的提及，包括她儿子们的老师保留下的两封信。

在约翰斯通兄弟姐妹数百封的信件中，她的名字只在其中一封中出现过，至少这是我能找到的唯一一封信：在一封语气充满关切的信中，约翰在乔治去世后向威廉·朱利叶斯·米克尔询问玛莎的居住情况。[34]

这个家族中最虔诚的伊丽莎白·卡罗琳娜的一生始终是一个谜，甚至对她的孩子们而言也是如此。家人对她的纪念全在两块白色大理石雕像中：她的女儿安妮·伊丽莎白为她在韦斯特柯克教堂墓园里放置的一块纪念碑，以及阿尔瓦教堂墓地里的一尊头戴项链的年轻美貌女子的浮雕像。然而对于她早期的生活、她的父母以及她为何在战时的 1761 年春天前往印度，我们几乎一无所知。老约翰斯通去世后，约翰在写给威廉的信中提到自己迫切希望回到妻子（他的"家人"）身边，"父亲的死带给她的悲痛胜过于失去亲生父亲"。[35]这便是我们所能还原出的伊丽莎白·卡罗琳娜一生的全部内容。她在自己的著作封面上的署名是伊丽莎白·卡罗琳娜，而在向东印度公司提交的前往印度的申请函中，她则是卡罗琳；韦斯特柯克的纪念碑上她的名字是伊丽莎白·卡罗琳；阿尔瓦的雕像的名字则为卡罗琳·伊丽莎白。她的儿子詹姆斯·雷蒙德·约翰斯通在 1815 年写给妹妹的信中说，他们的外祖父是"诺福克的威廉·基恩上校"，"他与我们的外祖母在都柏林成婚，外祖母是都柏林一位马登先生的寡妇，她父亲的姓氏是欧·卡罗。"这便是他所知道的关于母亲的一切。[36]"我真希望我能如你所愿为你提供关于我们亲爱的父母更多的信息，不过对于早逝的母亲，我只知道她在阿尔瓦去世的日期，"詹姆斯·雷蒙德在 1819 年补充道。信的结尾仿佛一部 18 世纪小说，"此信将由你正在等候的管家为你送去，鉴于她要乘坐（字迹难辨）的船，我便不宜要求其久留。"[37]

至于约翰斯通家族历史中的其他人物，我们所能了解的就更少。关于约翰斯通兄弟姐妹们的信息，大部分都只停留在姓名的层面上，这些人曾书写信件并且拥有一定的财产，哪怕那财产本身毫无价值，就如贝蒂留给侄女的"那块有些损坏的印度丝绸"。至于那些与这个庞大的家族关系更为疏远的个体，关于他们的信息则更是少之又少。甚至在英格兰和苏格兰这样相对发达地区的教区记录、家族历史以及其他文献中，我们也很难找到关于这些人姓名的确凿记载。

在约翰斯通兄弟姐妹生活的年代中（从芭芭拉于1723年出生到贝蒂于1813年去世），苏格兰的教区记录中共有20426个名叫约翰斯通或者约翰斯顿的人受洗。甚至在约翰斯通家族自己的故事中都不只存在一个詹姆斯·约翰斯通：父亲老詹姆斯·约翰斯通，与路易莎结婚的詹姆斯·约翰斯通，同乔治一起前往西佛罗里达的"侄子"詹姆斯·约翰斯通，与约翰一起从印度回来并在1773年受洗的"混血"詹姆斯·约翰斯通，1778年承认与亨丽埃塔·艾伦有"不干净关系"的"黑仆人"詹姆斯·约翰斯通，还有发现了锑矿、詹姆斯遗嘱中留给他年金并称他为"我的黑仆人"的矿工图书馆管理员詹姆斯·约翰斯通。除此之外，还有在汉因霍与亚历山大的混血女儿一起生活的詹姆斯·约翰斯通，以及韦斯特柯克1781年至1798年教区记录中所记载的八个孩子的父亲的詹姆斯·约翰斯通（或几个詹姆斯·约翰斯通），这些孩子的名字分别为詹姆斯、约翰、路易莎、玛格丽特、威廉·普尔特尼、芭芭拉、乔治、威廉纳。[38]当约翰斯通家族争取贵族头衔的诉讼最终于1881开庭时，一名法官抱怨道："怎么会有这么多人叫约翰斯通。"[39]

贝尔或贝琳达留下的信息甚至更为稀少。就我所知，她没有出生证明，没有财产，我也未能找到她的死亡证明，她甚至没有名字，至少是没有姓氏，只有随意拼凑起来的名字。她既是一个个体，又是一个物件，不过，我们找不到关于她被买卖的任何记录。对于她的记载仅有三处——库珀郡监狱的受审记录，她的起诉书，以及她向佩斯郡法庭提交的诉状，她在诉状中描述了发生在1771年夏天的一系列事件——她的儿子在苏格兰出生并死去。不过，我们无法从她的陈述中捕捉到任何情感的流露，哪怕是一丝情绪浮动的痕迹；这些文字甚至不是她本人的语气，在库珀郡的最初供词中，她的陈述是以第三人称的方式呈现的：“她，陈述者，生下了孩子”；而在起诉书中，她的话则变成了第二人称：“你只是回答了……”[40]

　　甚至是在约翰斯通家族成员写下的数量巨大的信件中，也时常浮现出令人意味深长的沉默。在 1771 年以及 1773 至 1778 年间，约翰斯通家族先后卷入两起与苏格兰东部的奴隶有关的著名司法事件，这两起事件有重要的历史价值，然而我却未能在任何一封信中找到对贝尔或贝琳达以及约瑟夫·奈特的提及。这是因为这两个事件对他们忙碌且艰难（尤其是这一时期）的生活无足轻重吗？或者是由于这些事件太过重要，以至于他们哪怕在与关系最亲近的亲友通信时也小心翼翼地避谈。又或者是他们谈论过这些事情，但却在书信中对此没有任何哪怕间接地提及？或者是由于谈论这些事件的信件是约翰销毁的文件中的一部分？约翰因其朋友威廉·博尔特斯在里斯本的大火而损失了一批文件。詹姆斯在 1771 年的夏初给约翰写了封信却迟迟没有收到回复后“感到十分不安”（“如果他向你提起我哪里冒犯了他，请你告诉我”，詹姆斯在 9 月给贝蒂写信说）；几个月后，在贝尔或贝琳达被卖到了弗吉尼亚之后，詹姆斯在给约翰的一封回信中（约翰的来信已经遗失）安慰显然情绪低落的约翰：“精神不好会导致全身无力。”他最后以安尼埃斯对狄多说话的口气，告诫他要保持意识的安宁与健康。[41]

　　与贝尔或贝琳达不同，关于约瑟夫·奈特的资料是非常之多的。他曾是舆论关注的焦点，他向多处法院提交了诉讼；他于 1773 年 11 月在提交给巴林登法庭的上诉书上签了名；他对自己与主人的对话进行了描述、形容了自己的感受，并讲述了他在 1772 年 7 月 3 日的报纸里读到的那段文字，以及自己内心的想法：“从那一刻起，他便下定决心离开。”他甚至没有忘记他几乎不可能记得的东西：“他说自己在年幼的时候被一个叫作奈特船长的人从几内亚湾带到了牙买加……关于如何被售卖的经历，他没有任何记忆"；他"没有被告知那起买卖的细节，因此对之丝毫不知情。"[42] 尽管如此，约瑟夫·奈特的大部分人生仍然是一个谜，包括他的出生、他在1778年取得历史性胜利后的归宿，以及他的死亡时间。

就连约瑟夫·奈特这个名字的由来都是不可考的，关于他姓名来历的历史始终是一片空白，只是对关于个体的各类统计信息的拼凑。来自布里斯托的约翰·奈特船长一共完成了两次从今天加纳的海岸角堡到牙买加的航程，他驾驶的"凤凰号"分别在1760年6月和1765年4月抵达牙买加。倘若后来成为约瑟夫·奈特的那个小男孩的确在其中一次旅途中与其同行，那么关于他的记载仅仅有一串数字：1760年"上岸的"292名"奴隶"之一，或者1765年"上岸的"290名"奴隶"之一。[43] 约翰斯通家族的故事中出场的所有个体都彼此相关，不论亲疏远近、直接或间接。他们是同一个故事的组成部分，然而却身为完全不同的历史片段的主体，或不同历史故事的潜在主角。[44] 他们似乎演绎出了不一样的历史，其中既包含（关于奴隶制的）社会历史，又有官场上的政治历史，还有婚姻的历史，以及经济史。正是这些人，发出了关于个体不平等问题的疑问：谁算得上，谁又不能够成为自身历史的主角？

场景和规模的不连续

借用大卫·休谟用来描述可能性的话，约翰斯通家族的历史可以通过"多重视角来观察"；而用韦斯特哈尔矿工们在1793年订购的一本由爱丁堡作家亨利·麦肯齐撰写、名为《感知的人》的著作中的语言来概括，这个家族的历史是由"一系列小插曲"构成的。[45] 因而，这段历史的探索之旅既为新颖，又十分古老。我们之所以得以探索这段历史，主要归功于现代历史研究技术的发展，从而获得了大量关于生活在早期现代时期众多个体的相关资料。有关约翰斯通家族的大量文献之所以得以保存至今，一方面是由于他们所处的信息时代，另一方面则要感谢 19、20 世纪私人和公共档案的保管者，其中包括收藏了大量账单和"私人信件"的约翰斯通家族后裔。[46] 公共和私人档案目录的计算机化，报纸、书刊以及其他文献的数字化，新的复制技术，以及几乎与历史学界毫无关联的公共和私人历史学家的网站等——这一切为 21 世纪的历史学家们开启了一个前所未有的信息世界。

在这样一个全新的历史研究氛围中，越来越多普通人的微观史开始受到关注。卡罗·金斯伯格和卡罗·波尼在其于 1979 年发表的微观历史宣言中，对一种底层民众的微观历史进行了一番描述，而其中历史个体的姓名是一条红线，是指引着探索者走出档案迷宫的阿里阿德涅线。在不到一代人的时间里，通过人名来寻找线索的技术已经取得了显著的发展。[47] 这项新技术为构建个人和家族之微观历史与更为宏观的时代背景之间的桥梁提供了新的途径。其中一种相关关系则是示例相关：就如同约翰斯通家族的历史即他们所生活的时代之历史研究的一个案例。另一种关联则是代表性关联，或者无代表性关联。无论是约翰斯通兄弟姐妹，还是贝尔或贝琳达，都算不上是那个时代的代表人物；而他们的历史的确令我们深切体会到，由于对完整的早期现代民众生活信息的缺乏，在仅有的材料基础上对历史进行精确地描述是一项几乎不可能完成的任务。

不过，如今有了一种新的可能性，那便是借助不同个体历史间的种种关联与断裂使得微观史与宏观史建立起联系。这样的关联既是时间上的也是空间上的——就约翰斯通家族和贝尔或贝琳达而言，这便如同他们漫长人生中跨越印度和美洲的生活片段的关联。这些关联也是在帝国和启蒙环境中各种友情和生意上的相关。因此，文献资料的增加就有可能改变文献资料本身的性质了，或者说改变微观历史的结论或范围。[48]

　　再一次，这是对历史洞察力的比喻，或者说是观察事物的视角：瞥见。与约翰斯通家族有关的各种材料就仿佛一连串景象，或者说图像。我们似乎可以从不同的角度、不同的距离观察家族中的每一个个体，得到不同的画面和景象。摄影家理查德·艾夫登在谈论图像的"表现力"时说过："你永远无法通过揭开表面的东西而触及事物自身。你所拥有的，只是表面。你只能借助表面而超越表层。"[49] 约翰斯通家族历史的表面，无论远近，是一幅图像：是一种包含多种可能性的图像。[50] 因此，新微观史学指出了历史范围和历史细节的多样性，微观史学的场景具有不同的景色、不同的维度，并且可以从不同的角度去观看。[51]

信息的不完整性

　　新微观历史将各种生活关联在一起，因此，它要对各类历史资料持有包容性：小到便条、大到抵押契据、詹姆斯写给路易莎的"没有结果的私人信件"、法夫的罪犯档案，以及苏格兰法庭中与刑事案件有关的文件。瓦尔特·斯格特的《外科医生的女儿》中的一个人物曾说，18世纪的作家们十分喜欢这些文献，因而热衷于"从罪犯档案中挑选他们的英雄"。[52] 微观历史也要求容纳各种不确定性，因为这一历史会以不可预见的方式改变方向。约翰斯通家族、他们的仆人和奴隶的历史，是一段关于时空旅途的故事。而这个故事本身也穿梭在时空的国度之中，并在历史研究技术不断变化的空间中游荡着。我在开篇之初已经提及，我与约翰斯通家族的相遇，是由于1774年在亚当·斯密的家乡柯卡尔迪举行的一次议会竞选，而约翰参与了这场竞选。那次竞选本身实在没有什么令人印象深刻之处。然而在对那次竞选活动进行研究之时，我发现了詹姆斯在诺福克使用过的那本信纸簿——那本记载了他的"痛苦、烦恼和焦虑"的信纸簿；那一刻，我捕捉到了一个不同寻常的大家族的历史之一角。[53]

因为另一次不一样的相逢，这一时空之旅发生了出乎意料的转折。约翰斯通家族的历史很大一部分是关于这个家族成员与大西洋及印度洋的奴隶制的关系，以及与个别奴隶的关系的故事。然而不曾料到的是，他们的故事远非如此简单，这个家族的成员在那个时期的公共事务，以及东印度公司和爱丁堡启蒙运动的各类历史事件中都留下了自己的痕迹。[54] 为我们揭开这个故事不为人知一面的线索源于亚历山大的那份遗嘱，亚历山大在遗嘱中把自己的奴隶、磨坊和糖作坊都留给了詹姆斯。另一条线索源于一个人，或者说，源于法律文献对一个人的描述，"贝尔或贝琳达"、"约翰·约翰斯通的仆人或奴隶"：这是我们以现代的方式在互联网上对"约翰·约翰斯通"进行搜索所得到的结果。[55]

不过，微观历史首先要求我们容忍不完整性。就如贝尔或贝琳达的诉状，我们今天能看到的只是一些片断；这与拉奈吉特·古哈在"钱德拉之死"中所讲述的关于一名叫作布琳达的女子的法庭申诉故事相似，布琳达是贝尔或贝琳达事件大约九十年后，生活在孟加拉郊区的一个女子。这使人意识到古哈口中的"零碎现象"与"充分性渴望"、"对历史材料永不满足的渴望"之间的冲突，渴望获得充分的历史材料"构成了大多数历史研究的动力"。[56] 不过新技术的运用也触发了另一种不完整感。这种历史研究的不完整是信息世界的不完整性，因为这些信息本身又在时间过程中不断地发生变化。这又仿若黑格尔的"恶的无限"一般——不断重复进行同一件事（寻找贝尔或贝琳达的踪迹），而不知如何停止。[57] 我至今不曾得知 1772 年 4 月究竟是谁在弗吉尼亚买下了贝尔或贝琳达，也不知道 1764 年于彭萨克拉受洗的是乔治和玛莎·福特的哪一个孩子。这些事情的真相或许在将来会浮出水面，也或许永远不为人知。[58]

因此，约翰斯通家族的历史既是新颖的又是古老的。这段历史从许多方面而言，就如同一部历史小说。[59] 它在很大程度上受到了亚当·斯密称之为"每一个时代和国家"都无法避免的、对"人物、意图和行为"的好奇心和探知欲的启发。[60] 约翰斯通家族的历史是 18 世纪的一幅写实画，其中许多人物都对小说表现出了强烈的兴趣，如雷本画作中玛格丽特的孙女，路易莎锑矿的矿工，在上议院发表演讲、为思想自由之权利而战，并且当约翰斯通原先的一个朋友去和他谈论东印度公司事务时，坐在堆满了小说的窗台边上的坎普登勋爵，以及创作过一本讲述航海途中的浪漫奇遇的乔治。乔治于 1759 年曾将自己创作的小说寄给威廉，并告诉他："这是我精神的鸦片。"[61]

然而，约翰斯通家族的历史并非一部小说。[62] 它是一段关于 18 世纪生活的历史，并且以一种非常传统的方式带着历史研究特有的痕迹。也许我能够对我口中所谓的"观察"进行一番解释，很多小说家也使用这一手法来表现他们作品中的人物生活，或者令人物与故事融为一体。撰写家族历史的程序则与此相反。小说家所谓的观察，看起来像是对某种情境的描绘，小说的作者由之开始刻画一个拥有各类性格特征的人物，各种不可预测的结果就由这些最初的特征发展而来。历史学家的情境则截然相反，因为她起初对这个人物的一切一无所知：是个男人、女人，还是儿童，是"詹姆斯·约翰斯通"，还是贝尔或贝琳达？因此，历史研究，或者说时间的推演（历史学家所谓的时间）是一个搜集证据材料的过程，并且借助于这些资料试图使这些个体的生命变得对我们具有意义。小说家开始写作的条件是人物，而这却是历史学家终结其研究的结点，或者说是历史学家未曾抵达的遥远的终点。对于小说家而言，细节的存在是传达虚构的人物命运变迁的手法；对于历史学家来说，却是发现曾经生活过的个体所遭遇的各种情境的途径，是说服他人、也是说服自己这些情景的真实性的手段。

约翰斯通家族及其亲友是生活在现代或这后现代时期的人物：他们拥有至少像历史学家一样的机智和自我意识。他们曾搅乱公共或半公共的文献记录，他们用一些自我扰乱的指示，或信中之信，来迷惑他人；他们销毁了文献，拦截了一些后来被证明是伪造的官方信件，他们记载了关于如何处理掉文献的途径。他们的历史不免让人产生许多质疑，其中包括他们的出生证明，以及甚至看似天衣无缝的文献资料（如威斯敏斯特教堂的《墓葬记录》）。他们的故事缺乏大量历史材料以佐证，只有一些零碎的片段。然而，这些仅有的资料也引发了我们极大的兴趣，提供了关于探索过去人们生活之无穷无尽的可能性：新的资料一定还会出土，因此总是有新的工作等待着我们去完成。这就又是十分传统的历史了。

第八章　其他人

约翰和伊丽莎白·卡罗琳娜的孙女伊丽莎白·卡罗琳·约翰斯通·格雷于 1839 年在她的著作《1839 年伊特鲁里亚墓地之旅》中写道，伊特鲁里亚的历史是："一堵被人忽视的墙面"，"其上杂乱无章而忧伤地排列着一系列破碎、暗淡而丑陋的片段"。不过，在她的描述中，这段历史也是一部关于古代思想和行为方式的历史，是关于曾经生活在这世上的无数个体的历史："他们悄无声息地躺在那里，却并非如逝者般沉寂；他们有一个故事要诉说，只要你愿意停下来仔细倾听。"[1]

我们所讲述的历史，也是由许许多多支离破碎的片段构成的历史，不过与此同时，或者说我希望，它还是一部关于已逝时代的思想与情感史。这是休谟所谓"谨慎"意义上典型的 18 世纪的历史。休谟说"要谨慎地观察人们在日常社交、生活以及娱乐的过程中"所表现出的"人类共同的生活"特征。[2] 同时，这也是亚当·斯密意义上，个体通过不断观察自身和他人，从而形成自我精神与道德生活的过程。通过这一视角观察这些个体的外在生活——而被观察者本身同时也是观察者——从而了解他人的意图和倾向，并以外在生活为出发点对内在生活或者内在与外在生活之间的关系进行评判：对这些人而言，"人们所得到的只是表象"。[3]

约翰斯通家族与意识

从某种意义上说，我们故事的主人公——约翰斯通兄弟姐妹——是相当无趣的人物，这是由于他们的行为时常令人难以揣摩。当他们的亲朋好友在苏格兰启蒙氛围的熏陶下专注于对人的品德进行探究时，约翰斯通兄弟姐妹则表现出了令人意想不到的冷漠。他们的个性中缺少一份从容与宽厚；缺少大卫·休谟用以形容自己的那"温和的性格、情绪的自控"、"对敌意的包容"以及"极大的自制力"——而这是启蒙的最高美德。[4] 约翰斯通家族的所有成员，至少是我们能够对之进行评判的人，在其生命的不同阶段、不同的场合，在私人与公共生活的不同方面表现出不同的价值取向。然而唯一不变的是，无论情景怎样切换，他们从未停止过争吵（除了早逝的帕特里克之外）。

从他们的私人信件中不难发觉，这 11 个兄弟姐妹有时表现出近乎残酷的冷漠。"他满脑子都充斥着金钱的腐臭，"芭芭拉的女婿在一封信中这样形容晚年的威廉。从早期威廉兄弟们和父亲之间关于奴隶贸易、地产买卖，以及 18 世纪80 年代竞选事件的交涉中可以看出，将这个家族的兄弟们联系在一起的是商业活动：他们是家族的合伙人。[5] 不过，有的时候，他们也会流露出激烈的情感。就连向来彬彬有礼的威廉也与父亲发生过争执（贝蒂写信指责他说："我不认为你的话是理性的"）；与母亲发生过争执（父亲在 1762 年给他写信说："除非你跟你的母亲心平气和地坐下来谈谈，否则你们之间的矛盾永远也不会化解"）；与詹姆斯发生过争执（因后者称韦斯特哈尔的家族庄园为"疯狂摇摆的老房子"）；与亚历山大发生过争执（因格林纳达种植园）；与乔治发生过争执（因推荐信的问题）；还与贝蒂发生过争执（因贝蒂购买家具的经费问题）。[6] 夏洛特曾和父亲争吵，贝蒂曾与母亲争吵。约翰和威廉都曾与亚历山大争吵。乔治则和所有人争吵，包括他最爱的两个（"不听话而令人失望的"）儿子。[7]

在描述家族成员之间的关系时，他们有时毫不掩饰自己的情感。他们的母亲曾向威廉抱怨他的一个姐妹（贝蒂或者夏洛特），并称对方为"令人恼怒的笨蛋"，"我要确保她不像她的姐姐（或妹妹）那样烦我。"[8] 在詹姆斯抛弃了"门德斯小姐"之后，他们的母亲曾试图说服乔治与门德斯成亲："我认为这样的弥补对她来说绰绰有余。"[9] 他们的父亲曾告诫詹姆斯不要把他的秘密告诉威廉，并答应贝蒂自己一旦有机会从他们母亲那里"逃脱"出来便会到爱丁堡看望她。"母亲迟早会被自己那暴脾气毁了的，"乔治写信对威廉说，"真希望我们那可怜的姐妹安然无恙。"[10] 就连一向承担着家族调和者角色的詹姆斯也喜欢以夸张的口吻表达情感："直到他（乔治）陷入险境，我才发觉自己是那么爱他，"詹姆斯对约翰说；"父亲爱我超过爱这世上的一切"；对贝蒂，他写道："没有人比我更爱你。"[11]

不过约翰斯通家族和所有人一样，也生活在各种道德选择与道德情感之中。这个家族的成员在有些情景之下则表现出令人动容的体贴。贝蒂在 1759 年写信恳求威廉到肯特的寄宿学校看望芭芭拉的女儿，将父母分居的消息带给她并且"指导"她如何应对："如果从一个毫不相干人口中得知这样的消息，将会对孩子造成多大的伤害啊！一想到这样的景象就令人十分沮丧，所以（你若去探望她）那便是慈悲之举。"[12] 在与乔治发生激烈争吵之前，乔治儿子的老师曾大赞乔治无私的父爱。[13] 乔治和玛莎的孩子与他们的外祖母（玛莎的母亲）之间对彼此的挂念能够从他们留下的法律材料中看出，而这些材料几乎也是他们家庭生活的唯一证据。或许是在彭萨克拉出生的乔治·林赛·约翰斯通在母亲遭到父亲的遗弃后从勒克瑙写信给威廉·朱利叶斯·米克尔，感谢他"对母亲的关照"、"对母亲和兄弟的关心"，以及"为我深爱的父母所做的一切"。[14] 乔治最小的儿子亚历山大·帕特里克在 1799 年于贝拿勒斯立下的遗嘱中提到了"我那伟大而慈爱的母亲"、"我最挚爱而不可取代的姐妹"，还有"我最亲爱的乔治以及他对我那无限的慷慨与关爱"。[15] 威斯敏斯特大教堂中有一座献给乔治·林赛·约翰斯通的纪念碑，上面刻着这样的文字："一位在哥哥的墓前伤心欲绝的妹妹（所刻）。"[16]

曾被克莱武勋爵形容为"贪婪、虚伪和不择手段"的约翰在这个家族的人眼中却是一切高尚品格的化身。[17]"从没有人说过你的一句坏话，"母亲写信对身在印度的约翰说；对瓦尔特叔叔来说，他是"尽职尽责、一身正气的约翰"。[18]家人对约翰的赞不绝口，很大程度上出于他是几乎整个家族的经济支柱；用威廉的话来说，"他的慷慨无限"。[19] 不过，这种夸赞也是由于约翰本身意识的慷慨。在所有的兄弟姐妹中，约翰对玛莎·福特和她的孩子，"小乔治"和"我亲爱的索菲亚小姐"最为友善。[20] 他曾细心照料病重的乔治，就像他在写给威廉的信上所说的那样，"用我的手温暖他的头"。[21] 甚至对家族的商业伙伴，他也极其关心："可怜的司各特"、"可怜的佩特里"、马蒂拉姆的"苦难与恐惧"、早年友人的一个可怜的女儿"令人感动的来访"。[22] 与他关系最亲近的是贝蒂。"（约翰的身体）有所好转了"，瓦尔特叔叔在 1773 年写信对威廉说，"你父亲上次生病期间他也病倒了，从那时候起他就一直留在韦斯特哈尔等待贝蒂康复（大概是常年的心力交瘁使得她旧病复发了）；而贝蒂也时刻为约翰的健康担忧，他们总是相互牵挂。"[23]

在公共生活中，约翰斯通家族成员十分重视自己的道德情感。约翰在 1771 年对东印度公司说，他出于"正义感"愿返回印度担任孟加拉总督；从没有人如此"公正地对待过当地的居民"。关于外界对其收入的质疑，约翰回应道："（我）在印度从未有过不正当来源的收入。"[24] 威廉在一封关于什鲁斯伯里选举事宜的信的草稿中写道："除了为公众服务之外，我不奢求丝毫个人利益，也不渴望其他的报偿。"[25] 乔治声称自己从印度回来时"良心是干净的"。[26] "倘若你们发现我有心口不一的行为，那么你们便可从此不再信任我，弃我而去，"乔治在 1765 年向克里克人的首领保证；在给国务大臣的信中，他说："我们知道要公正地做事。"[27] 不久之后，乔治于 1775 年在议会上宣称，自己为北美殖民者进行辩护纯粹是出于对自由事业的"信念"："在此我宣布，我愿意与任何认为我的立场是出于私人利益的人进行对峙。"[28]

即使在私人信件中，约翰斯通家族也很注重自我良知的表达。在给贝蒂写信讨论他们佃户的租约时，詹姆斯说："如果我只考虑自己，那我就是恶棍了。"在给亚历山大的信中，谈到他和约翰就格林纳达种植园的纷争时，詹姆斯说："如果我没有利用自己微不足道的影响力来调解矛盾，那我就是个恶人。"在詹姆斯提出自己愿意将韦斯特哈尔庄园卖给约翰时，后者答复道"如果我那样做了，便是乘你之危"，"我不能设想自己会这么做的"。[29] 在平纹布事件中，贝蒂曾对威廉说自己就像是一幕戏剧中的人物一样："我相信无论如何，我都不可能比现在更痛苦了。"[30] 据约翰的描述，乔治在最后的日子里"回顾自己的一生的荣誉与光辉"时感到无比欣慰；而威廉·朱利叶斯·米克尔为乔治所创作的挽歌则令约翰悲伤欲绝。[31]1771年冬天，詹姆斯用狄多的故事来安慰约翰，这年冬天，贝尔或贝琳达惹上了官司，并且去了一趟贝塞。[32]

如此一来，帝国的历史本身就是关于人们内在生活的历史。约翰斯通家族和他们奴仆都生活在摇摆不定的道德世界之中。他们很寂寞，并带着寂寞的记忆生活着。这在贝尔或贝琳达身上体现得最为深切："她大部分时候都是"独自一人、"孑然一身地"待在约翰和伊丽莎白·卡罗琳娜租赁的庄园内。约翰也描述过自己的孤单："我……独自一人前去谈判"，"在长达两年时间内始终只有我一人"。贝蒂带着行李被迫离家时写道："这世上没有比无家可归更悲惨的了。"在牙买加的吉迪恩也非常不安："在过去的16个月中，我没有收到来自朋友们的只言片语。"[33]

约翰斯通兄弟姐妹们如此频繁地提及焦虑是由于对前途的迷惘。"这样我至少能有所期待"，路易莎这样谈论她购买彩票的行为，但是这种期望也时常伴随着对失望的焦虑。这也是他们对自身身份、意识和自我认知的困惑。约翰在时隔15年后从印度归来，按照大卫·休谟的表兄的说法，变成了一个"印度人"，"他的兄弟，那个印度人。"[34] 回到苏格兰的约翰始终无法安顿下来，到了1771年，他仍然渴望重返印度。就像詹姆斯曾在信中对贝蒂所说的那样，约翰在印度那些炽热难耐的岁月只是造成他现在疾病的部分原因，要想治愈他的病，"保持内心的平静"显然比"保持他双脚干燥"更为重要。约翰似乎曾在一封已遗失的信中向母亲描述了自己内心的转变，而母亲则以一封语气比往常更加焦虑

（拼写也更混乱）的回信回应他关于永生问题的讨论："你说的一句话令我震惊，你说你在印度的 15 年塑造了如今的你；不过无论印度能给予你什么，都不值得你为之冒险的；噢天哪，快回家吧！" [35]

贝尔，别名贝琳达

甚至是贝尔或贝琳达那奇怪而短暂的历史，也是一段关于道德选择的历史。在约翰斯通家族的历史中她占据着中心的位置，因为透过她的命运，我们得以穿越时空的迷雾瞥见 18 世纪全球关联下跨国生活的种种片段。她的一生，或者说她生命中那些支离破碎的片段本身就是值得我们注意的。她生在孟加拉，后来到伦敦，随后又到了苏格兰；她在苏格兰生下一个儿子，但这个孩子死了，她把他扔到河中（或者是葬于河中）；她相继被关押在苏格兰的两个小镇上，最终被判以奴隶之身卖掉；最后，她在美国独立战争之初来到弗吉尼亚。她并不是一个具有代表性的人物，只是她所属群体中的个别体（或者说只能代表她所生活的地区中的个别人）。[36] 然而作为最后一个被不列颠群岛的法庭当作奴隶——或者用《苏格兰杂志》标题的话说："宣判为奴"——的个体，她的存在的确不可忽视，甚至算得上是历史人物。

贝尔或贝琳达之所以重要，是因为她在一系列涉及不列颠帝国奴隶制的法律事件中所处的位置。她的案件在 1771 年 9 月 13 日于佩斯郡开庭审判，1771 年 9 月 14 日的《苏格兰信使报》对其作了报道。1771 年 10 月 1 日，詹姆斯·萨摩塞特从伦敦的主人家中逃走，由此促使曼斯菲尔德勋爵于同年 12 月 3 日对人身保护法的颁布。贝尔或贝琳于 1772 年 1 月 12 日从格拉斯哥出发前往弗吉尼亚；导致英格兰奴隶制终结的萨摩塞特案于同一年的 6 月 22 日进行了终审判决。[37] 象征苏格兰奴隶制终结的奈特案从约瑟夫·奈特于 1772 年 6 月 3 日从一家爱丁堡报纸上读到萨摩塞特事件后"认为自己也有权获得人身自由"那一刻拉开了序幕。约瑟夫·奈特案在1773年11月15日由佩斯郡地方法院进行初审，于1778年1月15日由苏格兰最高法庭进行终审。[38] 据我所知，贝尔或贝琳达事件之后，不列颠群岛的法庭再没承认过奴隶制的合法性了。[39]

或许詹姆斯·萨摩塞特和约瑟夫·奈特都曾听说过，并且十分关注贝尔或贝琳达事件。詹姆斯·萨摩塞特和约瑟夫·奈特都是奴隶，然而生活在一个奴隶作为个体能够彼此交流、可以读报、能够接触到人们对法律官员的评论，并且可以接收朋友来信的环境里。生活在伦敦和苏格兰东部的贝尔或贝琳达所在的世界也是如此。我们无法从约翰斯通家族的信件中得知贝尔或贝琳达或者约瑟夫·奈特是否伴随着他们或者伴随韦德伯恩一家来往于探亲之途。不过，至少有一些约翰斯通家的奴仆曾频繁地来往于韦斯特哈尔、爱丁堡、巴尔哥尼及巴林登的家族庄园之间。

詹姆斯·萨摩塞特在贝尔或贝琳达案件开庭前不久曾到过爱丁堡，并借住在主人的哥哥，一名爱丁堡律师的家中；这位律师的岳父是《苏格兰信使报》的出版人。萨摩塞特在《苏格兰信使报》对贝尔或贝琳达被发配至西印度群岛或者北美洲这一消息进行报道的两周后在伦敦逃跑了。约瑟夫·奈特从爱丁堡的另一家报纸上获知了詹姆斯·萨摩塞特案的细节；他的主人，约翰·韦德伯恩，在贝尔或贝琳达案开庭前的那个夏天曾出现在陪审团成员的名单之中。[40] 约瑟夫·奈特在1773年12月所青睐的地方法官是约翰·斯温顿，因为他"对上一个问题给出了不一样的裁定"；而后者作为佩斯郡的大法官，曾为了给予贝尔或贝琳达足够的时间准备辩护词而推迟了开庭期限。最终，最高法院维持了斯温顿的判决："奴隶制不被本国法律认可，并且与本国法律的原则相抵触。"[41] 而那位"黑白混血"的詹姆斯·约翰斯通则于1773年4月在英格兰受洗的前夕，或者是在贝尔或贝琳达被流放之后，又或是在詹姆斯·萨摩塞特和约瑟夫·奈特案件期间的某一时期离开了约翰和伊丽莎白·卡罗琳娜的家。

综上所述，贝尔或贝琳达确实是一个重要的人物。然而与此同时，她还是一个时刻都要面临道德选择和道德情感之考验的个体。她在诉状中，也就是那份由两名公证人代写的诉状，表现出了令人惊诧的道德责任感以及道德上的自我意识。她"确信"自己将被认定无罪，她对谋杀儿童的罪行感到"深恶痛绝"，她对"苏格兰的法律了解不多"，人们为她进行了一些法律知识的讲解，她"深知"自己被指控犯下的这项罪名的罪孽之深，她"渴望"、她期待能拥有一个"幸福"的未来。然而，她同时也流露出对于自身身份的困惑：究竟是一个人，还是一个物件？"她愿自己是一个人，因为她很想拥有属于自己的人格。"

这些话都是公证人代笔的，但是这些文字引起了当时苏格兰法庭常见的三个问题之争论——实际意义上的谋杀与法律意义上的谋杀、追求幸福的权利，以及关于英格兰证人的争论；除此之外，还有另外一个话题，那便是她究竟是一个独立的个体还是主人约翰·约翰斯通在签署法庭判决书时所默认的、属于主人的财产。但是在最直接的意义上，这都是贝尔或贝琳达的心声。最初在库珀郡的陈述中，她声称自己从未将怀孕的事情告诉过任何人，这份陈述上"没有她的签名（因为她说自己不会写字）"。后来佩斯郡的那份陈述由两位公证人和四名证人"受贝尔或贝琳达之托"而签署，"她说自己不会写字，不过碰了碰用来签字的那支笔。"[42]

不过，关于贝尔或贝琳达的部分情况我们是可以证实的。我们有理由认为她身体健壮、适应能力极强：她顺利地熬过了从加尔各答经由好望角到伦敦，历时八个月之久的漫长旅途；她独自生下了孩子；她在六个月内先后辗转于苏格兰的好几所监狱；她还在严冬中度过了从格拉斯哥到弗吉尼亚那段长达两个月的旅途。在情感方面，她也表现出了极强的适应力和独立性：她选择独自待在伊丽莎白·卡罗琳娜的卧室里；她对孩子出生后的描述："她将孩子留在身边两天，然后把他裹起来扔掉了"；当其他仆人询问她是否生病时，她以自己"太热或者因在河里洗澡而患上感冒"为借口进行遮掩。然而这一切都并非最有力的证据，而只是建立在人们谈话的记录上。

1771夏天的"预审"，实则是一场对贝尔或贝琳达在怀孕期间以及6月份案发的三天中之精神状态的司法调查。后来（"预审"之后）进行的"调查"也是如此，这一调查得出"没有充分证据证明贝尔或贝琳达是蓄意谋杀"的结果。怀孕、失去孩子对于贝尔或贝琳达意味着什么，我们只能进行猜想。依据她的记忆进行推测。在这起事件中，最令周边农户感到震惊的是"她将死去的孩子留在身边两天，之后把他裹在布里扔进河里"，但这恰恰符合贝尔或贝琳达所生活的社会，或者说她早期所在社会的丧葬习俗。18世纪对印度（教）丧葬仪式的译文显示："他们从不对牙齿尚未长全的婴儿进行火葬，而是将其土葬或者水葬。"据后来的考古学家和人类学家的描述，婴儿"总是被土葬而非火葬，有的地方也流行将尸体包裹起来放入河水中的做法"；"如果逝者是一名儿童"，那么服丧的期限"一般会缩短至'三个夜晚'"。[43]而邻居们所看到的景象，则是一名奴隶或者仆人对自己亲生骨肉的遗弃。从另一角度出发，我们则会看到另一幅全然不同的景象——一名年轻的女子（年轻的母亲），带着脑海中遥远的回忆与想象，在巴尔哥尼的河岸边寻觅着记忆中古老的传统。

贝尔或贝琳达与约翰斯通家族成员之间究竟存在着怎样一种关系，我们只能透过一些零散的片段来推测。1771年夏天贝尔或贝琳达独自待在伊丽莎白·卡罗琳娜的卧室中并生下了自己的孩子，这表明她与约翰、伊丽莎白·卡罗琳娜或者两者的关系都颇为亲密，至少在其他仆人看来是这样的，并且也表明她在这个家庭中是独立的。在我翻阅过和所能找到的法庭和教会资料中，没有任何关于寻找孩子父亲的记录，这种空白或许表明双方对这一话题的回避。然而根据约翰在那段时期乃至其一生中与伊丽莎白·卡罗琳娜的通信来看，我们没有理由认为贝尔或贝琳达的孩子是约翰的儿子。倒是跟约翰一同从印度归来、在贝尔或贝琳达被流放后离开家，并且拥有一半印度血统的詹姆斯·约翰斯通更有可能是约翰的儿子：前者在约翰于18世纪50年代抵达印度后不久出生，约翰给予他自己父亲和哥哥的名字。根据艾斯克基克德罗斯教区记录的记载，1770年十六七岁的詹姆斯·约翰斯通，很有可能是贝尔或贝琳达孩子的父亲——那个死去的孩子，或许是约翰的孙子。[44]

由于贝尔或贝琳达案中牵涉到两个相邻郡县的法官、缺席的证人（这名证人很可能是法院工作人员），以及约翰斯通家律师等众多因素，因此辩护过程疑点重重。另一个引人遐想之处在于，这场辩护的费用是相当昂贵的。一定是约翰·约翰斯通、约翰·斯温顿或那位缺席的证人约翰·泰特，承担了贝尔或贝琳达在库珀郡、佩斯郡以及格拉斯哥的监狱中那几个月的食宿费用。一定有人"支付了预审之后的司法调查费"。也必定有人花钱雇来那两名公证人。[45] 对于约翰为何要涉入此案，存在着至少两种解释。一种解释是，他出于报复心理，想证明贝尔或贝琳达是自己的奴隶（《苏格兰杂志》上那条含义暧昧的标题"犯罪的奴隶作为主人的财产被贩卖了"就暗示了这一点）。另一种解释是，他不希望贝尔被处死刑：他在这一案件中与约翰·斯温顿进行了合作。对贝尔或贝琳达的辩护是，她并不属于她自己，她的主人有权决定她最终受到的惩罚，这在苏格兰的儿童谋杀案中是不常见的。[46] 我个人认为第二种解释更有可能。不过，这也只不过是在权衡了各种可能性之后的猜测。约翰斯通与斯温顿两个家族之间的种种联系表明，约翰和约翰·斯温顿很有可能在贝尔或贝琳达案上进行了合作；然而三年之后约翰·斯温顿在约瑟夫·奈特案上的立场又表明他至少与约翰斯通家族中的某些成员是对立的。

我所能找到的关于贝尔或贝琳达一生的最后一处公共档案记录，是1772年4月，詹姆斯河上游威廉斯堡的海军长官所签的那张接收单。至于后来她在

美洲的命运，如同她在踏上苏格兰法庭之前的生活一样，终究是一个谜。她到
达弗吉尼亚的时期，恰巧也是历史学家（和家庭历史学家）最感兴趣的阶段：
引发美国独立战争的金融和经济危机的时期。在她的新生活中出现过一些有名
有姓（至少是比"贝尔或贝琳达"更完整的名字）的人——在弗吉尼亚签了接
收单的三个男人、"贝特塞号"的船长、贝尔或贝琳达的受托人：商人帕特里
克·科洪、"贝特塞号"上另外的三名罪犯，以及一名逃跑却为了一块蓝白相间
的马甲而回到"贝特塞号"的契约工。然而在这些人的历史中，我无法找寻到
与贝尔或贝琳达有关的任何信息。也许她以奴隶的身份死在了美国。或许她根
本就不曾沦为奴隶，或时间不长。1772 年 9 月，弗吉尼亚布伦瑞克的一个男人
在《弗吉尼亚公报》上刊登了一则告示，声称"一名很可能是黑白混血、名叫
巴纳比的小伙子"逃跑了，"另一名叫贝琳达的年轻黑白混血女佣与其一同出
逃，此人个头矮小且十分肥胖。"或许这个贝琳达就是我们所说的贝琳达，那个
来自孟加拉的贝琳达——安好、肥胖、自由。[47]

　　从史学研究的角度而言，一个活生生的个体、一个拥有道德存在的个体就
这样不留痕迹地从历史学家的视野中消失——这是怎样一个令人惶恐的事实。
不过除此之外，还存在着另一种使人更加不安的事实——那便是贝尔或贝琳达
很可能就这样从与她一同生活了多年的人们的眼中，乃至记忆中，彻底消失了。
在约翰及他的兄弟姐妹、帕特里克·科洪以及弗吉尼亚商人的信件中，我都曾
试图寻找与贝尔或贝琳达有关的蛛丝马迹。我曾经想象约翰和伊丽莎白·卡罗
琳娜与她告别的场景，想象他们如当时许许多多的英格兰官员一样，希望她
能被卖到一个"好人家"。我想象着她在他们心目中占据着一定分量。[48] 不过，
也有可能，对于他们而言，她的存在根本就无足轻重——1772 年 1 月，她消失
在远方的地平线上，被遗忘得干干净净，仿佛不曾存在过——这当然是难以想
象的。

其他人

约翰斯通家族以及贝尔或贝琳达的历史是一段"不确定、飘忽、混乱"的历史，这就如同大卫·休谟对人类意识的描述一样。[49] 不过，这段历史还是一部关于道德观念的历史。至少它是一段关于身处道德环境中的众多个体的历史，而这种道德环境既是我们现代所理解意义上的，也是 18 世纪意义上的：这些个体身处在既施加道德想象又拒斥道德想象的环境中。在这种环境中，新的压迫即远又近（"倘若压迫离你很远，就意味着它与你无关吗？"）；在这种环境中，个体生活在既相互接近又彼此冲突的文化氛围中，并且发现自己形单影只。在许多情况下，普遍权利与个人权利以近乎极端地方式共存着；成千上万的男男女女生活在同一个关系之中，这个关系既是个体的关系又是权力的关系；在其中，个体的独立和人格起伏兴衰。我在前面已经说过，我们今天难以想象生活在 18 世纪会是怎样一幅场景，在那个时代，人们脑海中对于帝国、种族、法律以及经济生活都没有明确的界定。除此之外，18 世纪的人们的意识世界也是难以揣摩的。

因此，在这个意义上，帝国的历史，或者启蒙运动的历史，实则是一部关于内在生活的历史。描述人们过去的情况、想象着他们如何看待这些情况，实际上就是一部描述各种价值观念的历史。我们构建约翰斯通家族历史的努力，实则是在支离破碎又确切真实的证据和信息的基础上去想象、去思考过去人们的生活和价值观念。这是历史的探究，也是道德的探究，至少是 18 世纪意义上的探究。用亚当·斯密的话来说，个体是"透过他人的眼光，或者从他人视角"，也就是将自己置于他者的位置上，来审视自身的情感。人们阅读历史的经验与之相似："我们将自身移情于那些被人遗忘的古老旅途之中。"[50] 这也是对道德观念形成过程的描述，而道德是在不断变换观察和看待内在生活与外在生活的视角的过程中形成的。

在《道德情操论》中，亚当·斯密的文字——"意识的眼睛"、"想象的幻觉"[51]——形象而生动。而这也是属于历史学的形象的语言：尼布尔的文字、伊特鲁里亚历史学家伊丽莎白·卡罗琳娜·约翰斯通·格雷的文字。我经常强调"证据"和"信息"，历史学家当然极其希望能够控制意向、掌握真理，不过，历史学家更渴望拥有洞察力，即能够透过"破碎的、生锈的和丑陋的东西"望见久远的、被遗忘的世界。[52]我们所说的内在的历史，就其对他人道德情感活动的观察而言，是斯密式的；而就其道德观察或道德想象的活动而言，也是斯密式的。

注释

导论　观念和情感

1　詹姆斯·约翰斯通 1770—74 年书信集，爱丁堡大学图书馆，类号 1734[JJLB—EUL]。

2　伊丽莎白·卡罗琳娜·基恩：《杂诗集》（伦敦，1762 年），第 10，105 页。

3　"黑人女孩贝尔或贝琳达的申诉状"，1771 年 9 月 13 日，苏格兰国家档案馆 [NAS]，高等法院司法诉讼材料，1771 年，JC26/193/3；约翰·W. 凯恩斯："约瑟夫·奈特（1753 年）"，《牛津国家传记辞典》（牛津，2004—10 年），网络版，可参见下面的网址：http://www.oxforddnb.com[ODNB]，第 93749 条；并参见本书第二章。

4　关于英格兰、苏格兰、法国哲学家的帝国观念，参见艾玛·罗斯柴尔德："全球贸易和 18 世纪外省的主权问题"，载《现代智识史》1，第 1 期（2004 年 4 月）：3—25；并参见本书第六章。

5　亚当·弗格森：《道德原则和政治科学；主要是对在爱丁堡学院发表的演讲的回顾》，2 卷（爱丁堡，1792 年），1：268，281。

6　按照当代的描述，"革命的年代"开始于 18 世纪 40 年代，结束于 18 世纪 90 年代。"我们生活在革命的年代，这一革命在欧洲所有的地方如此突然和令人意外地爆发，以致我觉得要问，原来是否有这样的革命发生过"，爱尔兰哲学家乔治·贝克莱 1742 年的描述。贝克莱 1742 年 3 月 5 日致伊萨克·热瓦斯的信，收在《贝克莱著作集》,2 卷（都柏林，1784 年），1：xcii。波斯-比哈尔历史学家吉拉姆·侯赛因·可汗·塔巴塔伯就莫卧儿帝国 18 世纪 40 年代的情况写道："到处都是革命的事件"，"革命的东西每日都在增加，似乎要堆积成山了。"赛义德-吉拉姆-侯赛因-可汗：《穆塔可汗先生；或现代的视点，印度的历史》，诺塔·马奴斯译，3 卷（加尔各答，1789 年），1：40，281。关于吉拉姆-侯赛因和他的译者的情况，参见库姆库姆·夏特金："作为自我表现的历史：重新思考东印度 18 世纪后期的政治传统"，载《现代亚洲研究》32，第 4 期（1998 年 10 月）：913—48；罗伯特·特拉弗斯：《18 世纪印度的意识形态和帝国：在孟加拉的英国人》（剑桥，2007 年）第 141—42，225—29 页。关于新帝国的情况，参见本书第四章，以及 C.A. 柏利：《帝国的鼎盛期：大不列颠帝国和世界，1780—1830 年》（伦敦，1989 年），

P.J. 马歇尔：《帝国的形成和解体：不列颠、印度和美洲，1750—1783 年》（牛津，2005 年）。

7　参见莱勒：《人民、城市和财富：传统社会的改变》（牛津，1987 年），以及德·弗莱斯：《勤俭的革命：1650 年至今的消费方式和家庭经济》（剑桥，2008 年）。

8　参见艾玛·罗斯柴尔德：《经济情感：亚当·斯密、孔多塞和启蒙运动》（剑桥，麻省，2001 年）。

9　詹姆斯·约翰斯通 1785 年 2 月 1 日就威斯敏斯特的情况在下议院发表的演讲，《英格兰国会史，从初期到 1803 年》，36 卷（伦敦，1806—20 年)[PH] 第 25 卷，第 124 辑；亚历山大·韦德伯恩 1773 年 5 月 10 日就博格恩关于克莱武勋爵在印度的行为的提案在下议院发表的演讲，PH，第 17 卷，第 865 辑；并参见本书第四章。

10　大卫·休谟：《人类理智和道德原则研究》（牛津，1962 年），第 228 页。

11　约瑟夫·奈特与巴林登的准男爵约翰·韦德伯恩爵士的诉讼摘要，1774 年，NAS，CS235/K/2/2，第 8 页。

12　关于罗马帝国中的新人，参见罗纳德·希姆：《罗马革命》（牛津，1939 年）。关于约翰斯通家族和其朋友与罗马的关系，参见本书第四章。

13　卡罗·金兹伯格和卡罗·波尼："Il nome e il come: Scambio ineguale e mercato storiografico"，40（1979 年 1—4 月）：181—91，第 187 页。

14　关于个案研究，参见卡罗·金兹伯格：《线索、秘密和历史方法》（巴尔的摩，1989 年），雅克·雷威尔："制度和社会"，载《经验的形式：另一种社会史》，贝尔纳·勒皮特编，63—84（巴黎，1995 年），让-克劳德·帕瑟农和雅克·雷威尔："通过案例来思考：从特殊的东西出发进行推理"，载《通过案例来思考》，让-克劳德·帕瑟农和雅克·雷威尔编，9—44（巴黎，2005 年）。

15　关于远距离关联的微观史研究，最近已经有了一些非常重要的著作，包括纳塔里·泽曼·达维斯：《边缘的女人：17 世纪的三个生命》（剑桥，麻省，1995 年），杜巴·古舍：《印度殖民地中的性别和家庭：帝国的形成》（剑桥，2006 年），林达·克莱：《伊丽莎白·马希的苦难经历：世界历史中的一个女人》（伦敦，2007 年），米尔斯·奥格本：《全球生活：不列颠和世界，1550—1800 年》（剑桥，2008 年），里贝卡·J. 司各特："'她拒绝成为你诉求人的奴隶'：移民、奴隶和 1808 年路易斯安那民法汇编"，载

《杜兰欧洲和民法论坛》24（2009 年）：115—36，以及马哥特·芬恩："境遇中的奴隶：家庭奴隶和盎格鲁–印第安家庭，1780—1830 年"，载《皇家历史学会会刊》19（2009 年）：181—203。

16　法律史不仅是法律条文的历史，而且是"法律所揭示的习俗和倾向"的历史，是"被法律之网网住的个体"的历史，关于这一点，参见亨德里克·哈尔托格：《美洲的男人和他们的妻子：一个历史》（剑桥，麻省，2000 年），第 2，5 页。经济史是观念的和观念的历史，关于这一点，参见艾玛·罗斯柴尔德："18 世纪昂古莱姆严重的经济危机：经济史中的情感"，载《经济史评论》51，第 2 期（1998 年 5 月）268—93。

17　我们现在能够获得许多 18 世纪帝国的各种信息，而且历史研究中的新技术大大扩展了我们获得这些信息的能力，从这个意义上说，新的微观史是后现代的。与 20 世纪初罗马史的技术，或 20 世纪中期不列颠国会史的技术，甚至 20 世纪晚期意大利早期现代史中的个体史的技术相比较，现在在数据库和数字化的档案目录中按照人名来寻找个人的情况的技术是完全可行的了。关于罗马帝国家庭史或个人传记的情况，参见阿纳尔多·莫米格连诺："罗纳德·希姆：《罗马革命》"，载《罗马研究杂志》30，第 1 部分（1940 年）：75—80，格伦·波沃索克："罗纳德·希姆，1903—1989 年"，载《不列颠学术院会刊》84（1994 年）：539—63。关于路易斯·纳米耶爵士对 18 世纪不列颠政治的个体史的研究，参见林达·克莱：《纳米耶》（伦敦，1898 年）。我们现在有更多的不同种类的个体，如奴隶、女主人、巡回教师等在不同的地方的材料。寻找语词或表达的技术使我们能够穿越，或者说抹平不同种类的印刷材料（政治的和管理的、高层的或哲学的和低层的或民众的）的差别。新的历史材料从所有方面看都是杂乱无序的。但是对于微观历史以及从宏观–中观–微观的各种规模不一的历史来说，这些材料都充满了各种可能性，它们是历史的故事、材料或线索。

18　亚当·斯密：《修辞学和纯文学演讲集》，J.C. 布里斯编（牛津，1983 年），第 113 页。

19　按照第一个为亚当·斯密写传的杜加尔德·斯图尔特的说法，亚当·斯密生活的研究是"对人性的所有方面的研究，尤其是对人类政治史"和"人类意识自然进展"的研究。杜加尔德·斯图尔特："亚当·斯密的生活和写作"，载亚当·斯密：《哲学论文集》，W.P.D. 怀特曼和 J.C. 布里斯编（牛津，1980 年），第 271，291—92，295—96，305，314—15 页。关于大卫·休谟和威廉·罗伯森的哲学史，以及作为历史科学的苏格兰的"人的科学"的情况，参见尼古拉·菲利普森：《休谟》（伦敦，1989 年），第137—41 页，J.G.A. 波科克：《未开化状况和宗教：民治政府的情况》（剑桥，1999 年），第 199—221 页，罗斯柴尔德：《经济情感》，第一章，尼古拉·菲利普森：《亚当·斯密：启蒙的生活》（伦敦，2010 年）。

20　"情感"、"激情"、"情绪"、"理念"、"想象"、"概念"、"可感性"、"感觉"、"印象"、"感官"、"同情"。亚当·斯密：《道德情操论》，D.D. 拉夫尔和 A.L. 马克费编（牛津，1976 年），第 9 页。爱丁堡 1763 年出版的《通用词典》中，对"情感"的解释是，"思想，理念，观点。被看作是与语言和事物不同的感觉"。《英语通用词典：科学的和艺术的术语》（爱丁堡，1763 年），"情感"和"理念"词条。

21　瓦尔特·司各特："导论性的书信"，载《奈杰尔的命运》（1822 年）（爱丁堡，1863 年），第 xi 页。

22　斯密：《道德情操论》，第 110 页。

第一章　启程

1　参见柏利：《现代世界的诞生》。

2　1707 年英格兰和苏格兰合并后，其海关及海关运作的管理是不同的，原来走私（法国）白兰地酒和其他受管控的物品的走私模式一直存在到 19 世纪。就像瓦尔特·司各特爵士 1824 年在其《红臂铠》的注释中所写，"这两个相邻的国家尽管政府合并了，但仍有不同的法律，导致在边界仍然有很多犯法的事情……据我的记忆，二十年来在边界处，存在着有组织的假币制造者、造假者、走私者，以及其他的犯罪团伙。"司各特：《红臂铠》（1824 年）（伦敦，1985 年），第 411—12 页。

3　约翰·麦基：《苏格兰游记》，第 2 版（伦敦，1729 年），第 12 页；丹尼尔·笛福：《大不列颠岛游记》，第 3 版，4 卷（伦敦，1742 年），4：103。

4　关于联合法案的政治后果，参见克林·基德：《联合和联合主义：苏格兰的政治思想，1500—2000 年》（剑桥，2008 年），另参见苏珊·曼宁：《联合的片断：苏格兰和美国文件中的联合》（纽约，2002 年）。

5　这是库克伯恩勋爵对 18 世纪 90 年代苏格兰的描述。库克伯恩：《对到现在为止在苏格兰仍有发生的暴乱的审判的考察》，2 卷（爱丁堡，1888 年），1：76。

6　伊丽莎白·穆赫："对我们时代风俗改变的几点评论，1700—1790 年"，苏格兰国家图书馆 [NLS]，穆赫保存在卡德威尔的文献，MS.5003，1r—16v；另参见威廉·穆赫编：《保存在卡德威尔的家庭文献的选辑》（格拉斯哥，1874 年），1：260。

7　关于 17 世纪和 18 世纪的宗教冲突，参见基德：《联合和联合主义》；关于詹姆斯二世党人的活动，参见布鲁斯·雷曼：《詹姆斯二世党人 1689—1746 年在不列颠的兴起》（伦敦，1984 年）。

8　关于工业革命前的"经济革命"，参见莱勒：《人民、城市和财富》。关于"勤勉革命"，参见德·弗莱斯：《勤勉革命》。关于苏格兰直到 18 世纪后期相对的落后，参见 N.T. 菲利普森和罗萨琳达·米切森编：《进步年代中的苏格兰：18 世纪苏格兰史论集》（爱丁堡，1996 年），以及 T.M. 德温、C.H. 李、G.C. 培登编：《苏格兰的改变：1700 年后的经济》（爱丁堡，2005 年）。

9　伊丽莎白·穆赫："几点评论"，并参见威廉·穆赫：《家庭文献选辑》，1：270。

10　关于不列颠在 18 世纪的海外扩展，参见马歇尔：《帝国的形成和解体》，以及 T.M. 德温：《苏格兰帝国：1600—1815 年》（伦敦，2003 年）。

11　斯密：《道德情操论》，第 183—84 页。

12　国家船只运载的及主要卸船区运载的奴隶的估计量，可在跨大西洋奴隶贸易数据库查到，见 wilson.library.emory.edu:9090/tast/assessment/estimates.faces。关于 18 世纪的大西洋奴隶贸易和经济扩张，参见芭芭拉·L. 索罗编：《奴隶制和大西洋体系的兴起》（剑桥，1991 年），以及贝尔纳·贝林："对于奴隶贸易的思考：历史和记忆"，载《威廉和玛丽季刊》，第 3 辑，58，第 1 期（2001 年 1 月）：245—52。

13　关于 18 世纪英属东印度公司的情况，参见卢西·S. 苏斯兰德：《18 世纪政治中的东印度公司》（牛津，1952 年），彼得·马歇尔：《东印度的财富：18 世纪在孟加拉的英国人》（牛津，1976 年），K.N. 邵杜里：《亚洲的贸易世界和英属东印度公司，1660—1760 年》（剑桥，1978 年），以及 H.V. 博文：《帝国的经济：东印度公司和不列颠帝国，

1756—1833 年》（剑桥，2006 年）。关于法属东印度公司的情况，参见亨利·韦伯：《法属东印度公司，1604—1875 年》（巴黎，1904 年）。

14　关于 18 世纪印度冲突的情况，参见桑嘉·苏布拉马尼亚姆和穆扎法·阿拉姆：《莫卧儿帝国，1526—1750 年》（德里，1998 年），苏蒂普塔·森：《自由贸易的帝国：东印度公司和殖民市场的形成》（费城，1998 年），约翰·E. 威尔森：《国外人的统治：东印度的现代政府，1780—1835 年》（贝辛斯托克，2008 年），以及柏利：《现代世界的诞生》。

15　《当前国家的情况》（1769 年），载《埃德蒙德·伯克的作品和演讲》，保罗·朗弗雷德编，9 卷（牛津，1981—2000 年），2：175，194—95。

16　关于七年战争的情况，参见弗雷德·安德森：《人民的军队：七年战争中麻省的士兵和社会》（威廉斯堡，弗吉尼亚，1984 年），以及弗雷德·安德森：《战争的严酷：七年战争和帝国在英属北美的命运，1754—1766 年》（纽约，2000 年）；关于不列颠海军的情况，参见 N.A.M. 罗杰：《大洋的控制权：不列颠海军的历史，1649—1815 年》（伦敦，2004 年）。关于 18 世纪法国军队的情况，参见安德烈·科尔维希耶：《18 世纪后期舒瓦瑟尔政府的法国军队：士兵》，2 卷（巴黎，1964 年）。

17　1767 年 5 月 25 日休谟致图鲁丹纳·德·蒙蒂尼的信，载《大卫·休谟的新信件》，雷蒙德·科里班斯基和恩斯特·C.墨斯纳编（牛津，1969 年），第 235 页。

18　"1757 年的革命是所有随后的革命的基础和范型"（或者说，至少是印度的各个革命的基础和范型），约翰斯通家族的一个朋友 1773 年在下议院说道。博格恩上校的演讲，收在约翰·马尔科姆爵士的《罗伯特的一生，克莱武勋爵》，3 卷（伦敦，1836 年），3：340。

19　参见本书第三章。

20　约翰·吉布森的看法，1719 年 9 月 14 日，NAS，GD1/510/64。秘密的和不正规的婚姻包括没有遵守苏格兰教会通常的规矩，连续 3 个星期在教堂公布婚姻的消息。詹姆斯·约翰斯通应受坐牢（暂没执行）的惩罚，并且依照芭芭拉父亲的地位，要接受1500 镑的罚款。关于苏格兰秘密婚姻的情况，参见黎亚·勒曼和罗萨琳达·米切森："1660—1780 年苏格兰城市中的秘密婚姻"，载《社会历史杂志》26，第 4 期（1993 年夏季号）：845—61。

21　亨利·霍姆（后来的卡麦斯勋爵）1746 年 4 月 14 日致詹姆斯·约翰斯通爵士的信，载《大卫·休谟书信集，以及他所保存的书信的摘录》，托马斯·穆雷编（爱丁堡，1841 年），第 57 页。

22　"遗嘱确定，债务和财产归于威廉·约翰斯通爵士"，1727 年 10 月 5 日立，1728 年 11 月 10 日公证，邓弗里斯法庭，CC5/69，可在以下网址查到：www.scotlandspeople.gov.uk。诺瓦·司各特男爵的爵位由不列颠国王于 1625 至 1707 年授予 297 个苏格兰家族，韦斯特哈尔的约翰斯通家族是第 265 个，在 1699 年被授予。罗伯特·彼特森：《大不列颠和爱尔兰史的政治标记》，3 卷（伦敦，1806 年），3：70—77。这一爵位最初与现代加拿大的新斯科舍的殖民活动有关，后来更普遍地与皇家的税收有关。克里斯班·阿格纽爵士："谁是诺瓦·司各特的男爵？"载《苏格兰谱系学者杂志》27，第 3 期（1980 年 9 月）：90—111。关于约翰斯通家族的祖先的情况，参见 C.L. 约翰斯通：《约翰斯通家族史，1191—1909 年，以及边境生活的描述》（爱丁堡，1909 年），第 175—83 页。

23　关于第四代艾利班克勋爵和他的妻子，即芭芭拉·穆雷的父亲和母亲的情况，参见约翰·伯克：《不列颠帝国的贵族和男爵系谱和宗谱辞典》，第 14 版（伦敦，1852年），第 364 页，另参见亚瑟·C. 穆雷：《巴尔·贝蒂的五个儿子》（伦敦，1936 年）。

24　"她去世后，在教区教堂的布道会上，对尊敬的芭芭拉·穆雷女士的描述，"未标明日期，保存在 NAS，GD477/440。

25　苏格兰老教区档案给出了詹姆斯·约翰斯通和芭芭拉·穆雷的孩子出生和受洗的地方和日期：威廉，1720 年 4 月 12 日（阿贝拉底）；伊丽莎白，1721 年 4 月 17 日（爱丁堡）；亨丽艾塔，1722 年 8 月 31 日（爱丁堡）；芭芭拉，1723 年 11 月 8 日（爱丁堡）；玛格丽特，1724 年 11 月 6 日（爱丁堡）；詹姆斯，1726 年 1 月 23 日（爱丁堡）；亚历山大，1727 年 7 月 18 日（爱丁堡）；伊丽莎白，1728 年 9 月 8 日（爱丁堡）；威廉，1729 年 10 月 19 日（出生），1729 年 10 月 31 日（受洗）（爱丁堡）；乔治，1730 年 12 月 5 日（爱丁堡）；夏洛特，1732 年 11 月 2 日（韦斯特柯克）；约翰，1734 年 6 月 28 日；帕特里克，1737 年 7 月 12 日（韦斯特柯克）；吉迪恩，1739 年 6 月 24 日（韦斯特柯克）。芭芭拉和约翰斯通的最初的 3 个孩子，威廉、伊丽莎白、亨丽艾塔，似乎在童年就死了。这在以下网址可以找到：www.scotlandspeople.gov.uk。

26　詹姆斯·约翰斯通 1757 年 9 月 1 日写给威廉·约翰斯通的信，亨廷顿图书馆，圣马力诺，CA，普尔特尼的遗物 [HL-P]，PU564[484]。普尔特尼的信件被分类过两次，其标号有 "PU" 号码和原来信件正面手写的号码；在后面我将手写的号码放在方括号内。

27　关于"在肚子上放一枕头"的肯纳德女士的情况，参见威廉·安德森：《关于道格拉斯案件的言说和判决》（爱丁堡，1768 年），第 615 页，以及约翰·伯克：《系谱和宗谱辞典》，第 575 页。在威廉·约翰斯通作为法律专家涉入进去的 18 世纪 60 年代更加有名的道格拉斯案件中，威廉、大卫·休谟、亚当·斯密的朋友安德烈·斯图尔特指控道格拉斯侯爵的妹妹，简·道格拉斯女士从法国买了两个小孩，其中一个被其当作家庭的继承人来抚养。参见恩斯特·坎贝尔·墨斯纳：《大卫·休谟的一生》（爱丁堡，1954 年），第 550—52 页。

28　据报道，查尔斯·肯纳德和"韦斯特哈尔的詹姆斯·约翰斯通爵士的仆人瓦尔特·司各特"在 1745 年 12 月 3 日被捕，在 1745 年 12 月 19 日被释放。《圣詹姆斯晚报》，1745 年 12 月 3 日，第 5598 期，1745 年 12 月 24 日，第 5607 期。"肯纳德勋爵在监狱度过一生，作为逃犯的避难所的韦斯特哈尔，以及奥格威女士越狱"的故事，是由贝蒂·约翰斯通多年后告诉给她的外孙女伊丽莎白·卡罗琳娜·约翰斯通的。汉密尔顿·格雷女士："我一生的概要（1833—67）"，格雷在卡尔泰纳的文献，NLS，Acc.8100，155，无页码。

29　查尔斯·肯纳德 1758 年 8 月 18 日写给威廉的信，以及芭芭拉 1758 年 8 月 28 日写给威廉的信，HL-P，PU767[744]，768[745]。

30　贝蒂 1759 年 10 月 9 日和 19 日写给威廉的信，HL-P，PU405[397]，406[398]。

31　《利奥亚得晚邮报》，1765 年 11 月 1 日，第 1298 期。

32　乔治·丘吉尔 1751 年 12 月 24 日致纽卡斯尔的公爵的信，国家档案馆，伦敦西郊基尤 [TNA]，SP54/41/289r。

33　《女性反叛者：佩斯的公爵和公爵夫人的生活、性格和家庭的一些著名的事件，奥格威女士，以及弗罗伦斯·麦道纳德。包括这些著名人物中迄今为止不被人知的一些参与者》（爱丁堡，1747 年），第 43，48 页。

34　爱丁堡的阿尔伯马勒的伯爵 1746 年 11 月 25 日致伦敦的纽卡斯尔的公爵的信，TNA，SP54/34/130r—131r（30A），"彼得·哈克特爵士对奥格威的仆人约翰·马丁的审查"，TNA，SP54/34/134r—134v（30C），爱丁堡的阿尔伯马勒的伯爵 1746 年 12 月 15 日致伦敦的纽卡斯尔的公爵的信，TNA，SP54/34/195r—196r（42B）；亨利·福克斯 1747 年 1 月 10 日致阿尔伯马勒的伯爵的信，TNA，WO4/43/25r；并参见威廉·威尔森牧师：《艾丽之家》，2 卷（伦敦，1924 年），2：187—91。

35　玛格丽特 1749 年 3 月 29 日写给母亲芭芭拉·约翰斯通的信，爱丁堡大学图书馆，手稿 [EUL—L]，La.II.502/12；威廉 1757 年 4 月 7 日写给查尔斯·肯纳德的信，肯纳德家族、罗斯的文献和靳罗斯档案馆，佩斯 [KR—PKA]，MS100/2，第 48 函。

36　亚历山大·博斯威尔 1743 年 9 月 23 日写给詹姆斯·约翰斯通爵士（父亲）的信，哈佛大学霍顿图书馆，海德女士 52（1）。

37　亚历山大·卡莱尔：《亚历山大·卡莱尔博士自传》（波士顿，1861 年），第 147—48 页。

38　芭芭拉（母亲）1759 年初写给乔治的信，EUL—L，La.II.73/71。

39　《纳瑟尼尔·威廉·瑞克塞尔爵士历史的和遗留的回忆录，1772—1784 年》，亨利·维特利编，5 卷（伦敦，1884 年），3：404，5：111。

40　詹姆斯保存的詹姆斯 1759 年 6 月 8 日写给威廉的信的副本，诺福克档案馆（NRO），NRS8347 24D5。

41　1759 年 2 月 23 日从舍奈克塔笛寄给威廉的一封没有签名落款的信，纽约，HL—P，PU1790[1839]；安娜·弗格森 1763 年 1 月 29 日致詹姆斯·穆雷将军的信，NAS，GD32/24/14。没有签名的信似乎是威廉的朋友西蒙·弗雷泽上校所写。参见弗雷泽后来写给威廉的一封没有标注日期的信，这一封信明显写于 1775 年，HL—P，PU270[296]，并参见斯图尔特·里德："西蒙·弗雷泽，罗福特的主人（1726—1782 年）"，ODNB，第 10124 条。

42　亚历山大·约翰斯通和玛格丽特·格雷姆 1764 年 12 月 23—24 日所签的合同："巴卡耶的种植园和地产归属于亚历山大·约翰斯通的说明书"，约瑟夫·班克斯，林肯律师事务所，包括 1772 年 5 月 6 日文件中的抵押；布里斯托大学图书馆，西印度的文献 [BUL–W]，韦斯特哈尔庄园的文献，DM41/31。道格拉斯·J.汉密尔顿极其清楚地描述了苏格兰在西印度的财产：《苏格兰、加勒比和大西洋世界，1750—1820 年》（曼彻斯特，2005 年）。

43　贝蒂 1773 年 10 月 30 日写给威廉的信，HL–P，PU435[422]。

44　亚当·斯密 1752 年 1 月 19 日写给詹姆斯·奥斯瓦尔德的信，载《亚当·斯密书信集》，E.C.墨斯纳和 I.S.罗斯编，第 2 版（牛津，1987 年），第 7 页。

45　帕特里克·穆雷（第五代艾利班克勋爵）1759 年 4 月 26 日写给威廉的信，HL–P，PU1425[220]；亚当·斯密 1752 年 1 月 19 日写给詹姆斯·奥斯瓦尔德的信，载《亚当·斯密书信集》，第 7 页。

46　大卫·休谟 1763 年 7 月 21 日写给亚当·斯密的信，载《亚当·斯密书信集》，第 90 页。他们讨论的是前面谈到的道格拉斯的案子。

47　威廉·普尔特尼 1768 年在佩斯·布尔斯和克罗马泰郡被选为议员，并且从 1768 年至 1774 年在国会中代表克罗马泰郡，从 1775 年至 1805 年代表什鲁斯伯里郡。刘易斯·纳米耶和约翰·布鲁克：《国会史：1754—1790 年的下议院》，3 卷（伦敦，1964 年）。

48　威廉·普尔特尼 1805 年 2 月 28 日在下议院第二次审议废除奴隶贸易提案时发表的演讲，参见《从 1803 年至今国会的辩论，第 1 系列》，41 卷（伦敦，1812—20 年），第 3 卷，第 660 辑，并参见本书第五章。

49　"著名人物带有各种轶事的讣告"，《绅士杂志》75，第 1 部分（1805 年 6 月）：587—88。

50　1730 年 12 月受洗的乔治在下议院回忆说："我 1744 年第一次出海。"乔治·约翰斯通 1779 年 3 月 22 日就福克斯先生的提案在下议院发表的演讲，PH，第 20 卷，第 343 辑。"乔治·约翰斯通准将的回忆录"，载 J.罗尔夫：《大不列颠海军史》，4 卷（伦敦，1828 年），1：364—73。乔治是 11 个孩子中唯一一个被详细勾画的，罗宾·F.A.法布尔的传记《夸张与诽谤：乔治·约翰斯通的一生》（塔斯卡卢萨，1987 年）描述了其海军生涯。

51　玛莎·福特是理查德和玛莎·福特的女儿，她于 1774 年在威斯敏斯特的费尔德斯的圣马丁教堂受洗成为基督徒。她的母亲老玛莎·福特死于 1794 年，在其遗嘱中，将自己说成是"秩市去世的拍卖师的理查德·福特"的遗孀。她将其财物遗留给了女儿玛莎·福特、安娜·福特，以及三个孙子和孙女；她将"我去世的丈夫戴的钻石戒指"遗给了孙子乔治·林赛。理查德·福特于 1775 年 6 月 27 日公证的遗嘱，PROB11/1008，以及玛莎·福特于 1794 年 2 月 21 日公证的遗嘱，PROB11/1241；安娜·福特和玛莎·福特受洗的日期，可见 www.familysearch.org。

52　《赫特泰尔的约翰·拉姆塞的书信集，1799—1812 年》，芭芭拉·L.H. 霍恩编（伦敦，1966 年），第 295 页。

53　夏洛特的话，在贝蒂 1758 年 2 月 22 日写给威廉的信中，HL-P，PU400 [392]。

54　关于 18 世纪不列颠的税收和税收官"古板的特征"，参见亚当·斯密：《国富论》，R.H. 坎贝尔和 A.S. 斯金纳编（牛津，1976 年），第 898—99 页。

55　苏格兰老教区记录，可在下面的网址找到：www.scotlandspeople.gov.uk。

56　《大众信报》，1773 年 4 月 13 日，第 11862 期；约翰 1772 年 12 月 29 日写给威廉的信，HL-P，PU658[652]。

57　"今天由伊丽莎白·卡罗琳娜小姐翻译的奥维德诗集出版了，《埃涅伊德》售价为 6 便士"，《大众信报》1758 年 4 月 4 日，第 9 期，第 4 页。在对于贺拉斯的颂诗早期翻译的介绍中，将伊丽莎白·卡罗琳娜的翻译描述为"14 岁年纪的天才少女的杰作"。"伊丽莎白·卡罗琳娜·基恩对贺拉斯的模仿"。《利奥亚得晚邮报和不列颠新闻报》，1757 年 12 月 28—30 日，第 70 期，第 558 页。

58　约翰死于 1795 年 12 月 10 日，《神示和信报》，1795 年 12 月 26 日，第 19200 期。

59　家庭教师（未署名）1751 年 8 月 15 日写给威廉的信，HL-P，PU503[517]。

60　帕特里克·约翰斯通申请东印度公司文书职位的申请书，大英图书馆，东方和印度文献部（OIOC），IOR/J/1/2/104—7。他于 1753 年 10 月 31 日被任命为东印度公司孟加拉分部的文书。东印度公司董事会备忘录，1753 年 10 月 31 日，OIOC，IOR/B/72，第 490 页。

61　吉迪恩·约翰斯通舰长保存的其"勇士"号战舰的航行日记，TNA，

ADM51/8，1780 年 6 月 8 日、10 月 18 日和 1781 年 6 月 23 日的记录。

62　吉迪恩·约翰斯通 1786 年 2 月 19 日立，1788 年 7 月 4 日公证的遗嘱，TNA，PROB11/1168。《圣詹姆斯新闻报》（1780 年 3 月 18 日，第 2968 期）、《新年鉴，或 1780 年历史、政治、文学文库》（伦敦，1793 年，第 84 页）报道了"（勇士号舰长）吉迪恩·约翰斯通先生"和（斯克鲁普·科尔基特的女儿）科尔基特小姐的于 1780 年 3 月 13 日结婚的消息。

63　詹姆斯·约翰斯通爵士的父亲的遗嘱像是一份异常繁杂的债务清单。威廉·约翰斯通爵士 1728 年 12 月 10 日公证的遗嘱，邓弗里斯法庭，CC5/6/9。关于来自韦斯特哈尔的约翰斯通家族"作为伯爵和侯爵家族的管家或代理商"的经历，以及约翰斯通兄弟姐妹的祖父，威廉·约翰斯通爵士作为"政府部门专员"的经历，参见威廉·弗雷泽爵士：《约翰斯通家的安嫩岱尔的家谱，安嫩岱尔伯爵和和侯爵名录》，2 卷（爱丁堡，1894 年），2:354—55, 389。

64　大卫·休谟 1746 年 3 月 29 日和 6 月 6 日写给詹姆斯·约翰斯通爵士的信，《大卫·休谟书信集》，J. Y. T. 格雷格编，2 卷（牛津，1969 年），1：87，93。

65　穆雷：《五个儿子》，第 22 页。

66　梅里克女士与约翰斯通上尉的婚姻财产处置证明的副本，开具于 1758 年 5 月 20 日，NRO，NRS 8335 24D4，第 15—16 页。

67　1761 年苏格兰税务厅 5 名税务专员每一个的薪水是 500 镑。《1761 年朝臣和城市情况表，或绅士名录》（伦敦，1761 年），第 224—25 页。詹姆斯·巴尔曼 1771 年被任命为税务官，1785 年被任命为税务专员。《米德塞斯杂志》，1771 年 11 月 23 日，第 414 期；《大众信报》，1785 年 7 月 1 日，第 15945 期。

68　霍勒斯·沃波尔（Horace Walpole）于 1767 年 12 月 29 日写给霍勒斯·曼爵士的信，《霍勒斯·沃波尔书信集》，W. S. 刘易斯编，48 卷（纽黑文，1960 年），22:560。

69　"提给萨缪尔·罗米利·林肯律师事务所的问题，1799 年 4 月 8 日，"BUL—W，韦斯特哈尔庄园的文献，DM 41/53/2。

70　据威廉一位朋友的回忆，他的母亲"有良好的文学修养"，并且"试图用自己对文学的热爱去熏陶那些会识字的牧羊人"；"牧羊人派出代表，每日为夫人朗诵诗文。""亚历山大·杨格回忆录中有关威廉·普尔特尼爵士的部分,"1833 年和 1837 年,NAS,GD214/163,第 2 页。亚历山大·杨格是威廉的律师并称赞威廉为"我最好的客户"(第 4—5 页)。在他看来,芭芭拉·约翰斯通的文学品味具有很浓的家族特色,"像所有艾利班克家人那样"(第 2 页)。教区牧师也对她的文学才能赞不绝口:"她逻辑清晰,有出色的领悟力和敏锐的洞察力,以及生动而丰富的想象力:拥有这些过人的天赋,加之勤奋的训练、广阔的阅读和出色的口才,使其成为不同寻常的。""芭芭拉·穆雷真是个令人尊敬的女士。"关于排行小的孩子们的受教育情况,参见约翰·约翰斯通 1750 年 12 月 19 日申请东印度公司的文书职位提交给董事会的申请,理查德·霍格 1750 年 10 月 3 日出具的证明一同提交给了董事会,OIOC,IOR/J/1/1/151,154;爱丁堡数学教师,乔治·帕特森出具的证明,与帕特里克·约翰斯通申请东印度公司文书的申请 1753 年 6 月 28 日一起提交给了董事会,IOR/J/1/2/105;爱丁堡的威廉·布朗出具的证明,与吉迪恩·约翰斯通申请东印度公司文书的申请 1764 年 10 月 3 日一起提交给了董事会,IOR/J/1/5/140。

71 1751 年 8 月 15 日写给威廉的一封未署名的信,HL-P,PU 503 [517]。

72 这是 1774 年关于文字版权的著名案件中伦敦书商的辩护人的描述;曼斯菲尔德先生 1774 年 5 月 13 日就书商的版权法案在下议院发表的演讲,PH,第 17 卷,第 1099 辑;并参见本书第五章。

73 芭芭拉(母亲)1759 年初写给乔治的信,EUL-L,La.II.73/71。

74 "已去世的詹姆斯·约翰斯通爵士的财产清产,1797 年 8 月 11 日编,""韦斯特哈尔图书馆藏书清单,"NAS,CC8/8/130/1773—70。藏书总价值约为 55 英镑 13 先令 2 便士,其中一些书几乎毫无价值:《柏拉图著作删节本》第一卷值 2 便士","《身体与意识疾病的治疗》值 4 便士。"

75 约翰·格雷姆 1749 年 12 月 7 日写给芭芭拉·约翰斯通的信,EUL-L,La.II.73/58。

76 芭芭拉(母亲)在"1750 年的最后一天"写给威廉的信,HL-P,PU 497 [511]。

77 1751 年 8 月 15 日写给威廉的一封未署名的信,HL-P,PU 503 [517]。

78 夏洛特 1751 年 7 月 29 日写给威廉的信,HL-P,PU 450 [443]。

79 "我深知斯密先生的高贵品格以及你与他为伴的益处，因此我很高兴你们能够在他于 10 月份前往格拉斯哥之前在一起，在此期间，你们可以任意支配自己的时间，并随意阅读自己感兴趣的书籍——这是个并非任何一个夏天都能有的机会，因此以及其他众多原因，我希望他能够接受我们提供的简陋的条件，而且尽快地来我们这里，因为季节已经不早了，到了 8 月中旬之后，就没有羊奶了——司各特先生将在此一直待到 8 月底，并且住在客厅旁的房间，因而斯密先生（还有你？）可以住在楼上的两个房间里，韦德伯恩先生如果愿意与你住在一个房间，你也可以邀请他来，因为你知道，司各特先生走之前，我们这里没有空余房间给他了。"詹姆斯·约翰斯通（父亲）1751 年 7 月 15 日写给威廉的信，HL—P，PU 501 [515]。本次行程在很久以前就安排好了；他们的父亲 1751 年 1 月便写信给威廉说"很欢迎斯密先生在农闲时期来到家里。"詹姆斯·约翰斯通（父亲）1751 年 1 月 14 日写给威廉的信，HL—P，PU 496 [510]。

80 贝蒂 1758 年 5 月 1 日写给威廉的信，HL—P，PU 432 [420]。

81 1751 年 8 月 15 日写给威廉的一封未署名的信，HL—P，PU 503 [517]。

82 "桑迪 1751 年 5 月的备忘录，"EUL—L，La.II.73/80。

83 威廉写给詹姆斯·约翰斯通爵士的一封未署名、未标明日期的信，背面有"Wm，1752 年 2 月 25 日"的字样，EUL—L，La.II.73/65。

84 亨利·西摩·康威 1746 年 5 月 7 日写给贺拉斯·瓦波尔的信，收在瓦波尔，《书信集》，37：245；关于玛格丽特 1746 年在卡洛登战役中"为防不测骑马为丈夫领路"的事迹，参见贝尔纳·伯克：《家族浪漫史：贵族编年史系列》（伦敦，1853 年），2：265。

85 瓦尔特·约翰斯通 1746 年 5 月 8 日从因弗内斯给詹姆斯·约翰斯通爵士写的信，载《苏格兰历史评论》1，第 4 期（1904 年 7 月）：449—51，第 450 页。

86 "霍尔丹上校将出任牙买加总督，我已提出申请任他管辖的要塞的长官或者做其他不仅能够使我保住在公司职位，并且特希尔死后肯定能继任他的职位的工作。"詹姆斯 1757 年 9 月 1 日写给威廉的信，HL—P，PU 564 [484]。

87 "问约翰·利戈尼尔爵士要一封给安纳波利斯罗亚尔的工程师的推荐信，他有可能雇我做他的助手。让杜普林勋爵给康沃利斯总督写一封信，推荐我得到一份殖民地发放薪水的工作。

问哈利法克斯勋爵要一封推荐信。

拜访帕克广场对面圣詹姆斯街的拉赛尔斯上校。

拜访居住在布鲁克街右侧靠近街头的位置的芒克顿上校。

拜访杜克街街角杰曼街上的卡尔卡拉夫特先生。

拜访坎贝尔上校，感谢他答应为我给康沃利斯上校写推荐信。

问罗伯特·里奇爵士或者里奇家的其他人要一封给劳伦斯上校的推荐信。

问乔治·萨克维尔勋爵要一封给康沃利斯的推荐信。"

"桑迪 1751 年 5 月的备忘录，"EUL–L，La.II.73/80。

88　约翰·约翰斯通 1750 年 12 月 19 日申请东印度公司的文书职位提交给董事会的申请，理查德·霍格 1750 年 10 月 3 日出具的证明一同提交给了董事会，OIOC, IOR/J/1/1/151，154。

89　为帕特里克提供担保的是圣汉诺威街区的彼得·勒厄普和伦敦的亚历山大·格兰特，东印度公司董事会备忘录，1753 年 11 月 28 日，OIOC, IOR/B/72，第 522 页。显然，他们的舅舅艾利班克勋爵拒绝为帕特里克提供担保。"我无法说服艾利班克勋爵，他认为帕特里克去印度的计划太不现实了，我想以别的方法再谈谈此事，"威廉写信对父亲说。威廉 1752 年 2 月 25 日写给詹姆斯·约翰斯通爵士的信，EUL–L，La.II.73/65。

90　帕特里克 1755 年 9 月 15 日写给威廉的信，HL–P, PU 713 [701]；詹姆斯·雷尼：《加尔各答的历史和地形概况》，P. 桑克班·奈尔编（加尔各答，1986 年），第 114 页注释 131；吉迪恩谋求文书职位的申请书，OIOC, IOR/J/1/5/364。

91　詹姆斯 1757 年 6 月 9 日写给威廉的信，HL–P, PU 563 [483]；芭芭拉（母亲）1759 年初写给乔治的信，EUL–L，La.II.73/71。

92　伊丽莎白·玛丽·路易莎·梅里克在其和詹姆斯于 1758 年 5 月 20 日立的婚姻财产处理证明书中，被描述为诺丁汉郡艾德温斯顿已故的牧师约翰·梅里克的遗孀，"托马斯·琼斯爵士与其已故的妻子伊丽莎白·玛丽·路易莎·琼斯夫人的女儿，通常的说法是，爱尔兰王国托马斯·蒙哥马利爵士与其已故的妻克莱门斯·蒙哥马利夫人的女儿"。这一系列关系很明了地呈现出一幅不同寻常的，并且跨越一个世纪之久的以女性为重心的家族传承的画面。从路易莎·约翰斯通的祖先留下的遗嘱中可以发现，这一切开始于诺福克郡希灵顿的威廉·霍维尔的遗孀埃塞德丽德·霍维尔 1683 年去世之后将自己的资产留给了三个女儿：嫁给了汉普郡的查尔斯·斯图尔特的克莱门斯、嫁给诺福克郡的马丁·福克斯的多乐西、在母亲去世之时尚未成婚的埃塞尔德丽达，她后来嫁给了成了坎特伯里大主教的威廉·韦克，两人养育了六个女儿。克莱门斯·斯图尔特，即后来的克莱门斯·蒙哥马利是路易莎·约翰斯通的祖母。她与查尔斯·斯图尔特的婚姻似乎并不美满，于是很快便移情爱尔兰的托马斯·蒙哥马利爵士。克莱门斯也留下了三个女儿——分别为伊丽莎白·玛丽·路易莎、克莱门斯和多乐西——以及一个名为休的儿子。在查尔斯·斯图尔特 1706 年去世几年后的 1714 年，她嫁给了托马斯·蒙哥马利，她的三个女儿和一个儿子，以及另一个夭折的女儿均将姓氏改为"蒙哥马利"。在托马斯·蒙哥马利爵士及克莱门斯·蒙哥马利的遗嘱中，他们是："通常被叫作伊丽莎白·玛丽·路易莎·蒙哥马利的伊丽莎白·玛丽·路易莎"，"被称为休·蒙哥马利的孩子"，"通常被叫作克莱门斯和多乐西·蒙哥马利的克莱门斯和多乐西"。伊丽莎白·玛丽·路易莎·蒙哥马利就是路易莎·约翰斯通的母亲。她在 1720 年担任母亲的遗嘱执行人时尚未成婚但已经成年。1721 年，她嫁给了托马斯·琼斯；后者在其于 1731 年 1 月 29 日公证的遗嘱中将资产留给妻子伊丽莎白·玛丽·路易莎，将一笔价值 50 镑的遗产留给其早期婚姻或者情史留下的"不幸"的儿子。根据路易莎的结婚财产处理证明书，她的母亲后来与一名来自亨廷顿郡的安东尼·雷诺兹"近亲通婚"。路易莎·约翰斯通最近的家人就是这些能力很强的女人的孩子，这些孩子在长达半个世纪的时间里对约翰斯通家族成员的生活以及他们远方资产的命运有重要的影响。梅里克夫人与约翰斯通上校的结婚财产处理证明书的附件，NRO, NRS 8335 24D4；埃塞德丽德·霍维尔夫人的遗嘱，1684 年 2 月 13 日公证；托马斯·蒙哥马利爵士的遗嘱，1716 年 4 月 10 日公证；克莱门斯·蒙哥马利夫人的遗嘱，1720 年 10 月 19 日公证，托马斯·琼斯爵士的遗嘱，1731 年 1 月 29 日公证；TNA, PROB 11/377, 11/551, 11/576 和 11/642。托马斯·琼斯和伊丽莎白·路易莎·玛丽·蒙哥马利于 1721 年 4 月 26 日在伦敦结婚；可参见下面的网址：www.familysearch.org。路易莎·约翰斯通和詹姆斯·约翰斯通一样，也被葬在了威斯敏斯特大教堂；研究大教堂文献的 19 世纪学者查尔斯·切斯特对路易莎早年的生活倾注了很大的精力，他总结道："她的祖先留下了一个很难破解的巨大谜团。"约瑟夫·来缪尔·切斯特编:《威斯敏斯特的圣彼得的大教堂的婚姻、洗礼及丧葬文献记录》（伦敦，1876年），第458页注释4。

93 芭芭拉（母亲）1758年8月9日写给威廉的信，HL-P，PU 1789 [541]。路易莎于1758年2月18日得知丈夫去世的消息；她与詹姆斯的婚姻财产处理书上的日期是1758年5月20日。詹姆斯1759年1月写信对母亲说自己打算从诺福克派人到韦斯特哈尔庄园种白萝卜，并且哀叹道："我的状态很不好，然而最令我担忧的还是约翰斯通夫人的安危。"詹姆斯1759年1月19日写给芭芭拉（母亲）的信，HL-P，PU 565 [485]。路易莎·琼斯似乎是在1739年12月嫁给约翰·梅里克并且于一年之后离开了他。据诺福克郡档案馆的资料，她的律师埃德蒙德·莱肯1756年5月25日的账单中提到了准备"一份你们1739年12月13日结婚的正式文本"，以及"梅里克先生1741年1月11日为你们离婚补偿费所拟的协议书"。同一天还有安东尼·雷诺兹"为你做担保"的契约，而此人很可能就是路易莎母亲的丈夫。1754年，路易莎继承了祖母蒙哥马利夫人的部分遗产，其中包括诺福克郡一处离霍维尔的家族庄园不远的地产，此庄园现归她伯祖母多乐西·（霍维尔）福克斯的后代所有。路易莎在母亲、舅舅休·蒙哥马利、舅舅的两个儿子以及舅舅去世后嫁给科尔克拉夫的舅妈去世后继承了此处地产；这些地产中有属于她的两位姨妈克莱门斯·（蒙哥马利）雷诺兹和多乐西·（蒙哥马利）莱昂斯的500镑的遗产。约瑟夫·切斯特写道，路易莎"很可能是科尔克拉夫先生的女儿"，纳米耶和布鲁克的《国会史》中重复了这一说法。但是情况却似乎是，科尔克拉夫只是她舅舅遗孀的第二任丈夫，她就是在舅舅的遗孀去世后继承了诺福克郡的地产。切斯特:《婚姻、洗礼和丧葬的记录》，第458页注释4；纳米耶和布鲁克:《国会史》，2：685。这一地产很值钱，她的姨妈多乐西丈夫的律师估计它值10000镑以上，因而它成了像"破败的房子"那样的诉讼对象，也就是说，路易莎应该从何时开始付给姨妈遗产的利息。梅里克牧师也声称对这一地产有部分的权利，不过同意"如果路易莎放弃要求离婚补偿，并且每年给他60镑，他可以放弃对这一地产的权利。"路易莎的律师埃德蒙德·拉松1758年2月18日从格雷律师事务所写给路易莎的不同寻常的信中，告诉了她丈夫的死讯："亲爱的夫人，希望你一切都好，不过，我非常遗憾地要告诉你两件重要的事情：第一，你的诉讼已经审过了，你必须从1754年2月6日你舅妈去世之日起，对两个500镑的遗产支付百分之四的利息；第二，我今天接到你老情人（塔韦斯）的消息，罗伯特·梅里克刚才与他在一起，并且告诉他，他收到了寄自诺丁汉郡的一封信，信中说你可怜的丈夫上个星期一离开了人世，准备在星期三下葬。唉，可怜的灵魂。现在你是一个年轻漂亮的寡妇，不过我们要讨论点严肃是事情：我必须检查1754年的各种契约，如果没有东西将你排除在外（我认为没有），而且他没留遗嘱地走了（他很可能如此，不过这还必须得到确定），那么你就可以获得他留下的财产的一半。我希望这两件事会把你从偏远的地方唤到都市，希望你穿着丧服出现在都市。你穿丧服看起来非常好。如果你觉得合适，我会在圣诞节的时候等你，不过，你这样地沉默不语，我想在别的时候也可以。希望你在这两个时候感到高兴，你最忠诚的埃德蒙德·拉松1758年2月18日写于格雷律师事务所，我希望这封信能安全地寄到你那里。"正是这封信加速了路易莎与詹姆斯·约翰斯通结婚；路易莎在信封上写了"1758年2月27日星期一"的字样。信中所说的诉讼是与路易莎祖母的遗产及属于其姨妈的利息有关的诉讼，信中诉说的"你的老情人"是路易莎去世的丈夫的律师，埃德蒙德·拉松的账单中曾提到过他。当时路易莎还欠伦敦外科医生亨利·狄金森的钱。1758年4月15日她与亨利·狄金森解决了她"与之有关的"600镑的抵押契约的事情。在诺福克郡的档案记录中，拉松看起来是极其恶毒的一个人。他1756年5月25日的账单是由一个文书仔细地抄写的。这一账单是律师事务所通常的格式："我的费用和麻烦"是6先令8便士，"税和羊皮纸"是3镑6先令，"诺丁汉郡的梅里克先生签字的文件邮费"是1先令8便士，"给我的职员的小费"是1几尼，等等。然后是一些他自己写的给"世界上最美丽的女性"、"我亲爱的爱人"的纠缠信，信中充满了抱怨——"你能不给男人写信吗？"——充满精心设计的恭维话——"我读了你迷人的来信28次，我就像喜欢弥尔顿那样喜欢你的信，而且，我越读越喜欢"，或者"我读你的来信的次数比读库克的次数都多，尽管我原先经常读他的书。"路易莎的对手的律师之一在路易莎与詹姆斯结婚不久给詹姆斯写信说："拉松先生的一个客户对所说的地产进行了抵押，拉松先生将要让庄园的（新主人）拿到契约，如果事情以此方式进行，所有的抵押都不能转让给其他人，我觉得拉松的行为方式非常特别。"1756年5月25日，1754年高等法院第四开庭期"拉松先生的账单"，第1—2页，1754年的结账日"拉松先生的账单"，第1页，NRO，NRS 8349 24D5；1758年4月15日伊丽莎白·玛丽·路易莎·梅里克和亨利·狄金森之间的契约，NRO，NRS 8119 24B6；埃德蒙德·拉松 1754 年 11 月 9 日，1754 年 12 月 7 日，1758 年 2 月 18 日写给路易莎·梅里克的信，NRO，NRS 8349 24D5；对于克莱门斯·蒙哥马利女士遗嘱的案件，有三个判决：一个是 1750 年 1 月 21 日的判决，一个是 1755 年 7 月 15 日的判决，一个没有日期，顿克伯家族的文献，赫特福德郡档案和地方研究所，DE/B664/T13，DE/B664/29595，DE/B664/29630。

94　亚历山大·韦德伯恩 1758 年 8 月 18 日写给威廉的信，藏皮尔彭特·摩根图书馆，纽约，普尔特尼的手稿，第 17,951 卷。解除婚约的"门德斯小姐"与诗人和小说家的"门德斯小姐"有可能是同一个人，她曾创作了非常著名的献给贺拉斯·瓦波尔的诗。雅尔·亨丽艾塔·门德斯 1762 年与约翰·尼尔·坎贝尔结婚，在坎贝尔去世后，与罗伯特·汉普登·皮耶结婚。她 1772 年出版的诗集中，包括一首写于 1758 年的关于破灭的爱的诗。"我们如此快地分别了，我如此地害怕，你给我所说的誓言很快会被彻底忘记，我的心能要求什么。"《汉普登·皮耶夫人诗集》，第 2 版（伦敦，1772 年），第 36—38，43 页；《伦敦新闻报》，1762 年 2 月 25 日，第 807 期；《伦敦杂志》，1766 年 9 月，第 492 页；并参见塔马尔·赫德斯："雅尔·亨丽艾塔·皮耶（1737？—1782 年）"，ODNB，第 72235 条。

95　帕特里克·穆雷（第五代艾利班克勋爵）1759 年 4 月 26 日致威廉的信，HL-P，PU1425[220]。

96　他们的父亲 1751 年写信认真地劝告他应该将论文献给谁，并推荐献给昆斯伯里公爵："你母亲认为从眼下的情况看来，他是最合适的人选。不要忘记他是多么地优雅。"威廉则想出了一个更加完美的策略："我同舅舅艾利班克勋爵一同拜访了昆斯伯里公爵，公爵只是礼貌性地接待了我，对我的题献只字不提。我会再次尝试去拜访他，但是我打算去见公爵夫人，有人告诉我她是更合适的人选。如果我在这里（大概指的是伦敦）多停留一两个月，一定能想办法得到许多有名望的人，尤其是苏格兰人的接见……我要竭尽所能取得与 M 先生见面的机会——这样的机会的价值堪比整个王国。"詹姆斯·约翰斯通爵士（父亲）1751 年 6 月 21 日写给威廉的信，HL-P，PU 498 [512]；威廉 1752 年 2 月 25 日写给詹姆斯·约翰斯通爵士的信，EUL-L，La.II.73/65。

97　詹姆斯·约翰斯通爵士（父亲）1767 年 10 月 31 日以及安德烈·斯图尔特 1767 年 11 月 3 日写给威廉的信，HL-P，PU 556 [569] 和 1977[1644]；并参见 M.J. 罗威 和 W.H. 麦克布赖德："威廉·普尔特尼爵士，第五代男爵（1729—1805 年），"ODNB，第 56208 条。

98　关于七年战争，参见弗雷德·安德森：《战争的残酷》。

99　阿尔伯马勒伯爵 1746 年 11 月 25 日和 12 月 15 日从爱丁堡给伦敦的纽卡斯尔 公爵写的信，TNA，SP54/34/130r—131r（30A）及 SP54/34/195r—196r（42B）；1747 年 1 月 10 日亨利·福克斯写给阿尔伯马勒伯爵的信，TNA，WO4/43/25r。玛格丽特·奥格 威是由苏格兰法院副院长发出的逮捕令入狱的；英国军官阿尔伯马勒在信里对纽卡斯尔 公爵说道："法院副院长授权我逮捕赫本小姐以及在此次事件中协助她的约翰斯通兄妹" （SP54/34/131r）。在这封信中没有提到玛格丽特的哪位兄妹卷入到了其中以及他们是否 被逮捕。阿尔伯马勒并不相信苏格兰法官的热心："我希望陪审法官和检察长能够尽其 职责将协助玛格丽特逃跑的人都找出来。"然后他在这一封写给纽卡斯尔公爵的信中又 透露出他极度渴望离开苏格兰的愿望："（我）希望您能为我说说情，让其他人尽快接替 我的职位，因为没有一个英格兰人能够忍受在苏格兰待上十二个月之久的日子。"阿尔 伯马勒伯爵 1746 年 12 月 15 日致纽卡斯尔公爵的信，SP54/34/196r—196v（42B）。军事 法庭 1746 年 12 月 5 日审理了玛格丽特逃亡事件，一位名叫伦纳德·休伊森的中尉被革 除军职，另一名叫恩赛因·威廉·罗伯森的人被停职三个月；国王批准了对罗伯森的处 罚并且赦免了休伊森。1747 年 1 月 10 日亨利·福克斯写给阿尔伯马勒伯爵的信，TNA，WO4/43/25r。

100　玛格丽特 1749 年 3 月 29 日写给芭芭拉·约翰斯通（母亲）的信，EUL-L，La.II.502/12。

101　玛格丽特·奥格威 1749 年 8 月 1 日从法国写给肯缪尔子爵夫人的信，EUL-L，La.II.502。

102　在一名英国情报官员的描述中："她怀着身孕回到家乡，希望孩子出生在家 乡从而自然地成为英国人。"政府方面的律师最终未能找到她早期从事"叛国活动"的 证据。"我派了一个得力的人前往爱丁堡城堡寻找对她定罪的文件，然而看来它们已经遗失了或者并不保存在那里，"威廉·格兰特 1751 年 9 月 17 日致总检察长的信，TNA，SP54/41/150r—150v。

103　查尔斯·肯纳德 1757 年 4 月 17 日写给威廉的信，HL—P，PU 765 [798]。威廉也给对方寄了一封信："奥格威尔夫人上个月末于巴黎去世，她之前患了肺病。我最早是通过星期二的报纸得知这一令人悲伤的噩耗的，现在私人信件证实了这一消息。你一定要以最谨慎的方式将这一消息告知我的姐姐。我感到极度震惊。我们从未得知她患病的消息，这让我们很难相信这个消息。"威廉 1757 年 4 月 7 日写给查尔斯·肯纳德威廉的信，KR—PKA，MS100/2，第 48 函。

104　芭芭拉（母亲）1759 年初写给乔治的信，EUL—L，La.II.73/71，其中引用了吉迪恩早先写给夏洛特的信中的文字。

105　关于英国海军及战利品分配的情况，参见罗杰：《称霸海洋》，关于乔治在 1758 年卷入的纷争，参见法布尔：《夸张与诽谤：乔治·约翰斯通的一生》，第 5—6 页。

106　乔治保存的 1759 年 11 月 24 日写给弗兰西斯·穆雷将军的信的副本，NAS GD32/24/11；此信是乔治给奥斯瓦尔德上校（即顿尼克的詹姆斯·奥斯瓦尔德的兄弟）写的推荐信，亚当·斯密 1752 年曾将威廉的推荐给这个奥斯特瓦尔德。

107　乔治 1759 年 10 月 2 日写给威廉的信，HL—P，PU467[450]。关于小型私掠船和非法渔船的情况，参见乔治 1761 年 2 月 18 日和 8 月 9 日写给威廉的信，HL—P，PU469[453] 和 470 [454]。

108　查尔斯·肯纳德 1759 年 5 月 7 日写给威廉的信，HL—P，PU774 [750]。

109　贝蒂 1759 年 10 月 9 日和 19 日写给威廉的信，HL—P，PU405 [397]，406 [398]。奥金莱克的亚历山大·博斯威尔（即詹姆斯·博斯威尔的父亲）对芭芭拉的赡养费做出了最后裁决。裁决书中提到了"极其微妙的话题"，并且结论道，这场婚姻破裂的原因"使得离婚是恰当的和对双方都有利，尽管事情非常遗憾。""1760 年查尔斯·肯纳德与芭芭拉·肯纳德夫人之间的离婚赡养费的最终判决"，NAS，GD137/2833，第 3—5 页。

110　贝蒂 1759 年 10 月 19 日写给威廉的信，HL—P，PU406 [398]。

111　"最亲爱的先生，我应该对你说些什么——又如何敢和你说，我带给你的新的不幸，——如何敢告诉你，我在所有方面都陷入了困顿之中，但我的恐惧在你将要承受的灾难面前是多么的微不足道……哦，我不敢想象你会如何看待这一切——然而先生——这一切困扰与折磨，以及我所承受的所有压力，都没有比你因我而受到牵连而令人痛苦了，"路易莎1759年7月17日写信对詹姆斯说。这次危机起因于与路易莎的祖母遗嘱中所说的两份五百镑的遗产有关的两场诉讼，诉讼中路易莎的表亲从大法院得到了拘留他们夫妇的命令："哦上帝啊，我要怎样将这个消息告诉你——我别无选择——他们将要派来一名武装警察，强制拘留你……我告诉他们你曾经是一名为国王服务的上校，而他们则对此充耳不闻。"路易莎1759年7月17日写给詹姆斯的信，NRO，NRS 8348 24DS。

112　詹姆斯1759年7月18日写给路易莎的信；NRO，NRS8194 24C2。这是一些标着"私人信件"的信件，詹姆斯在其中表达了希望谋求中尉职位、进入议会并且在格伦迪宁山区找到铅矿的愿望。詹姆斯1759年6月17日，7月18日，12月2日写给路易莎的信，NRO，NRS 8194 24C2。

113　"我建议立即卖掉Sheens Lochmaben以及爱丁堡的房子，倘若对方不愿将钱支付给艾利班克勋爵（他们的舅舅，也是他们父亲的债权人），那么就再加上Bentheath或者一两座山丘，我希望能够一次性将这一切都卖掉，这样对父亲而言也会轻松许多，"詹姆斯1759年6月写信对威廉说。"这里面有欺诈和隐瞒的行为吗？我相信是没有的。然而这座犹如风暴中的轮船般四处漏风的疯狂摇摆的老房子，这座隐藏在树林中和乌鸦的巢穴下的房子，这座为我的祖先抵挡了无数的风雨的庄园，应当由一个拥有真正苏格兰精神、懂得美和优雅的家族继承。倘若这是我的罪孽，那么我将接受惩罚，在一切高贵的家族精神面前我如同死了一般；然而我却不愿令一个正直的人产生丝毫的厌恶与反感，尤其是艾利班克勋爵，"詹姆斯保存的1759年6月8日写给威廉的信的副本；关于这次争吵，参见威廉1759年3月10日及7月5日写给乔治的信；NRO，NRS 8347 24D5。这些信件中包括詹姆斯所写的没标日期的一个小条，他在其中声称自己那封关于英格兰和苏格兰的资产的信是在威廉的鼓动下写的。"这封信本是写给艾利班克勋爵的，但威廉未让他看，而是送给我亲爱的父亲，想利用它让父亲将我从遗嘱中移除，并将我的那部分财产交给威廉。我那值得信赖的父亲将威廉写给他的信寄给了我，把我给他的信交给了威廉，并且从父亲的立场上劝我要尽量信任威廉……我本应将此信销毁，但是想到我父亲那高尚的行为应被他的子孙所知，因此改变了主意。"威廉所写的未标日期的字条，NRO，NRS 8347 24D5。

114 "竖立于孟加拉的加尔各答的纪念碑，"约翰·泽弗尼亚·霍维尔：《印度短论集》（伦敦，1774 年），标题页；《大英帝国军事史，1756 至 1757 年》（伦敦，1757 年），第 84 页。关于约翰及东印度公司其他官员被囚禁在达卡的法国工厂的情况，参见理查德·比彻等人 1756 年 7 月 18 日致东印度公司董事会的信，T. 瑞乔胡利编：《印度文献系列：威廉堡－印度之家通信集》，21 卷（德里，1949—85 年），1：1030。关于"黑洞"的传奇历史，参见布莱恩·K. 古普塔：《Sirajuddaulah 与东印度公司，1756—1757 年：不列颠在印度建立权力的背景》（莱顿，1966 年），第 70—80 页。

115 詹姆斯 1757 年 6 月 9 日写给威廉的信，HL－P，PU563 [483]。

116 贝蒂 1759 年 9 月 11 日，10 月 9 日，10 月 19 日以及 1760 年 5 月 30 日写给威廉的信，HL－P，PU404 [396]，405 [397]，406 [398]，408 [400]。

117 贝蒂 1758 年 2 月 22 日写给威廉的信，HL－P，PU400 [392]。瓦尔特·约翰斯通出生于 1715 年，他是"威廉·约翰斯通爵士与其夫人朱丽安·梅克尔"的儿子，也就是詹姆斯·约翰斯通爵士同父异母的兄弟，韦斯特柯克教区档案，可在 www.scotlandspeople.gov.uk 进行查询。在苏格兰贵族的档案中，只记录了威廉·约翰斯通爵士的两个儿子——詹姆斯，即本书主人公的父亲，以及他于 1741 年去世的弟弟约翰；他们的母亲是来自西恩斯的亨丽艾塔·约翰斯通。参见埃德蒙德·洛奇：《英国现存的贵族及准男爵系谱》（伦敦，1859 年），第 729 页；威廉·安德森：《苏格兰民族》，3 卷（爱丁堡，1867 年），2：579。在威廉·约翰斯通的遗嘱中，瓦尔特是"我的儿子瓦尔特·约翰斯通"，遗嘱还提到他的另一个儿子阿奇博尔德。威廉·约翰斯通爵士的遗嘱，1728 年 12 月 10 日公证，邓弗里斯教区法庭，CC5/6/9。"詹姆斯·约翰斯通之子阿奇博尔德·约翰斯通"于 1706 年在邓弗里斯受洗。圣芒戈教区档案，老教区记录，参见 www.scotlandspeople.gov.uk。一份 1794 年的印刷材料显示威廉·约翰斯通爵士"与吉尔斯·梅克尔再婚，二人生育了两个儿子：阿奇博尔特和瓦尔特。《詹姆斯·约翰斯通男爵声称自己是安嫩岱尔侯爵及伯爵爵位的继承者的事件》（n.p.，[1794]），NLS，Adv. MS.25.8.31，第 5 页。

118　吉迪恩 1761 年 2 月 24 日写给威廉的信，HL-P，PU 490 [476]。

119　贝蒂 1759 年 10 月 29 日写给威廉的信，HL-P，PU 407 [399]。

120　贝蒂 1759 年 10 月 9 日写给威廉的信，HL-P，PU 405 [397]。詹姆斯·弗格森（皮特弗尔勋爵）是爱丁堡的一个律师，后来成了法官，其妻子是芭芭拉·（穆雷）约翰斯通的妹妹安娜。他从"困难时期"就帮助约翰斯通家族协调事情，其中包括詹姆斯的教育问题、贝尔或贝琳达的案件以及约瑟夫·奈特的案件。亚历山大·博斯威尔 1743 年 9 月 23 日写给詹姆斯·约翰斯通爵士（父亲）的信，哈佛大学霍顿图书馆，海德女士 52（1）。

121　贝蒂 1758 年 2 月 22 日和 1758 年 5 月 1 日写给威廉的信，HL-P，PU 400 [392] 和 432 [420]。

122　乔治 1758 年 6 月 26 日写给贝蒂的信，HL-P，PU 463 [448]。

123　夏洛特 1760 年 3 月 30 日写给贝蒂的信，瓦尔特·约翰斯通 1761 年 4 月 18 日写给威廉的信，HL-P，PU451[444]，719 [707]。

124　詹姆斯·约翰斯通（父亲）1761 年 10 月 23 日写给贝蒂的信，贝蒂在 1761 年 11 月 2 日、17 日以及 1762 年 6 月 22 日写给威廉的信，HL-P，PU 527 [542]，416 [406]，418 [408]，428 [417]。"我非常高兴地告诉你我已回到韦斯特哈尔了，"贝蒂 1762 年 5 月告诉威廉。贝蒂 1762 年 5 月 3 日写给威廉的信，HL-P，PU 426 [415]。

125　关于 1763 年 2 月 10 日签署的《巴黎条约》的条款，参见 avalon.law.yale.edu/18th _century/paris763.asp。

126　亚历山大 1759 年 10 月 7 日和 11 月 18 日写给托马斯·盖奇的信，密西根大学，威廉·克莱门斯图书馆（UMWCL），盖奇的文献。贝蒂 1761 年写信将自己从夏洛特那里得到的消息告诉威廉，"妈妈收到了一封来自桑迪的信，詹姆斯舅舅花 1500 镑买了个 'Magonety'，但还没有得到。"贝蒂 1761 年 11 月 2 日写给威廉的信，HL-P，PU 416 [406]。"詹姆斯舅舅"指的是时任魁北克军事总督的詹姆斯·穆雷。"Magonety"大概是"Majority"（上校）的误拼，这一误拼来自于桑迪和夏洛特。到了 1762 年末，亚历山大仍然面临着许多困境。"你告诉我了桑迪的境况，这让我感到十分难过，"他的姨妈安娜·弗格森 1763 年 1 月写信对詹姆斯·穆雷说。安娜·弗格森 1763 年 1 月 29 日写给詹姆斯·穆雷将军的信，NAS，GD32/24/14。

127　乔治 1761 年 2 月 18 日写给威廉的信，HL-P，PU 469 [453]。

128　乔治三世 1760 年继承了英国王位。他的老师布特伯爵是一个苏格兰贵族；布特的秘书是戏剧家约翰·霍姆，他是大卫·休谟的亲属，也是乔治的密友之一。关于约翰·霍姆的情况，参见亨利·格雷厄姆：《18 世纪苏格兰的文人》（伦敦，1901 年），第 60—77 页。

129　关于乔治任命的争论，参见《大不列颠的北方人》3，第 62 和 64 组（伦敦、都柏林，1763 年），第 136—37，152—58 页。约翰斯通兄弟姐妹的舅舅詹姆斯·穆雷将军被任命为魁北克的总督；詹姆斯·格兰特将军被任命为东佛罗里达的总督；乔治·司各特上校被任命为格林纳达的总督，后来罗伯特·梅尔维尔被任命为格林纳达的总督。参见道格拉斯·汉密尔顿："罗伯特·梅尔维尔与不列颠在西印度的帝国先锋们，1763—1771 年"，收在《1600—1800 年间军队的总督与帝国的先锋：苏格兰与帝国研究》，A. 麦基洛普和斯蒂夫·默多克编（莱顿，2003 年），181—204。

130　M. 奥布里 1765 年 4 月 24 日致海军和殖民地大臣的信，国家档案馆，法属殖民地（AN-Col.），来自路易斯安那的信，C13A/15/48—49。

131　七年战争结束后大西洋奴隶贸易立即得到了急速的发展，1749 年至 1755 年期间多达 7 万名奴隶被贩卖。到了 1764 年这个数字达到了 86000 人，而 1792 年则达到了该世纪的顶峰：15 万人。官方贩卖的奴隶的估计，参见跨大西洋奴隶贸易数据库：wilson.library.emory.edu:9090/tast/assessment/estimates.faces。

132　1764 年的一个小册子称格林纳达"有很大改善的空间"，并且对"由这里通向洪都拉斯湾和墨西哥湾"的西班牙舰队可能会是一个潜在的"障碍"。威廉·杨格：《观点见闻：助于正确认识我们的新西印度殖民地之本质、重要性及解决方案》（伦敦，1764 年），第 1,3 页。关于格林纳达的历史，参见贝弗利·斯蒂尔：《格林纳达：一部人民史》（牛津，2003 年）。

133　"格林纳达岛调查的结论"，1763 年 5 月 14 日，TNA，CO101/1/6v。

134　《双方的陈述》（伦敦，1770 年），第 50，117，119 页。

135　"亚历山大·约翰斯通先生称呼的概要情况"，BUL-W，韦斯特哈尔的文献，

DM 41/31；并参见汉密尔顿：《苏格兰，加勒比》。关于威廉对亚历山大的支持，参见贝蒂保存的詹姆斯·约翰斯通爵士 1764 年 12 月 13 日写给威廉的信，HL−P，PU 431 [568]。

136　梅尔维尔总督 1765 年 9 月 13 日致贸易与种植园委员会的信，TNA，CO101/1/315r—316r。

137　亚历山大·约翰斯通及其他人："格林纳达岛的主人的请愿书"，附于亚历山大·约翰斯通上校 1769 年 12 月 1 日呈给枢密院的控诉书，TNA，枢密院文献，PC1/60/7。1770 年出版的两本小册子对 1764—1769 年的格林纳达危机有大量和粗略的记载，这两个小册子就是《对梅尔维尔总督的控诉的进展报告》（伦敦，1770 年）和《双方的陈述》。关于以上两本小册子的出版状况以及约翰斯通家族与之的关联，见本书第六章。

138　"1770 年 2 月 20 日在白厅对格林纳达总督所做的指控，"TNA，PC/1/60/7，殖民系列文献，B7，1769 年 7 月至 1770 年 5 月；"格林纳达政府 1768 年 9 月 7 日在圣詹姆斯法庭的决定，"TNA，CO101/3，1v—2v，"格林纳达与格林纳丁斯群岛的法律"，TNA，CO103/1/9。

139　"格林纳达与格林纳丁斯群岛的法律"，TNA，CO103/1/25，56。

140　《对梅尔维尔总督的控诉的进展报告》，第 92 页。

141　关于格林纳达议会，参见《双方的陈述》，附录 9。

142　《双方的陈述》，第 113 页。

143　詹姆斯 1768 年 3 月 1 日写给詹姆斯·约翰斯通爵士的信，NAS，GD1/499/3。亚历山大和朋友写的《对梅尔维尔总督的控诉的进展报告》（第 54—57，76，126—32 页）和《双方的陈述》（第 111—13 页）隐晦地谈到了亚历山大被控造反以及他前往伦敦的经过。

144　"通常被称为巴卡耶的种植园的物品清单和价值估量"，1770 年 12 月 1 日，BUL−W，韦斯特哈尔庄园的文献，DM41/32/1。"格林纳达岛人在伦敦的土地"，1779 年 9 月 6 日接到的来信，AN−COL。

145　关于乔治在佛罗里达的经历，参见法布尔：《夸张与诽谤》，第 25—57 页；关于殖民地 1763 年的人口估计，参见罗宾·法布尔：《英属西佛罗里达的经济，1763—

1783 年》（塔斯卡卢萨，1988 年），第 18 页。

146　这位记者在巴拿马补充道："那里的荒野中游荡着野狼、老虎和狮子。"《绅士杂志》42（1772 年 4 月）：169。

147　乔治 1765 年 6 月 11 日写给哈利法克斯勋爵的信，TNA，CO5/582/250v；乔治和印度事务主管约翰·斯图尔特 1765 年 6 月 12 日写给哈利法克斯勋爵的信，TNA，CO5/582/187r；乔治 1766 年 4 月 1 日写给约翰·波那尔的信，TNA，CO5/574/673r。

148　福德中尉 1763 年 12 月 3 日的信的摘选，TNA，CO5/582/63r；大卫·韦德伯恩 1765 年 4 月 14 日写给亚历山大·韦德伯恩的信，UMWCL，韦德伯恩家族的文献。

149　大卫·休谟 1763 年 10 月 6 日写给休·布莱尔的信，收在格雷格：《大卫·休谟书信集》，1：403；关于经由牙买加的旅途以及"印度礼物"的事件，参见乔治 1764 年 8 月 4 日和 10 月 31 日写给哈利法克斯勋爵的信，TNA，CO5/582/131r 和 133r，以及詹姆斯·达拉斯 1776 年 1 月 6 日从新奥尔良写给乔治的信，EUL-L，La.II.123。詹姆斯·麦克弗逊任职"国王陛下西佛罗里达政府的秘书及文书"的就职宣誓词，存放在乔治·约翰斯通的私人文献中，EUL-L，La.II.76。一位据说是乔治的"侄子"，名为"詹姆斯·约翰斯通"的年轻人成了"律政官员"。关于这个律政官员的詹姆斯·约翰斯通的情况，参见"乔治·约翰斯通先生的工作报告，1764 年 9 月至 1767 年 1 月"。1771 年 12 月 19 日，TNA，AO1/1261/152；蒙特福特·布朗 1766 年 3 月 27 日写给 H.S. 康威的信，詹姆斯·约翰斯通 1766 年 3 月 31 日的证词，邓巴·罗兰编：《英国统治下的密西西比州的档案》（纳什维尔，1911 年），第 300，486—87 页。

150　约翰斯通总督之子乔治·林赛·约翰斯通 1764 年 12 月 10 日在彭萨克拉受洗的证明（1781 年 1 月 27 日开具），夹在乔治·林赛·约翰斯通申请东印度公司文书职位的文件中，OIOC，IOR/J/1/10/83。玛莎·福特的名字并未在乔治·林赛·约翰斯通的受洗证明上出现，虽然她与乔治所生育的另外两个儿子的受洗证明上有她的名字，这两个儿子是 1772 年 7 月 9 日在威斯敏斯特的圣詹姆斯以"乔治·约翰斯通和玛莎·福特之子"身份受礼的詹姆斯·普里姆罗斯，和 1776 年 1 月 6 日在同一地点以"乔治和玛莎·福特·约翰斯通之子"的身份受洗的亚历山大·帕特里克；这些证明还包括詹姆斯·普里姆罗斯·约翰斯通和亚历山大·帕特里克·约翰斯通申请东印度公司文书的证明，IOR/J/1/13/27 和 IOR/J/1/16/219。乔治在他于 1787 年公证的遗嘱中给自己"亲生的或者说亲生的儿子们"乔治·林赛、詹姆斯·普里姆罗斯和亚历山大·帕特里克留下了遗产，还给他的女儿索菲亚留下了遗产。玛莎·福特的母亲老玛莎·福特，也在自己的遗嘱中给四个孙子孙女留下了遗产。乔治·林赛·约翰斯通 1813 年去世后给母亲玛莎·福特留下了年金，并把资产留给了妹妹索菲亚·约翰斯通。乔治·约翰斯通的遗嘱，1787 年 6 月 12 日公证，TNA，PROB11/1154；玛莎·福特的遗嘱，1794 年 2 月 21 日公证，TNA，PROB11/1241；乔治·林赛·约翰斯通的遗嘱，1814 年 2 月 1 日公证，TNA，PROB11/1152。乔治·林赛·约翰斯通出生和受洗的确切情况是不清楚的。有三份不同的文献对他的出生和受洗日期给出了两种不同的说法：东印度公司的文献给出的是 1764 年在彭萨克拉受洗；他安葬的威斯敏斯特大教堂记载说他 1813 年于 46 岁去世，如此推断他应当生于 1767 年；根据威斯敏斯特的圣詹姆斯的记载，乔治·林赛·约翰斯通 1767 年 11 月 26 日出生，并于 1768 年 1 月 2 日受洗。切斯特：《威斯敏斯特之圣彼得的大教堂的婚姻、洗礼和丧葬的记录》，第 486 页；威斯敏斯特的文献。乔治和玛莎似乎一共生育了五个孩子，即继承了乔治和他们的祖母遗产的三个儿子和一个女儿，及另一个死于父亲之前的名为约翰的儿子。两个年长的儿子，约翰和乔治（林赛）曾在法国和意大利接受教育，密西根大学克莱门斯图书馆中藏有大量对他们意大利之行有着详细记载的信件；通信人正是杰出的数学家、后来任普林斯顿大学数学教授的瓦尔特·明托，当时他（在"休谟博士和爱丁堡大学的弗格森教授"的举荐下）被乔治聘请担任儿子们的家庭教师。瓦尔特·明托在 1776 年至 1778 年期间担任孩子们的教师，这些信件包括三封乔治写的和两封玛莎·福特写的信，玛莎·福特写的信中一封是给明托的，署名为"MF"，一封是给孩子们的，署名为"母亲"。从这几封信中推断，乔治（林赛）比约翰年幼；明托在 1778 年 11 月曾提到"乔治（11 岁大的男孩）回到严冬中的英国"。[玛莎·福特]1778 年 8 月 26 日写给乔治·[约翰斯通] 和约翰·[约翰斯通] 的信，署名"最爱你们的母亲"；[玛莎·福特]1778 年 9 月 12 日写给瓦尔特·明托的信，署名"MF"；乔治 1778 年 10 月 30 日写给瓦尔特·明托的信（明托保存的副本）；瓦尔特·明托 1778 年 11 月 23 日写给乔治的信，明托－斯克尔顿的文献，密西根大学，威廉·克莱门斯图书馆（UMWCL-MS）。这与法布尔所写的乔治传记中的说法是一致的，即乔治的一个担任海军中尉的儿子在不久前刚刚晋升为上校但却于 1780 年葬身在西印度的风暴中。法布尔：《夸张与诽谤》，第 145 页。据此推断，长子是约翰，在 1778 年 11 岁的乔治（林赛）则是弟弟，后者因此应出生于 1767 年。因而，有可能是乔治和玛莎的长子约翰于 1764 年 12 月在彭萨克拉受洗，而乔治为了使乔治·林赛尽早进入东印度公司而在约翰死后利用或者篡改了这份受洗证明。这份呈交给东印度公司的证明由一位叫托马斯·卡沃迪恩的英国国教神职人员，即"威斯敏斯特杜克街教堂副牧师"，以及另外一个名为托马斯·汤姆森的人所开具；他们俩人大概记得 1764 年初冬乔治的一个儿子曾在彭萨克拉受洗，却不记得孩子的名字。在此我十分感谢密西根大学的罗伯特·刘易斯教授，他于 2007 年夏天整理明托—斯克尔顿的文献时为我留意了这些文件并且为我接触到这批信件提供了可能；同样还要对克莱门斯图书馆的芭芭拉·德沃尔夫以及密西根大学历史系的苏珊娜·林利提出诚挚的感谢，正是她们让我认识了刘易斯教授。

151　将彭萨克拉的一处花园授予玛莎·福特夫人的文件，乔治·约翰斯通于 1766 年 1 月 9 日签，TNA，CO5/602/136v—137r；授予玛莎·福特的文件，蒙特福特·布朗在 1768 年 1 月 28 日签，乔治·约翰斯通在 1768 年 1 月 12 日签的"许可证书"，TNA，CO5/601/255v。

152　"乔治·约翰斯通先生的工作报告" TNA，AO1/1261/152。

153　"这里的居民（按照自己的原则来行事）在偏离美德的道路上越走越远，他们过着放荡不羁的生活。"查尔斯·伍德梅森：《革命前夕的穷乡僻壤的卡罗来纳：英国传教士查尔斯·伍德梅森之日志与文选》，理查德·胡克编（教堂山，1953 年），第 82 页；另参见米罗·霍华德和罗伯特·雷亚为蒙塔特·德·蒙博特骑士的《蒙塔特·德·蒙博特的辩解性备忘录；1763—1765 年英属西佛罗里达的印第安人的外交》所写的"导言"，米罗·霍华德和罗伯特·雷亚译（伯明翰，1965 年），第 56 页注释 122。我们没有任何理由认为玛莎·福特是一个行为放荡的人，而且她伦敦的家是一个典型的美德模范。在她留下的很少的信件当中，或者说我所能找到的信件中，有一封意在告知儿子们他们身在纽约的"可敬的父亲"身体十分健康——"他在困难的处境中也以最亲切的方式提到你们，我昨日得知这个消息并且马上就告诉你们"——另一封则是在得知身在比萨的乔治、约翰和明托同时患病后写给明托的一封十分令人动容的信："我为心爱的乔治感到无比担忧。然而与此同时，我相信，亲爱的明托先生，您将给予他最精心的照料。您让他给我写的那封信，真是让我无比感激，因为我深知那是您能为一位身在远方而忧心忡忡的母亲所能做的唯一事情……没有人能够比我更加体会您的处境，照料别人的孩子，那一定是一个难以言喻的沉重负担。"[玛莎·福特]1778年8月26日写给乔治·[约翰斯通]和约翰·[约翰斯通]的信，署名是"最爱你们的母亲"；[玛莎·福特]1778年9月12日写给瓦尔特·明托的信，署名"MF"，UMWCL—MS。

154   詹姆斯·麦克弗逊1764年末写给乔治的未标日期的信，夹在乔治于1765年1月2日写给托马斯·盖奇上校的信中，盖奇的文献，UMWCL。

155   "奥色治和密苏里酋长的交谈记录"，"卡斯卡斯奎亚斯的首领塔玛罗亚以伊利诺伊之名"的回答，收在"1765年4月在伊利诺伊召开的大会记录的副本，"TNA，海军将领们的信件（威廉·博纳比上将），牙买加，ADM1/238，无页码。关于18世纪60年代的印第安人大会的情况，参见理查德·怀特：《属地的根基：乔克托、伯尼和纳瓦霍人的生计、环境和社会变迁》（林肯，新英格兰，1983年），帕特里夏·加洛韦："'如此之多的小共和政体'：英国与乔克托联盟的谈判，1765年"，载《人种史》41，第4期（1994年秋），513—37，以及丹尼尔·里奇特：《从印第安国度向东看：早期美国原住民的历史》（剑桥，麻省，2001年）。有意思的是，据说塔玛罗亚用了一个称的比喻："所有红种人心中都有一杆秤，英国人和法国人在称之中，而且无论何时，英国总是重的一方。为何如此？因为他们作恶多端，他们不像我们的祖先一样拥有纯净的意识……告诉他们这片土地是属于我们的，我们热爱这片土地，没有人能够将之夺走，包括其他的红种人；那么你们何必来到这里？"塔玛罗亚的回答，TNA，ADM1/238。

156   乔治和约翰·斯图尔特1765年6月12日写给哈利法克斯勋爵的信，TNA，CO5/582/188r；并参见加洛韦："如此之多的小共和政体"。

157   来自苏格兰的上校是大卫·韦德伯恩，他是亚历山大·韦德伯恩的弟弟、威廉的老友及1751年夏天学习法律时的同学，他在1765年已经是苏格兰一名成功的律师，后来成为了首席法官。参见亚历山大·默克："亚历山大·韦德伯恩，第一代罗斯林伯爵（1733—1805年）"，ODNB，第28954条，并参见本书第四章。

158   乔治和约翰·斯图尔特1765年6月12日写给哈利法克斯勋爵的信，TNA，

CO5/582/190r。

159 "密西西比河此岸的红种人应被视作英国公民，对岸的应被视作法国人，然而由于法国人即将离开新奥尔良，把这里割让给西班牙人，那么留在那里的居民应被视作西班牙人，而留在我们这里的法国人则应被视作英国公民"；"你应当将所有留在新奥尔良岛的法国人都视为西班牙人，将得到总督的许可留在伟大的密西西比河此岸的其他法国人视作英国公民。"乔治 1765 年 3 月 26 日、约翰·斯图尔特 3 月 27 日发表的演讲，1765 年 4 月 2 日的大会记录，收在《密西西比州的档案》，第 223，232，234 页；加洛韦："如此之多的小共和政体"，第 525 页。

160 约翰斯通总督 1765 年 5 月 27 日发表的演讲，"彭萨克拉会议的记录"，亚瑟·戈尔登，秘书，TNA，CO5/582/195r，195v，196r，204r；"永久和平条约"，1765 年 5 月 28 日，TNA，CO5/582/211v；乔治和约翰·斯图尔特 1765 年 6 月 12 日写给哈利法克斯勋爵的信，TNA，CO5/582/189v。1765 年 3 月 26 日莫比尔会议的记录，收在《密西西比州的档案》，第 217，219 页。

161 彭萨克拉会议的记录，TNA，CO5/582/199v，200v，201v。

162 乔治·约翰斯通 1764 年 11 月 1 日写给报社的信，载《新闻报和每日信报》，1765 年 2 月 6 日，第 11212 期。"议会认为我们以建造一座宏伟的科斯林式建筑的理由而推迟划出一块建立集市的土地是不恰当的。"西佛罗里达议会的提案，1767 年 1 月 3 日，收在罗伯特·雷亚和米罗·霍华德：《英属西佛罗里达议会的备忘、日志及法令》（塔斯卡卢萨，亚拉巴马州，1979 年），第 69 页。

163 摘自乔治 1765 年 2 月 19 日写给约翰·波那尔的信，TNA，T1/437/224r。

164 乔治 1766 年 5 月 3 日写给唐·安东尼奥·杜卢亚的信，TNA，CO5/583/61，63。关于乔治和杜卢亚的关系，参见加布里埃·帕克特："西班牙帝国在英国政治思想中的形象，1750—1800 年"，载《西班牙研究》81，第 2 期（2004 年），187—214。

165 M. 奥布里 1765 年 4 月 24 日写给海军大臣的信，AN—Col.，C13A/15/48—49。

166 "乔治·约翰斯通先生的工作报告"，TNA，AO1/1261/152；乔治 1765 年 6 月 11 日写给哈利法克斯勋爵的信，TNA，CO5/582/249r。

167 英国统治下的彭萨克拉镇规划方案，1765—81 年，参见克林顿·霍华德：《英国对西佛罗里达的开发，1763—1769 年》（伯克利，加州，1947 年），规划的情况见第 42 页，土地授予的情况见第 57，65 页；詹姆斯·芒罗编：《英格兰枢密院提案之殖民地系列》，第五卷（1766—1783 年）（伦敦，1912 年），第 593 页；乔治·约翰斯通 1766 年 1 月 9 日签的授予玛莎·福特夫人花园的文件，TNA，CO5/602/136v—137r。约翰在这一时期也得到了一块土地；约翰在 1770 年询问自己的通信者萨缪尔·汉奈"最近对彭萨克拉有什么建议"，或者是否有"处理我的土地事务的人"的消息。约翰在 1770 年 12 月 27 日写给萨缪尔·汉奈的信的副本，收在约翰·约翰斯通 1767—1771 年的书信集中，[JJLB—CLA]，约翰斯通家族在阿尔瓦的文献，詹姆斯·雷蒙德·约翰斯通爵士收藏，克拉克曼郡档案馆，阿洛厄 [JA—CLA]，PD239/201/9。

168　国王陛下西佛罗里达参议院会议记录摘选，1765 年 5 月 18 日，TNA，CO5/583/175v—176v。"当朱利叶斯·恺撒降临不列颠大地的时候，谁曾预见陛下您最钟爱的领地上即将上演的繁荣与辉煌，历史即将重演，而这只是陛下将谱写的辉煌篇章中的一笔……我们期待另一个阿尔弗雷德的帮助。"弗朗西斯·波塞特，西佛罗里达议长，1766 年 11 月 22 日，TNA，CO5/584/383v。

169　乔治 1764 年 11 月 3 日写给麦克基恩上校的信，收在《密西西比州的档案》，第 158 页。

170　乔治 1765 年 6 月 11 日写给哈利法克斯勋爵的信，TNA，CO5/582/249r。麦克弗逊被看作是"FINGAL 的著名出版人"，据说他 1765 年 7 月同印第安事务主管约翰·斯图尔特一起乘坐"莫罗城堡"号从彭萨克拉抵达查尔斯顿；并"从这里出发前往英格兰"。《南卡罗来纳报》，1765 年 7 月 13—20 日；并参见约翰·理查德·阿尔顿：《约翰·斯图尔特与南方殖民边疆：关于南方荒野中的印第安关系、战争、贸易和土地问题的研究，1754—1775 年》（安阿伯，密西根，1944 年），第 125 页。麦克弗逊后来在乔治的支持下被推荐担任"拍卖师"的职位。乔治在一次面临被遣返的时候，推荐麦克弗逊为自己的辩护人。对麦克弗逊的指控是，他未向上级指挥官汇报情况，擅自签发了逮捕 35 兵团一个士兵的逮捕令。乔治 1766 年 4 月 1 日写给约翰·波纳尔的信，TNA，CO5/574/687r；1766 年 3 月 13 日 H.S. 康威写给乔治的信；以及 1766 年 4 月 1 日对克利夫顿先生的指控，收在《密西西比州的档案》，第 297，468—69 页。

171　蒙特福特·布朗 1766 年 3 月 27 日写给 H.S. 康威的信，收在《密西西比州的档案》，第 298 页。

172　乔治 1766 年 4 月 1 日写给约翰·波纳尔的信，TNA，CO5/574/685r—686v。乔治此时的抱负是沿着"恺撒的脚步"，铭记那个好战的"称霸世界的民族"的事迹。1766 年 4 月 1 日的信，TNA，CO5/574/685r—686v；乔治 1766 年 9 月 30 日写给约翰·斯图尔特的信，盖奇的文献，UMWCL。

173　乔治 1766 年 4 月 1 日写给约翰·波纳尔的信，其中夹着罗伯特·柯林斯的证词，TNA，CO5/574/686，693。

174　乔治 1766 年 10 月 10 日写给约翰·波纳尔的信，CO5/582/167r。

175　摘自约翰·波纳尔 1765 年 2 月 19 日写给乔治的信，TNA，T1/437/221r。

176　乔治 1765 年 9 月 14 日写给哈利法克斯勋爵的信，TNA，CO5/582/297r。

177　"黑人及奴隶管理法令"，1767 年 1 月 3 日，收在《备忘录、日志和法令》，第 330，332，342—47 页，并参见法布尔：《英属西佛罗里达的经济》，第 25—26 页。

178　乔治与约翰·斯图尔特 1765 年 6 月 12 日写给哈利法克斯勋爵的信，TNA，CO5/582/186v。

179　约翰斯通总督 1765 年 5 月 27 日发表的演讲，彭萨克拉会议的记录，TNA，CO5/582/196r。

180　"英国人就如同埋伏在草丛中的毒蛇"或者"龙虾"一般，一个乔克托酋长对一位前法国官员说道。蒙博特：《辩解性备忘录》，第 150，152 页。

181　关于酒饮贸易的情况、乔克托酋长们的政治失误、鹿皮贸易的发展，以及"森林的生态平衡"，参见怀特：《属地的根基》，第 82—89 页。关于 1763 年和平条约后的情况（被看作是"原住民与欧洲人共处的协商主义"的终结），参见利齐特：《面对东方》，第 187—88 页。

182　乔治 1766 年 9 月 30 日写给约翰·斯图尔特的信的副本，夹在斯图尔特 1766 年 12 月 19 日写给盖奇将军的信中，盖奇的文献，UMWCL。

183　"倘若能够通过任何手段诱使切诺基人同时发起对克里克人的进攻，从而使他们受到严厉的惩罚……并且对我们在其中所做的手脚丝毫不知，那么我赞同这样的做法"；"到了这样的关头，不应做不切实际的事情了。"乔治1766年5月19日写给约翰·斯图尔特的信的副本，夹在斯图尔特1766年7月2日写给盖奇将军的信中，盖奇的文献，UMWCL。

184　"我们应当使用这个国家的法律所允许的所有手段对付克里克印第安人。"乔治1766年10月4日写给布里格迪尔·威廉·泰勒的信，TNA，T1/458/103。

185　乔治1766年6月23日写给H.S.康威的信，收在《密西西比州的档案》，第511，513页。

186　乔治1766年9月30日写给约翰·斯图尔特的信，夹在斯图尔特1766年12月19日写给盖奇将军的信中，盖奇的文献，UMWCL。

187　乔治1766年9月22日和1767年2月19日写给谢尔本伯爵的信，TNA，CO5/618/1，4。

188　1770年2月3日的自由契约，TNA CO5/605/f.349；并参见"奴隶买卖，1764—1779年"，收在法布尔：《英属西佛罗里达的经济》，第215页。

189　关于克莱武作为"英印度帝国的创始人"以及他对"整个英属印度史"的看法，参见"克莱武勋爵"（1840年），收在麦考利勋爵：《爱丁堡评论上的批判的和历史的文章》，4卷（伦敦，1889年），3：76，124；并参见H.V.博文："罗伯特·克莱武，第一代普拉西男爵（1725—1774年）"，ODNB，第5697条。

190　克莱武勋爵1772年3月30日就东印度司法提案在下议院发表的演讲，PH，第17卷，第354,358辑。关于18世纪孟加拉的经济，参见卡利金卡尔·达塔：《1740—1770年孟加拉苏巴历史研究，第一卷：社会和经济的历史》（加尔各答，1936年）；并参见提罗塔马·穆克金："联合政府和经济：18世纪孟加拉的君主"，载《现代亚洲研究》43，第2期（2009年），389—436。

191　托马斯·波纳尔：《政府在东印度事务上的权利、利益和职责》（伦敦，1773年），第19，24，29页。

192　斯密：《国富论》，第748页。

193　约翰1772年2月5日写给威廉的信，HL-P，PU 655 [648]；约翰1761年12月29日从加尔各答写给詹姆斯·巴尔曼的信，约翰保存的副本，HL-P，PU 671 [620]。

194　约翰 1761 年 12 月 29 日从加尔各答写给詹姆斯·巴尔曼的信，HL-P，PU 671 [620]。约翰在印度任职过的地方有奥里萨邦的巴勒谢瓦、布德旺、加尔各答、达卡、安德拉邦的戈尔孔达、奥里萨邦的杰莱仕沃尔、密德纳波以及安德拉邦的维萨卡帕特南。

195　克莱武勋爵 1765 年 9 月 30 日致东印度公司董事会的信，收在希拉·兰伯特编：《18 世纪下议院文件集》，“调查东印度公司性质、管理和状况的委员会的第三份报告”（威尔明顿，1975 年），135：395。

196　吉拉姆·侯赛因：《穆塔可汗先生》，1：281。

197　威廉·博尔特斯：《对于印度事务的思考；尤其是孟加拉邦的现状和独立运动》，3 卷（伦敦，1772—75 年），1：vi-vii，85。关于孟加拉的变化，参见拉奈吉特·古哈：《孟加拉的财产法：论永久居住的观念》（伦敦，1996 年），并参见特拉弗斯：《意识形态与帝国》；关于博尔特斯，参见霍尔登·弗伯：“跟随一个德国纳瓦布的脚步：瑞典档案馆里的威廉·博尔特斯”，收在霍尔登·弗伯：《18 世纪印度贸易中的私人财富和公司利润》，罗珊·罗切尔编（奥尔德肖特，英国，1997 年），7：7—18，及威廉·奎特斯：《1756—1773 年在孟加拉的英国人：一名叛逆者——威廉·博尔特斯——所目睹的社会的转型（1739—1808 年》》（巴黎，2002 年）。

198　关于印度“被视作发生在孟加拉外围的进攻与防卫”的七年战争，参见 H.H. 道威尔编：《剑桥印度史》（德里，1963 年），5：157—58。

199　约翰 1761 年 12 月 29 日从加尔各答写给詹姆斯·巴尔曼的信的副本，HL-P，PU 671 [620]。

200　《当地当权者和东印度公司的协议及给予东印度公司的礼物》（伦敦，1774 年），第 152 页。关于克莱武的爱尔兰头衔，即他 1762 年获得的“普拉西的克莱武男爵”的爵位，参见博文：“克莱武”。

201　克莱武勋爵 1772 年 3 月 30 日就东印度司法提案在下议院发表的演讲，PH，第 17 卷，第 335，343，358 辑。

202　约翰·约翰斯通 1750 年 12 月 19 日申请东印度公司的文书职位提交给董事会的申请；与申请一同提交给董事会的理查德·霍格 1750 年 10 月 3 日出具的证明，

OIOC, IOR/J/1/1/151, 154。

203　威廉堡（加尔各答）的特别委员会在 1766 年 1 月 31 日写给东印度公司董事会的信，约翰·约翰斯通在 1765 年 10 月 1 日写给克莱武勋爵的信，"来自对东印度公司本质、管理和状况调查委员会的第四份报告"，摘自《18 世纪下议院会议文献》，135：517，540。

204　Abdul Majed Khan：《孟加拉的变化，1765—1775 年：一项对苏丹·穆罕默德·雷扎·可汗的研究》（剑桥，1969 年），第 xiii 页。

205　约翰·约翰斯通：《致东印度公司股票持有者的信》（伦敦，1766 年），第 3—6，8—9 页。关于布德旺的商品经济的情况，参见拉塔纳勒卡·雷伊：《孟加拉农业社会的变迁，1760—1850 年》（新德里，1979 年），桑哈·坚达拉·穆克帕达亚：《英属孟加拉的农业政策（1698—1772 年的形成阶段）》（阿拉哈巴德，1987 年），以及约翰·麦克莱恩：《18 世纪孟加拉的土地和地方王权》（剑桥，1993 年）。

206　约翰 1761 年 12 月 29 日从加尔各答写给詹姆斯·巴尔曼的信的副本，HL-P，PU 671 [620]。

207　"毫无疑问，你应和乔治、詹姆斯一起向约翰介绍印度议会里不同党派的情况，"他们的父亲 1764 年写信对威廉说。詹姆斯·约翰斯通（父亲）1764 年 12 月 13 日写给给威廉的信，贝蒂保存，HL-P，PU 431 [568]。

208　博尔特斯：《对于印度事务的思考》，1：211. 关于东印度公司的组织和构成，参见苏斯兰德：《东印度公司》，以及博文：《帝国的商业》。

209　吉拉姆·侯赛因：《穆塔可汗先生》，2：582。

210　克莱武勋爵 1772 年 3 月 30 日就东印度司法提案在下议院发表的演讲，PH，第 17 卷，第 365 辑。

211　约翰·约翰斯通：《致东印度公司股票持有者的信》，第 9，12，66 页。

212　"拉夫·莱斯特的备忘录"，1765 年 6 月 11 日，收在委员会第三份报告，《下议院文件集》，第 431 页。

213　东印度公司董事会 1764 年 6 月 1 日致孟加拉的董事会和董事会主席的信的选辑，收在调查东印度公司性质、管理和状况的委员会的第四份报告（1773 年 3 月 24 日），

《下议院文件集》，136：148。关于调查东印度公司的性质、管理和状况的特别委员会成立的情况，以及调查公司账务的秘密委员会成立的情况，参见苏斯兰德：《东印度公司》，第222—38页。

214 约翰·约翰斯通：《致东印度公司股票持有者的信》，第8页。

215 威廉·格兰特少校的证词，收在委员会的第三份报告，《下议院文件集》，第303页。

216 比如，在与潜逃的法国间谍有关的七千镑的债券有关的事情上，约翰和他在印度的四名朋友寄给他们在英格兰的兄弟们一份授权书。萨缪尔·斯温顿1766年2月19日从伦敦写给印度的约翰·卡纳克将军的信，这封信涉及格兰特中尉带回来的授权书："约翰斯通先生、阿米亚特先生、我的兄弟以及我共同指定威廉·约翰斯通先生、萨缪尔·汉奈先生以及我本人负责收回那七千镑。" OIOC，卡纳克的文献，MSS Eur F128/156, unfol.。

217 詹姆斯·约翰斯通（父亲）1762年8月30日写给威廉的信，HL–P，PU 541 [536]。

218 亨利·布特勒牧师1761年12月5—6日在加尔各答售卖财产的清单。亨利·巴里·海德：《孟加拉教区编年史》（加尔各答，1901年），第124—25页。狄索·索尔·汉克是东印度公司驻加尔各答的外科医生，他在1753年与（简·奥斯丁的父亲）乔治·奥斯丁的妹妹费拉德菲亚·奥斯丁结婚。理查德·奥斯丁-雷：《奥斯丁的家谱：奥斯丁的文献，1704—1856年》（伦敦，1995年），第34—38页。

219 约翰1765年6月17日的备忘录，收在委员会的第三份报告，《下议院文件集》，第435页。

220 董事会1765年4月26日寄出的信件，克莱武勋爵1765年9月29日写给杜德利先生的信，马尔科姆：《克莱武勋爵》，2：344，348。

221 1765年的危机由于孟加拉行政长官、东印度公司的盟友 Mir Jafar Ali Khan 的去世及他年轻的儿子 Najum–ud–daulah 的继位而突然出现。参见可汗：《孟加拉的变化》，第69—101页。

222 约翰·约翰斯通：《致东印度公司股票持有者的信》，第19，23页；莫卧儿行政长官 Najum—ud—daulah 1765 年 3 月 6 日所写的信，收在帝国档案局：《波斯通信》（加尔各答，1911 年），1：390；克莱武勋爵 1765 年 9 月 30 日致董事会的信，收在委员会的第三份报告，《下议院文件集》，第 398 页；1765 年 6 月 6 日的"礼物账目"，收在特别委员会的第三份报告，《下议院文件集》，第 411—13 页。

223　克莱武勋爵 1765 年 4 月 17 日从马德拉写给东印度公司董事长托马斯·劳斯的信，及克莱武勋爵 1765 年 5 月 7 日致东印度公司加尔各答特别委员会的信，收在委员会的第三份报告中，《下议院文件集》，第 404，406 页。

224　约翰·约翰斯通：《致东印度公司股票持有者的信》，第 28—29 页。

225　克莱武勋爵 1765 年 6 月 7 日致董事会的信，莫卧儿行政长官 Najum—ud—daulah 1765 年 6 月 1 日所写的信的译文，孟加拉的审议会，OIOC，IOR，P/A/6/390，407，416；约翰·约翰斯通：《致东印度公司股票持有者的信》，第 28 页。关于约翰在加尔各答委员会与克莱武勋爵发生冲突并且克莱武不作声的那次会议的情况，参见吉拉姆·侯赛因：《穆塔可汗先生》，2：380；对此会议非常不同的描述，参见麦考利：《批判的和历史的文章》中的"克莱武勋爵"，3：144—45。在前者的版本里，克莱武"告诉约翰斯通和米德尔顿（公司在摩希达巴的总代表）……他们的行为很不得当"，两人的回应是他们将从公司辞职，而且如果克莱武退还他所收的礼物的话，准备退还自己所收的一切礼物。"克莱武听到如此坚决而直白的回答，并且得知他们已经辞职之后，不敢与他们辩论，于是选择沉默。"在麦考利的版本中，一言不发的则是约翰斯通："约翰斯通……做出了一些表示抗议的举动。克莱武打断他并且严厉地质问他是否打算挑战新政权的权威。约翰斯通退缩了，并且表明自己毫无此意图。委员会的成员们的脸色瞬间变得深沉；没有人再发出不满的抱怨。"这一说法的根据是克莱武 1765 年 5 月 6 日致约翰·卡纳克将军的信："在场人员的脸色立即变得苍白，不再有人发出任何声响。"马尔科姆的《克莱武勋爵》（2：321—22）引用了这一说法。

226　约翰·约翰斯通 1765 年 6 月 17 日的备忘录，收在委员会的第三份报告中，《下议院文件集》，第 433，434 页；约翰 1765 年 10 月 1 日致克莱武勋爵的信，收在委员会的第四份报告中，《下议院文件集》，第 536，537 页；OIOC，孟加拉的审议会，IOR/P/A/6/625—40，威廉堡协商会议记录 1，第 38 卷，IOR/P/1/38/746—68。

227 约翰·约翰斯通:《致东印度公司股票持有者的信》,第32页。关于莫卧儿行政长官的智囊人物雷扎·可汗的情况,参见可汗:《孟加拉的变化》。

228 约翰1765年10月1日致克莱武勋爵的信,收在委员会的第四份报告中,《下议院文件集》,第537—38页。我非常感谢阿玛蒂亚·森对印度语词汇"Kuch bolega nahi"的解释,据说约翰的合作伙伴马蒂拉姆曾对孟加拉根基深厚的马尔瓦尔银行家,也就是塞斯说了这一语词。

229 "你翻查当地政府财务账单,我认为这是滥用了我们的权利,我们毫无权利这样做,除非我们要扔掉面具,将自己当作Subahdars(税务官)。当地政府的最高长官Mohabeet Jung或许有权利……查看公司的账目。"约翰·卡纳克1765年4月8日从法扎巴德写给约翰·约翰斯通的信,OIOC,卡纳克的文献,MSS Eur F128/11。

230 克莱武勋爵1765年5月6日致约翰斯通·卡纳克的信,收在马尔科姆:《克莱武勋爵》,2:322;克莱武勋爵从马德拉写给东印度公司董事长托马斯·劳斯的信,收在特别委员会的第三份报告,《下议院文件集》,第404页。

231 约翰·卡纳克1765年4月8日从法扎巴德写给约翰·约翰斯通的信,OIOC,卡纳克的文献,MSS Eur F128/11。

232 马尔科姆:《克莱武勋爵》,2:338。约翰·马尔科姆爵士是威廉所说的"普尔特尼·马尔科姆"的兄弟,关于马尔科姆爵士的情况,参见蒂波舍·夏克拉巴特:"论'帝国的内在生活'",普林斯顿大学,2006年4月20日。早先的时候,莫卧儿的官员曾在东印度公司催促帝国官员签署协议。关于1761年给出的条件,参见威廉·格兰特上校的审查报告,收在特别委员会的第三份报告,《下议院文件集》,第306页,以及瓦尔特·克勒·弗明格:"'第五份报告'孟加拉部分的历史导论",载《下议院东印度公司事务的特别委员会的第五份报告》(1917年)(加尔各答,1969年再版),第cliv—clvii页。

233 1767年1月13日写给贝蒂·约翰斯通的信,JJLB-CLA,PD239/201/9。

234 约翰1765年9月20日、21日,10月1日写给哈里·威尔斯特的信,哈里·威尔斯特1765年9月21日写给约翰的信的草稿,约翰1765年10月1日的收条,OIOC,哈里·威尔斯特的文献,MSS Eur F218/96。

235　基恩：《杂诗集》。在大英图书馆有这本书的两个副本，一本（索书号为 992.
h.15/1）有扉页，内封，上面有作者的名字，经销商的名字（S. 霍普），还有一个献词，
献给极其富有东印度船主查尔斯·雷蒙德，感谢他"给予我和我的家庭的恩惠"（第 i
页）。另一本只有扉页，而且没有作者的名字和献词。这两个副本上，都有 124 个订阅
者的名字，这些人中，10 个人与剑桥的三一学院有关，而且这些订阅者中的查尔斯·雷
蒙德订了 100 本。伊丽莎白·卡罗琳娜好像在书出版的时候，已经去往印度了，书中
的一些印刷错误让人觉得她没有机会改正它们，如"tears 应该是 fears，he 应该是 who，
sacreotis 应该是 sacerdotis，slnk 应该是 ounk"。

236　戈尔德斯密斯是在评论近期对奥维德的翻译时给出这一看法的，并给出了
这样一个注释："女士的翻译中，像一个浪荡子那样说话；但是性在批评中应该是神圣
的。"在戈尔德斯密斯的著作集中，这一评论的注释是"伊丽莎白·基恩女士最近出版
了狄多致埃涅阿斯的信"。《批判性的评论》7（1759 年 1 月），第 32 页；《奥利弗·戈尔
德斯密斯杂集》，詹姆斯·普里奥编，4 卷（伦敦，1837 年），4∶431。

237　1760 年 10 月 8 日，伊丽莎白·卡罗琳娜接到东印度公司的通知，可以去印
度："安娜和卡罗琳娜·基恩女士可以去往马德拉她们的朋友那里，并且不需付每人 12
镑的许可费。"东印度公司董事会备忘录，1760 年 10 月 8 日，OIOC，IOR/B/76，第 201 页。
伊丽莎白·卡罗琳娜·（基恩）约翰斯通的家世甚至比路易莎·（琼斯或梅里克）约翰斯
通的家世更难弄清楚。她女儿在韦斯特柯克（现在是本帕斯）的约翰斯通家族的墓园中
为她立的墓碑上说，她是"诺福克郡的威廉·基恩上校"的女儿，纳米耶和布鲁克的
《国会史》说她是"基恩上校"的女儿，"本杰明·基恩爵士"的侄女；纳米耶和布鲁
克：《下议院，1754—1790 年》，2∶687。但是，我在 18 世纪军队的名单中，或东印度
公司军队的名单中，没能找到威廉·基恩上校的材料，也没有找到本杰明·基恩爵士和
埃德蒙德·基恩（另名为威廉）的材料，尽管在伊黎主教的年代，《杂诗集》的订阅者
中有埃德蒙德·基恩的名字。伊丽莎白·卡罗琳娜的父亲可能是"塔尔波特·威廉·基
恩"，他"在要去往印度"的 1746 年 2 月 19 日立了遗嘱，这一遗嘱在"安娜和卡罗琳
娜·基恩"接到通知，可以去印度之后不久，由他的遗孀进行了公证。乔治在其 1795
年 9 月 18 日所立的遗嘱中，提到了"归还给安娜·基恩小姐（即我现在去世的妻子伊

丽莎白·卡罗琳娜·基恩的姐姐）的一万卢比的婚姻财产"。塔尔波特·威廉·基恩的遗嘱，1760 年 11 月 17 日公证，TNA，PROB 11/860；约翰·约翰斯通的遗嘱，1796 年 3 月 6 日公证，TNA，PROB 11/1272。伊丽莎白·卡罗琳娜姐妹的父亲看起来还可能是 1746 年 2 月 5 日从科尔切斯特去往（马德拉的）圣乔治堡的军队中的"威廉·基恩"；OIOC，IOR/H/82，"去往圣乔治堡的部队"，第 21 页。姐妹的父亲也有可能是 1752 年在（加尔各答的）威廉堡得到提升的基恩，东印度公司议事会致董事会的信中说："主席……认为应该将肯普和基恩先生提升为中尉。"后来的一封信件中说，一个叫"基恩中尉"的人几个月后去世了："基恩中尉好像在 1753 年 9 月 16 日去世了。"董事会在二十年后通知议事会支付给"安娜·基恩小姐"100 镑的钱，1779 年又支付给"已去世的塔尔波特·威廉·基恩的女儿安娜·基恩女士"100 镑的钱，1780 年支付给"已去世的塔尔波特·威廉·基恩的女儿安娜·基恩女士"200 镑的钱。议事会 1753 年 1 月 1 日，1754 年 1 月 4 日的信，董事会 1777 年 3 月 7 日，1779 年 4 月 14 日，1780 年 7 月 5 日的信，收在《威廉堡－印度之家通信集》，1：620，741，8：82，222，275。据报道"基恩中尉"参加了 1752 年南印度克韦里帕克的战斗。罗伯特·奥尔姆：《1745 年以来不列颠在印度斯坦的军事活动史》（伦敦，1763 年），第 215 页。1750 年还有一个威廉·基恩在南印度离开了不列颠的军队。安南达·兰加·皮莱在其日记中描述了一个放荡的英国人，他在 1752 年本地的一次决斗中被打死了；日记的编者 H. 道维尔评论说，"不清楚离开的人是谁。据我所知，那时离开的官员只有丹尼尔·穆雷中尉，……和 1750 年底离开的威廉·基恩中尉。前者最有可能是所说的离开的人。"H. 道维尔编：《安南达·兰加·皮莱的日记》，12 卷（马德拉，1904—1922 年），8：120—21，注释 2。

238　霍尔德内斯伯爵号的航海日记，OIOC，IOR/L/MAR/B/604C。霍尔德内斯伯爵号 1761 年 3 月 29 日从朴次茅斯出发，7 月 25 日停在莫桑比克港口，12 月 9 日到加尔各答南部胡格利河的达库尔比。乘客中有在马德拉下船的"多乐西·诺塞尔女士"，在库尔比下船的"安娜·基恩小姐"和"卡罗琳娜·基恩小姐"，"从马德拉去往孟加拉的""诺塞尔女士的黑仆人苏珊娜"，以及三个"军队的女人"：玛丽·韦克汉姆、简·内罗尔、安娜·霍奇斯。

239　我能够找到的描述伊丽莎白·卡罗琳娜印度期间生活的材料是东印度公司官

员哈里·威尔斯特（他后来成了约翰的死对头）1761年至1762年间的一些信件。哈里·威尔斯特1761年12月从东孟加拉的伊斯兰堡（吉大港）给其加尔各答的代理人写信，在信中他说他的托马斯·芬威克船长"昨天接到了加尔各答的一封信"，"说有两位名叫基恩的小姐到达了，她们身上带着一封专门写给他的介绍信，"她们住在"将她们带到加尔各答的欧洲船长的房子里（这可能是由于她们没有更方便的地方）"。他告诉代理人，"如果这两位女士觉得我的花园房子还可以"，"就以托马斯·芬威克船长的名义"将我的房子提供给她们住，"因为我个人并不认识她们"。在同一天写给博尔特斯（他后来成了约翰的合伙人）的信中，他要博尔特斯"以托马斯·芬威克船长的名义，给两位女士钱，以及她们也许需要的其他的必需品，这些可以记在我的账上。"他还补充说："人们专门把基恩介绍给了托马斯·芬威克船长，而且在信中表达了她们急切地想在加尔各答或到这里见到船长的心情。请你代我向她们问好，并告诉她们，如果她们觉得吉大港比加尔各答更舒服的话，我们会很欢迎她们住在这里，……我恳求你尽量为女士们去往拉克波尔提供方便。"伊丽莎白·卡罗琳娜和姐姐1762年8月确实从孟加拉湾去了吉大港，在吉大港她们否认收到过博尔特斯的钱，威尔斯特在另一封信中谈到了这一点。她们那时住在芬威克船长的"小平房"里，当时芬威克船长在罗基布尔。她们于1762年10月下旬离开吉大港，经罗基布尔回到加尔各答。哈里·威尔斯特1761年12月27日写给博蒙特和瓦特斯先生的信，哈里·威尔斯特1761年12月27日写给威廉·博尔特斯的信，哈里·威尔斯特1762年8月9日写给威廉·博尔特斯的信，哈里·威尔斯特1762年10月21日写给芬威克船长的信，哈里·威尔斯特1762年10月27日写给安瑟伦·博蒙特的信，OIOC，威尔斯特的文献，威尔斯特1761—62年书信集，MSS, Eur F218/79, ff.91r—91v, 116r, 128r, 145v, 148r。关于博尔特斯、威尔斯特、基恩小姐的情况，参见奎特斯：《1756—1773年在孟加拉的英国人》，第99—102页。基恩小姐回到加尔各答后，她们和威尔斯特的关系变得别扭了："两位女士优柔寡断，犹豫不决地纠结于是否该离开，她们迟迟不肯做决定"，威尔斯特在她们要去雅鲁藏布江三角洲的时候写道。"卡罗琳娜小姐在她们要离开的时候，……明确地否认收到过博尔特斯的钱"，"我以绅士的身份向她提出了这个问题"。威尔斯特1762年10月21日写给威廉·比勒斯的信，1762年10月26日写给卡纳克的信，威尔斯特1761—62年书信集，

ff.144v，147v。

240　哈里·威尔斯特 1762 年 8 月 9 日写给威廉·博尔特斯的信，1762 年 10 月 21 日写给芬威克船长的信，1762 年 10 月 27 日写给安瑟伦·博蒙特的信，OIOC，威尔斯特 1761—62 年书信集，MSS，Eur F218/79，ff.128r，145v，148r。

241　哈里·威尔斯特 1762 年 4 月 5 日从伊斯兰堡写给艾瑞·库特上校的信，OIOC，威尔斯特 1761—62 年书信集，MSS，Eur F218/79，f.97v。"1761 年加尔各答这里非常不好的，1762 年则更糟糕：传染病肆虐，英国人已经死了 241 个。"海德：《孟加拉教区编年史》，第 128 页。

242　哈里·威尔斯特 1762 年 10 月 21 日写给威廉·比勒斯的信，1762 年 10 月 26 日写给卡纳克的信，OIOC，威尔斯特 1761—62 年书信集，MSS，Eur F218/79，ff.144v，147v。

243　关于 1765 年 9 月在加尔各答为约翰和伊丽莎白证婚的牧师被免职的情况，参见海德：《孟加拉教区编年史》，第 134—35 页。在孟加拉的不列颠飞地中，秘密婚礼像在苏格兰一样，没有发布正式的通告，也没有得到公司的批准。

244　1765 年 9 月 9 日的备忘录，OIOC，威廉堡协商会议记录 1，第 38 卷，IOR/P/1/38/733。"史蒂芬斯上将号"航海日记，IOR/L/MAR/B/566A，1765 年 10 月 5 日的记录。

第二章　回家

1　"史蒂芬斯上将号"航海日记，OIOC，IOR/L/MAR/B/566A，1765 年 12 月 29 日和 31 日的记录，以及 1766 年 1 月 2 日，2 月 4 日和 7 日，3 月 15 日，4 月 2 日，5 月 1 日和 24 日的记录。约翰和伊丽莎白·卡罗琳娜可能是在"史蒂芬斯上将号"维修之前从里斯本回到伦敦的。"探险号"航船"带着我们的信件"于 4 月 5 日离开里斯本前往英格兰，"乔治王号"于 4 月 21 日离开，"汉普登号"于 4 月 25 日离开。"史蒂芬斯上将号"的航海日记记录了 4 月 2 日上岸的乘客，但没有记录他们的回来（就像在加尔各答、好望角以及圣海伦娜那样）。10 月 5 日，1 月 6 日，2 月 4 日，以及 4 月 2 日、5 日、21 日和 25 日的记录。东印度公司的董事们认为这艘船"像它显现的那样怪诞"，对此可参见董事会 1766 年 5 月 17 日的信件，载《威廉堡–印度之家通信集》，4：170。记录船在里斯本维修时，一个年轻的商人购买了海藻和一万个牙签的航海日记存放在柴郡的档案馆里；彼得·当奈斯："'史蒂芬斯上将号'旅程的回忆"，没有日期，没有页码，柴郡档案馆，DDS4005。关于"小矮马"的事情，参见《圣詹姆斯新闻报》，1766年5月22日，第815期，以及《利奥亚得晚邮报》，1766年5月23日，第1385期。

2　董事会1766年5月30日致约翰·约翰斯通的信，OIOC，东印度公司董事会备忘录，IOR/B/82，第62页；东印度公司和约翰·约翰斯通的诉讼，大法院档案，TNA，C12/2379/7。

3　约翰·约翰斯通1766年6月11日致董事会的信，OIOC，东印度公司董事会备忘录，IOR B/82/72；约翰·约翰斯通：《致东印度公司股票持有者的信》，第67页。"假定与战舰所获战利品有关的规则应该被看作是不适当的，而且应该坚决地在战争中改变这些规则，那么就应该在一定的期限内给予按照这些规则行事的行为以极大的宽容，这些规则就是在这一期限内开始发挥作用的，因为，否则的话，就会对那些根据对于这些规则的看法而进入军队的人不公正。"

4　关于东印度的财富转移回大不列颠的情况，参见马歇尔：《东印度的财富》。关于东印度公司的经营情况，参见乔治·麦克基瓦理：《东印度公司的管理者：劳伦斯·苏利万的一生》（伦敦，2006年），以及乔治·麦克基瓦理：《东印度的保护者和不列颠帝国：18世纪苏格兰的精英和政治》（伦敦，2008年）。

5　《大众信报》（1766年4月25日，第9821期）在"史蒂芬斯上将号"到达里斯本的消息刚传到伦敦就报道说："据说在从孟加拉开往里斯本的'史蒂芬斯上将号'上载有价值超过二十万镑的珠宝。"《伦敦晚邮报》（1766年4月29日，第6007期）几天后报道说，这艘船"载有给克莱武夫人的成箱的珠宝。"

6　乔治1758年6月26日写给贝蒂的信，HL-P，PU463[448]。

7　约翰1768年9月6日致萨缪尔·汉奈的信，JJLB-CLA，PD239/201/9。

8　威廉·普尔特尼1767年10月8日致大卫·休谟的信，保存在休谟的手稿中（爱丁堡皇家学会），NLS，MS23155，第96号，第255—56页。

9　约翰1767年和1768年写给威廉的未标日期的信，HL-P，PU4625[622]和PU640[637]。

10　约翰 1767 年 7 月 10 日写给威廉的信，HL-P，PU624[623]。

11　约翰 1770 年 12 月 25 日致尊敬的塔尔波特·基恩先生的信，JJLB-CLA，PD239/201/9。

12　约翰 1768 年 2 月 11 日和 1768 年 8 月写给威廉的信，HL-P，PU632[629] 和 PU640[637]；詹姆斯 1771 年 4 月 17 日写给约翰的信，JJLB-EUL，第 59 页。"能升值"的地产是休谟勋爵的，它最终没有被卖掉。

13　约翰 1770 年 10 月 21 日从巴尔哥尼写给亚历山大的信，JJLB-CLA，PD239/201/9，以及约翰 1771 年 5 月 19 日从巴尔哥尼写给威廉的信，HL-P，PU651[644]。

14　詹姆斯 1768 年 3 月 1 日写给詹姆斯·约翰斯通爵士的信，NAS，GD1/499/3。

15　参见本书第一章。

16　玛格丽特·奥格威 1749 年 8 月 1 日从法国写给肯摩尔子爵夫人的信，EUL-L，La.II.502。

17　这个家将"所有的事情都留给年轻的女士了"。艾利班克勋爵 1769 年 11 月 16 日致詹姆斯·约翰斯通爵士的信，EUL-L，La.II.73/104；乔治·肯纳德 1775 年 3 月 29 日写给威廉的信，HL-P，PU784[756]；约翰·韦德伯恩 1775 年 1 月 13 日写给威廉的信，HL-P，PU1755[1895]。出生于法国，父母流亡的玛格丽特·韦德伯恩是外国人，因此不能继承遗产。约翰·韦德伯恩是韦德伯恩家族的亲属，他在与亚当·斯密一起求学的时候，是威廉的好朋友，在西佛罗里达时是乔治的好朋友；另外，他还是牙买加的韦德伯恩家族的亲属。"我不可能去萨瓦纳或卢希亚，我的三个表亲住在那里，"大卫·韦德伯恩在要离开牙买加去往彭萨克拉的时候，给他的兄弟写信说。大卫·韦德伯恩 1765 年 1 月 29 日写给亚历山大·韦德伯恩的信，保存在韦德伯恩的手稿中，UMWCL。

18　约翰 1768 年 7 月 2 日就威廉的事给吉迪恩写的信，HL-P，PU634[631]。

19　詹姆斯·约翰斯通 1764 年 10 月 10 日提交的申请，包括一个年龄的证书，IOR/J/1/5/136，141。詹姆斯要求接收吉迪恩，这是其兄弟约翰最大的期望和"唯一的报偿"。在吉迪恩年龄的证书中，詹姆斯·巴尔曼的父亲，韦斯特柯克教区牧师大卫·巴尔曼，与教区两位明显是半文盲的长老极不确定地证明："从洗礼记录看"，吉迪恩出生于 1745 年 6 月 24 日，受洗于 28 日，这比起他实际的出生和受洗晚了 6 年（至少从仍然保存着的记录看是这样）。19 岁是当时印度"文书"工作要求的最低年龄，25 岁则又大的不可接受了。韦斯特柯克教区 1739 年的记录，可以在爱丁堡的档案总馆找到。关于吉迪恩活动的情况，参见贝蒂 1758 年 2 月 22 日写给威廉的信，吉迪恩 1761 年 2 月 24 日写给威廉的信，约翰 1771 年 5 月 19 日写给威廉的信，HL-P，PU400[392]，490[476]，PU651[644]。

20　威廉的通告者说："如果是这样，……在委员会的公告中一定会提及的"；艾迪米拉蒂 1773 年 10 月 18 日致威廉的信中说："没有关于吉迪恩·约翰斯通的特别消息。"HL-P，PU1911[477]。

21　约翰·麦克弗逊 1774 年 9 月 30 日从马德拉给伦敦的詹姆斯·麦克弗逊写的信。爱丁堡大学的詹姆斯·马克林 1974 年 6 月 27 日写给 M.M. 斯图尔特的信中，抄录了这封信，NLS，M.M. 斯图尔特的手稿，Acc.9260/22。M.M. 斯图尔特原先是印度公共服务部的官员，他退休后致力于在苏格兰寻找"原来去往印度的苏格兰人未发表的或不受重视的文献。"他发表了关于约翰·约翰斯通的文章："公司不高兴下面的谎言"，《南亚评论》8，第 1 期（1974 年 10 月）：43—52，第 43 页。

22　亚历山大、詹姆斯、威廉、约翰是种植园的共同主人，亚历山大后来将种植园及其奴隶抵押给著名的阿姆斯特丹银行家，获得很大一笔贷款。詹姆斯·约翰斯通爵士 1764 年 12 月 13 日写给威廉的信，约翰 1767 年 8 月 12 日写给威廉的信，HL-P，PU431[568]，PU626[624]；"40 万荷兰盾，5% 利息"的抵押贷款，1775 年 9 月 1 日，BUL-W，韦斯特哈尔庄园的文献，DM41/49，DM41/52。

23　威廉 1773 年就其与生意伙伴麦金图斯的事情写道："我觉得麦金图斯先生和我也许可以这样解决我们的事情，一个得到多巴哥的地产，另一个得到多米尼加的地产。"威廉 1773 年 8 月 24—28 日致罗伯特·杨格的信的草稿，HL-P，PU1910[1541]。麦金图斯欠威廉很大一笔债务，他后来去了法属东印度的马德拉岛："东印度公司刚刚收到来自马德拉岛的一封信，告知说我的债务人麦金图斯先生搭乘一艘目的地为东印度的法国船只到达了该岛"，威廉在 1778 年 6 月 20 日的另一封信的草稿中写道，HL-P，PU1945[1554]。威廉在 1769 年被列为格林纳达土地的所有者。"格林纳达岛土地的所有者名录的副本"，1769 年 10 月 3 日，TNA，枢密院的文献，PC1/60/7。约翰斯通兄妹的姨妈安娜·穆雷·弗格森的儿子乔治·弗格森是 1781 年多巴哥政府的副总督，当时岛屿正在割让给法国。《利奥亚德晚邮报》，1781 年 9 月 24 日，第 3786 期。

24　关于威廉涉入烟草贸易的情况，参见雅各·M. 普莱斯：《法国和切萨皮克：法国 1674—1791 年垄断烟草贸易的历史，及其与英国和美洲的烟草贸易的关系》（安娜堡，密歇根，1973 年），2：691—700。威廉在 1773 年一封信的草稿中解释了借贷西印度地产的方法："你知道，除了在多巴哥和多米尼加购买的贷款以外，我还想贷款购买道格拉斯先生在牙买加的地产……如果能够用荷兰或弗莱芒的钱购买（不合法地）葡萄牙的东西，我们就能节省下比贷给西印度的换汇更多的钱。他们在此会按重量而非数量卖。"威廉 1773 年 8 月 24—27 日从伦敦写给罗伯特·扬格的信的草稿，HL-P，PU1910[1541]；另外，关于按数量卖的情况，参见斯密：《国富论》，第 41 页。

25　按照托比亚斯·斯摩勒特的描述，巴思到处是"来自东印度的代理商和职员，他们带着从海外掠夺来的财富；不知道如何就富了起来的，来自美洲种植园的种植主、黑人驱赶者、商贩。"托比亚斯·斯摩勒特：《汉弗莱·克林柯的历险（1771 年）》（牛津，1984 年），第 36 页。

26　安娜·弗格森 1763 年 1 月 29 日致詹姆斯·穆雷将军的信，NAS，GD32/24/14；"詹姆斯爵士病得很重，从上封信的情况看，我们有理由做好最坏的打算。"詹姆斯·巴尔曼是税务部门的官员，父亲是当地的牧师。就像赫特泰尔的约翰·拉姆塞半个世纪后所说的那样，"著名的约翰斯通女士最珍爱的女儿与税务部门的一个官员结婚了，她父亲为此病倒了。有人曾问过女士什么东西导致父亲生病。她说没什么，只是发烧，没有大事。"拉姆塞：《书信集》，第 295 页。

27　"有一段时间了，我曾给在爱丁堡的肯纳德女士写信说，想让她给她的总督兄弟写封信；她回信说，她可以肯定，他必须处理的所有地方他都处理了；不过，她给我写了一封非常友好的信，向她的兄弟约翰斯通介绍我。她说她兄弟会推荐我的。但是不巧的是，当我在去年圣诞节拜访他时，他去诺福克了，所以我从没见过他，而且到今天也没有给他写信。他在东印度有一个非常富的兄弟。"威廉·朱利叶斯·米克尔 1765 年 3 月 16 日及 1765 年夏天一封没有标日期的致利特尔顿的信，参见约翰·爱尔兰："威廉·朱利叶斯·米克尔的轶事"，米克尔：《诗歌与悲剧》（伦敦，1794 年），xi—lii，第

xxvi, xxx 页。"你一定从曼斯菲尔德勋爵的话中知道了，我与亨特在伦敦的诉讼的情况，我可以容易地发现，肯纳德女士的朋友尤其忙于利用他们的影响来支持继承……我知道你兄弟尤其是积极的，"芭芭拉外国的丈夫 1762 年给威廉写信说。查尔斯·肯纳德 1762 年 3 月 29 日写给威廉的信，HL—P，PU777[753]。

28　埃德蒙德·达纳 1765 年 8 月 13 日写给父亲的一封没标日期的信，信中讨论了他和海伦·肯纳德结婚的事情，保存在麻省历史学会（MHS），达纳家族的文献，Ms.N—1088，达纳家族 I，第 2 箱，第 1770—73 叠。海伦·肯纳德出生于 1749 年，与埃德蒙德结婚于 1765 年 7 月 9 日；参见 www.familysearch.org。

29　芭芭拉·肯纳德死于 1765 年 10 月 21 日。《利奥亚得晚邮报》，1765 年 11 月 1 日，第 1298 期。

30　詹姆斯·约翰斯通爵士（父亲）1764 年 12 月 13 日写给威廉的信，贝蒂保存，当时约翰处在其孟加拉活动的晚期，乔治处在其西佛罗里达冒险的早期，HL—P，PU431[568]；约翰 1767 年 1 月 13 日写给贝蒂的信，贝蒂 1767 年 1 月 26 日写给约翰的信，约翰 1769 年 4 月 7 日写给贝蒂的信，JJLB—CLA，PD239/201/9；詹姆斯 1770 年 6 月 19 日写给约翰的信，詹姆斯 1770 年 8 月 18 日写给贝蒂的信，JJLB—EUL，第 6，35 页；道格拉斯先生 1768 年 3 月 28 日从安南给在卡尔利斯勒的贝蒂所写的信，EUL—L，La.II.73/102。

31　詹姆斯 1771 年 3 月 3 日写给约翰的信，1772 年 1 月 22 日詹姆斯写给约翰的信，1771 年 5 月 30 日詹姆斯写给詹姆斯·巴尔曼的信，JJLB—EUL，第 48，79，129 页。

32　路易莎 1771 年 11 月 14 日写给约翰·艾尔温的信，JJLB—EUL，第 102—3 页。

33　瓦尔特·约翰斯通 1761 年 4 月 18 日写给威廉的信，HL—P，PU719[707]。

34　詹姆斯 1771 年 5 月 26 日写给约翰的信，JJLB—EUL，第 67 页。

35　詹姆斯还第一次鼓励亚历山大结婚，后来他成了亚历山大遗产的继承人；"也许你的腿瘦弱，但你的腰是有力的。婚姻是人类痛苦的最好的药物。"詹姆斯 1771 年 5 月 30 日写给吉尔伯特·佩特里的信，詹姆斯 1772 年 8 月 20 日写给约翰的信，詹姆斯 1772 年 8 月 22 日写给亚历山大的信，詹姆斯 1772 年 11 月 1 日写给贝蒂的信，JJLB—EUL，第 71，159，165，171—72 页。

36　詹姆斯 1772 年 4 月 29 日及 1772 年 7 月 16 日写给约翰的信，JJLB-EUL，第 149，154，156 页。詹姆斯·约翰斯通爵士死于 1772 年 12 月 13 日，约翰斯通女士死于 1773 年 3 月 15 日。《苏格兰杂志》34（1772 年 12 月），第 696 页，以及 35（1773 年 3 月），第 165 页。

37　瓦尔特·约翰斯通 1761 年 4 月 18 日写给威廉的信，HL-P，PU719[707]。

38　约翰 1767 年写给贝蒂的信，JJLB-CLA，PD239/201/9。

39　约翰 1772 年 12 月 29 日写给威廉的信，HL-P，PU658[652]。

40　他于 1767 年在圣戴维选区当选。参见《双方的陈述》附录 9。

41　关于 18 世纪 60 年代英国国会的构架，参见路易斯·纳米耶：《乔治三世时代政治的结构》（伦敦，1961 年）。

42　"我相信我的兄弟约翰也能够得到一个席位，我确定能够当选，"威廉继续说道。威廉·约翰斯通 1766 年 11 月 15 日致詹姆斯·奥斯瓦尔德的信，保存在奥斯瓦尔德的文献中，第 IV 函。非常感谢奥斯瓦尔德文献的拥有者允许我查阅和引用这些文献，在苏格兰的国家档案馆中可以查到这些文献的清单。

43　约翰·胡莫 1766 年或 1767 年致詹姆斯·奥斯瓦尔德的一封未标日期的信，载《詹姆斯·奥斯瓦尔德的性格和公众生活》（爱丁堡，1825 年），第 115 页。

44　纳米耶和布鲁克：《国会史》，2：683—87，3：341—43。乔治从 1768 年直到 1787 年去世之前不久，连续四届都在贿选严重的选区当选为国会议员：科克茅斯（坎伯兰郡）、艾普比（韦斯特摩兰）、洛斯特威西尔（康沃尔）、伊尔切斯特（萨默塞特郡）。威廉从 1768 年至 1774 年为苏格兰克罗马泰选区的国会议员，从 1775 年到 1895 年去世，为什鲁斯伯里选区的国会议员，这一选区主要由其妻子家庭的利益所控制。约翰从 1774 年到 1780 年为国会议员，当时他与詹姆斯·奥斯瓦尔德的儿子在法夫郡的戴撒特·布尔斯进行了一场残酷的竞争，这一选区是亚当·斯密的家乡。詹姆斯从 1784 年至 1790 年为邓弗里斯·布尔斯选区的国会议员，从 1791 年至 1794 年为韦茅斯（多塞特郡）选区的国会议员，这一选区也是威廉所依赖的选区。威廉、乔治、约翰三兄弟从 1774 年至 1780 年同时为国会议员，而 1784 年至 1787 年则是詹姆斯、威廉、乔治三兄弟同时为议员。在另一些选区，他们兄弟没有能够成功，其中包括詹姆斯 1768 年在圣艾夫斯（康沃尔），乔治 1768 年在卡莱尔（坎伯兰郡），约翰 1768 年在黑斯尔米尔（萨里郡），亚历山大 1771 年在物顿·巴塞特（威尔特郡），约翰 1790 年在邓弗里斯郡。威廉 1768 年在佩斯·布尔斯和克罗马泰成功当选。参见道格拉斯先生从安南写给贝蒂的信，EUL-L，La.II.73/102；詹姆斯·穆雷 1768 年 3 月 24 日致威廉·普尔特尼的信，普尔特尼的遗物，皮尔彭特·摩根图书馆，纽约，第 13 卷：746；约翰 1771 年 2 月 1 日致罗伯特·麦尹和威廉·普尔特尼的信，JJLB-CLA，PD239/201/9；纳米耶和布鲁克：《国会史》，1：238，245，386，508—9，2：687。

45　关于 1768 年黑斯尔米尔选举的情况，及其与同一年什鲁斯伯里的选举的关系（在这一选区威廉输给了克莱武勋爵），参见詹姆斯·穆雷 1768 年 3 月 24 日致威廉的信，摩根图书馆，普尔特尼的遗物，第 13 卷：746。威廉 1768 年是克罗马泰选区的候选人（在这一选区，威廉最初失败了，但通过申诉又当选了），佩斯·布尔斯选区的候选人（在这一选区，他选举成功但后来放弃了），什鲁斯伯里选区的候选人（在这一选区他失败了）。纳米耶·布鲁克：《国会史》，1：363—64，475—76，508—9。

46　亚历山大和威廉·麦尹勋爵牵涉进了"与物顿·巴塞特后来的选举有关的争执"中。最终当事人的兄弟威廉和银行家罗伯特·麦尹被接受为事件的裁判者。约翰 1771 年 2 月 1 日致罗伯特·麦尹和威廉·普尔特尼的信，JJLB-CLA，PD239/201/9。

47　《对梅尔维尔总督的控诉的进展报告》，第 xlvi 页；道格拉斯先生 1768 年 3 月 28 日从安南给在卡莱尔的贝蒂写的信，EUL-L，La.II.73/102。

48　约翰 1768 年 8 月写给威廉的一封未标日期的信，HL-P，PU640[637]。

49　T.H.B. 奥德菲尔德：《大不列颠选区政治、个人的通史》，3 卷（伦敦，1792 年），3：108。

50　《下议院议事录，1774—76 年》（伦敦，1803 年），第 33—34 页（1774 年 12 月 9 日），第 301 页（1775 年 4 月 12 日）。

51　关于 18 世纪 60 年代和 70 年代的政治情况，参见保罗·朗弗德："导言：时间和空间"，载《18 世纪，1688—1815 年》，保罗·朗弗德编（牛津，2002 年），1—32；卡塞伦·威尔森：《人民的意义：英格兰 1715—1785 年的政治、文化和帝国主义》（剑桥，1995 年）。

52　乔治·约翰斯通 1772 年 3 月 30 日就东印度司法权提案在下议院发表的演讲，PH，第 17 卷，第 376 辑。

53　关于特别委员会的情况，参见苏斯兰德：《东印度公司》，第 222—38 页。

54　克莱武勋爵 1768 年 1 月 2 日致亚当斯博士的信，威尔士的国家图书馆，CR4/2；可以在如下网址找到这封信：www.britishonlinearchives.co.uk。

55　乔治·当普斯特 1775 年 3 月 31 日致威廉的信，HL－P，PU162[165]。

56　威廉·普尔特尼 1772 年 12 月 2 日就海军预算在下议院发表的演讲，PH，第 17 卷，第 538 辑。

57　威廉·普尔特尼 1772 年 4 月 29 日就鼓励外国人向西印度的地产投资的提案在下议院发表的演讲，PH，第 17 卷，第 483—85 辑。这些抵押贷款牵涉到极其复杂的法律和外交事务，就像伦敦商人鲍桑葵和法迪奥就格林纳达的一个寡妇提起的诉讼那样（"雅克寡妇"有一天晚上带着她所有的奴隶乘船去了法属的岛屿），以及约翰就与东印度公司和法属印度公司有关的债券对法迪奥提起的诉讼。约翰·约翰斯通和乔治·当普斯特 1770 年 3 月 20 日对弗朗西斯·菲利普·法迪奥的指控，TNA，C12/392/73；达特茅斯勋爵 1774 年 8 月 27 日致罗切福特勋爵的信中所附的诉状副本，TNA，SP78/293/125r—125v，126r，130r—130v。关于 18 世纪美洲和西印度殖民地奴隶和土地财产的法律的情况，参见克莱尔·普里斯特："美洲物权法的建立：在美洲历史中其可转让性及限制"，《哈佛法律评论》120，第 2 期（2006 年 12 月），386—459。

58　威廉·普尔特尼 1774 年 6 月 3 日就与魁北克政府有关的提案在下议院发表的演讲，PH，第 17 卷，第 1384 辑。

59　威廉·普尔特尼 1772 年 4 月 29 日就鼓励外国人向西印度的地产投资的提案在下议院发表的演讲，PH，第 17 卷，第 484 辑。

60　乔治·约翰斯通 1770 年 5 月 8 日就向国王通报美洲叛乱的情况在下议院发表的演讲，PH，第 16 卷，第 996 辑。

61　乔治·日耳曼纳 1770 年 12 月 14 日的演讲；乔治·约翰斯通和乔治·日耳曼纳之间 1770 年 12 月 17 日举行的决斗的报道，这一决斗的起因是乔治·约翰斯通 12 月 14 日的谈话，他说"他怀疑尊贵的勋爵会因国家的荣誉而关注自己，因为迄今为止他是如此地不在乎自己的荣誉的。"PH，第16卷，第1328，1329辑。

62　乔治还谈到了殖民地和家乡的军事独裁的前景，以及"跨大西洋战争"后勤补给的困难："他们想到了如何跨越狂暴的大洋将羊肉、泡菜、黑啤送到部队手中吗？"乔治·约翰斯通1775年2月6日就向国王通报美洲叛乱的情况发表的演讲，1775年10月26日就感谢所发表的演讲，1776年4月24日就预算发表的演讲，PH，第18卷，第256，744，747，752，756，1323辑。

63　瓦尔特·明托1777年9月1日写给亚历山大·沃弗的信，UMWCL-MS。

64　约翰·约翰斯通1777年2月7日就废除人身保护法案提案在下议院发表的演讲，PH，第19卷，第5—6辑。

65　约翰·约翰斯通1777年2月25日就布莱尔上校的提案在下议院发表的演讲，PH，第19卷，第70辑。

66　这是约翰对亨利·邓达斯评论的回应性评论，亨利·邓达斯在1776年3月16日致巴克鲁公爵的信中说，"我们要尊重在苏格兰普遍存在的自由和勇敢的精神"，他还说，"如果我告诉你，我议院两派的朋友都希望我感谢约翰斯通先生，使我有机会进入到这一主题上，希望你不要认为我是徒劳的。"NAS，蒙塔古-道格拉斯-司各特家族，以及巴克鲁公爵的文献，1165—1947，GD224/30/1。《国会史》没有提及的这一意见交换明显地是1776年3月14日委员会讨论"苏格兰军事法案"时进行的；PH，第18卷，第1231—34辑。

67　"整个国家处于危险之中。"托马斯·邓达斯1775年10月5日致劳伦斯·邓达斯爵士的信，保存于北约克郡档案馆，泽兰德的文献，ZNK X 1/2/222。关于这次会议，参见伊安·亚当斯和莫瑞代思·索莫维尔的《绝望和希望：1603—1803年苏格兰向北美的移民》（爱丁堡，1993年），第40页，贝尔纳·贝林：《西去的旅者：美国革命前夜美国移民的过程》（纽约，1988年），第57页，注释32。

68　乔治·约翰斯通1772年3月30日就东印度司法权提案发表在下议院的演讲，PH，第17卷，第379辑。

69　乔治·约翰斯通1772年3月30日就东印度司法权提案发表在下议院的演讲，PH，第17卷，第377—78辑。

70　在东印度公司董事会上，乔治最初建议说，国会应该取消英格兰的茶税，"这样就可以将商品卖到大陆上的许多市场，通过这种方式库房中存放的大量物品就可以转换成现金。"他的同事克里通附加提出了关于美洲关税的提案——"约翰斯通总督立即接受了这一看法"，乔治最终提出的议案是："建议董事会争取国会通过一个议案，以便没有关税地将多余的茶叶出口到国外市场，并且取消美洲市场百分之三的关税。"《伦敦晚邮报》，1773 年 1 月 7 日，第 7023 期，并参见《圣詹姆斯新闻报或不列颠晚邮报》，1773 年 1 月 9 日，第 1856 期，以及《每日信报》，1773 年 1 月 11 日，第 13121 期。

71　下议院 1773 年 4 月 27 日讨论和批准了"允许东印度公司无税地出口茶叶的议案"，PH，第 17 卷，第 840—41 辑。关于波士顿茶党的情况，参见弗朗西斯·S. 狄拉克编：《茶叶》（波士顿，1884 年），以及本杰明·伍兹·拉布雷：《波士顿茶党》（纽约，1964 年）。就像阿尔弗雷德·扬格表明的，"波士顿茶党"的说法只是到 19 世纪 30 年代才开始流行。阿尔弗雷德·扬格：《造鞋者和茶党》（波士顿，1999 年），第 155—65 页。

72　《朴次茅斯，新汉普郡，1774 年 7 月 15 日》（朴次茅斯，NH:fowle，1774 年）；"乡下人给费城绅士的信"，1773 年 12 月 4 日，载《约翰·狄金森著作集》，保罗·雷塞斯特·福特编，2 卷（费城，1895 年），1：462—63。

73　乔治·约翰斯通 1774 年 3 月 25 日就"波士顿茶党案"在下议院发表的演讲，PH，第 17 卷，第 1188 辑。

74　威廉·亨特爵士给出的后来维多利亚时代对饥荒的描述估计说，九个月的时间内有一千万人死去；威廉·亨特爵士：《孟加拉农村编年史》第 7 版（伦敦，1897 年），第 34 页。关于孟加拉 1770 年饥荒的情况，参见马克兰纳：《土地和地方王权政治》，第 194—207 页。

75　约翰·约翰斯通 1772 年 3 月 30 日就东印度司法权提案在下议院发表的演讲，PH，第 17 卷，第 368—69 辑。

76　约翰·博格恩上校（他后来为英国驻北美部队的将军）1772 年 4 月 13 日就其设立东印度事务委员会的提案在下议院发表的演讲，PH，第 17 卷，第 459 辑。

77　约翰 1771 年 2 月 19 日从法夫郡的巴尔哥尼写给东印度公司伦敦董事会的信，OIOC，IOR，杂信集，1771 年，IOR/E/1/55，ff.88r—88v。在董事会 1771 年备忘录的目录中，这一封信被记录为"约翰斯通先生想成为孟加拉的总督。"OIOC，IOR/B/86。

78　詹姆斯1771年4月17日写给约翰的信，JJLB—EUL，第64页。《米德塞斯新闻报》报道说，那一周有传言说，克莱武最亲密的朋友之一，托马斯·卢伯尔德被任命为孟加拉的总督了："公司董事们在离职之前，任命卢伯尔德先生为孟加拉的总督，而且他已经准备去往那个地方了。"《米德塞斯新闻报或自由新闻报》，1771年4月11日，第317期。瓦伦·哈斯廷于1771年4月9日受命接替（加尔各答的）弗特·威廉，以及约翰·卡提耶为总督。东印度公司董事会备忘录，OIOC，IOR/B/86，第457页。

79　就像乔治所写，他"一再地"阅读休谟"对高尚生活的描述，但你不能同样轻松地从思想的高处，下降到人类仅仅是生计的和日常的情形之中，我以前忽视了这一点。"乔治·约翰斯通1763年3月22日致大卫·休谟的信，保存在休谟的手稿中，NLS，MS23155，编号94，第249页以后；大卫·休谟1759年4月2日致艾利班克勋爵的信，收在恩斯特·坎贝尔·墨斯纳编："新发现的休谟1748—1776年致艾利班克勋爵的信"，载《得克萨斯文学和语言研究》4，第3期（1962年秋）：431—60，第449页。

80　大卫·休谟1763年7月21日致亚当·斯密的信，1769年3月10日致让—巴蒂斯—安托万·苏尔德的信，1769年3月30日致卡尔德温的穆雷男爵的信，1771年6月25日和1772年1月2日致威廉·斯塔翰的信，格雷格：《大卫·休谟书信集》，1：391；2：195，200，243，251。威廉慷慨的行为是在输掉与道格拉斯的官司后，给予安德烈·斯图尔特年金。

81　这是其孙女伊丽莎白·卡罗琳娜·格雷的描述。格雷："我一生的概要"，无页码。

82　托马斯·金斯伯卢：《威廉·约翰斯通—普尔特尼的画像》，耶鲁不列颠艺术中心。

83　亨丽艾塔·劳拉·普尔特尼的画像是安吉里卡·考夫曼大约于1777年所画的。画像保存在巴思的霍尔布纳艺术博物馆；参见以下网址 www.holburnc.org/muse/search/item.cfm?MuseumNumber=1996.5。

84　这一画像现在保存在伦敦的泰特美术馆，它被认作是"约翰斯通女士和她的儿子（？），大约是在1775—80年。"朱利叶斯·约翰斯通少将1898年将之赠给了国家美术馆。朱利叶斯·约翰斯通是玛莎·福特的重孙，乔治的孙子。玛莎·福特的最小的儿子亚历山大·帕特里克1803年在印度去世。OIOC，N/1/6，第241页以下。这一编号为 1667 的画像可以在以下网址看到：www.tate.org.uk。乔治 1782 年与夏洛特·蒂结婚，他们的儿子约翰·罗塞·约翰斯通 1783 年出生。亚历山大·帕特里克·约翰斯通 1776 年在伦敦受洗。他和其妻子玛丽娜·达桂拉有三个孩子：乔治·布勒·约翰斯通、索菲亚·约翰斯通、艾米莉·约翰斯通。这三个孩子是其叔叔乔治·林赛·约翰斯通、姑姑索菲亚·约翰斯通的鳏夫坎尼扎罗公爵遗嘱指定的继承人。乔治·布勒·约翰斯通是乔治·朱利叶斯·约翰斯通的父亲，约翰·朱利叶斯·约翰斯通 1839 年 4 月 25 日在利明顿温泉镇受洗。约翰·朱利叶斯·约翰斯通的遗嘱立于 1898 年 11 月 12 日，公证于 1899 年的香港，其中说将"我的带座的女士和孩子的画像，以及汉密尔顿夫人头部的画像（都为乔治·罗姆尼画）"送给国家美术馆。乔治·林赛·约翰斯通 1814 年 2 月 1 日公证的遗嘱，坎尼扎罗公爵弗朗西斯·普拉特芒 1841 年 11 月 27 日公证的遗嘱，TNA，PROB11/1552 和 11/1953；约翰·朱利叶斯·约翰斯通将军 1899 年 1 月 11 日验证的遗嘱，香港档案馆，H.K.R.S.，编号 144/D. & S. 编号 4/1211；受洗的信息可以在下面的网址查到：www.ancestry.co.uk。非常感谢乔治·罗姆尼（1734—1802 年）画作全目（将要完成）的作者阿历克斯·吉蒂森证实，这幅画的主人是玛莎·福特和亚历山大·帕特里克·约翰斯通。

85　大卫·N. 金：《罗伯特·亚当和詹姆斯·亚当全集》（牛津，2001 年），第 39—41，359—61 页；大卫·N. 金：《亚当解读》（牛津，2001 年），第 181，242—43 页。

86　路易斯·德·卡蒙斯：《卢济塔尼亚人之歌；或印度的发现，一部史诗》，威廉·朱利叶斯·米克尔译（牛津，1776 年），第 i 页；关于米克尔在里斯本的任命情况，参见乔治写给威廉·朱利叶斯·米克尔的未标日期的信，以及乔治 1780 年 11 月初写给米克尔的未标日期的信的副本，奥斯本·米克尔的文献，贝内克特图书馆，耶鲁大学 [WJM-Y]。米克尔是约翰斯通的叔叔瓦尔特的同父异母的兄弟。他出生于 1734 年，是兰厄姆的牧师亚历山大·米克尔的儿子。J.J. 卡得勒："威廉·朱利叶斯·米克尔（1734/5—1788 年）"，ODNB，18661 条；约翰·希姆："作者的一生"，载《威廉·朱利叶斯·米克尔诗集》（伦敦，1806 年）；爱尔兰："约翰·朱利叶斯·米克尔的轶事"。瓦尔特·约翰斯通通过詹姆斯·巴尔曼与米克尔重新见面后，写信将其称为"亲兄弟"。米克尔在致里特尔顿勋爵的信中说，"约翰斯通先生，我的嫡亲兄弟，原先是马里纳的船长，在战争中是爱丁堡的上校，现在西佛罗里达的总督是他的外甥，他给我写信让我去西印度，他的船长时间地停在那里。"瓦尔特 1776 年 6 月 29 日，1778 年 7 月 2 日写给威廉·朱利叶斯·米克尔的信，保存在 WJM—Y；爱尔兰："米克尔的轶事"，第 xxx 页。

87　瓦尔特·约翰斯通 1778 年 7 月 2 日写给威廉·朱利叶斯·米克尔的信，WJM—Y。

88　当边沁申请这一秘书职位的时候，乔治用一复杂的故事回复他说，这依赖于威廉的决定，"他是如此地小心谨慎，他必然不会与其兄弟吵架。"杰里米·边沁 1778 年 4 月 /5 月写给约翰·弗斯特的信，载《杰里米·边沁书信集》，12 卷，蒂默塞·L.S. 斯普林格编（伦敦，1968—2006 年），2：104—5。

89　"最高处的最坚固的要塞也守不住了，不列颠列岛在包围它的海上不再有安全了。"乔治 1783 年 12 月 24 日从伦敦写给约翰·麦克弗逊的信，麦克弗逊书信集，OIOC, Mss Eur F291/110；那苏巴·明格 1765 年 4 月 1 日的演讲，载《密西西比州的档案》，第 242 页。

90　詹姆斯 1771 年 5 月 30 日，1772 年 1 月 25 日写给詹姆斯·巴尔曼的信，JJLB—EUL，第 77—78，132—33 页。

91　亚历山大 1779 年 5 月 18 日写给威廉·朱利叶斯·米克尔的信，WJM—Y。

92　贝蒂 1759 年 10 月 9 日写给威廉的信，HL—P, PU405[397]；查尔斯·肯纳德 1762 年 3 月 29 日写给威廉的信，HL—P, PU777[753]。

93　乔治 1776 年 5 月 30 日写给瓦尔特·明托的信，保存在明托那里，UMWCL—MS。

94　瓦尔特·明托 1777 年 3 月 9 日写给大卫·明托的信，UMWCL—MS。

95　斯密：《国富论》，第 640 页。

96　"只要他愿意考虑后果和未来，他会足够精明地控制，使得他留在其身后的废墟不能归因于他"；吉拉姆·侯赛因：《穆塔可汗先生》，2：581。1789 年的译者哈吉·穆斯塔夫还附加了后面这些话："当地人对英国人的普遍指责"包括，"如此多的英国人从这个国家带走了如此多的财富，却没有一个人想到过为这个国家打一口井，挖一个池塘，种一片树林"（2：577，注释 27）。

97　"对罗伯特·梅尔维尔的控诉"，1769 年 12 月 1 日，TNA，殖民资料系列，

PC1/60/7。

98 《对梅尔维尔总督的控诉的进展报告》，第 ii，iii 页。

99 "1770 年 2 月 20 日呈交给委员会的报告"，TNA，PC1/60/7；《对梅尔维尔总督的控诉的进展报告》，第 xlviii，41，53，108，114 页。

100 斯蒂尔：《格林纳达》，第 62 页。

101 用法令的话说，奥古斯丁"由于其活动和能力，对抓捕和消灭逃跑的奴隶贡献巨大。"亚历山大指控说，奥古斯丁在获得自由后，有几个月住在政府的房子里，政府官员说这是必要的措施，以便保护他避免其原来的主人的"嫉妒"。亚历山大·约翰斯通："对罗伯特·梅尔维尔的控诉"，1769 年 12 月 1 日，枢密院资料，TNA，PC1/60/7；"给格林纳达的种植园主，圣约翰的佩斯郡的古斯通的，或不论谁的黑人奴隶奥古斯丁自由身份的法令，1767 年 4 月 29 日发布"，保存在"格林纳达法律集"，TNA，CO103/1/48r；《对梅尔维尔总督的控诉的进展报告》，第 3—4，31，40 页。

102 "混乱来自于格林纳达参事们的思想，他们因此不能区分他们在不同的时间和地点行为的能力，这些能力（通过这些人）而具有极其不同的权威。"《对梅尔维尔总督的控诉的进展报告》，第 87 页。

103 当时有一个宣判亚历山大犯叛乱罪的叫彼得·戈尔登的治安法官；有一个残酷地虐待五个奴隶（其中三个因此而死）的叫彼得·戈尔登的治安法官；有一个在亚历山大被宣判有罪后成了亚历山大的部队的指挥官的彼得·戈尔登，他在所有官员和士兵出席的大会上向他们宣告"新教的利益"和"新教的宗教"；有一个为总督参议会（或议院）成员的彼得·戈尔登。关于多个彼得·戈尔登的情况，参见《对梅尔维尔总督的控诉的进展报告》，第 4，77，83，125—26 页。

104 "格林纳达岛的土地所有者名录的副本"，TNA，PC160/7；《对梅尔维尔总督的控诉的进展报告》，第 xx 页。

105 《对梅尔维尔总督的控诉的进展报告》，第 iii，xxx，29，40 页。

106 博尔特斯似乎在伦敦的时候和约翰、威廉交往很多。约翰 1771 年 2 月在给他的一个生意伙伴的信中说："我非常高兴我们的朋友博尔特斯有如此好的前景。"几周后，他在给亚历山大的信中说："我希望你马上问问汉奈先生，博尔特斯先生是否会向约翰斯通和贝蒂女士支付其债券。"1772 年威廉给约翰写信，询问加尔各答市政府的运作时，约翰回答了一些问题，其他问题让他去问博尔特斯："博尔特斯和佩特里可以回答余下的问题。"博尔特斯 1773 年被迫离开这个国家时，约翰说"可怜的博尔特斯走了"，并将其离开看作是"一个沉重的打击"。约翰 1771 年 2 月 8 日写给萨缪尔·汉奈，1771 年 3 月 23 日写给亚历山大的信，JJLB—CLA，PD239/201/9；约翰 1772 年 2 月 5 日，1773 年 10 月 16 写给威廉的信，HL—P，PU655[648]，PU660[654]。

107　塔戈尔"没有经过任何审讯"就被带到法院，并"被捆起来鞭打，人们还用他的鞋子打他的头部"，"这是非常无耻的惩罚。"博尔特斯：《对于印度事务的思考》，1：93—94，2：59，3：113—14。

108　博尔特斯：《对于印度事务的思考》，1：vi，109，202，217，228。就"莫卧儿政府"博尔特斯写道："政府似乎从没有怎么考虑他们自己的印度人的宗教信仰，也没有考虑与他们进行贸易的人的宗教信仰"（第 13 页）。

109　参见米歇尔·H. 费舍：《殖民主义的逆流：不列颠的印度旅游者和定居者，1600—1857 年》（德里，2004 年）。

110　埃德蒙德·伯克 1772 年 12 月 18 日就阻止东印度公司派遣监察员到印度的提案在下议院发表的演讲，PH，第 17 卷，第 671 辑。

111　"印度最近的饥荒"，《绅士杂志》41（1771 年 9 月）：402—4；"英国人在孟加拉的残酷行为"，《绅士杂志》42（1772 年 2 月）：69。

112　乔治·约翰斯通 1772 年 3 月 30 日就东印度司法提案在下议院发表的演讲，PH，第 17 卷，第 369 辑。

113　乔治·约翰斯通 1772 年 3 月 30 日就东印度司法提案在下议院发表的演讲，PH，第 17 卷，第 377 辑；乔治·科加莫尔和约翰纳斯·帕德尔 1769 年 9 月 12 日提交的诉状，调查东印度公司的特别委员会的第二份报告，《下议院文件集》（1772 年 5 月 26 日）135：282。

114　约翰·约翰斯通，原告拉法尔的证据（1774 年），OIOC，威尔斯特的遗物，MSS Eur F218/73。小纸片在亚美尼亚商人案件中的重要性在于这是将商人投入监狱的命令，这一命令是东印度公司的官员哈里·威尔斯特以小纸条的形式给出的，其理由是

"这个种族的是本性卑劣，他们的原则只是虚假的和骗人的"。参见奎特斯：《在孟加拉的英国人》，第 244 页。

115　"我收到了吉迪恩 12 月 30 日从布索拉寄来的信……我还收到了乔治 4 月 17 日的信，他说，他那时由于坐骨神经疼而卧在床上，不能写字，不过人们对之还是有办法的。肠胃中有气，不过胸部的疼痛已经减轻了很多。"约翰 1771 年 5 月 19 日写给威廉的信，HL－P，PU651[644]。

116　詹姆斯 1771 年 5 月 30 日写给詹姆斯·巴尔曼，1771 年 9 月 1 日写给贝蒂，1771 年 10 月 2 日写给瓦尔特·约翰斯通的信，JJLB－EUL，第 75—79，84，88 页。

117　"约翰·约翰斯通的黑女仆贝尔或贝琳达的陈述"，库珀郡，1771 年 7 月 4 日，NAS，JC26/193/3。这一陈述和巡回法庭 1771 年 9 月开庭之前与案件有关的文件都保存在 NAS 的高等法院司法文件系列（1771 年）的第三个盒子中。这一盒子原先的分类是 JC27/193/5；"黑人女孩贝尔或贝琳达的申诉状"的文件被标为"EXJC27/193/5"和"exJC26/193"。贝尔或贝琳达的案件，以及 18 世纪苏格兰的其他一些黑人案件，将在约翰·凯恩斯教授即将出版的重要著作《苏格兰的奴隶法》中得到讨论。关于 18 世纪苏格兰杀婴的情况，参见德波拉·A. 西蒙德的优秀的著作：《别为我哭泣：早期现代苏格兰的女人、民谣和杀婴》（帕克大学，1997 年）。

118　"对黑人女孩贝尔或贝琳达的起诉书"，法夫郡的罗尔，1771 年秋，NAS，JC26/193/3。关于 1690—1809 年有效的"谋杀儿童法"的情况，参见西蒙德：《别为我哭泣》，第 127—60 页。按照这一法令的条款，"如果一个妇女怀孕期间隐瞒有孕，在孩子出生的时候没有寻求帮助，那么，如果孩子死亡或失踪的话，母亲就要被拘禁，并被指控谋杀孩子"（第 128 页）。关于稍后一段时间内盎格鲁－印度家庭中奴隶的情况，以及奴隶和仆人身份的情况，参见范因："奴隶的情况"。

119　北部巡回法庭 1761 年 9 月 3 日宣判"约翰·斯普伦特的仆人"玛丽·布尔格斯犯有谋杀罪，并处死刑。她被送往爱丁堡，高等法院副院长和审判官审判了该案，并核准了巡回法庭的判决。她被送回佩斯郡的图尔巴斯，并在 1762 年 1 月 15 日被绞死。"她的尸体被送到佩斯郡的尼尔·门兹外科医生那里，由他公开地分解。""玛丽·布尔格斯的死亡证书"，1761 年 11 月 27 日由 W. 格兰特、Ch. 阿瑞斯金纳、亚历山大·博斯威尔、吉尔伯特·艾略特、安德烈·普林格、亚历山大·弗雷泽签发，佩斯市，佩斯市档案，B59/26/11/1，第 6 函。

120 "Intran" 的表达意指被告被带到法庭："因此，书记员在记录上写下 Intran。这就是说，犯人进入了法庭。"约翰·卢西安：《苏格兰法庭审判前的程序》，第 2 版（爱丁堡，1752 年），第 46 页。Intraneus 在拉丁语中的意思是 "在里面，向里面"。纳桑·贝雷：《英语词源辞典》（伦敦，1770 年）。

121 "黑人女孩贝尔或贝琳达的申诉状"，1771 年 9 月 13 日，NAS，JC26/193/3。

122 佩斯郡北方巡回法庭的备忘录，1771 年 9 月 12—13 日，编号 25，1771 年 5 月 9 日至 1772 年 10 月 15 日，NAS，西部户籍注册馆（WRH），JC11/28，无页码。关于苏格兰流放犯人的情况，参见 A. 罗杰·艾克奇："18 世纪苏格兰犯人流放美洲的情况"，载《不列颠研究》24，第 3 期（1985 年 7 月）：366—74，并参见 A. 罗杰·艾克奇：《去往美国：1718—1775 年不列颠犯人流放殖民地的情况》（牛津，1987 年）。艾克奇估计说，从 1718 年到 1775 年，大约有 700 人从苏格兰流放到了美洲。这些人几乎有一半人是爱丁堡高等法院判决的，法院只流放严重的罪犯；他们中的 181 人被判处流放，22 人被控犯有谋杀或谋杀儿童罪。"18 世纪苏格兰犯人流放美洲的情况"，第 368—71 页。

123 发配乔治·费尔普、杰奈特·艾贝奈斯、威廉·布朗，以及 "来自东印度孟加拉的贝尔或贝琳达" 的文书，由帕特里克·科洪 1771 年 12 月 4 日在格拉斯哥签发，NAS，JC26/193/3。

124 乔治·费尔普、杰奈特·艾贝奈斯、威廉·布朗，以及 "黑人女孩贝尔或贝琳达" 到岸的证明，海军官员约翰·恩斯肖、雅各·布鲁斯、路易斯·布斯维尔 1772 年 4 月 29 日签于詹姆斯河上游港口，NAS（WRH），JC41/12；"1772 年 1 月 5 日至 4 月 15 日所有进入弗吉尼亚的詹姆斯河上游的船只的清单"，TNA，CO5/1350。乔治·费尔普、杰奈特·艾贝奈斯、威廉·布朗的审判情况记录在北方巡回法庭的备忘录中，阿伯丁，1771 年 9 月 20—23 日，NAS（WRH），JC26/193/1（费尔普），JC26/193/2（艾贝奈斯、布朗）。

125 约翰·韦德伯恩 1775 年 1 月 13 日写给威廉的信，HL-P，PU1755[1805]。

126 阿兰·麦柯诺切：原告，非洲人约瑟夫·奈特的情况，1775 年 4 月 25 日 [肯奈特勋爵记录和发布]，第 1 页；詹姆斯·弗格森：被告，巴林登的约翰·韦德伯恩先生的情况，1775 年 7 月 4 日 [肯纳特勋爵记录和发布]，第 1—2 页；爱丁堡律师图书馆，法庭材料，坎贝尔的文献，第 33 卷，24 和 25。詹姆斯·萨摩塞特的主人查尔斯·斯图尔特是波士顿海关的财务总监，他的兄弟是爱丁堡的律师和印刷商。1762 年的时候，他是在威廉·（约翰斯通）普尔特尼建议下，寻求与法属殖民地圣多米尼克做生意的弗吉尼亚商人，1765 年的时候，他成了北美中东部地区海关的总管。他是富兰克林的儿子、宾州总督的朋友，也是约翰斯通的舅舅，魁北克原总督詹姆斯·穆雷的朋友。A.J. 亚历山大 1762 年 6 月 20 日的信；1765 年 8 月 9 日的声明，斯安波易港；富兰克林总督 1769 年 8 月 25 日的信；穆雷总督 1769 年 11 月 27 日的信，NLS，斯图尔特 Mss.502/8r—9v，34r，177r，240r。关于"我们的印刷厂"，斯图尔特的兄弟詹姆斯，以及他的儿子要"开书店"的计划，参见 1770 年 5 月 9 日的信，NLS，斯图尔特 Mss.6404/21r。关于萨摩塞特案件的背景情况，参见詹姆斯·奥德曼："对于曼斯菲尔德和奴隶制的新看法"，《不列颠研究》27（1988 年 1 月），45—68；斯蒂芬·M. 外斯：《穿过也许会陷落的天堂：导致奴隶制终结的标志性的案件》（剑桥，麻省，2005 年）。

127　弗格森：约翰·韦德伯恩的情况，第 2—3 页；麦柯诺切：约瑟夫·奈特的情况，1775 年 4 月 25 日，第 1 页；并且参见凯恩斯：《苏格兰奴隶法》，伊安·怀特：《苏格兰与奴隶贸易的废除，1756—1838 年》（爱丁堡，2006 年）。约瑟夫·奈特是詹姆斯·罗伯森著名的历史小说《约瑟夫·奈特》（2003 年）的主人公。

128　1773 年 12 月 14 日的申诉状，1774 年 11 月 15 日约翰·韦德伯恩先生的备忘录，NAS，CS235/k/2/2，第 4 页；弗格森：约翰·韦德伯恩的情况，第 3 页；约翰·斯温顿 1774 年 5 月 20 日的决定，佩斯，NAS，SC49/6/134/3/3。

129　"约翰·约翰斯通从孟加拉写给伦敦的兄弟约翰斯通总督的信中的一段"的副本，1763 年 12 月 14 日，由约翰·斯温顿收藏；A.C. 斯温顿：《斯温顿家族在贝里克郡科莫格梅的档案和画像》（爱丁堡，1908 年），第 93—94 页。萨缪尔·斯温顿是约翰和阿奇博尔德授权处理潜逃的法国间谍和七千镑的债券的人的朋友。萨缪尔·斯温顿 1766 年 2 月 19 日致印度的约翰·卡尔纳克将军的信，OIOC，卡尔纳克的文献，MSS Eur F128/156。关于约翰斯通家族和斯温顿家族的情况，参见本书第五章和第六章。

130 约翰·韦德伯恩 1775 年 1 月 15 日写给威廉的信，HL—P，PU1757[1807]；贝蒂 1775 年 3 月 24 日，1775 年 8 月 26 日写给威廉的信，HL—P，PU436[423]，437[424]。

131 弗格森，约翰·韦德伯恩的情况，第 13，22 页；罗伯特·库伦：《巴林登的约翰·韦德伯恩先生的附加情况；被告；非洲黑人约瑟夫·奈特，原告，1777 年 6 月》，第 14，26，35，74，78 页。库伦的《情况》副本保存在纽约公共图书馆（KF p.v.4，no.3），上面有亚当·斯密的印，并且被确认为是斯密的抄本。

132 弗格森：约翰·韦德伯恩的情况，第 18 页。

133 库伦：《附加情况》，第 12，51，76 页。

134 手稿集，NAS，CS235/K/2/2；弗格森：约翰·韦德伯恩的情况，第 37 页。

135 《爱丁堡信报》18，第 888 期（1772 年 6 月 30—7 月 3 日）；《苏格兰信使报》，1778 年 1 月 17 日。

136 佩斯北方巡回法庭备忘录，1771 年 9 月 12—13 日，第 25 号，1771 年 5 月 9 日至 1772 年 10 月 15 日，NAS（WRH），JC11/28，无页码。

第三章 结局与死亡

1 芭芭拉（母亲）1764 年 12 月 22 日写给约翰的信，UMWCL—MS。

2 芭芭拉·穆雷·约翰斯通于 1773 年 3 月 15 日在韦斯特哈尔去世。《苏格兰杂志》35（1773 年 3 月），第 165 页，以及"芭芭拉·穆雷女士的性格"，第 120 页。她是非常健壮的女人，像她的兄弟艾利班克勋爵那样，她将这归因于"她有两年，艾利班克有 22 个月经常爬山。"詹姆斯·约翰斯通爵士 1768 年 2 月 18 日写给威廉的信，HL—P，PU557[570]。夏洛特·约翰斯通·巴尔曼于 1773 年 4 月 2 日在爱丁堡去世。《大众信报》，1773 年 4 月 13 日，第 11862 期。约翰于 1772 年 12 月 29 日写信给威廉说，父亲去世后，他和贝蒂准备去看望"可怜的夏洛特妹妹"："自从去年她最喜欢的孩子去世后，她就一直有病，结核哮喘使得她如此虚弱，我去看她的时候，她几乎不能走路了。"HL—P，PU658[652]。

3 詹姆斯·约翰斯通 1772 年 4 月 23 日写给威廉的信，1772 年 6 月 18 日约翰写给威廉的信，HL—P，PU562[577]，656[649]。

4　夏洛特 1751 年 7 月 29 日写给威廉的信，HL−P，PU450[443]，约翰 1771 年 5 月 19 日写给威廉的信，HL−P，PU651[644]，詹姆斯 1772 年 11 月 1 日写给贝蒂的信，JJLB−EUL，第 171 页。

5　詹姆斯 1771 年 11 月 22 日，1772 年 8 月 20 日写给约翰的信，詹姆斯 1772 年 8 月 28 日写给约翰・艾尔温的信，JJLB−EUL，第 108，159，168—69 页。约翰 1778 年 9 月 13 日，12 月 6 日写给詹姆斯・巴尔曼的信，JA−CLA，第 6 函，PD239/6/24，32。

6　瓦尔特・约翰斯通 1772 年 7 月 20 日写给瓦尔特・奥格威的信，HL−P，PU751[725]。

7　瓦尔特・约翰斯通 1778 年 2 月 12 日写给詹姆斯・巴尔曼的信，JA−CLA，第 6 函，PD239/6/2。

8　贝蒂 1773 年 10 月 5 日，10 月 30 日写给威廉的信，HL−P，PU434[421]，435[422]。

9　詹姆斯 1773 年 12 月 28 日写给詹姆斯・艾尔温的信，JJLB−EUL，第 178 页；"普尔特尼先生和其他人与约翰斯通先生的转让契约"，以及"威廉・普尔特尼和约翰・约翰斯通先生转让给亚历山大・约翰斯通先生的契约"，1774 年 4 月 28 日，BUL−W，韦斯特哈尔庄园的文献，DM41/38，DM41/48/1。"转让"要求亚历山大付给威廉和约翰三万镑的钱。

10　亚历山大・约翰斯通的遗嘱，1775 年 5 月 23 日立，1783 年 1 月 24 日公证，TNA，PROB 11/1099。继承序列如下：詹姆斯和他未来可能的儿子，"合法地生的或将合法地生的"；詹姆斯可能的儿子的"男性继承人"；乔治；威廉另外妻子的儿子；乔治的儿子乔治（如果他变得合法的话）；乔治的第二个儿子詹姆斯（也要变得合法）；约翰；约翰的儿子詹姆斯・雷蒙德・约翰斯通；吉迪恩；吉迪恩未来可能的儿子；将来继承詹姆斯家族的男爵爵位者和安嫩岱尔侯爵爵位者。

11　亚历山大的孙女（也被说成是他的重孙女）名叫安・苏斯兰德或安娜・苏斯兰德，她在爱丁堡卡农基特的一个杂货店工作。她与牧牛人亚历山大・苏斯兰德结婚。她 1839 年写信给约翰的孙子说："作为韦斯特哈尔的约翰斯通家族的亲戚，我希望并且相信你会关心我现在不幸的情况，因为我丈夫严重受伤后，已经在伦敦病了至少三个月了，这使我们处于饥饿之中，因此我希望你好心地帮助我们一下。"这封信中背面还写有："安娜·苏斯兰德，亚历山大·约翰斯通上校的混血女儿简·卡斯蒂诺·约翰斯通的女儿的情况"，以及"她的母亲简·卡斯蒂诺·约翰斯通与一个水手结的婚，水手叫威廉·威尔森（简是亚历山大·约翰斯通的孙女），她的女儿在此请求。母亲简与詹姆斯·约翰斯通·汉京肖住在贝克斯里—赫斯。亚历山大·苏斯兰德是一个牧牛人。她在卡农基特的一个杂货店工作。"在一封无日期的信中，背面写的是："亚历山大·约翰斯通上校孙女（不合法的）的情况"，亚历山大·苏斯兰德在其中写道："我妻子两年前向你张口，并且收到了1镑"，而且他们"很想去看看乔治的孙子弗雷德里克·约翰斯通"，"但是不幸的是我的腿骨折了，"安·苏斯兰德1839年5月11日所写的信，保存在JA—CLA，第7函，PD239/7/11，以及亚历山大·苏斯兰德和安娜·威尔森的未标日期的信，JA—CLA，第5函，PD239/5/27。

12　斯克鲁普·科尔基特的遗嘱，1780年7月26日签立，1781年7月4日遗嘱附件签立，1783年1月27日公证，TNA，PROB 11/1099。附件规定，如果吉迪恩活过其妻子，1500镑所得到的利息和收益归吉迪恩所有。

13　"吉迪恩·约翰斯通船长指挥的'勇士号'的航行日记"，TNA，ADM51/8。

14　除了其父亲的遗嘱之外，关于吉迪恩和范妮在英格兰和苏格兰的生活的非常少的资料是约翰写给范妮的信，我们可以在公共历史和集邮网站上看到它。这封信为约翰手写，日期为8月2日，并且显明了约翰和范妮之间亲密的朋友关系："在他如此长的生病期间，你所表现出的爱和细心真是好妻子的最高典范，使我很羡慕。"信的后面涉及的是园艺的事情："我现在住在德诺万，这里变得越来越漂亮了，……每天我都照料植物"，——家具的事情："我给了吉迪恩一份我认为值得送去的东西的清单，其他的东西运输很贵……如果有什么东西对我兄弟乔治有用，我会很高兴让他拿去……其他的可以让家具商丁华尔放到里登豪大街我的家中。"约翰1785或1786年8月2日写给范妮·约翰斯通的信。可以在下面的网站找到这封信：http://www.victorianweb.org/previctorian/letters/johnston.html。"好妻子"是那个时代喜剧中常见的角色，如在《好妻子的新年礼物》、《莫克·特鲁普斯的画像；或科学的丑闻，肌肉、肤色、激情的普遍表现》（伦敦，1784年）。关于吉迪恩和范妮的情况的其他材料来自于玛莎·福特1786年写给威廉·朱利叶斯·米克尔的信。玛莎·福特当时在爱丁堡，她是为了看望她的小儿子与女儿索菲亚一起去的，并且"很幸福地见到了我的两个极其健康的儿子"。她和她的同伴，孩子的家庭女教师"非常喜欢苏格兰的景色，我们进入爱丁堡的时候，这些景色让我们惊呆了"。她说约翰给她写了一封"非常亲切的信"，并且准备带索菲亚去阿尔瓦；"可怜的吉迪恩船长对其妻子如此悲惨的状况很难受。"玛莎·福特 1786 年 7 月 10 日写给威廉·朱利叶斯·米克尔的信，WJM—Y。

15　吉迪恩·约翰斯通的遗嘱，1788 年 7 月 4 日公证，TNA，PROB 11/1168。

16　乔治·约翰斯通 1777 年 2 月 25 日就布莱尔上校的提案在下议院发表的演讲，《国会记录》，17 卷（伦敦，1775—80 年），6：281。关于阿罗德·爱克伊诺对去往莫斯基托海岸的冒险的描述，见《有意思的描述和其他作品》，温森特·卡瑞塔编（伦敦，2003 年），第 198—218 页。关于 18 世纪中美洲海湾的情况，参见特洛伊·S.弗罗德：《英国、西班牙对莫斯基托海岸的争夺》（阿尔布开克，1967 年），以及温森特·卡瑞塔：《爱克伊诺：造就自己的人的传记》（雅典，2005 年），第 179—92 页。

17　关于卡莱尔勋爵率领的卡莱尔委员会的情况，参见弗雷德里克·B.托勒斯："富兰克林和普尔特尼使团：美国革命秘史的一个片段"，载《亨廷顿图书馆季刊》17，第 1 期（1953 年 11 月）：37—58。

18　这三封信分别写给约瑟夫·里德、罗伯特·莫里斯、弗朗西斯·达纳。约瑟夫·里德是革命军的将军，其内兄弟是伦敦的商人，罗伯特·莫里斯是威廉的商业合作伙伴，弗朗西斯·达纳是芭芭拉·肯纳德的学医的女婿的兄弟。乔治 1778 年 6 月 10 致弗朗西斯·达纳的信，1778 年 4 月 11 日致约瑟夫·里德将军的信，1776 年 6 月 16 日致罗伯特·莫里斯的信，见查尔斯·斯特达曼：《美国独立战争的起源、发展和结束》，2 卷（都柏林，1794 年），2：55—58。

19　《伦敦新闻报》1778 年 10 月 15 日，第 3412 期。乔治的一个熟人描述说，乔治被"陆军恨"，海军"厌"，"我们在美洲的朋友和敌人看不起"。斯图尔特上校 1778 年 10 月 7 日致布特勋爵的信，载 E.斯图尔特·沃特莱编：《总理和他的儿子：从布特伯爵和查尔斯·斯图尔特将军的通信看》（伦敦，1925 年），第 137 页。

20　玛莎·福特 1778 年 8 月 26 日写给"我亲爱的乔治和约翰"的信，UMWCL—MS。

21　乔治 1778 年 10 月写给瓦尔特·明托的信，瓦尔特·明托 1778 年 11 月 23 日及 12 月 10 日写给乔治的信，UMWCL—MS。

22　不列颠住里窝那的领事约翰·伍德尼 1779 年 1 月 15 日致约翰·迪艾尔的信，TNA，FO335/38/14；格兰瑟姆勋爵、托马斯·罗宾逊 1779 年 2 月 1 日从马德里致韦莫斯勋爵的信，TNA，SP94/207/188；不列颠住加的斯领事约西亚·哈代 1779 年 3 月 5 日致韦莫斯勋爵的信，TNA，SP94/207/402。弗雷德里克·罗宾逊 1779 年 2 月 9 日从伦敦致马德里的格兰瑟姆勋爵的信，以及 1779 年 3 月 1 日格兰瑟姆勋爵致乔治的信的草稿，莱斯特·帕克（卢卡斯）的手稿，贝德福特郡和卢顿档案馆 [WP—BLA]，L30/14/333/177，L30/14/201。来自孟加拉的男孩是另一个旅客："来自孟加拉的黑人男孩，在威斯特摩兰上船，来自里窝那。现住在伦敦的威利斯·马切尔船长想重新成为男孩的主人，他的名字是霍谟或休谟。"《晨报和伦敦信报》，1779 年 5 月 18 日，第 3118 期。

23　G. 罗斯福特在其"约翰斯通好望角远征的杂闻轶事"中对这次远征做了仔细的描述，载《海员的镜子》28（1942 年），第 189—212，290—308 页；并且参见托马斯·帕斯雷爵士：《私人航海日记，1778—1782 年》，罗德尼·M.S. 帕斯雷编（伦敦，1931 年），文森特·T. 哈尔罗：《不列颠第二帝国的建立，1763—1793 年》，2 卷（伦敦，1952 年），1：106—25，以及法布尔：《夸张与诽谤》，第 144—64 页。

24　乔治与德布拉·夏洛特·蒂于 1782 年 1 月 31 日结婚，不列颠工厂教士的档案，里斯本，可以在下面网站找到：www.familysearch.org。另还可参见法布尔：《夸张与诽谤》，第 164 页。

25　《记录年刊，或对于 1782 年的历史、政治、文学的观点》（伦敦，1783 年），第 111 页。

26　帕斯雷：《私人航海日记》，第 170，202 页。

27　威廉·普尔特尼：《对后来议会中引起争论的问题的看法》（伦敦，1787 年）。

28　乔治·约翰斯通的遗嘱，1787 年 6 月 12 日公证，TNA，PROB11/1154。乔治最小的儿子是由亚当·弗格森在苏格兰抚养大的，乔治留给了弗格森 50 镑，并说弗格森是"人类最有价值的人"；他的其他受托人包括约瑟夫·奈特原先的主人，他称其为"我最亲爱的和尊敬的朋友"的约翰·韦德伯恩。威廉·朱利叶斯·米克尔借助于"和约翰斯通一起时得到的东西"而结婚，而养老，他写了一篇华丽的颂词来赞扬乔治的公共生活：从牙买加（你无尽的魅力从童年就开始了），到国会（勇敢，纯洁！年轻善良的心从未被污染，你仍然在倾听真理的声音），到上议院最终的决定：向你临终的微笑致敬。约翰被对"这一令人享受的极其有益的景象"的回忆所感动，就像在乔治去世后几周他给米克尔的信中所写的那样："我不能找到语词来形容读到你的颂词时的感受。你天才地赞扬的这种性格在我看来是我所知道的最优秀的。尽管我已多次读过这一颂词，但它每次都仍然使我泪流满面，就像第一次读到那样。"约翰期待詹姆斯也会被感动："我今天想读给詹姆斯爵士听，因为他最爱乔治了。"约翰·约翰斯通 1787 年 8 月 8 日写给威廉·朱利叶斯·米克尔的信，WJM—Y，爱尔兰："米克尔的轶事"，第 xlviii 页，"回忆乔治·约翰斯通"，收在米克尔：《诗歌与悲剧》，第 206，207，208 页。

29　约翰 1772 年 12 月 29 日写给威廉的信，HL-P，PU658[652]。

30　他每年给女管家卡特琳娜·穆雷 20 镑，给两个仆人 18 几尼和 16 几尼（1 几尼等于 1 镑 1 先令），给厨师 10 几尼，给女佣 7 几尼，给车夫 17 镑："除了 17 镑之外，詹姆斯爵士还给车夫衣服，这是别的仆人所没有的。"詹姆斯·约翰斯通爵士在伦敦去世时仆人及其薪水清单。BUL-W，韦斯特哈尔庄园的文献，DM 41/67/1。

31　爱丁堡海关的 A. 皮尔森 1792 年 3 月 10 日写给詹姆斯·约翰斯通爵士的信，BUL-W，韦斯特哈尔庄园的文献，DM 41/70/4。

32　路易莎 1758 年与詹姆斯结婚的时候，估计是三十多岁；奶奶的遗嘱于 1720 年公证的时候，母亲还没有结婚，后来她于 1739 年和梅里克牧师结婚。路易莎和詹姆斯婚姻的财产，给予"詹姆斯·约翰斯通和伊丽莎白·玛丽·路易莎·梅里克将要有的孩子"。梅里克女士和约翰斯通船长婚姻的财产转让约定副本，NRO，NRS 8335 24D4。

33　詹姆斯·穆雷·约翰斯通在詹姆斯 1790 年 3 月 12 日的遗嘱中，以及 1794 年 1 月 28 日的遗嘱附件中，被描述为埃克塞斯的卢姆福特的简·斯温顿的儿子，他似乎出生于 1773 年之后的某个时间。詹姆斯留给"汉基船的船长理查德·穆雷和我的女管家卡特琳娜·穆雷"每年 100 镑的钱，直到詹姆斯·穆雷·约翰斯通长到二十一岁。他给了简·斯温顿另外一份年金，条件是她要"照看和抚养他的孩子，并且要得到理查德·穆雷和卡特琳娜的认可。"詹姆斯也留给卡特琳娜一份遗产，"不论在我去世的时候，她是否与我生活在一起"，并且"这些钱不由我死后她可能的丈夫的支配"。詹姆斯死后，路易莎的秘书威廉·奥托"依据穆雷女士的愿望"，为她的兄弟，诺福克的船长（从伦敦到牙买加）理查德·穆雷，要她的表亲马丁·福克斯爵士介绍进尼弗的银行。詹姆斯·约翰斯通爵士的遗嘱，1796 年 3 月 21 日公证，TNA，PROB 11/1272；威廉·奥托 1798 年 7 月 31 日致马丁·福克斯的信，NRO，黑灵顿的福克斯手稿 [FHA-NRO]，MC50/53/11。

34　詹姆斯·约翰斯通 1784 年 7 月 21 日，1785 年 2 月 1 日，1785 年 5 月 9 日，1785 年 6 月 13 日，1787 年 5 月 15 日发表的演讲；理查德·布伦斯勒·谢尔丹 1787 年 4 月 4 日的评论，保存在 PH，第 24 卷，第 1169 辑，第 25 卷，第 124，560，888 辑，第 26 卷，第 907，1182 辑。道歉的事情发生在 1788 年 5 月 14 日："詹姆斯·约翰斯通爵士说，他意识到了几天之前，他的行为是不恰当的，因此议长惩罚了他，但他自己没有惩罚自己。他现在请求被他冒犯的议长先生的原谅。他说自己喝醉了，希望这能使他得到原谅。莫宁顿勋爵说，议长说他看到了男爵的情况，并没有感到受到了冒犯。议长先生说，他能够肯定，整个议会会愉快地接受詹姆斯·约翰斯通爵士的道歉的。在双方这样一种绅士的、自由的和体面的解释之后，议会在十分友好的气氛中散会了。"《世界报》，1788 年 5 月 15 日，第 430 期。

35　威廉·狄金森的《关于奴隶制的通信》（伦敦，1789 年，第 1 页）给詹姆斯·约翰斯通爵士的献词；《星》，1792 年 2 月 24 日，第 1194 期，并参见怀特：《苏格兰和奴隶制的废除》，第 113—17 页。

36　"在所有的欧洲殖民地，甘蔗都是由黑奴种植的。出生在欧洲气候下的人的体质被认为不能承受在西印度暴烈的阳光下翻地的工作；甘蔗的种植现在都是手工劳作的，尽管许多人觉得可以引入耕犁来大幅度地提高效率。"斯密：《国富论》，第 586 页。

37　约翰·约翰斯通 1792 年 4 月 23 日就邓达斯逐渐废除奴隶贸易的提案在下议院发表的演讲，PH，第 29 卷，第 1265—66 辑。托马斯·卡拉克森也引用了这一演讲：《不列颠议会废除非洲奴隶贸易活动的起始、发展和完成》，2 卷（伦敦，1808 年），2：458。克拉克森的著作对于耕犁的情况说得更清楚一些："他发现这样耕种的土地比奴隶通常的耕种产的糖更多。"

38　威廉·狄金森："致托马斯·狄金森先生的信"，收在约书亚·斯蒂尔和威廉·狄金森：《奴隶制的缓解：两个部分》（伦敦，1814 年），第 287—88，291 页。狄金森写道："黑人六个月内就变成了耕犁的能手"，"耕过的土地上的甘蔗长得最好，而且产的糖是从来没有过的多，甚至是格林纳达都从来没有过的多"；"我必须承认，这不是我取消了劳作，相反我更加关心，或者说很长时间都关心劳作。如果耕犁的引进失败的话，耕犁就会被人长时间地放弃，甚至会被当作废奴计划是荒唐的和危险的证据（并且被当作最好的证据）"，第 292—93 页。

39　罗伯特·克斯 1793 年 5 月 16 日从格林纳达的韦斯特哈尔写给詹姆斯·约翰斯通的信，BUL-W，韦斯特哈尔庄园的文献，DM 41/70/10—11。

40　詹姆斯·约翰斯通的遗嘱，1796 年 3 月 21 日公证，TNA，PROB 11/1272。

41　阿勒克斯·麦克克拉金："格伦迪宁锑矿（路易莎矿）"，《邓弗里斯和加洛韦的自然历史和文物协会文集》，第 3 系列，第 42 卷（1965 年），140—48；"韦斯特柯克教区"，收在约翰·辛克莱爵士：《苏格兰统计报告，各个教区牧师的通信的情况》，21 卷（爱丁堡，1791—94 年），11：525—26。关于在大炮铸造中锑的使用情况，参见《不列颠百科全书；或艺术、科学和文学辞典》，20 卷（都柏林，1790—98 年），2：87。

42　韦斯特柯克 1778 年 11 月 12 日和 1781 年 3 月 4 日、11 日教区理事会记录，苏格兰国家档案馆有缩微胶片，CH2/368/2/171—73。这件事所涉及的教会似乎不知道如何对待此事件，它们 1781 年 3 月 11 日的结论是，命令"詹姆斯·约翰斯通按照自己的自述来赔偿，并且留待法律决定他是否是亨丽艾塔·艾伦的孩子的父亲。"

43　詹姆斯·约翰斯通爵士的遗嘱，1796 年 3 月 21 日公证，TNA，PROB 11/ 1272。

44　韦斯特柯克图书馆 1793 年 1 月 20 日，1793 年 8 月 1 日，1793 年 10 月 1 日，1794 年 4 月 1 日，1795 年 1 月 13 日，1795 年 7 月 7 日，1797 年 1 月 16 日，1797 年 4 月 4 日的记录，藏于邓弗里斯和加洛韦的本特帕斯图书馆。我非常感谢本特帕斯图书馆的玛格丽特·桑德森女士让我查看了记录本，并带我参观了图书馆，图书馆是由在路易莎矿附近长大的伟大的工程师托马斯·特尔夫特捐助建造的。

45　约翰 1773 年 9 月 18 日写给威廉的信，HL-P，PU659[653]。他几周后又写道："我们现在正在搬往德诺万。"约翰 1773 年 10 月 16 日写给威廉的信，HL-P，

PU660[654]。约翰和伊丽莎白·卡罗琳娜在斯特林的德诺万至少生活了四年。约翰1775年完成了对阿尔瓦的收购，伊丽莎白·卡罗琳娜1778年去世的时候，他住在庄园中。关于阿尔瓦庄园收购的情况，参见亚历山大·罗伯森1775年7月17日，1775年7月25日致亚历山大·韦德伯恩的信，NAS，辛克莱家族的文献，罗斯林伯爵（NAS-SR），GD164/1089。

46 "艾斯克的基克德罗斯教区教堂1773年记录的副本"，坎布里亚郡档案馆。保存在爱丁堡（NAS，Acc.9260/22）的斯图尔特的文献中的发黄的印刷文件的影印本，以及国家军事博物馆的塔尔波特·莱斯小姐1774年9月10日致斯图尔特的信中的线索让我找到了这个记录。在这封信中，莱斯小姐说："我恐怕不能确定这个混血儿的身份。"

47 约翰1773年10月16日写给威廉的信，HL-P，660[654]；罗伯特·瓦波尔1776年4月3日从里斯本写给韦莫斯勋爵的信，TNA，SP89/81/199r。

48 东印度公司对约翰斯通，TNA，C12/2379/7；约翰斯通和当普斯特对弗朗西斯·法迪奥的控告，TNA，C12/392/73。

49 他们是"约翰·约翰斯通的奴隶或佣人黑人女孩莫莉"、"佣人和女厨师莫莉·索莫维尔"、"佣人大卫·尤尔"、"佣人和奶工萨拉·罗斯"。"对黑人女孩贝尔或贝琳达的起诉书"，法夫郡的罪犯档案，1771年秋，NAS，JC26/193/3。

50 斯特林郡的女佣税，1789年8月，NAS，E326/6/18/183。斯特林郡男佣税，1792年8月，NAS，E326/5/19/187。1792年约翰交了三个园丁的男佣税，一个在阿尔瓦，一个在德诺万（吉迪恩住在此），一个在爱丁堡外面的豪克希尔（贝蒂住在此）。约翰1778年最早带回阿尔瓦的男佣有5个，1785年最早带回的女佣有3个，NAS，E326/5/1/165。从1785年至1791年，他共申报了18个女佣，他在1778年和1791年至1792年，共申报了16个男佣。

51 格雷："我一生的概要"，无页码。

52 约翰1778年5月14日写给詹姆斯·巴尔曼的信，JA-CLA，第6函，PD239/6/13。

53 约翰1785年10月5日写给威廉的信，HL-P，PU664[656]；约翰1787年8月8日写给威廉·朱利叶斯·米克尔的信，WJM-Y。

54 约翰 1787 年 8 月 8 日写给威廉·朱利叶斯·米克尔的信，WJM—Y；詹姆斯 1771 年 3 月 3 日写给约翰的信，瓦尔特·约翰斯通 1773 年 1 月 7 日写给威廉的信，HL—P，PU739[727]；关于约翰是芭芭拉的大儿子的监护人，是她的小儿子的教师的情况，参见"查尔斯·肯纳德勋爵的遗嘱中赠予人的东西的清单"，1768 年 4 月 13 日，这可在下面的网站找到：www.scotlandspeople.gov.uk。

55 我非常感谢克拉克曼纳郡文化遗产保护委员会的苏珊·米尔斯带我参观阿尔瓦的墓碑，感谢卡诺比的约翰·帕克带我参观韦斯特柯克的墓碑。

56 "著名的库柏先生的诗，黑奴的控诉"，收在：《呈给上议院的两个来自苏格兰的诉求，为废除非洲奴隶贸易而祈祷》（爱丁堡，1790 年），第 9 页。在作品的最后所印的单子上，詹姆斯·巴尔曼和"阿尔瓦的约翰·约翰斯通先生"分别捐了 1 和 2 几尼，"阿尔瓦的詹姆斯·约翰斯通先生"是手写的，认捐了 3 几尼。戈尔德斯密斯图书馆的副本，在网络上可以找到，Gale Cengage 出版社建立的现代数据库，戈尔德斯密斯—克瑞斯经济文献图书馆，1450—1850 年（MOME）。

57 保存在克拉克曼纳郡的阿尔瓦的约翰斯通的文献除了其他的信件之外，还包括来自伊丽莎白·卡罗琳娜的侄子塔尔波特·威廉·基恩（在北安普敦的债务人监狱）、乔治和玛莎的女儿索菲亚，以及亚历山大的非婚孙女的信。塔尔波特·威廉·基恩 1813 年 8 月 2 日写的信，索菲亚·坎尼扎罗 1833 年 1 月 7 日的信，安·苏斯兰德 1839 年 5 月 11 日的信，JA—CLA，第 7 函，PD239/7/1，2，11。

58 这是另一笔给予伊丽莎白·卡罗琳娜的姐姐的 1 万多卢比的钱，伊丽莎白·卡罗琳娜曾在 1762 年与其一起去过印度。约翰·约翰斯通的遗嘱，1796 年 3 月 6 日公证，TNA，PROB 11/1272。

59 亚当·弗格森 1795 年 12 月 3 日写给约翰·约翰斯通的信。"我禁不住地想去看你"，弗格森写道；他的信在约翰于 1795 年 12 月 10 日去世前不久寄到了。温森诺·梅洛勒编：《亚当·弗格森书信集》，2 卷（伦敦，1995 年），2：375。约翰的六个兄弟中，五个死于他之前，他们是：帕特里克、桑迪、乔治、吉迪恩、詹姆斯；亚当·弗格森既是乔治，也是约翰的好朋友。

60 提给萨缪尔·罗米利的问题，林肯律师事务所，1799 年 4 月 8 日，BUL—W，韦斯特哈尔庄园的文献，DM 41/53/2。

61　威廉、路易莎、乔恩·奥赛（1775年荷兰抵押贷款的放贷者）卷入到了国会中与个人有利害关联的提案中，并且涉及到了格林纳达新的奴隶起义的后果。约翰·弗斯特1796年3月24日致马丁·布朗·福克斯的信，FHA－NRO，MC50/51/3。

62　路易莎·玛丽·伊丽莎白·约翰斯通的遗嘱，1797年4月15日公证，TNA，PROB11/1289。

63　路易莎1797年2月1日致马丁·布朗·福克斯的信，FHA－NRO，MC50/52/2。

64　《伦敦新闻报》，1782年6月8日，第3982期。

65　《白厅晚邮报》，1784年7月10日，第5781期。

66　"女士，……我同意你对之严格地管教，我们都认为这是改正她的一些坏习惯的最好的方法，她这些坏习惯都是过于娇惯的结果；我们错误地娇惯她非但不是对她好，反而是害了她，所以她就养成了这样的一些坏习惯，虽然她肯定会接受这一计划的好意，不过也许需要一些时间和更加的成熟，去恰当地思考过去。"威廉给一位我们不知其名字的通信者写的一封未标日期（也许写于1785年）的信的草稿，HL－P，PU1874[1518]。

67　"除了每年5000镑之外，普尔特尼先生曾说将他所有的财产给予年轻的夫妻，如果他能够获得巴思伯爵爵位的话，其他的给予皮特先生的儿子。通过这一婚姻，首相每年可以获得25000镑的纯收入。但现在听说普尔特尼小姐要与马尔波罗的大儿子结婚了。"《纽约每日新闻报》，1789年7月28日。纽约的一份报纸早些时候曾报道说，"普尔特尼先生去了巴黎，要带其漂亮的（红头发的）独生女与皮特结婚，并且将给他每年不少于25000镑的钱。"《独立报》，1784年5月19日。关于亨丽艾塔·劳拉与威廉·皮特的婚姻计划商谈的情况，参见《早邮报和每日新闻》，1784年9月14日，第3616期，《伦敦新闻报》，1784年9月28日，第4355期，《晨报和每日新闻》，1784年10月1日，第1227期，《白厅晚邮报》，1785年1月11日，第5876期。与莫尔顿勋爵商谈的情况，参见《大众信报》，1786年5月25日，第16227期，与蒂奇菲尔德侯爵商谈的情况，参见《晚邮报》，1786年6月10日，第8208期。

68　参见R.N.W.托马斯："詹姆斯·穆雷·普尔特尼爵士，第七代男爵（1755—

1811 年）", ODNB, 第 19620 条。

　　69　詹姆斯·吉尔雷创作的《财政大臣威廉·普尔特尼爵士》现在藏于伦敦的国家画像馆,可以在下面的网址找到：www.npg.org.uk/collections。

　　70　埃德蒙德·达纳 1805 年 4 月 13 日写给弗朗西斯·达纳的信, MHS, 达纳家族的文献, 第 4 箱, 第 1805 函。

　　71　"著名人物带有各种轶事的讣告",《绅士杂志》75, 第 1 部分（1805 年 6 月）：587—88。

　　72　"1798 年 7 月属于罗亚尔 13 号港, 现在租给韦斯特哈尔种植园的奴隶的清单", BUL−W, 韦斯特哈尔庄园的文献, DM 41/21/10。威廉涉入到了交易的细节中, 就像格林纳达的代理人写给路易莎的继承人的一封信中说的那样。"我们今天早上收到了威廉·普尔特尼爵士的另一封信, 信所讨论的是将其黑奴送到韦斯特哈尔种植园的事情——威廉爵士在将其对此事的决定告诉其格林纳达的代理人之前, 似乎急于得到其信托人的批准,……威廉·普尔特尼建议说, 要租赁的黑奴必须被评估, 并且接受相似情况下通常的佣金, 即每年其工资的百分之十到十二。" J. 佩特里·坎贝尔和其公司 1797 年 10 月 16 日致马丁·布朗·福克斯爵士的信, FHA−NRO, MC50/52/30。

　　73　威廉 1797 年 8 月 8 日致弗斯特和库克的信, 林肯律师事务所, BUL−W, 韦斯特哈尔庄园的文献, DM 41/62/14。

　　74　"不过, 密西西比河的泛滥没有什么规律, 有时很突然和狂暴, 会给当地的居民造成不便和灾难, 而当地居民还不多, 也不够富裕, 难以修坝挖渠来控制泛滥。" 路易斯·罗斯 1780 年 5 月 22 日从新奥尔良写给威廉·普尔特尼的信, HL−P, PU1662 [1616]。

　　75　科洪出生在苏格兰, 年轻的时候去弗吉尼亚经商, 1776 年回到格拉斯哥。在格拉斯哥, 他于 1782 年 "在建立起威望之后不久", 成为了地方的行政长官, 并且于 1783 年获得了普罗沃斯特勋爵爵位。参见伊阿托斯 [G.D. 耶兹]：《帕特里克·科洪的生活和写作》（伦敦, 1818 年）；"科洪先生：对家族和社会的贡献", 无日期, 伦敦都市档案馆, acc.1230/7；以及若斯·帕雷："帕特里克·科洪（1745—1820 年）", ODNB, 第 5992 条。

　　76　芭芭拉的女婿埃德蒙德·达纳给他兄弟弗朗西斯·达纳写信说, 威廉是 "冷酷的和严厉的。……你可能听说过，他 76 岁的时候与一个有两个女儿的 35 岁的寡妇结婚了。由于不知道如何处理他的巨额财产，他这样做肯定是为了找一个继承人。"埃德蒙德·达纳 1804 年 5 月 9 日写给弗朗西斯·达纳的信，MHS，达纳家族的文献，第 70 箱，第 1804 函。弗朗西斯·达纳是乔治 1778 年作为和解委员会成员时倒霉的通信者。

77　关于威尔伯福斯提案在国会中讨论的历史，参见罗伯特·伊萨克·威尔伯福斯和萨缪尔·威尔伯福斯：《威廉·威尔伯福斯的一生》，5 卷（伦敦，1838 年），以及克拉克森：《非洲奴隶贸易的废除》。

78　克拉克森：《非洲奴隶贸易的废除》，2：499。

79　官方贩卖的奴隶的估量，参见跨大西洋奴隶贸易数据库，wilson.library.emory.edu:9090/tast/assessment/estimates.faces。

80　威廉·普尔特尼爵士 1805 年 2 月 28 日在下议院第二次审议废除奴隶贸易提案时发表的演讲，《国会的辩论》，第 3 卷，第 660 辑；克拉克森：《非洲奴隶贸易的废除》，2：495—500。

81　玛格丽特·普尔特尼死于 1849 年 11 月 1 日，《晨报》，1849 年 11 月 3 日，第 24973 期。

82　关于乔治·林赛·约翰斯通、詹姆斯·普里罗斯·约翰斯通、亚历山大·帕特里克·约翰斯通申请并被任命为东印度公司文书的事情，参见本书第一章。在伊丽莎白·卡罗琳娜的女儿安娜·伊丽莎白的文献中，有一封"佩斯的沃克先生"的吊慰信的副本，这封令人感动的信应是写给贝蒂的，信中说到了从印度传来的"你外甥"之死的"痛苦"，并且宽慰地说"他短暂的生命是如此纯粹和幸福，……我觉得这是命运的力量让我感到的最大的震惊。"沃克先生 1794 年 8 月 17 日的信，NAS，GD477/440。

83　帕特里克·肯纳德 1770 年 4 月离开斯皮特海德，在经过了绕道里约热内卢和好望角的艰难旅程之后，于 1771 年 4 月到达马德拉。在马德拉，他遇到了官复原职的在海军的吉迪恩，"他的情况非常好，而且似乎很满意这一职位。我非常谦逊，我们相处得很投机。"几个月后，约翰给其哥哥乔治·肯纳德讲述了帕特里克去世的情况："我接到的他的最后一封信是他乘坐从马德拉开往孟加拉的船之前的晚上写来的，和他一起走的还有另外一个文书，名叫菲兹杰拉德。他们都对长期待在马德拉感到厌倦了，都急切地到了他们的目的地等待'莫斯号'启航。不知是什么原因，船只在孟加拉驶入河中时发生了故障，亲爱的帕特里克和其同伴以及其他不会游泳的人失踪了。……在这种情况下，我感到的最大安慰是，他干干净净地走了，而且这也许是他已经准备好了的，来自于更长时间地认识到这一变动不居和令人失望的存在。"帕特里克·肯纳德 1770 年 3 月 8 日和 1771 年 6 月 15 日写给乔治·肯纳德的信，KR–PKA，MS100/2，第 60 函，以及约翰 1772 年 4 月 15 日写给乔治·肯纳德的信，第 75 函。"莫斯号"航行日记，OIOC，L/MAR/480A；东印度公司加尔各答董事会 1771 年 8 月 30 日致总董事会的信，载《威廉堡–印度之家通信集》，6∶308。苏格兰贵族参考书上对帕特里克之死的记述非常地不准确："帕特里克，小儿子，东印度公司的职员，1771 年 7 月在科罗曼德海岸被老虎咬死"，或"帕特里克，不幸地在非洲海岸被老虎咬死"。威廉·安德森：《苏格兰民族》，2∶609；约翰·德布雷特：《联合王国的贵族》，2 卷（伦敦，1814 年），2∶837。

84　詹姆斯·巴尔曼 1787 年 12 月 4 日致亨利·邓达斯的信，NAS，GD51/4/38。

85　汉密尔顿·格雷女士：《1839 年走向伊特鲁里亚坟墓研究之旅》，第 3 版（伦敦，1840 年），第 254 页。"远古优秀的民族之间的关联是今天最有意思的主题之一；每一个新发现都导致我们觉得，很久以前古代世界的人民是在一个普遍帝国之下联系在一起的，遥远的土地由殖民、商业和政治联盟联结在一起。"

86　弗朗西斯·达纳 1796 年 9 月 6 日从麻省的剑桥给伦敦的弗朗斯·雪莱·韦斯顿的信，弗朗西斯 1802 年 7 月 4 日写给埃德蒙德·达纳的信，1802 年 8 月 12 日埃德蒙德写给弗朗西斯·达纳的信，MHS，达纳家族的文献，Ms.N—1088，达纳家族 I，第 4 箱，第 1796 函，达纳家族的文献，第 70 箱，第 1802 函。

87　菲利普·邓达斯 1806 年 9 月 5 日出生于威尔士王子岛（槟榔屿）；玛格丽特·韦德伯恩·邓达斯 1806 年 11 月 7 日在加尔各答去世；她的丈夫菲利普·邓达斯 1807 年 4 月 8 日在威尔士王子岛去世；他的内弟约翰·霍普·奥利封 1807 年 3 月 23 日在威尔士王子岛去世。OIOC，印度官员家庭历史研究，参看下面的网址：indiafamily.bl.uk。E.G.库林和 W.F. 岑德尔编：《槟榔屿早期历史，1592—1827 年》（槟榔屿，1905 年），第 26 页。

88　菲利普·邓达斯的遗嘱，1808 年 1 月 26 日公证，TNA，PROB 11/1472。

89　《约翰·L. 约翰斯通（原告）和詹姆斯·普尔特尼在高等法院》（日内瓦，纽约，1811 年），第 3，5，12，19 页。

90　安娜·伊丽莎白·戈尔敦女士 1809 年 1 月 5 日，24 日，30 日致阿隆·布尔上校的信，阿隆·布尔的文献，PHi：4787—90。

91　夏洛特·努金特（原名为夏洛特·蒂·约翰斯通）1805 年 12 月 4 日致詹姆斯·穆雷·普特尼的信，HL—P，PU1633[1497]。

92　关于在其中"各个灵魂的目的命定地是相反的无穷无尽的偶然事件的系列"，在其中"外面的世界纯粹是人类的世界，并且基本上是由具有相似心理结构——尽管有完全不同的指向和内容——的人所居住，……抽象的危险、'恶'的无限性通过各种事件的极度浓缩（就像在小说中），通过真正的史诗意义而得以避免的无穷无尽的偶然事件的系列"，参见乔治·卢卡奇：《小说理论》（1920 年），安娜·波斯托克译（伦敦，1971年），第 108—9 页。

93　《约翰·L. 约翰斯通（原告）和詹姆斯·普尔特尼在高等法院》，第 12 页；巴思的伯爵夫人亨丽艾塔·劳拉·普尔特尼的遗嘱，1808 年 8 月 22 日公证，TNA，PROB 11/1483。《乔治·马克汉姆牧师（原告）和约翰·法塞特（被告）之间的赔偿诉讼的审理记录：1802 年 5 月 4 日与原告的妻子在旧宫院的部队小酒店通奸》（伦敦，1802 年），第 33，37，51 页；普尔特尼和法塞特的诉讼，起诉书和四个抗辩，TNA，C13/132/16。

94　亨丽艾塔·劳拉的法国故人是安德烈，她在革命发生前就认识她了。她在一封写给安德烈·勒泽—马内希亚的母亲的信中说，"我非常珍视和你女儿的友谊，我只想向她表明我的珍视。我的幸福依赖于她的幸福，与她分离是很令人伤心的事，我极其期待与她再次相见。"亨丽艾塔·劳拉 1786 年 7 月 7 日写给马内希亚侯爵夫人的信，HL—P，PU1341[83]。安德烈·勒泽—马内希亚与约瑟芬皇后的表亲克劳岱·德·布尔奈结婚。她的女儿斯蒂芬·劳拉·安德烈·博阿内被拿破仑收养；拿破仑 1806 年 2 月 21 日写给巴登的选帝侯的信，以及 1806 年 3 月 4 日给议院的信，载《拿破仑书信集 I》（巴黎，1863 年），12：81—82，129。对斯蒂芬生活唯一的深入研究认为，拿破仑对约瑟芬的亲戚被英国女人照料很不高兴。弗朗索瓦·德·贝尔纳：《斯蒂芬·博阿内（1789—1860年），巴登的拿破仑大公收养的女孩》（巴黎，1977 年），第 22，26 页。根据皇室的协议，斯蒂芬 1806 年与巴登的大公结婚。她后来成为德国命运的热心的观察者，就像她于 1814 年在法国所写的 :"可怜的德国是多么不稳定呀 ! 所有人的想法都变了,都在梦想着各种政体,这是向古代的各种观念倒退。按照这些希望,我们将会发现自己又回到了 15 世纪。将会有与骑士时代的习惯法多少相似的国家习惯法。如果情况能持续下去,当然很好,但是恢复习惯法比回到奇怪的观念更容易。人们很少放弃他们的意愿。要让人们忘记他们处于好的和舒适的条件下,需要好几代的时间。人们可以重新开始,但永远不可能往回走。"巴登的大公夫人 1814 年 11 月写给圣阿方索的安奈特的信,收在尚达尔·德·图蒂耶-博纳兹编 :《圣阿方索的安奈特书信集(1790—1870 年)》(巴黎,1967年),第 393 页。

95　乔治·林赛·约翰斯通的遗嘱,1814 年 2 月 1 日公证,TNA,PROB 11/1552。

96　索菲亚·约翰斯通的丈夫弗朗西斯·普拉特芒继承了坎尼扎罗公爵的爵位。参见玛莎·福特的遗嘱,1831 年 1 月 1 日公证,坎尼扎罗大公夫人索菲亚,1841 年 4 月3 日公证,以及坎尼扎罗大公弗朗西斯·普拉特芒,1841 年 11 月 27 日公证,TNA,PROB 11/1780,11/1944,11/1953。

97　玛莎·福特女士的葬礼,年龄 86 岁,1830 年 12 月 23 日。圣玛丽勒本教区葬礼记录的副本,皇家医学学会。

98　玛莎·福特的遗嘱,1831 年 1 月 1 日公证,TNA,PROB 11/1780。

99　弗格森 1784 年曾经想将这个房子转租弗莱彻·坎贝尔将军,并且把房子描述为"一楼,有饭厅、小客厅、两个卧室、厨房,家具齐全,邻居,也就是楼上的两个老女人,从来不弄出任何声音。"1784 年 10 月 27 日致弗莱彻·坎贝尔将军的信,收在温森诺·梅洛勒编 :《亚当·弗格森书信集》,2 :307。

100　1809 年 1 月 24 日的记录,收在威廉·K. 毕克斯柏编 :《阿隆的私人日记》(罗彻斯特,纽约,1903 年),1 :64。

101　贝蒂 1809 年 8 月 3 日写给安娜·伊丽莎白·戈尔敦的信,NAS,GD477/440。

102　贝蒂·约翰斯通小姐的遗嘱,1813 年 12 月 24 日公证,可以在下面的网址找到 :www.scotlandspeople.gov.uk,第 318—29 页。"盘子、小物品、酒、瓷器、书籍等等",以及 300 多镑的现金;其他财产有 1777 年 11 月 11 日约翰给贝蒂的 400 镑的"债券",债券的利息,以及约翰的女婿詹姆斯·戈尔敦给贝蒂的年金。在其生命的最后阶段，贝蒂的侄女安娜·伊丽莎白·戈尔敦在一备忘录中记录道："她将我叫到床边，如果偿还了债务和支付了其他费用之后，还有钱余下来，她想给韦斯特柯克教区和阿尔瓦教区的穷人各 10 镑。"

第四章　经济生活

1　关于历史的悲剧和如何理解重大事件，从英雄的事件到不可抗拒的事件，最终到悲剧的事件，这些重大历史事件中，甚至美国革命也可以被看作"充满了偶然、不确定"，参见贝尔纳·贝林：《托马斯·哈奇森苦难的经历》（剑桥，麻省，1974 年），第 ix—xi 页。为了解释贝林就托马斯·哈奇森所写的东西，"必须理解那些没有前途的各种努力，如果人们想（从后来历史的角度）解释什么东西的胜利成为了（帝国）的力量的话。"贝林：《托马斯·哈奇森》，第 x 页。托马斯·哈奇森是麻省亲英的总督，乔治 1775 年 10 月在下议院曾攻击了他，很多年后，在乔治自己也变成亲英者后，他拜访过乔治。乔治·约翰斯通 1775 年 10 月 26 日就感谢在下议院发表的演讲，PH，第 18 卷，第 744—45 辑。"我今天上午在肯辛顿拜访了约翰斯通总督，……我发现他非常善良、谦和；由于他改变了对于美洲事务的看法，我希望也改变对我的看法"，哈奇森在拜访了乔治之后写道。1779 年 2 月 9 日的日记。彼得·奥兰多·哈奇森　编：《托马斯·哈奇森先生的日记和书信集》，2 卷（纽约，1884—86 年），2：242。

2　麦克雷：《批判的和历史的文集》，"克莱武勋爵"，3：169。

3　威廉·普尔特尼：《对当前美洲事务的看法，以及和解的办法》（伦敦，1778 年），第 63 页。

4　J.R. 希莱：《英格兰的扩张：两个演讲》（伦敦，1888 年），第 137 页；并参见克里斯托芬·勒斯莱·布朗：《道德资源：不列颠废奴主义的基础》（威廉斯堡，2006 年），第 8—9 页。

5　让－巴蒂斯特·萨伊："预先的讨论"，载让－巴蒂斯特·萨伊：《政治经济学概论》（巴黎，1803 年），第 i 页。

6　约翰·斯图尔特·穆勒："政治经济学的定义，及其特有的研究方法"（1836年），收在穆勒：《著作集》（多伦多，1967 年），4：309—39，第 310 页。

7　贝林：《托马斯·哈奇森》，第 ix—x 页。

8　约翰 1761 年 8 月 22 日从阿居达加写给东印度公司加尔各答董事会的信，OIOC，IOR，H/47/65；乔治和约翰·斯图尔特 1765 年 6 月 12 日写给哈利法克斯的信，TNA，CO5/582，189v。对于东印度公司早期控制印度时的自由贸易的讨论，参见马歇尔：《东印度的财富》。

9　乔治 1764 年 10 月 31 日致约翰·波那尔的信，TNA，CO5/582/167r；乔治·约翰斯通 1765 年 5 月 27 日的演讲，TNA，CO5/582/195v。

10　大卫·休谟：《英格兰史》，6 卷（印第安纳波利斯，1983 年），3：78。休谟在其发表的著作中，50 多次地使用了"一般过程"、"通常过程"、"自然过程"的表达；亚当·斯密使用了超过 70 次。

11　基恩：《杂诗集》，第 10，69，105 页。

12　约翰 1767 年写给威廉的一封未标日期的信，HL-P，PU625[622]；詹姆斯 1772 年 4 月 29 日写给约翰的信，JJLB-EUL，第 148 页。

13　詹姆斯 1772 年 11 月 1 日写给贝蒂的信，JJLB-EUL，第 171 页。

14　乔治·约翰斯通 1772 年 3 月 30 日就东印度司法权提案在下议院发表的演讲，PH，第 17 卷，第 379 辑；约翰·约翰斯通 1777 年 2 月 10 日就废除人身保护法案提案在下议院发表的演讲，PH，第 19 卷，第 6 辑；乔治·约翰斯通 1777 年 2 月 25 日就布莱尔上校的提案在下议院发表的演讲，PH，第 19 卷，第 62 辑。

15　"格林纳达岛的土地所有者名录的副本"，TNA，PC160/7；《对梅尔维尔总督的控诉的进展报告》，第 v 页。

16　"英国人过去很少进行征服，或者说，很少保持所获得的东西，所以，他们直到最近才有了确定的计划就一点也不奇怪"，亚历山大的一个朋友在一本小册子中写道，这本小册子支持亚历山大对格林纳达岛上的压迫和虐待的控告。存在三种可能的结果：第一，"彻底消灭所有的原住民"，第二，"接受他们的法律、习惯和生活方式"（就像中国的征服者现在变成了中国人那样），第三，引导"被征服者接受他们的法律、习惯和生活方式，……同化为和他们一样的人。"第一种结果是"如此地残酷和野蛮，如此地令人震惊，如此地令人厌恶，以至于只有神的命令才能为之辩护，而我们都知道这是犹太人的情况，只有他们才坚定地进行征服。"第二种结果是"亚历山大大帝征服波斯，鞑靼人在中国的结果。"第三种结果，"征服和殖民""看起来是希腊人所追求的"，并且"被罗马人继承了"。《双方的陈述》，第115—16页。

17　乔治·约翰斯通1764年3月3日致詹姆斯·T.奥斯瓦尔德的信，奥斯瓦尔德的文献，第4函，C。

18　乔治1766年9月30日写给约翰·斯图尔特的信，盖奇的文献，UMWCL。既存在塔西陀、詹姆士二世、阿尔瓦大公也有"角斗士、皮条客、骗子、寄生者、小丑"。乔治·约翰斯通1770年5月8日就向国王通报美洲叛乱的情况发表的演讲；1775年2月6日就向国王通报北美叛乱的情况发表的演讲；1775年12月11日就美洲禁令发表的演讲。PH，第16卷，第995—96辑，第18卷，第260，1061辑。

19　"葡萄牙在印度的商业活动尤其是商业的战争和谈判，给所有从事商贸活动的国家提供了借鉴，商业不能建立在恺撒式的或马尔伯勒式的战争之上。"米克尔："导言"，载于卡蒙斯：《卢济塔尼亚人之歌》，i—clxxxvi，第clv页。威廉·朱利叶斯·米克尔1774年5月25日写给乔治的信，WJM—Y。

20　普尔特尼1772年4月29日就鼓励外国人向西印度的地产投资的提案在下议院发表的演讲，以及其对手（我们不知道他是谁）的演讲，PH，第17卷，第482，484辑。特塞尔是阿姆斯特丹附近的一个岛屿，很多荷兰的商船停靠在那里。

21　关于担忧和帝国的情况，参见拉奈吉特·古哈："在帝国中感到不自在"，载《批判的研究》23，第3期（1997年春），482—93，以及约翰·E.威尔森："远方的焦虑：孟加拉早期殖民时期的法规汇编"，载《现代智识的历史》4，第1期（2007年4月）：7—23。

22　乔治·约翰斯通1774年5月18日就预算问题在下议院发表的演讲，PH，第17卷，第1346辑。

23　约翰·约翰斯通1777年2月25日的演讲，《国会记录》，6：291。

24　普尔特尼：《对当前美洲事务的看法，以及和解的办法》，第63，67页。

25　帕斯雷：《私人航海日记》，第167，205页。

26　乔治·林赛·约翰斯通1801年11月25日就威廉·普尔特尼爵士成立印欧贸

易委员会的提案在下议院发表的演讲，PH，第 36 卷，第 297 辑。

27　关于东、西不列颠帝国之间的关联，参见马歇尔：《帝国的形成和解体》，H.V. 博文："外围的看法：从美洲殖民地看不列颠的亚洲帝国，1756—1783 年"，载《变动的帝国：美洲的中心和边缘，1500—1820 年》，克里斯蒂纳·丹尼尔和米歇尔·V. 肯尼迪编（纽约，2002 年），第 283—300 页，以及菲利普·斯特恩："英属亚洲和英属大西洋：类似和关联"，载《威廉和玛丽季刊》63，第 4 期（2006 年 10 月），693—712。

28　威廉 1801 年在下议院说："印度和美洲之间没有任何相似，首先，美洲无人居住，有大量肥沃的土地提供给了种植业。印度则是世界上人口最多的国家之一，每一寸土地都被利用了。"另外一个演讲者补充说："确实如此，在美洲，所有的东西都是原始的，在印度，所有的东西都是人工的。"威廉·普尔特尼和蒂耶奈 1801 年 11 月 25 日就威廉·普尔特尼爵士成立印欧贸易委员会的提案在下议院发表的演讲，PH，第 36 卷，第 288，307—8 辑。

29　关于密西西比三角洲经济的海洋性结构，参见瓦尔特·约翰逊：《暗梦之河》（即将出版，2012 年）。

30　乔治·约翰斯通 1779 年 2 月 24 日就预算问题在下议院发表的演讲，PH，第 20 卷，第 162 辑。

31　"黑人女孩贝尔或贝琳达的申诉状"，1771 年 9 月 13 日，NAS，JC26/193/3。

32　威廉与其多巴哥的地产的合伙人之一发生了争吵，他在去往法属东印度治理区域的途中逃到了马德拉岛；参见本书第二章。

33　《苏格兰信使报》报道说，苏格兰最高法院批准了"约翰·斯温顿阁下"的判决：约瑟夫·奈特的奴隶身份与王国的法律相抵触。《苏格兰信使报》1778 年 1 月 17 日。按照科克伯恩勋爵的说法，斯温顿是继承法的专家，并且是"一个呆板的和好沉思的人"。科克伯恩：《审判》，1：85，289。

34　孟加拉的约翰·卡纳克总督 1766 年 1 月 13 日给萨缪尔·斯温顿的收据，OIOC，卡纳克的文献，MSS Eur F128/11。另外，参见斯温顿与加尔各答的大卫·安德森和罗伯特·克斯的通信，不列颠图书馆，安德森的文献，第 13 卷，Add. Ms. 45429。关于斯温顿的出版生涯，参见"萨缪尔·斯温顿（？—1797）"，载让·斯加德：《新闻工作者辞典，1600—1789年》（牛津，1999年），2：940—42，关于他与皮埃尔·奥古斯丁·卡隆·德·博马舍长达二十多年的曲折的朋友关系，参见谷纳尔·冯·普罗斯维兹和马维斯·冯·普罗斯维兹编：《博马舍和欧洲的信使：未出版或很少为人所知的文献》（牛津，1990年）。

35 斯温顿：《斯温顿家族的文献》，第93—94页。塔萨穆旦描述了与阿奇博尔德·斯温顿"去往高地的一个小镇"的旅程，"他哥哥是这个小镇上的行政主管"；在伦敦，"斯温顿船长带我去了他兄弟秣市附近考文垂大街的房子里。"米拉兹·希艾克·塔萨穆旦：《维拉耶人的惊奇，1765年访法和访英的回忆》，凯塞·阿克译（利兹，2002年），第54，141页。关于在乔治和威廉的特别委员会之前，阿奇博尔德·斯温顿是专家的情况，参见本书第五章，关于塔萨穆旦的情况，参见费舍：《殖民主义的逆流》，第87—90页。

36 帕特里克·托尼1775年6月13日写给亚历山大·韦德伯恩的信，包含有费用的估算，NAS–SR，GD164/1713。

37 大卫·韦德伯恩经过一番艰难的旅程到达了佛罗里达，乘坐的是从里窝那开往洪都拉斯湾的英国船只，船在离开圣多明各时舵丢了，在圣多明各，他被指控"冒充牙买加的总督"。他的同伴是"到过东印度、非洲、北美、法国、弗莱芒"的船长。战后他有不同的前途："去纽约奎基将军（如果我喜欢他）那里"；去伊利诺伊冒险，"因为在现在的和平时期，没有其他的机会"；或者到密西西比上游"寻找致富的机会"（新奥尔良后来的总督达贝蒂耶得到了与伊利诺伊进行贸易的机会，赚了60000镑，不过，一年之后他就死了）。大卫·韦德伯恩1764年6月3日，1764年10月12日，1765年1月，1765年4月14日写给亚历山大·韦德伯恩的信，韦德伯恩的文献，UMWCL。

38 大卫·韦德伯恩1771年12月31日，1772年3月17日写给珍妮特·艾斯金的信，NAS–SR，GD164/1698。

39 关于胡格诺派的商人彼得·勒伊普的情况，参见国会1753年12月4日就博彩管理进行的辩论，PH，第15卷，第192—249辑，以及雅各·M.普莱斯："海关事务的再思考：国会危机的管理的和殖民的维度"，载《英格兰成长为巨人的过程，1660—1763年》，斯蒂芬·B.巴克斯特编（洛杉矶，1983年），257—322。彼得·勒伊普在他向帕特里克提供担保的这一年，是购买汉斯·索纳爵士的博物馆的彩票的发起人，这一活动后来被指控是欺诈的。关于因弗内斯郡的商人、东佛罗里达种植园主亚历山大·格兰特的情况，参见大卫·汉科克：《世界公民：伦敦商人和不列颠大西洋社团的联合，1735—1785 年》（剑桥，1995 年），第 48—59，153—85 页。

40　他的表兄弟约翰·麦克弗逊是东印度公司驻马德拉的官员，后来为驻加尔各答的官员，他曾与表兄（用盖尔语）讨论过印度的事务，以及吉迪恩在贝拿勒斯的事业。麦克弗逊的书信，OIOC，Mss Eur F291/122；保罗·J. 德加特诺："约翰·麦克弗逊爵士，第一个男爵（1745—1821 年）"，ODNB，第 17730 条。

41　詹姆斯 1770 年 8 月 11 日，1771 年 5 月 30 日写给吉尔伯特·佩特里的信，JJLB-EUL，第 37—38，71—73 页。约翰·马尔科姆在其对约翰·佩特里的描述中，涉及了"他的朋友约翰斯通家族的人"；约翰让威廉向"博尔特斯和佩特里先生"了解加尔各答市政委员会的具体情况。"我希望在追求权力和特权的时候，它能对我们的朋友佩特里有用"，约翰 1771 年 2 月在给一个商业伙伴的信中说。几个星期后，他给亚历山大写信，谈到了"可怜的佩特里，他处在死亡的门槛"。马尔科姆：《克莱武勋爵》，3：22；约翰 1772 年 2 月 5 日写给威廉的信，HL-P，PU655[648]；约翰 1771 年 2 月 8 日写给汉奈先生的信，1771 年 3 月 23 日写给亚历山大的信，JJLB-CLA，PD239/201/9。关于约翰·佩特里在孟加拉的情况，参见博尔特斯：《对于印度事务的思考》，2：附录，第 81—97 页，3：449。关于约翰和威廉·佩特里的情况，参见 R.G. 索尔那：《国会史：下议院，1790—1820 年》，5 卷（伦敦，1986 年），1：781—83。

42　1770 年 2 月 3 日的自由契约，TNA，CO5/605/f.349。

43　蒙福特·布朗副总督 1769 年 5 月 13 日致贸易委员会的信，TNA，CO5/620/29—35。"没有人比我现在更加悲惨和绝望了"，布朗在同一封信中说；他的两个秘书都死了，乔治之后的新总督"5 月 2 日在其书房自杀了。我前一天还有幸和他一起吃饭，他看起来还挺高兴和镇静，对我极其友好。"

44　托马斯·汤姆森的遗嘱，1787 年 3 月 5 日公证，TNA，PROB 11/1151。关于普里姆罗斯·汤姆森"为总督抄写急件和记账 3 年半"的薪水事情，参见"乔治·约翰斯通先生的工作报告"，TNA，AO1/1261/152。托马斯·汤姆森在乔治·林赛·约翰斯通在彭萨克拉的洗礼证明上签了字。参见本书第一章。

45　"远离18世纪"，载亨德里克·哈尔托格：《美国革命中的法律和法律中的革命：美国法律史论文集》（纽约，1981年），第242，250页。早期与法律、国家、公司有关的争论，参见奥托·基尔克：《中世纪的政治理论》，F.W. 麦特兰德译（剑桥，1900年），以及麦特兰德："译者前言"。

46　"论利息"，收在大卫·休谟：《道德、政治、文学论集》，于格奈·F. 米勒编（印第安纳波利斯，1987年），第304页。

47　亚当·斯密：《国富论》，第405，610，722—23页。

48　同上，第55，630页。

49　J.Z. 霍维尔：《与孟加拉的各省及印度斯坦帝国有关的有趣的历史事件》（伦敦，1765年），第181页。约翰·泽弗尼亚·霍维尔是印度星源学的专家，以及黑洞神话故事的爱好者。他的女儿约克夫人是约翰加尔各答的最好的朋友之一；约翰将她与其妹妹普赖岱尔夫人1761年离开加尔各答去往伦敦描述为"巨大的损失"，她们的"友谊和亲切温暖了我的心"。约翰1761年12月24日写给詹姆斯的信，HL–P，PU672[621]。

50　亚当·弗格森1772年致约翰·麦克弗逊的未标日期的信，梅洛勒：《亚当·弗格森书信集》，1：95。

51　亚历山大·韦德伯恩1773年5月10日就约翰·博格恩关于克莱武勋爵在印度的行为的提案在下议院发表的演讲，PH，第17卷，第865辑。

52　威廉·普尔特尼1801年11月25日就威廉·普尔特尼爵士成立印欧贸易委员会的提案在下议院发表的演讲，PH，第36卷，第282辑。

53　参见罗斯柴尔德：《经济情感》，第一章。

54　他写道："对于我这种地位的人来说，不会直接收钱的：钱应该送到我们的代理人那里，由他们来检查、称重和清点，因为银币太重，钱币掺假的很多。"约翰·约翰斯通：《致东印度公司股票持有者的信》，第43—44页。

55　威廉·格兰特少校的遗嘱，收在委员会的第三份报告，《下议院文件集》，第303页；约翰·约翰斯通1761年12月29日从加尔各答写给詹姆斯·巴尔曼的信，HL–P，PU671[620]。关于约翰的军旅生涯，参见奥尔姆：《军旅活动》，2：176，以及约翰·约翰斯通：《致东印度公司股票持有者的信》，第 2 页。

56 约翰·约翰斯通：《致东印度公司股票持有者的信》，第 21 页。关于吉迪恩后来在海军的情况，参见"吉迪恩·约翰斯通船长指挥的'勇士号'的航行日记"，TNA，ADM51/8。

57 大卫·韦德伯恩 1772 年 3 月 17 日从孟买写给东印度公司伦敦总部董事会主席的信，OIOC，IOR/H/768/199—200。这封信讨论了东印度的征兵法案，他说，"这些好处会使人们涌向公司的旗下，而国王的军队会发现招到一个人都很困难。"关于东印度公司军队的情况，参见雷蒙德·卡拉汉：《东印度公司和其军队的改革，1783—1798 年》（剑桥，麻省，1972 年）。

58 詹姆斯的期望是，如果弄到钱，就去给自己在军队买个位置；在其结婚之初，他就向路易莎询问"在军队得到一个上尉最低需要多少钱"。詹姆斯 1759 年 6 月 17 日写给路易莎的信，NRO，NRS 8194—24C2。

59 "你说你私人账户上上校欠你 1000 镑钱，我想象这成了我们之间要解决的事情，而且你没有别的选择——确实，在我得到你欠德拉德蒙的债券之前两年，你给了他这些钱：由于我没有权力代替上校从他的账户支付 1050 镑，以便还清他可能欠你的债务，我看不到在没有担保和凭单的情况下如何向他要钱——很明显，你要放弃你第一年支付的 50 镑的利息，当时你忘记了声明已经预付到他的账户上的 1000 镑钱。"约翰 1773 年 9 月 18 日写给威廉的信，HL—P，PU659[653]。

60 "我有很好的机会在马提尼克捕获一艘双桅船，"他在几个月后写道。乔治 1761 年 2 月 18 日，1761 年 8 月 9 日写给威廉的信，HL—P，PU469 和 470[453 和 454]。

61 威廉·朱利叶斯·米克尔是乔治的"这些战利品的共同拥有者"，乔治的仆人路易斯·拉塞尔也有权分享这些"战利品"（"以及他的主人所有的旧衣服"）。"乔治·约翰斯通船长和路易斯·拉塞尔的协议"，1760 年 2 月 15 日，EUL—L，La.II.73/78。希姆："作者的一生"，第 lii 页。

62 约翰 1768 年 7 月 2 日写给吉迪恩的信，由威廉转交，HL—P，PU634[631]。

63 查尔斯·费耶（爱丁堡的会计师）1809 年 5 月 2 日所写的便条，JA—CLA，第 17 函，PD239/17/22/2。

64　克莱武勋爵 1772 年 3 月 30 日就东印度司法提案在下议院发表的演讲，PH，第 17 卷，第 355 辑。

65　巴雷上校 1773 年 5 月 10 日就约翰·博格恩的提案在下议院发表的演讲，提案 与克莱武勋爵在印度的行为有关，PH，第 17 卷，第 867 辑。

66　关于克莱武所收的礼物，参见布鲁斯·雷曼和菲利普·劳松："黑色统治者： 罗伯特·克莱武和不列颠政治"，载《历史学刊》26，第 4 期（1983 年 12 月），801— 29。关于莫卧儿帝国后期政治礼物和送礼者的影响问题，参见马克兰纳：《土地和地方 王权政治》，第 96—121 页；库姆库姆·夏特金：《现代印度早期的商人、政治、社会： 比哈尔邦，1733—1820 年》（莱顿，1996 年）；穆利杜·莱：《印度的统治者、穆斯林民 众：伊斯兰、权利和克什米尔的历史》（德里，2004 年）；库姆库姆·夏特金和克莱蒙·哈 维斯编：《被观察的欧洲：现代早期相遇者的各种目光》（刘易斯堡，2008 年）。

67　约翰·约翰斯通：《致东印度公司股票持有者的信》，第 61，62，64，66 页。

68　约翰 1767 年写给威廉的一封未标日期的信，HL-P，PU625[622]；詹姆斯 1772 年 8 月 22 日写给亚历山大的信，JJLB-EUL，第 164 页。

69　约翰·约翰斯通 1764 年 7 月 4 日在布德旺的讲话，威廉堡特别委员会，收在 委员会的第四份报告，《下议院文件集》，第 498 页；关于矿工图书馆，参见韦斯特柯克 图书馆的备忘录，及 1814 年 11 月信件，载《安妮特·马科书信集》，第 393 页，并且参 见本书第三章。

70　约翰 1761 年 12 月 29 日从加尔各答写给詹姆斯·巴尔曼的信，HL-P， PU671[620]，约翰 1765 年 6 月 17 日致东印度公司加尔各答秘密委员会的信，收在委员 会的第三份报告中，《下议院文件集》，第 434 页；托马斯·邓达斯 1775 年 10 月 5 日写 给劳伦斯·邓达斯爵士的信，北约克郡档案馆，昔德兰文献，ZNK X 1/2/222。

71　"对罗伯特·梅尔维尔的控诉"，"对约翰斯通上校的回答"，TNA，PC1/60/7。

72　"现在我非常希望这一不合法的行为是违反宪法的，就像其他违反宪法的行为 是不合法的那样。其中最后一件事，你看了第 17Geo：2 章，34 节 22d，或许能认同。"乔 治 1765 年 10 月 5 日写给托马斯·盖奇将军的信，载《密西西比州的档案》，第 407—8 页。

73　乔治 1766 年 4 月 1 日写给约翰·波那尔的信，TNA，CO5/574/3/739—40，乔

治 1766 年 1 月 28 日写给约翰·波那尔的信，总督 1766 年 4 月 1 日对治安法官的指控，载《密西西比州的档案》，第 347，450 页。

74　乔治 1776 年 4 月 1 日写给约翰·波那尔的信，TNA，CO5/574/704；《对梅尔维尔总督的控诉的进展报告》，第 xlii—xliii 页。

75　詹姆斯·麦克弗逊 1765 年 3 月 9 日写给罗伯特·法尔马的信，附在法尔马 1765 年 3 月 21 日写给奎基的信中，奎基的文献，UMWCL。法令规定这一省份的法律应该在什么地方有效，1767 年 1 月 3 日，载《备忘录、议事录、法令》，第 322—23 页。

76　参见劳伦·本顿：《法律和殖民文化：世界历史中的法律制度，1400—1900 年》（剑桥，2002 年）。

77　乔治 1766 年 7 月 2 日致奥布雷的信，载《密西西比州的档案》，第 316—18 页。

78　乔治·约翰斯通 1765 年 3 月 26 日在莫比尔议会发表的演讲，载《密西西比州的档案》，第 223 页。

79　亚历山大的朋友对这一事件的描述是，他逮捕了一个被降职的中士的妻子（因为醉酒），但由于去往西印度时，"她在科克登记为第 70 团的洗衣女"，她可以受军事法也可以不受军事法的惩罚。"这些被允许跟随部队，来为军人洗衣、做饭，以及做其他事情的女人，尽管没有薪水，但可以且得到了规定的津贴。"《双方的陈述》，第 111—13 页。

80　"我们的仆人至少会倾向于滥用他们的权力，就像莫卧儿的总督那样，他们不会如此容易地被控制的。"沃伦·黑斯廷斯 1763 年 3 月 1 日的讲话，威廉堡特别委员会，收在委员会的第四份报告，《下议院文件集》，第 486 页。

81　麦柯诺切：约瑟夫·奈特的情况，第 20 页，弗格森：约翰·韦德伯恩的情况，第 14 页；库伦：《韦德伯恩的附加情况》。

82　约翰·约翰斯通 1765 年 6 月 17 日所写的备忘录，收在委员会的第三份报告中，《下议院文件集》，第 433 页。

83　"从弗吉尼亚最初的殖民地开始到 1778 年，除了与大英帝国有友好关系的土耳其人和摩尔人之外，其余所有从海上或陆地进入这个国家的黑人、摩尔人和黑白混血人都被视为奴隶。"《胡金斯与赖特的诉讼》，弗吉尼亚高等法院 11 Va.134；1806 Va. LEXIS

58；1Hen. 和 M.134。

84　博尔特斯：《对于印度事务的思考》，1：93—94；约翰·约翰斯通 1777 年 2 月 10 日就废除人身保护法提案在下议院发表的演讲，PH，第 19 卷，第 6 辑。

85　哈尔托格："远离 18 世纪"，载《美国革命中的法律》，第 234—35，242—43 页；詹姆斯·约翰斯通 1785 年 2 月 1 日就威斯敏斯特审查法在下议院发表的演讲，PH，第 25 卷，第 124 辑。

86　亚当·斯密：《国富论》，第 37 页。

87　乔治·约翰斯通 1765 年 3 月 26 日的演讲，载《密西西比州的档案》，第 220，221 页。

88　亚当·斯密：《国富论》，第 627 页。斯密将这本书描述为"我对大不列颠商业体系的极其激烈的批判。"亚当·斯密 1780 年 10 月写给安德烈·霍尔特的信，收在斯密：《书信集》，第 251 页。

89　威廉·朱利叶斯·米克尔：《公正地审查"东印度公司从成立到今天的历史和经营"剥夺东印度公司特许权的理由，批判亚当·斯密废除东印度公司理由的历史错误和自相矛盾》（伦敦，1779 年），公告，无页码，第 17 页；米克尔："导言"，载于卡蒙斯：《卢济塔尼亚人之歌》，第 clxxvii 页。

90　约翰 1771 年 2 月 8 日写给萨缪尔·汉奈的信，JJLB—CLA，PD239/201/9。

91　普尔特尼：《对当前美洲事务的看法，以及和解的办法》，第 62 页。

92　"肯纳德勋爵最近与兰索姆小姐结婚了，兰索姆小姐有很好的教养及不少于 120000 镑的巨额钱财。我离开伦敦的时候，他的情况很好，我还从他那里得知，你的兄弟和他的人口众多的大家庭中的人都很健康。"乔治 1778 年 6 月 10 日从费城写给弗朗西斯·达纳的信，MHS，达纳家族的文献，Ms.N—1088，达纳家族 I，第 2 函。

93　诺斯勋爵 1777 年 2 月 25 日就布莱尔上校的提案在下议院发表的演讲，《国会记录》，6：292。

94　布里昂·爱德华："莫斯基托海岸英属殖民地的一些情况，1773 年为政府起草"，这一说明被当作支持布莱尔上校的"真实文件"之一，由乔治 1777 年 2 月提交给下议院；《国会记录》，6：336。关于 1740 年喀塔赫纳冒险，以及"南海冒险"的情况，参见乔治 1777 年 2 月 25 日的演讲，《国会记录》，6：282—83，302。

　　95　《双方的陈述》，第 50，119 页；爱德华："莫斯基托海岸英属殖民地的一些情况"，《国会记录》，6：328；帕特里克·科洪：《论世界上所有地方，包括东印度的不列颠帝国的财富、力量、资源》（伦敦，1814 年），第 363 页。

　　96　关于"大西洋奴隶贸易南移"、1763—1806 年英国新征服的殖民岛屿，以及"在原来没有种植园的地方建立种植园经济的努力"的情况，参见克里斯托芬·勒斯莱·布朗："奴隶制和反奴隶制，1760—1820 年"，载《牛津大西洋历史手册》，尼古拉·卡尼和菲利普·摩根编（牛津，即将出版）。关于"18 世纪后期西印度贷款前所未有的扩展"，参见 S.G. 切克兰德："1780—1815 年西印度的财政"，《经济史评论》，新系列 10，第 3 期（1958 年）：461—69，第 461 页。

　　97　威廉·普尔特尼 1805 年 2 月 28 日在下议院第二次审议废除奴隶贸易提案时发表的演讲，《国会记录》，5 卷（伦敦，1805—7 年），1：389。典型的政治家是马尔伯勒公爵。

　　98　威廉·普尔特尼 1805 年 2 月 28 日在下议院第二次审议废除奴隶贸易提案时发表的演讲，《国会的辩论》，第 3 卷，第 659 辑。

　　99　很多英国下级官员出现在乔治·班克罗夫特的十卷本《美国史》中，乔治只是他们之中的一个代表，是一个脾气暴躁的西佛罗里达总督，他参加和解委员会"仅仅是一个策略"。乔治·班克罗夫特：《美国史》，10 卷（波士顿，1860—74 年），5：235，10：122—23。

　　100　甚至是约翰斯通家族的朋友和邻居约翰·马尔科姆爵士也暗示了约翰的"不法行为"。麦克雷：《批判的和历史的文集》，"克莱武勋爵"，3：144—45；马尔科姆：《克莱武勋爵》，3：340。

　　101　"瓦伦·哈斯廷"（1841 年），收在麦克雷：《批判的和历史的文集》，3：287—421，第 295 页。

　　102　克莱武勋爵 1765 年 9 月 29 日致杜得雷的信，收在马尔科姆：《克莱武勋爵》，2：344。

　　103　约翰·约翰斯通：《致东印度公司股票持有者的信》，并参见弗明格："历史导言"，第 cxlv–cxlvii 页。

104　约翰 1765 年 8 月 26 日致东印度公司加尔各答董事会主席的信，收在秘密委员会的第四个报告中，《下议院文件集》，第 207 页。

105　"未耕作的土地可以便宜地提供给任何要耕作它们的农民。"约翰 1761 年 8 月 22 日从阿居达加尔写给东印度公司加尔各答的董事会的信，OIOC，IOR，H47/65。

106　克莱武勋爵 1765 年 9 月 30 日致董事会的信，收在委员会的第三份报告中，《下议院文件集》，第 391 页。克莱武提出的商业管理规则就是当时政治经济学家嘲讽的垄断模式：5 份给"总督"，3 份给"将军"，2/3 份给"牧师"，1/3 份给"出口管理者"和"波斯翻译"。1765 年 9 月 18 日，收在委员会的第四个报告中，《下议院文件集》，第 511 页。

107　克莱武勋爵 1765 年 9 月 30 日，1765 年 11 月 28 日，1766 年 1 月 31 日致董事会的信，收在委员会的第三份报告中，《下议院文件集》，第 391，393，454 页。克莱武勋爵 1766 年 1 月 31 日致董事会的信，收在委员会的第四份报告中，《下议院文件集》，第 519 页。"近来董事会中宗派思想特别明显，已经影响到了下层"，克莱武 1766 年 1 月 31 日回应约翰的辩护时悲叹道（第 519 页）。

108　董事会 1765 年 4 月 26 日的普通信件，收在马尔科姆：《克莱武勋爵》，2：348。

109　博尔特斯：《对于印度事务的思考》，1：vi。在约翰和吉迪恩那个时候，东印度公司的官员确实在印度定居下来；从 1762 年到 1784 年，有 508 个年轻人被派到孟加拉，但只有 37 个人在这段时间结束时"回家了"，150 个人死了，321 个人仍然在孟加拉。司各特少校 1784 年 7 月 16 日就皮特的印度提案在下议院发表的演讲，《国会记录》，45 卷（伦敦，1782—96 年），16：100。

110　东印度公司后来控制印度的一个确定的情况是，"受契约限制的人，或者说英国人"不能"拥有土地"。摘自公司 1766 年 5 月 17 日给孟加拉的秘密委员会的信，收在秘密委员会的第四个报告中，《下议院文件集》，第 245 页。约翰涉入到了内陆食盐贸易持久的商业关系之一部分的交易之中："我们给了很多钱，他们或由于粮食便宜，或由于洪水，或由于虫害而遭受损失的时候，我们就会有坏账。"约翰 1765 年 8 月 26 日致东印度公司董事会和董事会主席的信，收在秘密委员会的第四个报告中，《下议院文件集》，第 207 页。

111　吉拉姆·侯赛因：《穆塔可汗先生》，2：583—84。就像罗伯特·特拉弗斯所写的那样："在印度的英国人注定仍然构成一个暂时性的流放者的团体，而不是定居者的团体，统治阶级与被统治阶级是完全隔绝的。"特拉弗斯：《意识形态和帝国》，第 29 页。约翰是一个不断变化的人物，就像命运的展开那样，还是一个具有不同未来的人物。

112　克莱武勋爵 1765 年 5 月 30 日致卡纳克将军的信，收在马尔科姆：《克莱武勋爵》，2：360。

113　关于当时新出现的不干涉主义，参见罗斯柴尔德：《经济情感》，第 1—6 页。

114　瓦伦·普尔特尼 1788 年 5 月 1 日就纺织品出口法案在下议院发表的演讲，PH，第 27 卷，第 386 辑。

115　这是《经济学家》的创办者，瓦尔特·白芝浩的岳父詹姆斯·威尔森的讣告中的话，参见艾玛·罗斯柴尔德："政治经济学"，载于《剑桥 19 世纪政治思想史》，格里斯·斯特曼·琼斯和乔治·克拉伊斯编（剑桥，2011 年）。

116　米克尔："导言"，载于卡蒙斯：《卢济塔尼亚人之歌》，第 clxxviii 页；米克尔：《公正地审查》，第 8，17，26 页。

117　关于亚当·斯密早期的批评者，参见艾玛·罗斯柴尔德："亚当·斯密在不列颠帝国"，收在《帝国和现代政治思想》，桑克尔·穆苏编（剑桥，2012 年）。

118　克莱武勋爵 1765 年 5 月 30 日致卡纳克将军的信，收在马尔科姆：《克莱武勋爵》，2：360。

119　亚当·斯密：《国富论》（附注释、补充章节，以及斯密博士的生平），第 11 版，威廉·普莱费尔编，3 卷（伦敦，1805 年），2：253；威廉·普莱费尔：《就在伦敦建立另外一个公共银行的事情致威廉·普尔特尼爵士的信》（伦敦，1797 年）。普莱费尔和帕特里克·科洪在 18 世纪 80 年代写信讨论了利息问题和不列颠的政体问题。格拉斯哥大学图书馆，特藏，帕特里克·科洪信件的副本，穆雷女士 551[GUL—PC]。帕特里克·科洪 1786 年 1 月 30 日致乔治·当普斯特的信，以及帕特里克·科洪 1786 年写给威廉·普莱费尔的一封未标日期的信，52v，109r—110r。

120　埃德蒙德·达纳 1802 年 8 月 8 日，1805 年 4 月 13 日写给弗朗西斯·达纳的信，

MHS，达纳家族的文献，第 70 箱，第 1802 叠，第 4 箱，第 1805 叠。

121　卡莱尔：《卡莱尔自传》，第 547 页。米克尔在一个小册子中花费很长的篇幅对休谟的自然神论进行了攻击，在休谟去世的时候写的一首诗中，将其称为"现代的贪婪的迈达斯"。威廉·朱利叶斯·米克尔：《阴影中的伏尔泰，或关于自然神论争论的对话》（伦敦，1770 年）；"写在大卫·休谟死亡之时"，收在《威廉·朱利叶斯·米克尔诗集》，托马斯·帕克勘校（伦敦，1808 年），第 144 页。

122　罗伯特·骚塞："穷人的状况，马尔萨斯先生关于人口的论文，以及生产体系的原则"（1812 年），收在骚塞：《论文、道德和政治》（伦敦，1832 年），第 112 页。

123　费里希特·德·拉蒙奈：《论对宗教的无动于衷》，3 卷，第 6 版（巴黎，1820 年），1：375。

124　瓦尔特·约翰斯通 1778 年 7 月 2 日写给威廉·朱利叶斯·米克尔的信，WJM—Y。

125　约翰·斯图尔特·穆勒：《论自由》（1859 年）（伦敦，1974 年），第 69 页；并参见罗斯柴尔德："政治经济学"，卡卢纳·曼特纳：《帝国的托词：亨利·麦尹和自由帝国主义的终结》（普林斯顿，2010 年）。

第五章　帝国的经历

1　"总体而言，我认为主人对奴隶是好的。"乔治·约翰斯通 1775 年 10 月 26 日就感谢在下议院发表的演讲，PH，第 18 卷，第 747 辑。

2　詹姆斯·戈尔敦、约翰·韦尔齐、斯克鲁普·科尔基特 1756 年 3 月 13 日致利物浦的自由民的信，收在《利物浦最近选举中两方所发表的所有材料集》（利物浦，1761 年），第 14 页。关于斯克鲁普·科尔基特部分地拥有的"阿丁顿号"、"莱顿号"、"斯纯基号"的情况，参见跨大西洋奴隶贸易数据库：wilson.library.emory.edu:9090/tast/database/search.faces。

3　格雷："我一生的概要"，无页码。

4　"霍尔德内斯伯爵号"的航行日记，OIOC，IOR/L/MAR/B/604C，1761 年 7 月 19 日的记录。

5 菲利普·邓达斯的遗嘱，1808 年 1 月 26 日公证，TNA，PROB 11/1472。

6 安·苏斯兰德 1839 年 5 月 11 日的信，保存在 JA-CLA，第 7 函，PD239/7/11，亚历山大·苏斯兰德和安娜·威尔森的未标日期的信，第 5 函，PD239/5/27；并参见本书第三章。

7 克斯 1793 年 1 月 16 日，1794 年 4 月 15 日从格林纳达写给詹姆斯的信，BUL-W，韦斯特哈尔庄园的文献，DM 41/70/9，DM 41/70/14；詹姆斯·约翰斯通爵士的遗嘱，1796 年 3 月 21 日公证，TNA，PROB 11/1272。

8 约翰 1767 年 8 月 12 日写给威廉的信，HL-P，PU626[624]。

9 约瑟夫·奈特与巴林登的准男爵约翰·韦德伯恩爵士的诉讼摘要，1774 年，NAS，CS235/K/2/2，第 8 页。

10 威廉·科洪 1770 年 7 月 20 日从塞内加尔写给格拉斯哥的贝蒂·科洪的信，格拉斯哥档案馆（GCA），米切尔图书馆，TD 301/6/1/6。威廉·科洪的妹妹在结婚登记那里的拼写是 "Eliz : Col : houn S D of Robt. Colquoun"。格拉斯哥老教区记录，1771 年 4 月 16 日，可在以下网址看到：www.scotlandspeople.gov.uk。

11 约翰 1773 年 9 月 18 日写给威廉的信，HL-P，PU659[653]。

12 亚历山大·约翰斯通的遗嘱，1783 年 1 月 24 日公证，TNA，PROB 11/1099。

13 威廉·奥托 1796 年 9 月 17 日写给马丁·布朗·福克斯的信，福斯特 1797 年 10 月 24 日写给马丁·布朗·福克斯的信，FHA-NRO，MC50/51/15，MC50/52/30。

14 托马斯·蒙哥马利爵士的遗嘱，1716 年 4 月 10 日公证，托马斯·琼斯爵士的遗嘱，1731 年 1 月 29 日公证，TNA，PROB 11/551，11/642。

15 帕特里克·托尼 1775 年 6 月 13 日写给亚历山大·韦德伯恩的信，其中估算了费用的情况，NAS-SR，GD164/1713。

16 大卫·韦德伯恩 1764 年 10 月 12 日从圣克里斯托弗、1765 年 1 月 29 日从牙买加的金斯敦、1765 年 4 月 14 日从莫比尔写给亚历山大·韦德伯恩的信，韦德伯恩的文献，UMWCL。

17 大卫·韦德伯恩 1771 年 12 月 31 日写给珍妮特·艾斯金的信，NAS-SR，GD164/1698。没有什么事情"比孟买女人的谈话更无聊、愚蠢、无趣的了。确实，我有时让她们来与我一起喝茶、吃饭，但这更多地是由于我的虚荣，由于可笑地看到许多愚蠢的人，她们穿戴各种装饰烦琐的衣服，而不是由于我在她们的群体中发现了什么令人愉快的东西。我开始想恰当地与她们交往，但没有发现有什么益处，我现在躲避了。"

18 "陆军准将韦德伯恩的地产和财产名录"，孟买，1773 年 12 月 15 日，NAS-SR，GD164/231。

19 关于萨缪尔·斯温顿的黑仆人，参见老贝利街区 1766 年 2 月 19 日的诉讼记录，可在下面网址看到：www.oldbaileyoneline.org。这涉及的是萨缪尔·斯温顿的仆人的兄弟从考文垂街的房子里偷走了一个银勺子的"大盗窃"案。"我将他兄弟从西印度带到这里；他们都是黑人"，斯温顿告诉法庭。在 1771 年 7 月 3 日的案件中，考文垂街房子里的一个银茶壶和银糖盘丢了，斯温顿当时被称作"酒商"；银茶壶后来被"斯温顿的黄褐色皮肤男孩找回来了"。

20 《复审请求书，斯提沃特-尼古拉森女士与胡斯敦·斯提沃特-尼古拉森先生的诉讼》（爱丁堡，1770 年），第 11 页；《1770 年 11 月 27 日斯提沃特-尼古拉森女士对斯提沃特-尼古拉森先生答辩的回应》（爱丁堡，1770 年），第 22 页。涉入贝尔或贝琳达案件和约瑟夫·奈特案件很深的约翰·斯温顿是斯提沃特-尼古拉森女士的辩护律师之一。参见凯恩斯：《苏格兰奴隶制的法律》。

21 罗伯特·海伊 1765 年 3 月 10 日从马伯勒堡（苏门答腊西海岸明古鲁）写给约翰·霍尔的信，亨利·艾德尔 1767 年 8 月 5 日从伦敦写给伊莎贝尔·霍尔的信，托马斯·尼尔森 1767 年 8 月 26 日写给亨利·艾德尔的收据。NAS，GD206/4/33。罗伯特·海伊是东印度公司明古连分公司董事会的成员，他在七年战争期间被法国人投入监狱，并在认罪之后被送往加尔各答，当时约翰刚被提升到公司加尔各答的董事会中。东印度公司加尔各答董事会 1761 年 11 月 12 日致伦敦总公司董事会的信，《威廉堡-印度之家通信集》，3：374，380。威廉·科洪再次与奴役生活相关联。"我有一个 12 岁的可爱的女孩，我带她 18 个月了"，"我不会把她卖掉，因为她比任何白人妇女对我更有用，除了我的母亲"，他 1775 年从塞纳里昂给她妹妹的丈夫写道；"如果我的妹妹贝蒂不想要她，我会把她送回家。"威廉·科洪 1775 年 4 月 1 日从塞纳里昂写给格拉斯哥的阿奇博尔德·帕特森的信，GCA，TD 301/6/3/1。

22　"非常高兴你来看我"，詹姆斯 1770 年 8 月给吉尔伯特·佩特里写信说，"祝贺你回到了英国，回到了家庭，回到了亲戚，回到了朋友中。"礼物是由"一位将去伦敦，同意照料动物的先生"带到诺福克的。"腐败热"是人们给伤寒的另一名称，芸香被认为具有药物的性能。詹姆斯 1770 年 8 月 11 日，1771 年 5 月 30 日写给吉尔伯特·佩特里的信，JJLB—EUL，第 37—38，72 页。

23　约翰·佩特里和乔治·坎宁 1799 年 3 月 1 日就威尔伯福斯废除奴隶贸易的提案在下议院发表的演讲，PH，第 34 卷，第 529，552 辑。

24　弗朗西斯·达纳 1804 年 8 月 18 日写给埃德蒙德·达纳的信，MHS，达纳家族的文献，第 70 箱，第 1804 叠。

25　"批准罗德岛的英国犯人去往大不列颠的命令"，1776 年 11 月 15 日，收在威廉·詹姆斯·摩根编：《美国革命中的海军文件集》（华盛顿特区，1976 年），7：165；另参见《晨报和伦敦信报》，1777 年 2 月 3 日，第 2405 期。

26　卡莱尔勋爵 1778 年 9 月 15 日写给卡莱尔夫人的信，历史手稿皇家委员会：《卡莱尔伯爵的手稿，保存在霍沃德城堡，第十五份报告，附录，第六部分》（伦敦，1897 年），第 366 页，弗雷德里克是卡莱尔在纽约的家庭家眷之一。

27　希莱：《英格兰的扩张》，第 137 页。

28　参见克里斯托芬·勒斯莱·布朗："奴隶制和反奴隶制"。

29　官方贩卖的奴隶的估量，参见跨大西洋奴隶贸易数据库，wilson.library.emory.edu:9090/tast/assessment/estimates.faces。

30　非常感谢瓦尔特·约翰和大卫·托德就奴隶制被想象的前景的历史问题上对我的帮助。

31　亚当·斯密：《国富论》，第 25，43，148，266，574 页。

32　弗格森：约翰·韦德伯恩的情况，第 22 页。

33　"他们总的来说是虚伪的、造作的、骗人的、下流的、仇恨的。"爱德华："莫斯基托海岸英属定居点的一些情况"，第 334 页。

34　威廉·普尔特尼 1805 年 2 月 28 日在下议院第二次审议废除奴隶贸易提案时发表的演讲，《国会的辩论》，第 3 卷，第 658 辑。

35　约翰·约翰斯通 1765 年 6 月 17 日的备忘录，收在委员会的第三份报告中，《下议院文件集》，第 433—34 页；约翰 1765 年 10 月 1 日写给克莱武勋爵的信，收在委员会的第四份报告中，《下议院文件集》，第 539，541 页；约翰·约翰斯通：《致东印度公司股票持有者的信》，第 32 页。

36　按照丹尼尔·利齐特的说法，18 世纪 60 年代的和平协议标志着"欧洲－印度跨大西洋世界"的终结，以及恰当的协商政策的终结，这一政策被美洲新的共和国"极其简单的种族的分界线"所代替。利齐特：《面对东方》，第 187—88 页。

37　约翰·约翰斯通先生的工作报告，TNA，AO1/1261/152。

38　乔治 1766 年 1 月 28 日致 H.S. 康威的信，1766 年 7 月 2 日致奥布雷的信，收在《密西西比州的档案》，第 294，317—18 页。

39　黑人和奴隶管理法，1767 年 1 月 3 日，奴隶治安和管理法，1767 年 6 月 6 日，收在《备忘录、议事录、法令》，第 330—31，342，344 页。

40　"P 先生是总督的邻居，亲密的、不可分离的朋友，他在爱情的事情上有极其特别的趣味，即使在这个国家中。他的第一个夫人是与奥古斯丁有近亲血统的黑人。他与她有了一个女儿，他与这个女儿有另外一个女儿，更恰当地说是孙女，这个孙女在与总督关系紧密的时候，是最受宠爱的，管理着家里的所有事务。"这个小册子被说成是各位作者的集体产物，它明显地出版于枢密院对案件做出判决之前，并且有一个 91 页的附录。《双方的陈述》，第 3，78—79，114 页。

41　约翰 1767 年 8 月 12 日写给威廉的信，HL-P，PU626[624]；"其主人在伦敦的格林纳达岛的居民"，1779 年 9 月 6 日，AN-Col.，收到的信件，C10A，第 3—1 函。

42　詹姆斯的朋友威廉·狄金森就 1795 年格林纳达的革命写道："詹姆斯爵士的黑奴只有几个加入到反叛的队伍中，而且没有一个是主动地，这当然是由于他们受到了好的对待。这导致的另一个好的结果是，他们身体健康；证据之一是，在 1793 年流行性感冒发作期间，詹姆斯爵士的 340 个黑奴中，死亡的只有 3 个，而在相邻的种植园中，400 个黑奴就有 30 个死亡，它的所有情况都与韦斯特哈尔的相似。"狄金森："给托马斯·克拉克森的信"，收在斯蒂尔和狄金森：《奴隶制的缓解》，第 294 页。关于一个法国殖民者的儿子、格林纳达种植园主于连·费东，以及来自马丁尼克的一个自由黑人妇女的情况，参见斯蒂尔：《格林纳达》，第 108—48 页。

43　詹姆斯·麦克坤：《殖民的争论，包括对反殖民主义者的诽谤的反击》（格拉斯哥，1825 年），第 36—37，86 页；詹姆斯·麦克坤：《西印度殖民地，对于它们的诽谤和误解》（伦敦，1824 年），第 350 页。詹姆斯·麦克坤 19 岁的时候，被派往韦斯特哈尔，当时威廉继承了去世的路易莎的种植园："当种植园属于威廉·普尔特尼爵士的时候，我管理了它很多年。我从 1797 年就知道它了，……种植园起初到了约翰斯通女士手中，她 1797 年去世后，到了威廉·普尔特尼爵士手中。"《殖民的争论》，第 36—37页。参见戈尔敦·古德文："詹姆斯·麦克坤（1778—1870 年）"，伊丽莎白·伯金特牧师，ODNB，第 17736 条。

44　关于政治、反抗、行动的情况，参见瓦尔特·约翰逊："论行动"，载《政治史杂志》37，第 1 期（2003 年秋）：113—24。

45　梅尔维尔总督 1765 年 9 月 13 日致贸易委员会的信，TNA，CO101/1/315r—316r；"更好地管理黑人和奴隶的法令"，格林纳达，1766 年 12 月 11 日，CO103/1/53r；"黑人和奴隶管理法"，1767 年 1 月 3 日，收在《备忘录、议事录、法令》，第 330，342—43 页。参见本书第一章。

46　列翁·维诺尔："1774—1928 年黑奴贩运研究：为什么始于 1774 年"，载《经济和社会史杂志》3，第 1 期（1928 年）：5—11，第 8—9 页；艾玛·罗斯柴尔德："法国大西洋活动中的一个灾难性的悲剧"，载《过去与现在》，第 192 期（2006 年 8 月）：67—108。关于 1772 年和 1774 年抵押方式的讨论，参见本书第二章。1781 年不幸的冒险计划之一，是去好望角那里骚扰荷兰的定居者，这让乔治的朋友很失望："一支可耻的、胆小的、无纪律的队伍"，帕斯雷：《私人航海日记》，第 170 页。

47　"准予詹姆斯·约翰斯通男爵以格林纳达的一些地产作抵押，募集资金来补偿暴动导致的损失的法令。"36，乔治三世，私人文献，c.118（1796 年）。

48　西蒙·舍马：《艰难的交往：英国、奴隶和美国革命》（伦敦，2005 年），第 24 页。

49　威尔伯福斯和威尔伯福斯：《威廉·威尔伯福斯》，3∶213。

50　威尔·普尔特尼和加斯柯尼将军 1805 年 2 月 28 日在下议院第二次审议废除奴隶贸易提案时，就"黑人的内心世界"所发表的演讲，《国会的辩论》，第 3 卷，第

644，658 辑。"在这个重要的问题上，尊敬的提案发起者（威尔伯福斯）满足于说，提案中没有什么新的东西"，提案的另一个反对者威廉·扬格爵士声称："没有什么新的东西，先生！在圣多明各没有什么新的情况发生吗？……在牙买加也没有什么新的情况发生吗？"（第 646 辑）。

51　威廉·威尔伯福斯 1805 年 2 月 28 日在下议院第二次审议废除奴隶贸易提案时发表的演讲，《国会的辩论》，第 3 卷，第 672 辑；乔治·林赛·约翰斯通 1801 年 11 月 25 日就威廉·普尔特尼爵士成立印欧贸易委员会的提案在下议院发表的演讲，PH，第 36 卷，第 297 辑。

52　威廉·威尔伯福斯 1805 年 2 月 28 日的演讲，《国会记录》，1：392—93。

53　参见东印度公司伦敦董事会 1764 年 5 月 9 日，1764 年 11 月 21 日，1765 年 2 月 15 日致公司加尔各答董事会的信，以及加尔各答董事会 1765 年 9 月 30 日，1766 年 3 月 24 日致伦敦董事会的信，《威廉堡—印度之家通信集》，4：39，40，60，71，357，404。

54　参见尹德拉尼·夏特金：《殖民地印度中的性别、奴隶制和法律》（牛津，1999 年），以及芬恩："境遇中的奴隶"，第 199—203 页。

55　"这是最野蛮和最残酷的商业活动，任何文明人都对之感到羞耻。莫斯基托海岸的商人通常将他们的商品以极高的价格和极长时间的赊销卖给当地印第安人，英国定居者要钱方式就是，追捕周围其他印第安部落，通过计谋或武力抓捕他们，他们就这样被当作奴隶送给英国定居者，以一定的价格冲抵他们的债务。"乔治·约翰斯通 1777 年 2 月 25 日就布莱尔上校的提案在下议院发表的演讲，《国会记录》，6：283。

56　约翰逊："论行动"，第 115 页。

57　约瑟夫·奈特与约翰·韦德伯恩爵士的诉讼摘要，1774 年，NAS，CS235/K/2/2，第 3—4，19 页；弗格森：约翰·韦德伯恩的情况，第 5 页。

58　詹姆斯 1771 年 3 月 3 日写给约翰的信，JJLB—EUL，第 50 页。

59　弗雷泽：《安嫩岱尔的家谱》，2：354—55，384—85。

60　贺拉斯·瓦波尔 1767 年 10 月 29 日写给贺拉斯·曼的信，收在瓦波尔：《书信集》，22：560。

61　乔治 1759 年 10 月 2 日写给威廉的信，HL—P，PU467[450]。

62　亚当·斯密：《国富论》，第 130 页。

63　约翰 1778 年 5 月 14 日写给詹姆斯·巴尔曼的信，JA–CLA，第 6 函，PD239/6/13。关于卡伦工厂，参见 R.H. 坎贝尔：《卡伦公司》（爱丁堡，1961 年）。

64　安娜·弗格森 1763 年 1 月 29 日写给詹姆斯·穆雷将军的信，NAS，GD32/24/14。

65　维塞斯摩·诺克斯："论布道作家"，收在《道德和文学论集》，2 卷（伦敦，1779 年），2：157。文章讨论的背景是星期天的布道，这些布道被看作"公共演讲的开始"。"确实，自从人们容易拥有书之后，口头的教导就变得不那么必要了。不过，虽然书籍容易获得了，在这个信息的时代，下层人民中仍然有很多文盲。另外，大家都知道，同一些训导箴言，或由教导者生动地劝导，或由恰当的修辞修饰，或由严肃的和权威的方式灌输，其效果是会有不同的，更不必说自己体验到的了。同样，在许多听众之中交流的同情，比演讲者的语言更能打动人心。"

66　简·奥斯丁：《曼斯菲尔德庄园》（1814 年）（伦敦，1996 年），第 43 章，第 346 页。

67　亚当·斯密：《国富论》，第 131，454，619 页。

68　托马斯·波纳尔：《就新世界和旧世界当前的情况，致欧洲君主们的最谦卑的建议》，第 2 版（伦敦，1780 年），第 42—43 页。

69　弗雷德里克·罗宾逊 1779 年 3 月 23 日从伦敦给马德里的格兰瑟姆勋爵的信，WP–BLA，L30/14/ 333/190。

70　帕特里克 1755 年 9 月 15 日写给威廉的信，HL–P，PU713[701]。几乎可以确定，帕特里克的信是在他死后的第二年的 6 月送的。1755 年 9 月 15 日之后，没有东印度公司的船离开孟加拉，1756 年 6 月 20 至 21 日之前，也没有东印度公司的船抵达英格兰；安索尼·法林敦：《东印度公司船只航行日记目录，1600—1834 年》（伦敦，1999 年）。

71　"勋爵告诉我说，他已经给当局说了。"玛格丽特 1749 年 3 月 29 日写给芭芭拉·约翰斯通（母亲）的信，EUL–L，La.II.520.12。

72　贝蒂 1759 年 10 月 19 日写给威廉的信，HL–P，PU406[398]。

73　大卫·韦德伯恩 1771 年 4 月 14 日写给珍妮特·艾斯金的信，NAS–SR，GD164/1698；大卫·韦德伯恩 1765 年 1 月写给亚历山大·韦德伯恩的一封未标日期的信，韦德伯恩的文献，UMWCL。

74　贝蒂 1759 年 10 月 19 日写给威廉的信，HL-P，PU406[398]。

75　威廉·普尔特尼 1772 年 12 月 2 日就海军的预算在下议院发表的演讲，PH，第 17 卷，第 540 辑；威廉·普尔特尼 1805 年 2 月 28 日在下议院第二次审议废除奴隶贸易提案时发表的演讲，载《国会的辩论》，第 3 卷，第 659 辑。

76　罗伯特·达尔敦："早期信息社会，18 世纪巴黎的新闻和传媒"，载《美国历史评论》105，第 1 期（2000 年 2 月），1—35。

77　参见威廉·圣克莱尔：《浪漫时期的阅读世界》（剑桥，2004 年），理查德·B.舍尔：《启蒙和书：苏格兰作家群和 18 世纪不列颠、爱尔兰、美洲的出版者》（芝加哥，2006 年），罗伯特·达尔敦：《启蒙的生意："百科全书"出版的历史，1775—1800 年》（剑桥，麻省，1979 年）。

78　埃德蒙德·伯克 1772 年 12 月 18 日就阻止东印度公司向印度派遣监督者在下议院发表的演讲，PH，第 17 卷，第 671 辑。

79　克莱武勋爵和乔治·约翰斯通 1772 年 3 月 30 日就东印度司法提案在下议院发表的演讲，PH，第 17 卷，第 341，376 辑。

80　萨缪尔·斯温顿 1794 年 5 月 2 日，1794 年 6 月 11 日致亨利·邓达斯的信，TNA，HO42/30/5r/5v，HO42/31/168r。关于斯温顿拥有的报纸，参见萨缪尔·斯温顿的遗嘱，1797 年 6 月 19 日公证，TNA，PROB 11/1293。

81　卡莱尔：《自传》，第 173 页。

82　告示。博尔特斯先生以此种方式告知公众，这个城市缺少报纸对做生意很不利，这种情况导致的是，将对于每个不列颠人都极其重要的信息传达给公众成了一件非常困难的事情。因此，博尔特斯先生愿意尽其所能帮助有经营报纸才能的人。博尔特斯先生这里保存的手稿中有许多与每个人都息息相关的东西，任何有兴趣阅读的人，都可以到他这里来查阅和拷贝，不论他是处于好奇，还是由于其他原因。早上十点到十二点之间，热烈欢迎大家的到来。告示 1768 年 9 月贴在加尔各答市政厅门口和其他公共场所。H.F. 布斯蒂德：《来自古老的加尔各答的回音》（加尔各答，1988 年），第 171 页；并参见米尔斯·奥格本：《印度的文字材料：英属东印度公司建立中的手写文件和印刷文件》（芝加哥，2007 年），第 203—5 页。

83　就像伊丽莎白·卡罗琳娜吉大港的主人 1762 年夏天给一个商业记者所写的那样，"我负责 6 份美洲月报"，哈里·威尔斯特 1762 年 6 月 26 日写给约翰·伍德的信，OIOC，威尔斯特 1761—62 年书信集，MSS Eur F218/79，f.114v。

84　"霍尔德内斯伯爵号"的航行日记，OIOC，IOR/L/MAR/B/604C，1761 年 9 月 4 日的记录。

85　"没有别的可说的，只有皇太子与匈牙利皇后的女儿令人瞩目的婚姻。""玛丽亚·特丽莎皇后的女儿玛丽·安托瓦内特与路易十五的孙子皇太子路易的结婚仪式 1770 年 4 月在维也纳（由代理人），1770 年 5 月在凡尔赛举行。"约翰·哈利布顿 1770 年 5 月 30 日从敦刻尔克寄出的信，威廉·卢克 1771 年 3 月 20 日写的信，安德森的文献，第 13 卷，Add.Ms.45429，ff.59，179。

86　罗伯特·达尔敦："早期信息社会"，第 2，7 页。

87　威廉·普尔特尼爵士 1784 年 8 月 4 日就议员邮资免费议题在下议院发表的演讲，PH，第 24 卷，第 1332 辑。约翰 1771 年 10 月 22 日写给威廉的信，收信地址是：阿勒马涅的普尔特尼先生。上面写有，"如果找不到人，退给伦敦的约翰·约翰斯通先生，他付 1 先令的邮资。"HP−P，PU652[645]。

88　乔治·约翰斯通 1785 年 9 月 4 日致亨利·邓达斯的信的副本，OIOC，IOR/G/17/5 ff.127—28。按照乔治的说法，这个计划是"经济的"，对于构建好的政府来说是必须的，并且会"为我们的好望角节省 25000 镑，……还是我们在印度的权力链条上的最先的一环。"

89　大卫·休谟 1745 年或 1746 年致詹姆斯·约翰斯通爵士的信，载于格雷格：《大卫·休谟书信集》，1：82。

90　詹姆斯·麦克弗逊 1776 年从伦敦写给在马德拉的约翰·麦克弗逊的信部分是用盖尔语写的；OIOC，麦克弗逊书信，Mss Eur F291/122。弗布尔描述了博尔特斯设计的与瑞典通信的密码："在印迹里"，第 13 页。

91　1762 年 4 月 8 日致董事会的信，载于《威廉堡—印度之家通信集》，3：419。关于 18 世纪印度信息组织的情况，参见 C.A. 柏利：《帝国和信息：1780—1870 年印度的信息收集和社会交往》（剑桥，1996年）。

92　柏利：《帝国和信息》，第40页。

93　帝国档案部：《波斯通信总目》，1：400。

94　调查东印度公司性质、状况和条件的委员会的第五份报告（1773年6月18日），《下议院文件集》，135：547。

95　威廉让一个神父将关于英属东印度公司政策的一些小册子翻译成法语，这个神父对没有认出"我如此熟悉的约翰斯通"很不好意思。（皮埃尔·约瑟夫·安德烈）卢博1768年3月2日写给威廉的信，HL-P，PU 1666[1620]。卢博的《印度的政治》引证了"英勇的爱国者F.T.霍维尔的"观察，"一个既具商业贸易又具武装力量性质的公司就如同一只长着两个脑袋的怪兽，是不可能在自然界中长久生存下去的"。皮埃尔·约瑟夫·安德烈·卢博：《印度的政治，或对于东印度殖民地的一些思考》（阿姆斯特丹，1768年），第88页，注（a），第89页。

96　大卫·韦德伯恩1765年4月14日写给亚历山大·韦德伯恩的信，韦德伯恩的文献，UMWCL。

97　"当我上岸时，他们漂到了海滩。当我用德语跟他们说话，并且告诉他们，我将尽可能让他们上船，我觉得见到了人们最高兴的笑脸。我将使一些不幸的人感到高兴，并且得到一些非常好的士兵。"大卫·韦德伯恩1770年5月8日致珍妮特·艾斯金的信，NAS-SR，GD164/1698。

98　吉拉姆·侯赛因讨厌穆斯林征服者和印度民众早期的融合，"他们融合为一体，就像牛奶和白糖那样。"按照他的描述，交往极其紧密。"英国人只要得到与这块土地有关的法律或商业的任何东西，就会立即记下来，并且储存下来，让别的英国人也可以用。"然而，"印度人"在与英国人的交往中，"非常像倚墙而立的画那样"，"他们不能进行思想的交流"。吉拉姆·侯赛因：《穆塔可汗先生》，2：404，584，587—88。参见特拉弗斯：《意识形态和帝国》，以及库姆库姆·夏特金："作为自我表现的历史"。

99　约翰·卡尔纳克1765年4月8日从法扎巴德写给约翰·约翰斯通的信，OIOC，卡尔纳克的文献，MSS Eur F128/11。

100　约翰1765年6月17日致东印度公司加尔各答董事会的信，收在委员会的第三份报告，《下议院文件集》，第 436 页。

101　在彭萨克拉召开的议会的报告，TNA，CO5/582/199v，200v，201v。

102　乔治·约翰斯通 1772 年 3 月 30 日就东印度司法提案在下议院发表的演讲，PH，第 17 卷，第 373 辑。

103　约翰 1765 年 10 月 1 日致克莱武勋爵的信，收在委员会的第四份报告中，《下议院文件集》，第 536—37 页。

104　埃德蒙德·伯克："论弑君以求和平的第二封信"，收在《埃德蒙德·柏克著作集》，12 卷（伦敦，1899 年），5：380。关于商业和金融业报刊的情况，参见约翰·J. 麦库斯克：《大西洋世界经济史论集》（伦敦，1997 年），奥格本：《全球生活》，奥格本：《印度的文字材料》，以及维尔·斯劳特："有远见的声明：美洲革命时代的新闻和思考"，载于《现代历史杂志》81（2009 年 12 月）：759—92。

105　关于情感知识，参见柏利：《帝国和信息》，第 17 页。

106　詹姆斯·约翰斯通（父亲）1764 年 12 月 13 日写给威廉的信，贝蒂保存，HL－P，PU431[568]。

107　詹姆斯 1770 年 8 月 18 日写给贝蒂的信，JJLB－EUL，第 35 页。

108　"我可以向你保证，我不会弄乱它们，而且在整理完之前，我不会停止的。"约翰 1771 年 2 月 5 日写给威廉的信，JJLB－CLA，PD239/201/9。

109　"一个眼睛的失去，以及情况的复杂，使寻找文献的事情变得非常困难"，约翰斯通兄妹的父亲给休谟写信说。"我非常想让你能免于寻找古老的文献这样一种令人厌烦的工作"，休谟回答说。詹姆斯·约翰斯通爵士 1760 年 12 月 29 日写给休谟的信，休谟 1761 年 1 月 1 日写给詹姆斯·约翰斯通爵士的信，收在穆雷：《大卫·休谟书信集》，第 72，74，75 页。

110　约翰 1772 年 12 月 29 日写给威廉的信，HL－P，PU658[652]；约翰 1787 年 8 月 8 日写给威廉·朱利叶斯·米克尔的信，WJM－Y；弗斯特 1797 年 5 月 15 日和 19 日写给马丁·布朗·福克斯爵士的信，FHA－NRO，MC50/52/10，MC50/52/11。

111　威廉·博尔特斯的遗嘱，1808 年 9 月 7 日公证，TNA，PROB 11/1485。

112　约翰 1768 年 11 月 11 日写给威廉的信，HL－P，PU644[641]。

113　"被告是令人尊敬的蔗糖商人，……他进蔗糖是为了出售，而且不是直接从威廉爵士那里，而是从西印度商人佩特里和坎贝尔那里进的糖，这些糖是托运到佩特里和坎贝尔那里的，……虽然他所授权的人保证说，他会在几天内将他们预付的所有钱支付给他们，他们仍说他们与威廉·普尔特尼爵士没有任何关系，而且将糖整个地卖了。在糖被卖与交付之间大约一个星期的时间里，糖价长了，这一行为是要补偿糖的差价，大约有 1600 镑。"这一诉讼没有成功。高等民事法庭：《普尔特尼与凯马尔和麦塔格特的诉讼》，《苏格兰信使报》，1800 年 6 月 16 日，第 12284 期。

114　约翰·约翰斯通：《致东印度公司股票持有者的信》，第 67 页，并参见本书第四章。

115　约翰指责克莱武扣留了他的盐，克莱武回答说，"接到你的信后，我派我的助手克基莫尔去做了调查，谁授权以我的名义扣留你的盐。同时我希望你就此事向萨姆奈先生提出申请，因为我对食盐毫无兴趣，或者说，我对任何贸易活动都没有兴趣。"克莱武 1765 年 10 月 1 日致约翰的信，威尔士国家图书馆，CR2/4，也可在以下网址可以找到：britishonlinearchives.co.uk。

116　克莱武勋爵 1765 年 4 月 17 日从马德拉写给东印度公司董事长托马斯·卢斯的信，以及写给约翰·华尔士的信，载《下议院文件集》，第 404—5 页；委员会对克莱武勋爵和华尔士先生的调查，第 313—14 页。克莱武勋爵写给华尔士的信于 1766 年 3 月 30 日寄到伦敦，他的代理人立即以 165-1/4 的价格购买了股票；当 1765 年夏天事件的"消息"1766 年 4 月 20 日传到伦敦时（通过从里斯本出发的"斯蒂芬斯上将号"寄送的信），股票的价格涨到了 190。对约翰·华尔士的调查，委员会的第三份报告，第 314 页。

117　"约翰斯通总督在董事会的演讲"，n.d.，NAS，GD105/679，第 17 页。

118　马歇尔：《东印度的财富》，第 22—24 页，布朗：《帝国的商业》，第 262—75 页。

119　狄金森："致托马斯·克拉克森的信"，收在斯蒂尔和狄金森：《奴隶制的缓解：两个部分》，第 293 页。

120　贝林：《西去的旅者》，第 26 页。

121　"不，如果我远去的朋友模糊的身影以其恐怖的无人性的屠杀呈献给我，我将把他们从我心中移去，用尸布覆盖他们的身体，直到这一事件得到解决"，乔治宣称，虽然他继续赞扬"勇敢的和慷慨的年轻人，他永远的朋友"。在演讲的印刷版的一个脚注中，这一年轻人被认定为是"在黑洞被杀的帕特里克·约翰斯通"。他还提及了"艾利斯先生的兄弟，海伊先生的兄弟，卢星敦先生的兄弟，阿姆亚特先生的遗孀，夏尔姆斯先生的兄弟，所有的都在你面前要求公正。""约翰斯通总督在董事会的演讲"，n.d.，NAS，GD105/679，第3，17，38页。

122　关于经济学家说的"直接增加工人的收入和启动消费循环计划"的"多种效果"，参见阿尔文·H.汉森："凯恩斯和普遍理论"，载于《经济学和统计学评论》28，第4期（1946年11月）：182—87，第186页。

123　关于约翰对自己开销的评论，参见约翰1772年12月29日写给威廉的信，HL—P，PU658[652]，并参见本书第二章。

124　亚当·斯密：《国富论》，第768页。

125　詹姆斯保存的1759年6月8日写给威廉的信的副本，并参见本书第一章，NRO，NRS 8347 24D5。

126　纳奥米·塔多莫尔：《18世纪英格兰的家庭和朋友：家眷、亲属关系和庇护人》（剑桥，2001年），第一、三、四章。塔多莫尔在探究一些英国家庭的经历的时候，"认真地思考了过去人们所说的家庭概念"：就像她所观察到的，这些家庭中的人们"没有意识到他们与一个术语的巨大变动息息相关。对于他们来说，亲属关系的语言，以及它的各种使用，是一个活的现实。"第156页。

127　约翰1772年12月29日写给威廉的信，HL—P，PU658[652]。

128　佩斯郡北方巡回法庭的备忘录，1771年9月12—13日，第25条，1771年5月9日至1772年10月15日，NAS（WRH），JC11/28，无页码。"所有船只的清单"，TNA，CO5/1350。

129　"一个巨大的火球"在非洲西海岸击中了他们的船；船上的医生"发了高烧"；一个英国海军官员上船要走了"我们的四个人"（或者说强制他们入伍了）；在莫桑比克东部，船长"将我们按在地上，……以便解除我们的武装。""霍尔德内斯伯爵号"的航海日记，OIOC，IOR/L/MAR/B/604C，1761年4月15日，5月31日，8月22日，10月2日的记录；并参见本书第一章。

130　乔治·约翰斯通 1764 年 8 月 4 日致贸易委员会的信，TNA，CO5/582/131r。乔治 1764 年 9 月 25 日在牙买加，1764 年 10 月 31 日在西佛罗里达；TNA，CO5/582/166，170。乔治·林赛·约翰斯通申请东印度公司文书职位的申请中，包括有 1764 年 12 月 10 日在彭萨克拉受洗的证书，OIOC，IOR/J/1/10/83；并参见本书第一章。

131　弗雷德里克·罗宾逊 1779 年 2 月 9 日致格兰瑟姆勋爵的信，WP—BLA，L30/14/333/177。

132　帕特里克·肯纳德 1770 年 3 月 8 日，20 日写给乔治·肯纳德的信，KR—PKA，MS100/2，第 60 函。

133　约瑟夫·奈特、约翰·韦德伯恩爵士的诉讼，1773 年，NAS，SC49/6/134/3/3。牙买加的房子是要等几年后才有的："在他洗礼时，约翰爵士说，如果他表现得好，他会给他七年的自由，当时他刚雇佣他。"

134　按照约翰·韦德伯恩的说法，"当她是家中的女仆的时候"，约瑟夫·奈特"将她作为妻子而与她同居了，家里的人都不知道，直到她怀孕后，才被人发现。"他"进一步想她在原告在巴登的房子附近有一个房子。每一个考虑周到的人都会反对这样一个邻居的。"约翰·韦德伯恩的诉状，1774 年 11 月 15 日，NAS，CS235/K/2/2。

135　贝蒂 1759 年 10 月 9 日写给威廉的信，HL—P，PU405[397]。

136　贝蒂 1762 年 4 月 25 日写给威廉的信，HL—P，PU425[414]。

137　当威廉后来给亚历山大购买格林纳达种植园的预付金时，他们的父亲写信告诉他（贝蒂保存），"如果有什么不幸降临，你不要怀疑，你的所有兄弟都会帮助你的。"詹姆斯（父亲）1762 年 8 月 30 日，1764 年 12 月 13 日写给威廉的信，HL—P，PU541[536]，431[568]。

138　贝蒂 1773 年 10 月 5 日，30 日写给威廉的信，HL—P，PU434[421]，435[422]。

139　詹姆斯 1770 年 6 月 19 日写给约翰的信，JJLB—EUL，第 5 页。

140　"我也许应该用我个人的钱偿清国债。"路易莎 1771 年 11 月 14 日写给约翰·艾尔温的信，JJLB—EUL，第 102 页。

141　约翰 1771 年 4 月 12 日致亚历山大·埃里森的信，JJLB—CLA，PD239/201/9。

142　约翰 1769 年 9 月 2 日，1773 年 10 月 16 日写给威廉的信，HL—P，PU646 [642]，

660[654]。

143　约翰 1768 年 9 月 6 日写给威廉的信，HL−P，PU641[638]。

144　瓦尔特·约翰斯通 1778 年 2 月 12 日写给詹姆斯·巴尔曼的信，JA−CLA，第 6 函，PD239/6/2。

145　瓦尔特·约翰斯通 1777 年写给威廉的一封未标日期的信，HL−P，PU736[710]。

146　约翰 1768 年 7 月 11 日写给威廉的信，JJLB−CLA，PD239/201/9。约翰 1768 年 9 月 6 日写给威廉的信，HL−P，PU641[638]。"我不理解乔治的回答；你说你告诉他了你和我每人出 400 镑，他说他完全接受 400 镑，——你的意思是说，他同意你的建议，或者说是只接受我和你总共出 400 镑？我希望我能给乔治土地而不是房子，但毫无疑问我认为，他应该接受我的 400 镑，包括房子的租金；如果租金包含在维修费中，我觉得也很好。"

147　詹姆斯 1771 年 9 月 1 日写给贝蒂的信，JJLB−EUL，第 84 页。

148　夏洛特 1751 年 7 月 29 日写给威廉的信，HL−P，PU450[443]。

149　"我父亲说乔治对我和夏洛特非常大方，但我母亲不允许他让我们看这封信"，她 1758 年和 1761 年在给威廉的信中说，"读了杰克的多封信后，爸爸知道那 50 镑不是我们的，……由于我认为如果杰克不能肯定爸爸会把他写的信给我看的话，永远不会写信的，所以这在我看来是很难相信的。"贝蒂 1758 年 5 月 1 日，1761 年 11 月 17 日写给威廉的信，HL−P，PU432[420]，418[408]。

150　瓦尔特·约翰斯通 1761 年 4 月 18 日写给威廉的信，HL−P，PU719[707]。

151　詹姆斯 1771 年 5 月 30 日写给詹姆斯·巴尔曼的信，JJLB−EUL，第 75 页。

152　伊丽莎白·卡罗琳娜和姐姐于 1761 年 12 月和 1762 年 8 月的一段时间从加尔各答去往吉大港，当时哈里·威尔斯特期待在罗基布尔接到她们。他在同一季节给另一位旅者谈了这一旅程，"现在下雨了，……你会发现道路非常难走，……"哈里·威尔斯特 1762 年 4 月 5 日写给艾尔·库特上校的信，1762 年 5 月 14 日写给约翰·卡尔纳克的信，OIOC，威尔斯特 1761—62 年书信集，MSS Eur F218/79，ff.97v，105v—106r；并参见本书第一章。

153　关于她的儿子，她写道："我非常高兴是你的利益，甚至是你的资金推动着他，而不是大不列颠的政党领袖。"安娜·弗格森 1763 年 1 月 29 日写给詹姆斯·穆雷将军的信，NAS，GD32/24/14。

154　大卫·韦德伯恩 1771 年 12 月 31 日，1772 年 3 月 17 日写给珍妮特·艾斯金的信，NAS－SR，GD164/1698。

155　大卫·韦德伯恩 1767 年 4 月 16 日写给珍妮特·艾斯金的信，NAS，GD164/1693。

156　芭芭拉（母亲）1759 年初写给威廉的信，EUL－L，La.II.73/71。

157　詹姆斯（父亲）1764 年 3 月 4 日写给威廉的信，贝蒂保存，HL－P，PU552[566]。

158　查尔斯·肯纳德 1757 年 4 月 17 日写给威廉的信，HL－P，PU765[768]；詹姆斯 1757 年 6 月 9 日写给威廉的信，HL－P，PU563[483]；艾迪米拉蒂 1773 年 10 月 18 日写给威廉的未签名的信，HL－P，PU1911[477]。

159　芭芭拉（母亲）1764 年 12 月 22 日初写给约翰的信，UMWCL－MS。

160　乔治·马尔科姆 1771 年 4 月 1 日写给威廉的信，HL－P，PU917[980]。乔治·马尔科姆有 17 个孩子，包括约翰·马尔科姆爵士、普尔特尼·马尔科姆少将、查尔斯·马尔科姆爵士等，他们中的好几个后来成了大不列颠帝国在印度和其他地方的代表。由于一连串的"不幸"，或者说金融投机，乔治·马尔科姆在 18 世纪 60 年代几乎陷于贫困；参见 J.W. 凯耶：《约翰·马尔科姆少将的生活和交往》，2 卷（伦敦，1856 年），1：2—5。就像他 1771 年晚些时候就种植印度杨树的计划给威廉的信中所写的那样，"我现在有 5 个儿子、4 个女儿，如何供养他们对于我来说变得非常艰难。"乔治·马尔科姆 1771 年 12 月 7 日写给威廉的信，HL－P，PU923[985]。他 1771 年关心的在印度的孩子们是其妻兄弟约翰·马克斯维尔（威廉的另一个代理人）的儿子。参见乔治·马克斯维尔 1771 年 4 月 22 日写给威廉的信，及约翰·马克斯维尔 1771 年 5 月 3 日写给威廉的信，HL－P，PU918[981]，PU1554[1186]。关于马尔科姆和马克斯维尔的活动，参见米歇尔·B. 莫伊尔："邓弗里斯郡 1764—1872 年的地产材料"，可在下面网址找到：www.lib.uoguelph.ca/resources.archival_&_special_collections/collection_update/07/pulteney/summary.html。

161　威廉·科洪 1771 年 3 月 22 日从伦敦写给格拉斯哥的贝蒂·科洪的信，GCA，TD 301/6/1/8。

162　威廉·布朗致安德烈·戴维森和约翰·穆尔的信，NAS，JC26/193/2。

163　巴尔曼开始在爱丁堡的档案馆中寻找约翰斯通家族是安嫩岱尔伯爵爵位的继承者的证据时，詹姆斯·约翰斯通写信给他说："亲爱的詹姆斯，我知道你对我的真挚感情不是语言所能表达的，也不是仅仅始于昨天，而是远远早于我们孤独地从西尔斯走向韦斯特哈尔的时候，它开始于我们的童年时代，而且我希望它会永远存在。我对你的情感更加地强烈了。我不是那些暗藏阴谋，最后给人一击的人，我不想我们之间有什么秘密，而且，现在的情况下，那样是很愚蠢的，因为，除非你知道我所想要的是什么，否则你不会帮我做事的。"詹姆斯1771年5月30日写给詹姆斯·巴尔曼的信，JJLB-EUL，第75页。

164　克莱武勋爵1772年3月30日就东印度司法提案在下议院发表的演讲，PH，第17卷，第356，363—65辑。

165　詹姆斯1772年11月1日写给贝蒂的信，JJLB-EUL，第171页。

166　威廉·普尔特尼1772年12月2日就海军的预算在下议院发表的演讲，乔治·约翰斯通1774年5月18日就预算问题在下议院发表的演讲，PH，第17卷，第538，1346辑。

167　约翰1769年6月7日写给詹姆斯的信，JJLB-CLA，PD239/201/9。

168　芭芭拉（母亲）1759年初写给威廉的信，EUL-L，La.II.73/71。

169　"对于你的那些不怎么收集干贝壳、海草、蝴蝶、死鸟标本等的随员来说，这是一个好事情，你的礼物也会比现金更受欢迎，……韦德伯恩夫人希望我再补充说，她完全不是不喜欢活鸟，相反是想让它们安全地送来，如果它们恰好死了的话，她自己制作标本。"亚历山大·韦德伯恩1772年4月1日写给大卫·韦德伯恩的信，NAS-SR，GD164/1700；关于英国人在印度的收藏情况，参见玛雅·亚萨诺夫：《帝国的边缘：东方的生活、文化和征服，1750—1850年》（纽约，2005年）。大卫·韦德伯恩1772年11月死于巴鲁克设防城之外。他死亡的细节在其姐姐的书信中有描述；约翰·玛肯兹1773年2月20日写给珍妮特·艾斯金的信，NAS-SR，GD64/1705。

170　詹姆斯·约翰斯通（父亲）1764年12月13日写给威廉的信，贝蒂保存，HL-P，PU431[568]。

171　孟加拉的约翰·卡纳克总督1766年1月13日给萨缪尔·斯温顿的收据，

OIOC，卡纳克的文献，MSS Eur F128/11。另外，参见斯温顿与加尔各答的大卫·安德森和罗伯特·克斯的通信，不列颠图书馆，安德森的文献，第 13 卷，Add. Ms. 45429。

172　詹姆斯·约翰斯通（父亲）1764 年 12 月 13 日写给威廉的信（贝蒂保存），随着贝蒂一页一页地抄写价格和租金的信息变得越来越长，HL-P，PU431[568]；约翰 1761 年 12 月 29 日写给詹姆斯·巴尔曼的信，HL-P，PU671[620]。

173　大卫·韦德伯恩 1766 年 6 月 11 日，1771 年 4 月 11 日写给珍妮特·艾斯金的信，NAS-SR，GD164/1693，GD164/1698。

174　东印度公司伦敦董事会 1761 年 3 月 13 日致加尔各答董事会的信，加尔各答董事会 1762 年 4 月 8 日致伦敦董事会的信，载《威廉堡-印度之家通信集》，3：77，423。种植柳树林最终是为了战争："我们希望你的树能够用来做制造火药的焦炭"（第 77 页）。

175　1762 年 10 月 21 日致威廉·比尔斯的信，威尔斯特 1761—62 年书信集，OIOC，Mss Eur F218/ 79，145r。

176　大卫·韦德伯恩 1771 年 4 月 12 日写给珍妮特·艾斯金的信，NAS-SR，GD164/1698。

177　按照乔治的朋友帕斯雷的描述，去往拉普拉塔的"朱庇特号"就是一个动物园，有公牛、母牛、火鸡、鸣禽等，它们将在"约翰斯通堡"安家："我的'朱庇特号'现在完全是一个诺亚方舟：船上有公牛、母牛、公羊、母羊、羊羔、火鸡、鸟、猪、鹅、鸭等，各种树木及花草的种子等。我不知道我的船长原来的计划怎样；他对其每一个计划都十分坚定。"帕斯雷：《私人航海日记》，第 184 页。关于特立尼达岛上"新建的堡垒"（被称作约翰斯通堡）的情况，参见第 193 页。

178　"法国中部的阿拉伯水果"，1784 年 10 月 12 日，谷纳尔·冯·普罗斯维兹和马维斯·冯·普罗斯维兹编：《博马舍和欧洲的信使：未出版或很少为人所知的文献》，第 856 页。

179　大卫·韦德伯恩 1767 年 12 月 19 日，1771 年 12 月 31 日写给珍妮特·艾斯金的信，NAS-SR，GD164/1693，GD164/1698。

180　他"经常说要留给她财产，但是却没有留下遗嘱，也没有做出规定。玛肯兹先生和我立即觉得应该给她东西，让她能体面地生活，直到你的指示到达我们这里；我们建议给她 2000 卢比，这刚好可让她舒服地生活，再少的话就不行了，但这要你批准。"亚历山大·马克兰 1773 年 4 月 20 日从孟买写给亚历山大·韦德伯恩的信，NAS—SR，GD164/1709。关于东印度公司官员和莫卧儿妇女关系的情况，参见古施的：《性和家庭》。

181　"韦德伯恩准将的地产和财产的清单"，孟买，1773 年 12 月 15 日，NAS—SR，GD164/231。

182　劳雷尔·撒切尔·乌里希：《纺织品的年代：美洲神话建立中的物品和故事》（纽约，2001 年），第 414 页。

183　这被称为"粗加工鹿皮"交易。永久和平条约，1765 年 5 月 28 日，TNA，CO5/582/210v，211v。

184　约翰 1761 年 12 月 24 日写给詹姆斯的信，HL—P，PU672[621]。

185　"一个英国绅士一天早上在其达卡的家门口买了八百件平纹布，这些布是纺织者送到他那里的。"博尔特斯：《对于印度事务的思考》，1：194，206。

186　海岸角堡账目，第 27 条（1764 年 7 月 1 日至 12 月 31 日），TNA，T70/738，第 1，23，28，29，37 页。约翰·奈特以"凤凰号"、"乔治王号"船长的身份六次贩运了奴隶，其中两次是"凤凰号"1759—60 年和 1764—65 年从（今天加纳的）海岸角堡贩运到牙买加。"航海记录"，航行号为 17465 和 17601，可在跨大西洋奴隶贸易数据库查到：wilson.library.emory.edu:9090/tast/database/search.faces。关于海岸角堡的情况，参见威廉·圣克莱尔：《奴隶贸易中心：海岸角堡和不列颠奴隶贸易》（伦敦，2006 年）。

187　"能用三年的新服装是非常贵的。"吉迪恩 1759 年 12 月 21 日写给乔治的信，EUL—L，La.II.73/75，吉迪恩 1759 年 12 月 23 日写给威廉的信，HL—P，PU489[475]。

188　乔治·约翰斯通的遗嘱，1787 年 6 月 12 日公证，TNA，PROB11/1154。

189　他的货物包括从伦敦再出口的印度的布匹；"开司米是非常轻柔的布料，因此适合热带气候。"萨缪尔·斯温顿 1770 年 3 月 21 日，3 月 23 日写给加尔各答的大卫·安德森和罗伯特·克斯的信，不列颠图书馆，安德森的文献，第 13 卷，Add. Ms.45429，37，41。

190 哈里·威尔斯特1761年2月16日从伊斯兰堡写给博芒和瓦特斯先生的信，1761年4月27日写给达卡的约翰·卡提尔的信，OIOC，威尔斯特1761—62年书信集，MSS Eur F218/79，ff.4v，20v。

191 带头巾的外套是"妇女穿的短上衣，最初是红色的，后面有一个头巾"，比如从1745年有这样的说法："你在摆弄你漂亮的带头巾的外套。"《牛津英语辞典》。

192 "约翰·霍姆斯潘"在《闲人》杂志中讽刺地描述了一个"富有的亚洲"家庭："我的邻居马希汝姆的儿子寄了一大箱漂亮的衣服给他的母亲和姐妹"，他最终从印度回来时，带回了"带花的和金色的平纹布，白色的和红色的披肩"。霍姆斯潘得出结论说："我必须另外找个地方住了，在那里人们不知道纳瓦布、拉贾、卢比，人们对孟加拉的了解不比对月亮上的人的了解多。""约翰·霍姆斯潘的信中所说的富有的亚洲邻居的影响"，载亨利·玛肯兹：《〈闲人〉，1785年和1786年在爱丁堡出版的一份期刊》，3卷（伦敦，1787年），1：iv，147，148，151。

193 乔治·约翰斯通的遗嘱，1787年6月12日公证，TNA，PROB11/1154；艾瑟尔德·伯内特的遗嘱，1766年5月28日公证，TNA，PROB11/918。艾瑟尔德·伯内特是路易莎姨奶艾瑟尔德·沃克的女儿。

194 约瑟夫·奈特与巴林登的约翰·韦德伯恩爵士的诉讼摘录，1774年，NAS，CS235/K/2/2。

195 阿伯丁郡北方巡回法庭备忘录，1771年9月23日，NAS（WRH），JC11/28。

196 法夫郡的罪犯档案，1771年秋，NAS，JC26/193/3；"黑人女孩贝尔或贝琳达的申诉状"，库珀，1771年7月4日，NAS，JC26/193/3。

197 "黑人女孩贝尔或贝琳达的申诉状"，库珀，1771年7月4日，NAS，JC26/193/3。

198 对巴林登的约瑟夫·奈特的审查报告，1773年11月15日，收在1773年审判前的材料的副本中，NAS，SC49/6/134/3/3。

199 威廉1797年8月8日致弗斯特和库克的信，林肯律师事务所，BUL-W，韦斯特哈尔庄园的文献，DM 41/62/14；1798年7月13日"韦斯特哈尔的奴隶清单"，包括"被带到英格兰的皮埃尔"，韦斯特哈尔1796年1月1日至1797年12月31日的账单，BUL—W，韦斯特哈尔庄园的文献，DM 41/21/10；亚历山大·苏斯兰德和安娜·威尔森的未标日期的信，以及安·苏斯兰德 1839 年 5 月 11 日的信，JA—CLA，第 5 函，PD239/5/27，第 7 函，PD239/7/11；"艾斯克的基克德罗斯教区教堂 1773 年记录的副本"，坎布里亚郡档案馆；韦斯特柯克教区 1778 年 11 月 12 日，1781 年 3 月 4 日理事会记录，NAS，CH2/368/2/171—73；詹姆斯·约翰斯通爵士的遗嘱，1796 年 3 月 21 日公证，TNA，PROB11/1272。

200　"黑人女孩贝尔或贝琳达的申诉状"，NAS，JC26/193/3。

201　"黑人女孩贝尔或贝琳达的申诉状"，NAS，JC26/193/3；"对黑人女孩贝尔或贝琳达的起诉书"，法夫郡的罪犯档案，1771 年秋，NAS，JC26/193/3；"黑人女孩贝尔或贝琳达的申诉状"，1771 年 9 月 13 日，JC26/193/3。

202　公司的一个职员要求"将两个叫作丽扎达和托多拉的黑人妇女送回孟加拉"；瓦伦·哈斯廷要求"将跟随我的名叫莫尼克的黑仆人送回印度"。威廉·巴维尔 1750 年 12 月 19 日的申请，瓦伦·哈斯廷 1766 年 1 月 29 日的申请，OIOC，IOR/B/71，第 262 页，IOR/E/1/48，杂信集，第 7 封，18 世纪 70 年代初，有很多这样的要求；参见与"马塔"、"多米尼哥"、"恺撒"、"帕塔娜"等有关的信件，收在 IOR/E/1/55，ff.242—453。詹姆斯·安古斯和格里芬船长保存的"斯蒂芬斯上将号"的两个航海日记，IOR/L/MAR/B566A 和 IOR/L/MAR/B566B。关于在不列颠的印度仆人和奴隶的情况，以及 1769 年生效的要求与"到英格兰"的仆人签订契约的法律的情况，参见费舍：《殖民主义的逆流》，第 53—65，216—21 页。

203　1765 年 9 月 9 日的备忘录，OIOC，威廉堡协商会议记录 1，第 38 卷，IOR/P/1/38/733。

204　北方巡回法庭备忘录，编号 25，1771—72 年，NAS（WRH），JC11/28。

205　1772 年 4 月 29 日的抵达证明书，NAS（WRH），JC41/12；"所有进出船只的清单"，NAS，CO5/1350。关于詹姆斯·帕特森的情况，《弗吉尼亚公报》（普尔迪和迪克逊），威廉堡，1772 年 4 月 23 日，可在弗吉尼亚大学网站的"弗吉尼亚奴隶地理志"中找到：www2.vcdh.virginia.edu/gos/search。

206　约翰·韦德伯恩的指控，1774 年 11 月 15 日，NAS，CS235/K/2/2。

207   证人名单，法夫郡的罪犯档案，1771 年秋；"黑人女孩贝尔或贝琳达的申诉状"，1771 年 7 月 4 日，"黑人女孩贝尔或贝琳达的申诉状"，1771 年 9 月 13 日，NAS，JC26/193/3。

208   约翰 1770 年 12 月 8 日写给亚历山大的信，JJLB–CLA，PD239/201/9。

209   詹姆斯 1772 年 1 月给约翰写信，表达了对"约翰斯通女士的不幸"的同情，并且希望家庭仍然能延续下去："我将你的孩子看作是自己的一样"，"荆棘树（约翰斯通家的象征）不能接受一个枝叶的失去"。詹姆斯 1772 年 1 月 22 日写给约翰的信，JJLB–EUL，第 128 页。约翰 1771 年 5 月从巴尔哥尼给威廉写信，并且在后来的一封信中回忆说，这一年 6 月早些时候，他在几英里外的科尔克迪。后一封信关注的是格林纳达种植园的情况："我检查了文件后，发现我 1771 年 6 月 12 日写给上校的信的草稿是我自己手写的，我不能确定寄出去的副本是否是我抄写的，还是我的文书凯伊先生抄写的，但是我倾向于是我抄写的，因为我当时在科尔克迪。"约翰 1771 年 5 月 19 日，1773 年 9 月 18 日写给威廉的信，HL–P，PU651[644]，PU659[653]。

210   "巴尔曼先生及其家人刚刚到达，并向你表达祝贺"，约翰给一个生意伙伴说。约翰 1771 年 4 月 12 日从巴尔哥尼写给亚历山大·艾尔森的信，JJLB–CLA，PD239/201/9。夏洛特和詹姆斯·巴尔曼的儿子乔治 1772 年 2 月 25 日出生于爱丁堡，当时贝尔或贝琳达正乘坐"贝特塞号"前往弗吉尼亚。老教区记录，可在以下网址找到：www.scotlandspeople.gov.uk。

211   约翰·韦德伯恩的指控，1774 年 5 月 30 日，NAS，CS235/K/2/2；凯恩斯：《苏格兰的奴隶法》。

212   "对黑人女孩贝尔或贝琳达的起诉书"，法夫郡的罪犯档案，1771 年秋，NAS，JC26/193/3。

第六章   什么是启蒙

1   威廉·普尔特尼：《对当前美洲事务的看法，以及和解的办法》，第 68 页。

2   弗格森：《道德和政治科学》，1∶266，268。

3   关于苏格兰人的科学，参见 J.G.A. 波科克：《蒙昧和宗教》，第 199—221 页；菲利普森：《休谟》，尤其是第 137—41 页；菲利普森：《亚当·斯密》。

4　弗格森：《道德和政治科学》，2：281。

5　"何谓启蒙？"（1784 年），载威廉·维史德尔编：《著作集》（法兰克福，1968 年），11：53—61；英译"何谓启蒙？"载汉斯·莱斯编：《康德政治著作选》（剑桥，1970 年），54—60；伊安·辛普森·罗斯和大卫·瑞诺尔："亚当·斯密和温蒂希-格拉兹伯爵：新书信"，载《伏尔泰和 18 世纪研究》358（1997 年）：171—87，172。

6　弗格森：《道德和政治科学》，1：164，208，235。

7　关于启蒙运动和帝国的情况，参见罗斯柴尔德："全球贸易"，米歇尔·杜舍特：《启蒙时代的人类学和历史》（1971 年）（巴黎，1995 年），杰尼芬·皮特斯：《转向帝国：帝国自由主义在英国和法国的兴起》（普林斯顿，2005 年），桑克尔·穆休：《启蒙和帝国的对立》（普林斯顿，2003 年）。

8　休谟："我的一生"，收在休谟：《道德、政治、文学论集》，xxxi—xli，第 xxxvi 页；休谟："论利息"，收在休谟：《道德、政治、文学论集》，第 304 页；并参见艾玛·罗斯柴尔德："大卫·休谟的大西洋世界"，收在《探索大西洋历史：1500—1830 年的潜结构和理智潮流》，贝尔纳·贝林和帕特西亚·L. 德纳尔特编，405—48（剑桥，麻省，2009 年）。

9　关于弗格森，参见法尼亚·奥兹－苏兹贝格：《启蒙运动解读：18 世纪德国的苏格兰公民讨论》（牛津，1995 年）。

10　参见罗斯柴尔德："亚当·斯密在大不列颠帝国"。

11　阿瑟·李：《为美洲的大陆殖民地所做的辩护，从亚当·斯密的道德情操理论出发进行的批评，一个美国人对奴隶制的一些思考》（伦敦，1764 年），第 iv，10 页。

12　阿兰·麦柯诺切在"关于约瑟夫·奈特的备忘录"（1775 年）的草稿中写道："斯密先生在讨论这一主题时，明确地表达了正直的意识对于残酷的压迫的愤怒，这种压迫对于现代社会来说是一种耻辱"，第 34 页，NAS，CS235/K/2/2。这一句子在备忘录的印刷版中没有出现，虽然它引用了《道德情操论》的同一段落；麦柯诺切在印刷版中，还有条件地改变了斯密对殖民者批评的效果，"不过，也许可以发现一些值得尊敬的美洲人……"麦柯诺切：约瑟夫·奈特的情况，第 37 页。

13　"论国民性"，收在休谟：《道德、政治、文学论集》，第 208 页注释 10 和第 629 页。关于萨缪尔·艾斯特维克利用休谟的"巴巴多斯岛代理副官"的注释来为奴隶制辩护，以及格兰维尔·夏普用其反对奴隶制的情况，参见罗斯柴尔德："大西洋的世界"。阿伯丁的詹姆斯·毕蒂激烈地批评休谟，亚当·斯密和休谟则嘲笑他为"顽固愚蠢的人"。关于毕蒂的情况，参见 1775 年 5 月 9 日斯密写给休谟的信，收在斯密：《书信集》，第 182 页，休谟 1775 年 10 月 26 日写给斯密的信，收在格雷格：《大卫·休谟书信集》，2：301，以及詹姆斯·毕蒂：《论真理的性质和永恒；反对怀疑论和诡辩论》（爱丁堡，1770 年），第 480—81 页。

14　克里斯托芬·勒斯莱·布朗在其《道德资源》（第 6—7 页）中复制了这一废奴地图。

15　米克尔：《公正地审查》，第 8 页。

16　米克尔："导言"，载于卡蒙斯：《卢济塔尼亚人之歌》，第 clxxv 页；威廉·普尔特尼 1805 年 2 月 28 日在下议院第二次审议废除奴隶贸易提案时发表的演讲，载《国会的辩论》，第 3 卷，第 658 辑。

17　理查德·克拉克：《纳布：或亚洲的掠夺者》（伦敦，1773 年），第 3 页。

18　英格兰大法院 1744 年 12 月 17 日的判定（安嫩岱尔成了精神病患者，"没有清醒的时候"），苏格兰 1757 年的"诉讼摘要"，以及"平衡法院书记官"的事情，在《上议院文件集，安嫩岱尔、菲兹瓦尔特和苏塞克斯贵族》中有记述，2 卷（伦敦，1844 年），1：75—79。休谟就安嫩岱尔勋爵的小说给詹姆斯·约翰斯通爵士写信说："我们必须印 30 本，以便使他相信我们印了 1000 册，整个国家都有这本书。侯爵夫人也会收到一本，恐怕这会使她不舒服，因为小说中暗指的故事有可能使她觉得勋爵要被执行死刑。"大卫·休谟 1745 年 6 月 18 日写给詹姆斯·约翰斯通爵士的信，收在格雷格：《大卫·休谟书信集》，1：61。这个小说可能是《爱和德行的胜利，一位绅士所写的小说》（伦敦，1745 年）。故事讲的是一个年轻贵族的事情。他来自于"北方一个不为人所知的国家，那里人们的意识和理智是谦逊的和平静的"，并在威尼斯乡下救了一个贫穷但善良的舞蹈家，用自己的平底船将她送回了家。然而他回到自己的国家之后，却在"一个小房子"中生了一场"大病"，并且在他的国王将她接受为其居民并授予她贵族称号后，最终与其亲爱的结了婚（第40,48页）。这本书的封面没有出版者的名字，上面印有"伦敦：MDCCXLV年出版"的字样。

19　大卫·休谟1745年10月22日写给老詹姆斯·约翰斯通的信，收在格雷格：《大卫·休谟书信集》，1：64。约翰斯通兄妹的父亲在几乎失明的时候，给休谟写信说："我有一些暗淡的记忆"；"我希望有人能提供一些情节，以便我清楚地回忆起这些交易的真正情况。"詹姆斯·约翰斯通爵士1760年12月29日写给大卫·休谟的信，收在穆雷：《大卫·休谟书信集》，第72，74页。信件标着从韦尔德哈尔寄出，不过这可能是错拼了韦斯特哈尔。韦尔德哈尔是休谟和安嫩岱尔15年前非常不幸地住过的房子的名字。穆雷抄写的手稿明显地在19世纪丢失了；参见J.Y.T.格雷格："导言"，载格雷格：《大卫·休谟书信集》，1：xxix。韦斯特哈尔的约翰斯通家族是安嫩岱尔·约翰斯通的非常远的亲戚。詹姆斯·约翰斯通爵士的弟弟约翰·约翰斯通上校与安嫩岱尔侯爵的遗孀、"变疯的"安嫩岱尔的母亲结婚。约翰·约翰斯通于1741年在不成功地攻打哥伦比亚的卡塔赫纳的战斗中战死了。詹姆斯·约翰斯通与安嫩岱尔的关系是，他是遗孀丈夫姐姐的朋友，其家庭的法律顾问，最终是贵族爵位的要求者。约翰·德布雷特：《英格兰的贵族》，乔治·威廉·克伦修订（伦敦，1840年），第316页。

20　这些舅舅是约翰斯通兄妹母亲的兄弟艾利班克勋爵和她婆家的兄弟杰米·弗格森或皮特弗尔勋爵（贝尔案件中的主审法官）。休谟1764年8月14日写给艾利班克勋爵的信，收在墨斯纳："休谟致艾利班克勋爵的新信件"，第455页。

21　乔治1763年3月22日写给休谟的信，休谟的手稿，NLS, MS 23155，编号94, f.249；休谟1759年4月2日写给艾利班克勋爵的信，收在墨斯纳："休谟致艾利班克的新信件"，第449页；休谟1763年7月21日写给亚当·斯密的信，1771年6月25日，1772年1月2日写给威廉·斯塔翰的信，收在格雷格：《大卫·休谟书信集》，1：391，2：243，251。1763年的信中所涉及的妹妹应该是夏洛特，她在几个星期前私奔了。芭芭拉1760年后在法律上与丈夫分开了，贝蒂在1762年的平纹布事件之后，回到了韦斯特哈尔。

22　威廉·普尔特尼1767年10月8日的信，保存在休谟的手稿中，NLS, MS23155，编号96, ff.255—56；1772年2月22日，1774年1月25日写给威廉·斯塔翰的信，收在格雷格：《大卫·休谟书信集》，2：260，283。

23　威廉是"四年来我交往很深的一个年轻绅士"，斯密在 1752 年写道。亚当·斯密 1752 年 1 月 19 日写给詹姆斯·奥斯瓦尔德的信，收在亚当·斯密：《书信集》，第 7 页，并参见本书第一章。

24　"我将之看作是我收到的最令人高兴的信"，安德烈·斯图尔特给威廉回信说，威廉的信中谈到了弗朗西斯·约翰斯通的表亲、最近去世的普尔特尼将军的决定；"我和弗格森、斯密、罗宾逊（罗伯森？）、布莱尔以及其他一些朋友在波克俱乐部的时候，得到了这个消息，……你可以很容易地想象到，人们是多么地高兴，我们如此兴奋，以致聚会比平时长了很多，而且在邮差离开之前，人们已经欢呼起来了，整个晚上都没有机会给你写信。"安德烈·斯图尔特 1767 年 11 月 3 日写给威廉的信，HL—P，PU1977[1644]。约翰斯通兄妹的父亲得到普尔特尼将军去世的消息后，也给威廉写了一封祝贺的信，不过语气没有那么兴奋："感谢上帝给予我们这么多的恩典。"詹姆斯·约翰斯通爵士（父亲）1767 年 10 月 31 日写给威廉的信，HL—P，PU556[569]。

25　亚当·斯密 1772 年 9 月 3 日写给威廉的信，收在斯密：《书信集》，第 163 页。

26　关于不列颠咖啡屋的情况，参见舍尔：《启蒙与书》，第 128—31 页。

27　詹姆斯·麦克弗逊 1776 年 3 月 25 日写给约翰·麦克弗逊的信，保存在麦克弗逊的文献，OIOC，Mss Eur F291/122；埃德蒙德·伯克、亨利·邓达斯 1786 年 12 月 7 日，1786 年 12 月 20 日，1787 年 3 月 21 日写给威廉的信，亚当·斯密 1786 年 12 月 13 日写给亚历山大·罗斯的信，收在斯密：《书信集》，第 297—302 页。"我给斯密写了一个便条，提醒他让伯克再次谈谈这一主题，并且让他确定地谈谈它，他像斯密一样，是一个令人尊敬的人，不会不同意的。"西蒙·弗雷泽在一封未标日期的信中对威廉说道，这封信也许是写于 1775 年，HL—P，PU270[296]。

28　这封信关注韦斯特哈尔周围的选票，以及约翰在埃特里克森林边上购买的罕津萧庄园。伯肯是韦斯特哈尔附近的一个村庄，巴克鲁公爵是这个村庄的主人，因为他是罕津萧庄园周围土地的主人；斯密这时积极地参与到了公爵财产的管理当中。詹姆斯 1771 年 4 月 17 日写给约翰的信，路易莎保存，JJLB—EUL，第 61 页，并参见菲利普森：《亚当·斯密》，第 202—8 页。

29　关于詹姆斯·汤森德·奥斯特瓦尔德被任命为背风群岛总督的情况，参见下议院 1768 年的任命名单，PH，第 16 卷，第 453 辑。

　30　约翰 1767 年 10 月 8 日，1768 年 9 月 6 日写给威廉的信，HL-P，PU629[626]，641[638]，659[653]。

　31　贝蒂一个星期后又写道："我希望你让我们知道库伦对同情南方的北方人说了什么。" 4 月 25 日再次写道："我觉得库伦医生对同情南方的北方人没有说什么好话，否则的话，你应该写信给我的。"贝蒂 1762 年 3 月 6 日，3 月 14 日，4 月 25 日写给威廉的信，HL-P，PU422[412]，423[390]，425[414]。

　32　詹姆斯 1770 年 8 月 6 日，1772 年 11 月 1 日写给贝蒂的信，JJLB-EUL，第 25，172 页。

　33　"亨特医生要我将这个备忘录寄给你，希望让你下周五在圣乔治医院的事情上投他兄弟的票不会给你添太多麻烦"，约翰 1768 年给威廉写信说。他在韦斯特哈尔为科尔克迪的"事情"操心的时候，给威廉写信说："我们最近争取归还我们的（东印度财产）时，亨特医生给予了我们最大的帮助，三天中都来投我们的票。我希望你支持他的兄弟接手圣乔治医院，并且希望你尽可能多地让你的朋友也支持他。乔治和我已有资格，可以给他投票，我觉得他是值得我们将其当作朋友的；也许他会用保险的股份帮助我们。"约翰 1768 年 9 月 6 日写给威廉的信，以及 1768 年写给威廉的一封未标日期的信，HL-P，PU641[638]，649[618]。这个亨特医生是威廉·亨特医生；他的弟弟约翰·亨特医生 1768 年接手了圣乔治医院。参见海伦·布洛克："威廉·亨特（1718—1783 年）"，以及雅各·W. 格鲁伯："约翰·亨特（1728—1793 年）"，ODNB，第 14221，14234 条。威廉·亨特医生 1766—70 年的东印度公司股票的交易情况，参见海伦·布洛克编：《威廉·亨特医生书信集，1740—1783 年》，2 卷（伦敦，2008 年），1：288，297—98。

　34　"大不列颠下议院议员之一，从才能和本质上看，我是说威廉·普尔特尼先生，尤其关注植物液；而且，由于他，爱丁堡的布莱克医生访问了我，……普尔特尼先生不错过任何推荐这种药物的机会。"伊萨克·斯万逊（这一药物唯一的所有者，以及德维诺斯先生唯一的继承者）：《德维诺斯的植物液的治疗效果》（伦敦，1789 年），第 13—14 页。

　35　参见 H.S. 托伦斯："埃塞德里德·本内特（1775—1845 年）"，ODNB，第 46424 条，并参见让·琼斯："道格拉斯的詹姆斯·哈尔爵士，第四代男爵（1761—1832

年）"，ODNB，第 119635 条。

36　卢瑟·P. 埃森豪尔特："瓦尔特·明托和布参伯爵"，载《美国哲学学会会刊》94，第 3 期（1950 年 6 月 20 日）：282—94，第 282 页。

37　瓦尔特·明托保存的 1778 年 11 月 23 日写给威廉的一封信的副本，保存在 UMWCL—MS；瓦尔特·明托 1788 年 9 月 24 日演讲的开头，埃森豪尔特引用："瓦尔特·明托"，第 291 页。

38　"很久没有给你写信了。我想你的书已经出版了吧。谢尔本勋爵有一天告诉我，他觉得约翰斯通总督现在回去，也许就不会回到西佛罗里达了，并且说，没有理由不将这个政府交给你"，休谟和弗格森的老朋友之一 1766 年写信给弗格森说。谢尔本勋爵当时是负责南方（包括北美殖民地）的国务大臣。罗伯特·克拉克 1766 年 10 月 10 日写给亚当·弗格森的信，梅洛勒：《亚当·弗格森书信集》，1：68。

39　安德烈·斯图尔特 1772 年 4 月 4 日写给威廉的信，其中附有亚当·弗格森 1772 年 3 月的一封信，在这封信中，弗格森给他提供了在印度的荷兰帝国的信息，这些信息来自于他妻子的一个亲戚，"他作为英国的顾问长期生活在巴塔韦亚"，HL—P，PU2008[1674]，PU210[1674x]。大卫·休谟 1772 年 7 月 30 日写的一封信，我们不能确定收信人的身份，梅洛勒：《亚当·弗格森书信集》，2：548；并参见 1772 年 11 月 23 日写给亚当·斯密的信，收在格雷格：《大卫·休谟书信集》，2：266；亚当·弗格森 1774 年 3 月 31 日，1778 年 6 月 19 日写给约翰·麦克弗逊的信，1774 年 6 月 6 日写给大卫·休谟的信，收在梅洛勒：《亚当·弗格森书信集》，1：105，112，171。

40　乔治·约翰斯通的遗嘱，1787 年 6 月 12 日公证，TNA，PROB11/1154。"我要他在 4 岁前离开那里"，乔治就他最小的儿子写道，并且表达了他"不可改变的愿望"：小男孩"至少 14 岁之前，都必须在苏格兰受教育"。在遗嘱的后来附件中，他的语气有些缓和，因为他的妻子"希望儿子在 6 岁前与她在一起，之后她愿意他在苏格兰长大。"弗格森 1790 年 7 月写信给约翰·麦克弗逊爵士说："我的学生小约翰斯通和其他人都在利斯海边游泳。""我一直想着去一趟意大利，但是由于要带乔治·约翰斯通的儿子，所以没法去。"1796 年他给亚历山大·卡莱尔写信说，"对于小约翰斯通来说，或者是感到自己是绅士，或者失去朋友，这个时候一定会来的。……对于那些与家庭关系亲密，或者几乎没有同样的伙伴的人，失望可能会让他们落泪。"1790 年 7 月 31 日写给约翰·麦克弗逊爵士的信，1796 年 11 月 23 日写给亚历山大·卡莱尔牧师的信，收在梅洛勒：《亚当·弗格森书信集》，2：340—41，407—8。

41　亚当·弗格森 1784 年 10 月 27 日致弗莱彻·坎贝尔将军的信，1795 年 12 月 3 日写给约翰·约翰斯通的信，1796 年 7 月 7 日，1798 年 8 月 1 日写给约翰·麦克弗逊爵士的信，收在梅洛勒：《亚当·弗格森书信集》，2：307，375，400—401，442。

42　1766 年，大卫·韦德伯恩和亚当·斯密及其年轻的学生巴克鲁公爵从法国乡下的一次不幸的恋爱事件中逃了出来。"女士给她的女儿写信解释说，她有很多理由反对我们的结合"，大卫·韦德伯恩 1766 年 8 月在那场浪漫事件快要结束时，从斯瓦森给他的兄弟写信说，"这时母亲让我留在她的房子里，允许我和她女儿像以前那样在一起，用马车把我和她女儿送到镇上，并且允许我随时去见她的女儿，但是却禁止我和她女儿在公共场所露面。""昨天我下定决心与斯密和巴克鲁公爵离开巴黎。"大卫·韦德伯恩 1766 年 8 月 9 日写给亚历山大的信，NAS—SR，GD164/1696。"罗伯森博士的生平年表"中列出了 1759 年 10 月 17 日"择优学会"的会员的名单，杜戈尔德·斯特沃特编《威廉·罗伯森著作集》，8 卷（伦敦，1872 年），1：xci—xcii。"学会"的其他成员与约翰斯通家族及其朋友的联系非常多；这些成员中有安德烈·斯图尔特（威廉 1804 年与他的遗孀结婚）、哈里·艾斯金（他与亚历山大·韦德伯恩和大卫·韦德伯恩的姐姐珍妮特结婚）、亚历山大·博斯威尔、奥金勒克勋爵（詹姆斯·博斯威尔的父亲，1760 年他是芭芭拉·肯纳德离婚案的仲裁者）。

43　"波克俱乐部"1774 年的会员名单，见亚历山大·弗雷泽·泰勒编：《卡麦斯的亨利·霍姆的生活和著作补遗》（爱丁堡，1809 年），第 33—35 页。

44　无名氏：《苏格兰评论的一个样本》（1774 年），第 9，18 页。关于苏格兰印刷和出版业的情况，参见舍尔：《启蒙与书》。

45　大卫·休谟 1747 年 10 月 2 日写给詹姆斯·奥斯特瓦尔德的信，收在格雷格：《大卫·休谟书信集》，1：107。

46　1751 年 8 月 15 日写给威廉的未签名的信，HL—P，PU503[517]。

47　查尔斯·肯纳德 1757 年 4 月 17 日写给威廉的信，HL—P，PU756[768]，背面的文字是詹姆斯写的。弗朗西斯的拉斯指的是菲利普·弗朗西斯牧师的翻译贺拉斯，弗朗西斯是爱德华·吉本的老师、印度政治活动之父。

48 "1767年肯纳德爵士德里米家的家具、图书清单"，可在下面的网址找到：www.scotlandspeople.gov.uk；"1797年8月11日已去世的詹姆斯·约翰斯通爵士的财产清单"，"韦斯特哈尔图书馆的图书目录"，保存在NAS，CC8/8/130/1733—70。"芒卡斯特关于奴隶贸易的著作"是《奴隶贸易及其对非洲的影响的历史概况》（1792年）。芒卡斯特勋爵是奴隶贸易的激烈批评者，坎伯兰的主张废奴的政治家，威廉·威尔伯福斯的亲密朋友。

49 乔治·约翰斯通的遗嘱，1787年6月12日公证，TNA，PTOB11/1154。

50 贝蒂·约翰斯通女士的遗嘱，1813年12月24日公证，可在下面网址找到：www.scotlandspeople.gov.uk。

51 "订购者的名单"，载卡蒙斯：《卢济塔尼亚人之歌》，威廉·朱利叶斯·米克尔译，无页码。

52 詹姆斯·约翰斯通（父亲)1764年12月13日写给威廉的信，贝蒂保存，HL-P，PU431[568]。

53 亨利·布特勒牧师1761年12月5—6日在加尔各答售卖财产的清单。海德：《孟加拉教区编年史》，第124—25页。

54 "你的书在我伦敦的家里很安全。"萨缪尔·斯温顿1759年12月14日写给乔治的信；EUL—L，La.II.73/74。"我不需要告诉你这一任务有多不舒服了，而你也参加了这一活动"，斯温顿就其印象写道："我有两次或三次与一群人走了15或20英里的路程，他们是最年轻的官员。"

55 威廉·科洪1768年2月17日从格拉斯哥港口写给贝蒂·科洪的信，GCA，TD301/6/1/1。

56 博尔特斯：《对于印度事务的思考》，2：119。

57 威廉·博尔特斯的遗嘱，1808年9月7日公证，TNA，PROB11/1485。

58 1796年10月4日，1797年4月4日的记录，韦斯特柯克图书馆记事簿，本特帕斯图书馆。

59　检察官索罗先生、曼斯菲尔德先生 1774 年 3 月 24 日，5 月 13 日就书商的版权法案发表的演讲，PH，第 17 卷，第 1086，1099 辑；乔治·约翰斯通、埃德蒙德·伯克 1774 年 5 月 13 日，5 月 16 日的演讲，第 1101—6 辑。

60　大卫·韦德伯恩 1772 年 3 月 17 日写给珍妮特·艾斯金的信，NAS-SR，GD164/1698。他在信中写道："你完全没必要对他们不放心"，"如果他们到达的时候，父亲去世了，你的书商朋友多纳德森希望我直接照顾他们，不过，感谢上帝，他到达的时候身体很好，我希望将来也如此。"这是封让人非常感兴趣的信，它呈献给我们的是带着不知是否有用的推荐信，去往印度的前途未卜的旅程。

61　萨缪尔·斯温顿 1770 年 3 月 17 日写给大卫·安德森和罗伯特·克斯的信，不列颠图书馆，安德森的文献，第 13 卷，Add. Ms.45429，37。

62　威廉·朱利叶斯·米克尔 1765 年 3 月 16 日，11 月 23 日致里特尔顿勋爵的信中，以及 1765 年春天一封未标日期的信，收在爱尔兰："米克尔的轶事"，第 xxvi，xxx，xxxiii 页；希姆："作者的一生"，第 ix，xv，xxxiv 页。

63　乌尔里奇："托马斯·卢迪曼（1674—1757 年）"，ODNB，第 24249 条；乔治·查尔麦斯：《托马斯·卢迪曼的一生》（伦敦，1794 年）。

64　詹姆斯·斯图尔特 1769 年 11 月 22 日，1769 年 12 月 8 日，1770 年 1 月 12 日，1770 年 5 月 9 日，1776 年 9 月 30 日写给查尔斯·斯图尔特的信，NLS，斯图尔特的手稿，6404/5r，7r，11v，21r，21v，67r。在兄弟们 1770 年的信中出现了"约翰斯通先生"，不过，这不表明他是韦斯特哈尔的约翰斯通家族中的一员："收到约翰斯通先生的一封信，他与你断了联系，现在希望能与你保持联系。"詹姆斯·斯图尔特并不十分清楚伦敦发生的事情，因此在萨摩塞特案件判决后一个多月的 1772 年 7 月写信说："直到最近我都不知道你关注黑人的事业，如果你整个地负责判决，我希望它不像显现的那样是普遍关注的案件。"1770 年 12 月 3 日，1772 年 7 月 23 日的信件，NLS，斯图尔特的手稿，6404/37r，57r—v。

65　詹姆斯·斯图尔特 1772 年 1 月 21 日从爱丁堡写给查尔斯·斯图尔特的信，NLS，斯图尔特的手稿，5027/106r。詹姆斯·萨摩塞特那时已经逃走了。

66　老詹姆斯·约翰斯通 1720 年 6 月 18 日获得律师资格，芭芭拉·（穆雷）约翰斯通的兄弟帕特里克·艾利班克 1723 年 6 月 22 日获得律师资格，她婆家兄弟詹姆斯·弗格森 1722 年 2 月 17 日获得律师资格；威廉·约翰斯通 1751 年 7 月 13 日获得律师资格，他的嫡表兄，年轻的詹姆斯·弗格森 1757 年 7 月 30 日获得律师资格。约翰·麦克弗逊·平克顿编：《律师公会记事录》，第 2 卷（1713—50 年）（爱丁堡，1980 年），第 31，49，61 页，安古斯·斯特沃特编：《律师公会记事录》，第 3 卷（1751—83 年）（爱丁堡，1999 年），第 6，75 页。约翰斯通兄妹的一个舅舅是魁北克的总督，另外一个舅舅是南大西洋的海军的一个军官，他的两岁的女儿在 1763 年被说成是早熟地爱国；"她是一个漂亮的小孩，演唱了《勇敢的心》。"穆雷：《五个儿子》，第 149 页；约翰·拉姆赛：《约翰·拉姆赛手稿中 18 世纪的苏格兰和苏格兰人》，亚历山大·奥拉蒂斯编（1888 年，布里斯托修订版，1996 年），1：150。

67　在弗格森的墓志铭中，发明了连发来复枪的帕特里克·弗格森将其父亲的"镇定"和"其母亲家庭的活跃"联结在了一起。亚当·弗格森：《最初为不列颠百科全书写的帕特里克·弗格森上校的传记和回忆》（爱丁堡，1817 年），第 6，11 页。安娜·弗格森 1765 年 2 月 19 日写给詹姆斯·穆雷将军的信，收在穆雷：《五个儿子》，第 150 页；她补充说："我的乔治已经开始商业的学习了，并且必须在这里实践和学习几年，原来我给你写信时，我真的认为商业没有什么特殊需要学习的东西。现在我知道的更多了"（第 153 页）。

68　"我发现这里的气候没有我想象的那么热"，他补充说。大卫·韦德伯恩 1764 年 6 月 3 日写给亚历山大·韦德伯恩的信，韦德伯恩的文献，UMWCL。

69　墨斯纳：《大卫·休谟的一生》，第 386 页。帕特里克·托尼 1775 年 6 月 13 日写给亚历山大·韦德伯恩的信对所需费用进行了估算，NAS–SR，GD164/1713。

70　1826 年 1 月 6 日的记录，收在安德森编：《瓦尔特·司各特爵士的日记》（爱丁堡，1998 年），第 66 页。司各特 1826 年 6 月 6 日写道："我一直很珍视与斯温顿的关系。这是古老的苏格兰感情"（第 177 页）。

71　"瓦尔特·司各特爵士笔下自己的早年生活"（1808 年），收在约翰·吉布森·罗克哈特：《瓦尔特·司各特的一生》，5 卷（爱丁堡，1902 年），1：3，12，14；罗克哈特：《瓦尔特·司各特爵士》，1：165，315。

72　"瓦尔特·司各特爵士笔下自己的早年生活"，1：45。

73　乔治·约翰斯通的遗嘱，1787 年 6 月 12 日公证，TNA，PROB11/1154；威廉·朱利叶斯·米克尔的遗嘱，1789 年 3 月 14 日公证，TNA，PROB11/1177。

74　约翰·约翰斯通的遗嘱，1796 年 3 月 6 日公证，TNA，PROB11/1272。

75　玛莎·福特的遗嘱，1794 年 2 月 21 日公证，TNA，PROB11/1241；萨缪尔·斯温顿的遗嘱，1797 年 6 月 19 日公证，TNA，PROB11/1293。

76　《五十年前创作的司法歌剧中的歌》（奥金莱克，1816 年），第 2，4 页。《司法歌剧》大部分是詹姆斯·博斯威尔和安德烈·克鲁斯比 1778 年旅居伦敦时创作的。"詹姆斯·博斯威尔的日记，1777—1779 年"，收在吉奥费·司各特和弗雷德里克·波特尔编：《马拉海德城堡的詹姆斯·博斯威尔的私人文件》，18 卷（维农山，纽约，1928—34 年），13：106。

77　邓弗里斯的艾格尼丝·沃尔克案件（1762 年邓弗里斯的陪审团对沃尔克表示同情）在 1798 年 8 月 6 日著名的"珍妮特·格雷的情况"中得到了讨论，"珍妮特·格雷的情况"是在爱丁堡的法庭开庭之前讨论珍妮特·格雷案件的，NAS，JC3/49，无页码。克里斯蒂安·克劳福德案件的情况见《立法会和治安法庭 1553 年 1 月 15 日至 1790 年 7 月 11 日颁布的法令》（爱丁堡，1790 年），第 525—26 页；判决是由罗伯特·邓达斯签署的，他在约瑟夫·奈特案件中持约瑟夫·奈特应永久为奴的观点。

78　《苏格兰杂志》33（1771 年 9 月），第 449，498 页。法庭没有判定贝尔或贝琳达犯有被指控的罪行，所以她不是罪犯。巡回法庭的备忘录的记录更加谨慎："检察总长助理说，由于这一案件的特殊情况，他同意陪审团的判决。"北方巡回法庭的备忘录，第 25 期，NAS，JC11/28。

79　《苏格兰信使报》，1771 年 9 月 14 日，第 7717 期。

80　《大众信报》，1771 年 9 月 19 日，第 11479 期。

81　《苏格兰杂志》34（1772 年 6 月），第 299 页。

82　《苏格兰信使报》，1776 年 2 月 21 日。

83　约瑟夫·奈特与巴林登的准男爵约翰·韦德伯恩爵士的诉讼摘要，NAS，CS235/K/2/2，第 10 页；1774 年 11 月 15 日约翰·韦德伯恩先生的备忘录，NAS，CS235/k/2/2，第 3 页。"唐纳德森先生的报纸"指《爱丁堡信报》；《爱丁堡信报》18，第 888 期（1772 年 6 月 30 日—7 月 3 日）。

84　《苏格兰信使报》，1776 年 2 月 21 日。

85　凯恩斯：《苏格兰的奴隶法》。

86　"黑人女孩贝尔或贝琳达的申诉状"，1771 年 9 月 13 日，JC26/193/3。

87　"法夫郡郡长打开契据的法令"，1774 年 11 月 1 日，NAS，GD86/969。这一决定结束了"最近去世的伯爵的妹妹与伯爵父亲的兄弟之间关于罗斯庄园的诉讼"，并且集中在 1694 年的遗嘱附件的"或者"一词的意义上，最高法院做了有利于伯爵夫人或者说女继承人的判决，"这不是一个男性的采邑"，《苏格兰杂志》36（1774 年 3 月），第 165 页。

88　"棘手的事情"涉及的是"说了要给"玛格丽特·司各特女士的"酒"；威廉·斯特沃特 1792 年 6 月 14 日就"司各特女士的事件"写给詹姆斯·约翰斯通爵士的信，以及詹姆斯·约翰斯通爵士和玛格丽特·司各特女士 1793 年 7 月 12 日的看法，BUL-W，韦斯特哈尔庄园的文献，DM 41/70/8，DM41/40/13。约翰·泰特在三年之后（詹姆斯已去世）就"司各特女士的诉讼"给路易莎的秘书威廉·奥托写信说："你和约翰斯通夫人都必须立即给出指示。"约翰·泰特 1795 年 6 月 9 日写给威廉·奥托的信，BUL-W，韦斯特哈尔庄园的文献，DM 41/70/16。

89　约翰·泰特 1766 年 5 月 16 日说，"我作为安嫩岱尔侯爵的律师收到的"文件丢失了。约翰·泰特对此的描述，参见《上议院会议的记录，安嫩岱尔侯爵》（伦敦，1877 年），11：575。"我们不能确定遗产契约在詹姆斯·约翰斯通那里放了多长时间。不过，他一定在 1766 年 5 月 16 日之前归还了，当时乔治·安嫩岱尔侯爵的代理人约翰·泰特从诉讼案件的文员那里得到了这些及其他文件，现在在安嫩岱尔的文献中找到的约翰·泰特的收条显示如此。"弗雷泽：《约翰斯通家的安嫩岱尔的家谱，安嫩岱尔伯爵和侯爵名录》，2：385。

90　詹姆斯（父亲）1762 年 8 月 30 日写给威廉的信，HL-P，PU541[536]。

91　小约翰·泰特先生 1819 年 1 月 4 日的陈述，NAS，SC70/1/18/561，563。在 18 世纪的爱丁堡至少有两个毫无关联但都叫约翰·泰特的律师，年纪大的约翰·泰特来自哈维斯托，是约翰在克拉克曼纳郡的邻居，他于 1800 年去世。兰达尔·托马斯·戴维森：《阿奇博尔德·坎贝尔·泰特的一生》，2 卷（伦敦，1891 年），1：2—5。年轻的约翰·泰特 1781 年获得律师资格之前是抱负远大的诗人，他于 1817 年去世。查尔斯·罗杰斯：《现代苏格兰的诗人》，6 卷（爱丁堡，1857 年），1：70—72。

92　贝蒂 1759 年 10 月 19 日写给威廉的信，HL-P，PU406[398]。

93　"我们将墨西哥人、伊斯兰教徒、太阳神的崇拜者称为异教徒、偶像崇拜者，他们的信念和情感有什么价值，和我们有什么关系。"她 1797 年给其表亲写信说。路易莎 1797 年 2 月 1 日写给马丁·布朗·福克斯爵士的信，FHA-NRO，MC50/52/2。

94　"我觉得上帝给予我如此好的父亲并给我向他表达感激的方法和机会是特别幸福的事情。他对我的关心将会永远是我快乐的源泉。"约翰给威廉写信说。约翰 1772 年 12 月 29 日写给威廉的信，HL-P，PU658[652]；詹姆斯·约翰斯通（父亲）1767 年 10 月 31 日写给威廉的信，HL-P，PU556[569]；亚当·弗格森 1795 年 12 月 3 日写给约翰的信，收在梅洛勒：《大卫·弗格森书信集》，2：375。

95　邓弗里斯和盖罗维郡的韦斯特柯克教区墓园中约翰·约翰斯通的墓碑的题词；基恩：《杂诗集》，第 22—23，142—45 页。墓碑是约翰和伊丽莎白·卡罗琳娜的女儿立的："在他为父母和兄弟立碑的这一墓园，女儿立此碑以表达女儿的敬意，安娜·伊丽莎白·戈尔敦，1824 年立。"

96　"如果你不很快回到家，我将再也看不到你了"，她给在印度的约翰写信说，"不过，亲爱的，经过仔细的思考，我可以确定地告诉你，对于死亡我没有什么可害怕的了，感谢上帝，我非常满意我所做的一切，没有看到有什么需要改变的地方，两年来我过着幸福和安详的生活，因此我觉得生活给予我的很多了。"芭芭拉（母亲）1764 年 12 月 22 日写给约翰的信，UMWCL-MS。

97　《苏格兰教会 1756 年 5 月 20 日在爱丁堡召开的理事会的主要活动》（爱丁堡，1756 年），第 13 页，朗霍尔姆长老会的意见。关于 18 世纪苏格兰宗教史的情况，参见卡鲁姆·布朗：《1707 年以来苏格兰的宗教与社会》（爱丁堡，1997 年）。

98　参见本书第一章。

99　"我的兄弟是我父亲在牛津郡的塔德默顿教区的牧师，他想再作为随船牧师去国外"，伊丽莎白的侄子 1813 年从北安普敦的债务人监狱给她的儿子写信说。"只是听苏格兰邓弗里斯郡的一个人说后，我才知道你的确切地址，我要非常抱歉地说，这个邓弗里斯人和我都是这个债务人监狱里的囚犯，我来这里只是因为 75 镑这点小钱。"他们的父亲去世后，他的兄弟约翰·沃罗·基恩牧师"心情不好，感到前途暗淡"；他后来希望"卖掉父亲的所有图书"时写道，"我有休谟和斯莫勒特的英格兰历史"。塔尔波特·威廉·基恩 1813 年 8 月 2 日写给詹姆斯·雷蒙德·约翰斯通的信，爱德华·丹尼尔 1824 年 10 月 21 日写给詹姆斯·雷蒙德·约翰斯通，约翰·沃罗·基恩 1827 年 5 月 17 日写给詹姆斯·雷蒙德·约翰斯通的信，保存在 JA—CLA，第 7 函，PD239/7/2，第 30 函，PD239/30/29，第 52 函，PD239/52/8。

　　100　乔治·肯纳德 1775 年 3 月 29 日写给威廉的信，HL-P，PU784[756]。埃德蒙德·达纳和海伦·肯纳德于 1765 年结婚，当时她 16 岁，他放弃医学而做牧师的决定是经过了深思熟虑的："我的生活超出想象的好了，对于普尔特尼先生，我获得了别人没有的特权。我在穿上教士服之前真正地认识到了，不论有多少缺陷，普尔特尼都会使其变得好的"，他第一次得到教士职位后，从北安普敦郡的布里格斯托克给麻省剑桥的爸爸写信说。伊丽莎白·卡罗琳娜的兄弟塔尔波特·威廉·基恩后来是这个教区的教区长。埃德蒙德·达纳和海伦·达纳的孩子的名字很长，从中可以认出其叔叔、姑姑、奶奶、爷爷等：弗朗西斯·约翰斯通·达纳（童年就死了）、伊丽莎白·卡罗琳娜·达纳、另一个弗朗西斯·约翰斯通·达纳、乔治·肯纳德·达纳、威廉·普尔特尼·达纳、芭芭拉·达纳、亨丽艾塔·劳拉·达纳、查尔斯·帕特里克·达纳、玛丽亚·达纳。埃德蒙德·达纳 1770 年 12 月 22 日写给理查德·达纳的信，MHS，达纳家族的文献，Ms.N-1088，达纳家族之一，第 2 箱、第 57 箱，达纳家谱文献：便条和信件。塔尔波特·威廉·基恩的儿子也叫塔尔波特·威廉·基恩，他的儿子从北安普敦的债务人监狱给詹姆斯·雷蒙德·约翰斯通写信的时候，他在布里格斯托克，他的女儿赫斯特 1822 年给詹姆斯·雷蒙德写信，感谢他"非常友爱的信件"时，他仍然在那里。"医生要父亲喝些红酒，因为他的肠胃太弱了，他回答说自己喝不起的。……他现在身体还好。"塔尔波特·威廉·基恩 1813 年 8 月 2 日的信，赫斯特·艾米·基恩 1822 年 12 月 10 日的信，保存在 JA—CLA，第 7 函，PD239/7/2，第 25 函，PD239/25/14。

101　年长的米克尔也是爱丁堡的酒商，"他被允许在爱丁堡居住，其教区职务由代理者行使。"希姆："作者的一生"，第 ix—xi 页。

102　《损失的情况》，并参见本书第三章。

103　戴维森：《阿奇博尔德·坎贝尔·泰特的一生》，1：2—5。

104　理查德·霍格的证明，OIOC，IOR/J/1/1/154。

105　弗雷泽：《约翰斯通家的安嫩岱尔的家谱》，2：354—55，384—85。

106　1751 年 8 月 15 日写给威廉的一封未签名的信，HL—P，PU503[517]。

107　约翰·韦德伯恩 1775 年 2 月 16 日写给威廉的信，HL—P，PU1759[1809]。在约翰斯通家族的生活中，有一些像律师或印度官员的文职人员，而且在当时没有机器复制的时代，还有一些像抄写员和文书的文职人员。约翰、帕特里克、吉迪恩都受到了"写作"的教育。他们能够像年轻的瓦尔特·司各特那样，自己进行写作。瓦尔特·司各特（"我记得曾经不吃不休息地连续写了 120 对开页"）从巡回图书馆的"版权"那里获得收入，或者说能够像劳拉的朋友的岳父那样，这位岳父是纽约的一个大主教，有一半的薪水，"很会写"，凭借其写作和为"两个著名的律师"抄写而供养他的儿子。"瓦尔特·司各特爵士早年的生活"，载罗克哈特：《瓦尔特·司各特爵士》，1：46，克莱蒙特·马克汉姆爵士：《马克汉姆主教的回忆，1719—1807 年》（牛津，1906 年），第 5 页。

108　大卫·韦德伯恩 1762 年或 1763 年从爱丁堡写给珍妮特·艾斯金的一封未标日期的信，NAS—SR，GD164/1693。

109　理查德·霍格的证明：约翰 1748 年 11 月至 1749 年 5 月"在我的指导下学习写作、算术、商业"，爱丁堡，1750 年 10 月 3 日，OIOC，IOR/J/1/1/154；给帕特里克的证明，IOR/J/1/2/105；给吉迪恩的证明，IOR/J/1/5/139，140。

110　威廉·莱德劳 1789 年 6 月 12 日，詹姆斯·罗宾逊 1789 年 6 月 13 日关于詹姆斯·普里莫罗斯·约翰斯通的事情的信，OIOC，J/1/13/128，129。乔治给东印度公司写信说，两个男孩受到了"我能给予的最好的教育"。乔治 1781 年 1 月 6 日给东印度公司董事推荐乔治·林赛·约翰斯通的信，OIOC，J/1/10/175。最好的教育是在瓦尔特·明托那里得到的，在那之前，是在离巴尔哥尼不远的教师家中得到的；蒙特伊的拉克姆贝 1776 年 7 月 2 日写给乔治的信，在这封信中，他期待乔治朋友的一个年轻的亲戚的到来

（乔治朋友的亲戚是东印度公司的财务官员博格斯先生），并且表达了他对乔治儿子的美好祝愿："他们两个永远都是我亲爱的孩子，我永远不会忘记他们的。我真切地希望和风顺利地将他们带到他们想去的港口。"EUL-L，La.II/73/129。

111 大卫·韦德伯恩 1767 年 2 月 14 日用法语写给珍妮特·艾斯金的信，NAS-SR，GD164/1693。

112 女儿简妮·弗格森那时是"非常可爱的 16 岁的少女"，"她极其聪明，美丽，我要给她穿漂亮的裙子"。安娜·弗格森 1763 年 1 月 29 日写给詹姆斯·穆雷将军的信，NAS，GD32/24/14。

113 "贝蒂·肯纳德与豪克斯沃思女士待在肯特郡的布鲁姆雷"，芭芭拉离婚后贝蒂给威廉写信说。贝蒂 1759 年 10 月 9 日写给威廉的信，HL-P，PU405[397]。乔治·林赛·约翰斯通的遗嘱，1814 年 2 月 1 日公证，TNA，PROB 11/1552。

114 E.C.约翰斯通女士的记事本，阿尔瓦，1816 年和 1824 年，NLS，Acc.8100/120，121。

115 "你知道在有可能的时候，最没文化的农民运用的一些计谋"，埃德蒙德·尼尔森就种植胡萝卜的农民写道。埃德蒙德·尼尔森 1777 年 3 月 26 日写给詹姆斯的信，NRO，NRS 8348 24D5；埃德蒙德·尼尔森牧师 1776 年至 1792 年支付的账单，保存在 NRO，NRS 8386 24E1；詹姆斯·约翰斯通爵士的遗嘱，1796 年 3 月 21 日公证，TNA，PROB 11/1272。约翰斯通家的埃德蒙德·尼尔森是另外一个也叫埃德蒙德·尼尔森的牧师的嫡表亲，这另一位尼尔森当时住在他们东面几英里的地方，他把其儿子霍拉提奥送到了牙买加的海军中。威廉·怀特：《诺福克郡的历史，以及地名和人名目录》（谢菲尔德，1836 年），第 274，451 页；詹姆斯·埃德蒙德·罗斯·尼尔森牧师的讣告，《绅士杂志》11（1839 年 8 月）：208。

116 詹姆斯 1771 年 3 月 3 日写给约翰的信，詹姆斯 1771 年 5 月 30 日，1772 年 1 月 25 日写给詹姆斯·巴尔曼的信，JJLB-EUL，第 49—50，77—78，132—33 页。

117 瓦尔特·司各特：《盖伊·曼纳林》（1815 年）（伦敦，2003 年），第 104 页。多米涅·桑普森先后做过"见习牧师"、乡村教师、誊写员等，他被要求"协助整理我主教叔叔的图书室，对图书进行分类。我已经给图书室海运了一些书。我还希望他整理和抄写一些文件"。小说的高潮是"美洲战争快要结束的"那段时间，即18世纪80年代初。乔治的朋友亚当·弗格森和约翰·霍姆出现了很短一段时间，最后的结果是原来"荷兰之家的文书"从东印度回到苏格兰西部（第12，104，201，228，309页）。

118　"论技艺的日新月异"，收在休谟：《道德、政治、文学论集》，第271页。

119　1751年8月15日写给威廉的一封未签名的信，HL-P，PU503[517]。

120　亨利·霍姆（卡麦斯勋爵）1746年6月9日写给詹姆斯·约翰斯通的信，收在穆雷：《大卫·休谟书信集》，第68—69页；关于休谟是"天生的绅士"，见菲利普·文森特1745年6月22日写给詹姆斯·约翰斯通的信，上书第13页。所说的薪水或者是75镑或者是37.1镑。

121　弗格森：《道德和政治科学》，2：266。"论写作"，收在休谟：《道德、政治、文学论集》，第534页。

122　约翰的儿子詹姆斯·雷蒙德和夏洛特的女儿都被送到了邓弗里斯郡他那里："卡罗琳娜是性情温和、身体健康的漂亮姑娘。"瓦尔特给詹姆斯·巴尔曼的信中谈到了1778年冬天邓弗里斯郡的气候："这让我想到了很多年前给了我深刻印象的一首德语诗。诗人抱怨说，万能的神用雷电、暴风雨对待他这个小人物。诗的节奏总是让我想笑多德尔·布利松姆。暴风雨应答着这小人物，以其隆隆的雷声在其心中激起恐惧的感受。"约翰1778年11月19日写给詹姆斯·巴尔曼的信，瓦尔特1778年9月4日，12月18日写给詹姆斯·巴尔曼的信，JA-CLA，第6函，PD239/6/6，22，33。

123　瓦尔特·约翰斯通1778年4月18日写给威廉的信，HL-P，PU719[707]。

124　威廉·朱利叶斯·米克尔1774年5月25日写给乔治·约翰斯通的信，WJM-Y。

125　路易莎的奶奶在她的遗嘱的最后一个附件上按"手印"的时候，坚持附上一个"说明"，"以便所有人都知道，她原来写得一手好字，但现在衰老了，写不好了。"夏洛特给威廉说："我像我的姐妹爱你和感激你那样爱你和感激你，尽管她极其不善于表达，或者是不承认我对你的爱。"克莱门斯·蒙哥马利的遗嘱的附件，1720年9月10日，PROB 11/576；贝蒂1758年2月22日写给威廉的信中夏洛特附上的话，HL-P，PU400[392]。

126　"三个契约的副本"，1771 年 11 月 30 日，JJLB-EUL，第 116—20 页。

127　约翰 1769 年 4 月 7 日写给贝蒂的信，约翰 1771 年 2 月 8 日写给一个我们不知道其名字的伙伴的信，约翰 1771 年 3 月 9 日写给"地税官员沃格先生"的信，保存在 JJLB-CLA，GD239/201/9。

128　贝蒂 1809 年 8 月 3 日写给安娜·伊丽莎白·戈尔敦的信，NAS，GD477/440。

129　伊阿托斯：《帕特里克·科洪》，第 5 页。

130　帕特里克·科洪 1770 年给约翰·戴维森写信说："我确实告诉了格兰特先生，我愿意从事将所有的重罪犯人运走的生意，有些时候可能运苏格兰的犯人。"1774 年，在他仍关注这一生意的细节的时候，写信给瓦尔特·米勒（佩斯郡的职员）说："我当然愿意你尽快把现在佩斯郡监狱中的犯人放出来，我将尽量减少公众的负担，只要判决一宣布，就立即将每个罪犯送走。……你说弗拉泽下个月 15 日要被鞭打，我觉得他可以和其他人一起被运走。"帕特里克·科洪 1770 年 11 月 30 日写给戴维森的信，NAS，GD214/726/2；1774 年 5 月 20 日写给瓦尔特·米勒的信，PKA，B59/24/11/166。

131　1786 年 4 月 26 日写给乔治·当普斯特的信，1787 年 4 月 9 日写给亨利·布里斯班的信，GUL-PC，Ms Murray 551，79v，145v。

132　帕特里克·科洪 1797 年 5 月 29 日写给威廉的信，GUL-PC，Ms Murray 551，166v。帕雷："科洪"。

133　"科洪先生的家庭生活和公共生活"，没有日期，伦敦大都市档案馆，acc.1230/7。

134　伊阿托斯：《帕特里克·科洪》，第 4—8 页；大卫·G. 巴里："帕特里克·科洪，18 世纪后期格拉斯哥的苏格兰启蒙运动和政治改革"，载《罪犯、历史和社会》12，第 2 期（2008 年）：59—79，第 74 页。

135　乔治保存的 1759 年 11 月 24 日致弗朗西斯·穆雷的信的副本，NAS，GD32/24/11。

136　《Titus Andronicus》2.1.126—127。"1751 年 5 月桑迪的记录"，EUL-L，La.II.73/80；威廉 1752 年 2 月 25 日写给詹姆斯·约翰斯通爵士的信，EUL-L，La.II.73/65。

137　玛格丽特 1749 年 3 月 29 日写给芭芭拉·约翰斯通（母亲）的信，EUL-L，

La.II.502/12。

138　乔治·约翰斯通 1785 年 9 月 4 日写给亨利·邓达斯的信的副本，OIOC，IOR/G/17/5 ff.127—28。

139　这位秘书是乔治和约翰的朋友、休谟的表亲、戏剧家约翰·霍姆。

140　博尔特斯：《对于印度事务的思考》，1：211。

141　约翰 1761 年 12 月 29 日从加尔各答写给詹姆斯·巴尔曼的信的副本，HL-P，PU671[620]，并参见本书第二章。

142　大卫·韦德伯恩 1771 年 12 月 31 日写给珍妮特·艾斯金的信，NAS-SR，GD164/1698。

143　关于 18 世纪后期国会政治的情况，参见纳米耶：《政治的结构》。

144　《对梅尔维尔总督的控诉的进展报告》，第 xlvi 页，并参见本书第二章；关于乔治与亚历山大·韦德伯恩、亚历山大·卡莱尔一起吃饭的情况，参见卡莱尔：《卡莱尔自传》，第 482—84 页。

145　乔治 1768 年 3 月 23 日为了其赞助者和朋友詹姆斯·劳瑟爵士的利益，参加了卡莱尔的选举，但没有成功；他在 5 月被挑去替代科克茅斯选区成功当选的候选人，这个候选人也是为了詹姆斯·劳瑟的利益，在两个不同的选区都当选了。按照贝蒂的指示，斯图尔特一家要被送去"参加科克茅斯的选举"。道格拉斯先生 1768 年 3 月 28 日从安南写给贝蒂的信，EUL-L，La.II.73/102；纳米耶和布鲁克：《国会史》，1：242—48，403—6。

146　乔治·约翰斯通 1770 年 5 月 8 日就向国王通报美洲叛乱的情况在下议院发表的演讲，PH，第 16 卷，第 995 辑。

147　乔治·约翰斯通 1775 年 10 月 26 日就感谢所发表的演讲，1775 年 11 月 20 日就美洲禁令法案发表的演讲，PH，第 18 卷，第 745，748，1000 辑；并参见 1775 年 2 月 6 日就向国王通报美洲叛乱发表的演讲，1770 年 2 月 10 日就限制新英格兰殖民地商业和贸易的提案发表的演讲，1775 年 10 月 31 日和 11 月 3 日就不需国会同意雇佣外国军队的提案发表的演讲，1775 年 12 月 8 日，11 日，21 日就美洲禁令提案发表的演讲，PH，第 18 卷，第 253—62，301，817，819—30，1058，1061—62，1106 辑。

148　按照乔治的说法，"最能刺激人们去行动"的激情是，野心、贪婪，以及"设计和执行计划的能力，这种计划是意识在情感强烈的时候可能会按照各种连续的观念而提供给自己的。我称这种激情为强烈的情感"；"有些关心政治制度的作者已经仔细地考虑了刚才提及的激情的后果，但据我所知，没有作者考虑过强烈情感的后果。"乔治·约翰斯通：《对我们在东印度获得的东西的思考；尤其是孟加拉》（伦敦，1771 年），第 3—4，8 页。

149　丹尼尔·罗杰斯：《相互竞争的真理：独立以来美洲政治中的关键词》（剑桥，麻省，1998 年），第 4—7 页。

150　乔治·约翰斯通 1775 年 10 月 26 日就感谢所发表的演讲，PH，第 18 卷，第 749 辑；乔治·约翰斯通：《对我们在东印度获得的东西的思考》，第 2 页。

151　西佛罗里达议会 1765 年 5 月 18 日记录的摘录，TNA，CO5/583/175r—176v。

152　《对梅尔维尔总督的控诉的进展报告》，第 ii 页。

153　纳米耶：《政治的结构》，第 18 页。早期的描述是老皮特的爷爷 1706 年从马德拉给他儿子写信时做出的，后来的描述是爱德华·吉本 1760 年在给他父亲写信时做出的，而且以其父亲的语气。

154　"论原始的合同"，收在休谟：《道德、政治、文学论集》，第 465 页。

155　吉拉姆·侯赛因：《穆塔可汗先生》，2：582，并参见本书第一章。

156　约翰·约翰斯通：《致东印度公司股票持有者的信》，第 28—29 页。

157　"我上午十点之前都在秘书的办公室里，当时不断地有消息传过来，带来了这个国家的很多秘密，甚至是欧洲、亚洲和美洲的秘密"，休谟 1767 年 4 月 1 日致休·布莱尔的信，收在格雷格：《休谟书信集》，2：133。关于休谟在英国驻巴黎大使馆所写的早期信件的情况，参见克里班斯基和墨斯纳：《大卫·休谟书信集》，第 89—130 页。

158　亨利·万斯塔特、彼得·阿姆亚特、库林·斯密斯、瓦伦·哈斯廷、约翰·约翰斯通 1762 年 1 月 21 日致董事会的信，收在《威廉堡—印度之家通信集》，3：400。

159　约翰斯通总督 1765 年 5 月 27 日的演讲，载于彭萨克拉召开的议会的报告，TNA，CO5/582/195r。

160　约翰 1778 年 4 月 1 日写给巴尔曼的信，JA—CLA，第 6 函，PD239/6/7；巴雷

上校 1778 年 3 月 23 日就其成立公共开支调查委员会的提案在下议院发表的演讲，PH，第 19 卷，第 973 辑。可耻的战争是反对美洲革命的战争。

161　贺拉斯·瓦波尔 1767 年 10 月 29 日写给瓦波尔的信，收在瓦波尔：《书信集》，22：561。威廉的律师说他是"我所见到的最好的委托人"，他回忆了在下议院的一次交往，当时皮特指责威廉吝啬，威廉"以非常富有激情的语言"回应了他，"有些句子我永远不会忘记，它们是'如果我喜欢金钱，……我喜欢的金钱是我的金钱，不是贪婪的议员们的奢侈，这种奢侈是取自这一国家艰难的农民之手。'""亚历山大·扬格对威廉·普尔特尼的回忆"，NAS，GD214/163，第 4，9 页。

162　乔治·约翰斯通 1772 年 3 月 30 日就东印度司法提案在下议院发表的演讲，PH，第 17 卷，第 376 辑。

163　乔治·约翰斯通 1775 年 2 月 6 日就向国王通报美洲叛乱的情况发表的演讲，PH，第 18 卷，第 258，262 辑。

164　乔治·约翰斯通 1772 年 5 月 18 日就东印度司法权提案发表在下议院的演讲，PH，第 17 卷，第 471—73 辑；约翰 1772 年 2 月 5 日写给威廉的信，HL-P，PU655[648]；博尔特斯：《对于印度事务的思考》，1：85。

165　来自乔治·约翰斯通的信，《大众信报》，1773 年 1 月 25 日，第 11805 期；普尔特尼：《对后来议会中引起争论的问题的看法》。

166　皮埃尔·约瑟夫·安德烈·卢博 1768 年 3 月 2 日写给威廉的信，HL-P，PU 1666[1620]；达尔姆博写给乔治的一封未标日期的信，EUL-L，La.II.73/165；"我希望你在公司和政府之间建立一个公正的机构，并且将乔治·约翰斯通放在最重要的位置上。"

167　《对梅尔维尔总督的控诉的进展报告》，第 i，vii，xix，xliii—xlv，1 页。

168　《对梅尔维尔总督的控诉的进展报告》，第 ii，iv 页。

169　《双方的陈述》，第 78，114 页；《对梅尔维尔总督的控诉的进展报告》，第 40 页。

170　《对梅尔维尔总督的控诉的进展报告》，第 40—42 页。"实际情况是，他们的大拇指在其身后被捆在一起，他们被这样痛苦地吊上和放下很多次；这种较轻的（按照梅尔维尔的说法）酷刑是审问中所使用的最残酷的折磨方式"（第 40 页）。另参见：《双方的陈述》，第 85—86 页。

171 《双方的陈述》，第 3 页。

172 大卫·休谟 1734 年 3 月或 4 月写给乔治·切尼的信，收在格雷格：《大卫·休谟书信集》，1：18；"我的一生"，载休谟：《道德、政治、文学论集》，第 xxxiii 页；约西亚·图克尔给古玩收藏家、律师大卫·达尔姆普的报告，历史手稿皇家学会：《历史手稿皇家学会的第四份报告，第一部分》（伦敦，1874 年），第 532 页。

173 参见罗斯柴尔德："大西洋世界"。

174 《苏格兰评论的一个样本》，第 8，9，27 页。大卫·休谟在写给乔治的朋友、他的表亲约翰·霍姆的信中，评论了这个小册子，这个小册子部分地攻击了他的"大约 20 个"批评家。大卫·休谟 1774 年 6 月 4 日写给约翰·霍姆的信，收在格雷格：《大卫·休谟书信集》，2：291。

175 "他用耶稣会士、詹森主义者、莫利主义者的幽默情况来进行说明，这使议会哄堂大笑。"亚历山大·韦德伯恩 1773 年 5 月 10 日就博格恩关于克莱武勋爵在印度的行为的提案在下议院发表的演讲，PH，第 17 卷，第 865 辑；"论迷信和宗教狂热"，收在休谟：《道德、政治、文学论集》，第 79 页，"论技艺的日新月异"，休谟：《道德、政治、文学论集》，第 273 页。

176 休谟在"技艺和科学的兴起和发展"中讨论了强烈情感的政治影响，休谟：《道德、政治、文学论集》，第 112 页；乔治·约翰斯通：《对我们在东印度获得的东西的思考》，第 iv，1，5，10，11，15，17，27，28 页。

177 麦柯诺切："约瑟夫·奈特的备忘录"，第 34 页，NAS，CS235/K/2/2；麦柯诺切：约瑟夫·奈特的情况，第 37 页；《对梅尔维尔总督的控诉的进展报告》，第 ii 页。

178 乔治说：美洲殖民地离帝国的中心如此之远，能够对其进行统治的唯一原则是，"将这一帝国分为很多部分"。亚当·斯密说，"美洲与政府中心的距离"远的不能忍受，最终"帝国的中心"要迁到新的世界。乔治·约翰斯通 1774 年 5 月 18 日就预算，1775 年 10 月 26 日就感谢在下议院发表的演讲，PH，第 17 卷，第 1346 辑，第 18 卷，第 740，741，749—50 辑；亚当·斯密：《国富论》，第 625，946—47 页。

179 博尔特斯：《对于印度事务的思考》，1：vii—viii；亚当·斯密：《国富论》，第 819 页。

180　查尔斯·约翰斯通：《克里斯塞尔：一个几内亚人的历险记》，第4版（伦敦，1764年），1：xi—xii, xxiii。瓦尔特·司各特爵士说查尔斯·约翰斯通是"一个呆板的人"，"出生在爱尔兰，虽然据说祖先是安嫩岱尔家族的苏格兰人。"《瓦尔特·司各特爵士散文集》，6卷（波士顿，1829年），3：316, 319。

181　卡姆登勋爵1774年2月22日就文字版权问题在上议院发表的演讲，PH，第17卷，第997辑。

182　关于启蒙的倾向，参见罗斯柴尔德：《经济情感》，第一章。

183　"石灰石"，"硝石"，"印度人制作粉饰石灰的方法"，"胡萝卜"，1776年5月13日，JJLB-EUL，无页码。

184　"你要敢于聪明，开始吧！现在／每个人都能以自身的力量自负。"基恩：《杂诗集》，第97页。

185　亚当·斯密：《法理学演讲录》，R.L.米克、D.D.拉夫尔、P.G.斯特因编（牛津，1978年），第540页。

186　"你充满关心的信和吉利的彩票（它必然是吉利的）安全达到了，我非常高兴有你这样真正的朋友，这比钱更重要。……毫无疑问，我的一些亲戚也会这样对待我，不过，我不愿意如此，因为像你这样慷慨的不多，相信我，没有更糟糕的情况了，但是我宁愿忍受也不要在接受救济的时候，又忍受指责。"路易莎1771年11月20日写给约翰·艾尔温的信，JJLB-EUL，第105—6页。

187　伊丽莎白·穆雷：《一些评论》，第270页。

188　康德："何谓启蒙？"收在莱斯：《康德政治著作选》，第54页。

189　贝蒂1773年10月5日，10月30日写给威廉的信，HL-P，PU434[421], 435[422]，并参见本书第三章。

190　乔治·肯纳德1775年3月29日写给威廉的信，HL-P，PU784[756]。按照尼古拉·菲利普森的描述，这幅画"引人瞩目处在于，它是一个由年轻大胆的女子所主导的家庭谈话，长辈非常有礼貌地听着。更加令人震惊的是，姨妈和舅父具有某种新的亲切品质，这种品质在道德学家看来，对于风俗的改进来说是必须的。"尼古拉·菲利普森："风俗、道德和性格：亨利·雷本和苏格兰启蒙"，载顿肯·汤姆逊：《雷本：亨利·雷本爵士的艺术，1756—1823年》（爱丁堡，1997年），29—28，第37页。

191 贝蒂1809年8月3日写给安娜·伊丽莎白·戈尔敦的信，NAS，GD477/440；安娜·弗格森1763年1月29日写给詹姆斯·穆雷将军的信，NAS，GD32/24/14。

192 威廉1791年10月31日写给亨利艾塔·劳拉的信，HL—P，PU1876[1578]。"我在你的情况中看到，你太没有意识到（亨利艾塔·劳拉的）价值了，你的极其不自信不仅使你看不到自己的价值，而且使你关注小的和不重要的事情，好像它们是多大错误似的。这会使你看不到值得称赞的品质。"

193 哈尔托格：《美洲的男人和他们的妻子》，第115页。

194 詹姆斯·约翰斯通爵士的遗嘱，1796年3月21日公证，TNA，PROB 11/1272；亨利艾塔·劳拉·普尔特尼的遗嘱，1808年8月22日公证，TNA，PROB 11/1483；玛莎·福特的遗嘱，1794年2月21日公证，TNA，PROB 11/1241；乔治·林赛·约翰斯通的遗嘱，1814年2月1日公证，TNA，PROB 11/1552；玛莎·福特的遗嘱，1831年1月1日公证，TNA，PROB 11/1780。

195 1768年1月29日的日记，收在弗里德里克·波特：《詹姆斯·博斯威尔的早期生活，1740—1769年》（纽约，1996年），第349—50页。关于博斯威尔的"病"，参见威廉·B.奥贝尔："博斯威尔的淋病"，载《纽约医学学会会刊》45，第6期（1969年6月）：587—636。

196 詹姆斯1771年4月17日写给约翰的信，1772年2月17日写给贝蒂的信，JJLB—EUL，第64，138页。

197 约翰·韦德伯恩1778年5月9日写给威廉的信，HL—P，PU1762[1811]。

198 乔治·约翰斯通1772年3月30日就东印度司法权提案发表在下议院的演讲，PH，第17卷，第377辑。

199 "委员会成员对指控的回答"，《对梅尔维尔总督的控诉的进展报告》，第89页。

200 博尔特斯：《对于印度事务的思考》，1：ix。

201 《星》，1789年6月25日，第354期。这是确定苏格兰新教和"罗马天主教诉求"的前景的时候。

202 乔治·林赛·约翰斯通说"爱尔兰的叛乱不是雅各宾的，而是部分地由于宗教的观点，部分地由于压迫。法国大革命之后，任何时候都没有理由采取现在的措施"；而人们则指责他及其盟友"不知道爱尔兰的国内政策是美索布达尼亚的政策。"威廉·普尔特尼 1801 年 6 月 5 日，乔治·林赛·约翰斯通和奥格勒先生 1801 年 6 月 11 日就废除人身保护权修正案在下议院发表的演讲，PH，第 35 卷，第 1526—27，1530 辑。乔治·约翰斯通 1775 年 2 月 7 日就向国王通报美洲叛乱的情况发表的演讲，约翰·约翰斯通 1777 年 2 月 7 日就废除人身保护权的提案在下议院发表的演讲，PH，第 18 卷，第 257 辑，第 19 卷，第 5—6 辑。关于"人身保护权法案"的情况，参见保罗·D. 哈立德：《人身保护法：从英格兰到帝国》（剑桥，麻省，2010 年）。

203 托马斯·邓达斯 1775 年 10 月 5 日写给劳伦斯·邓达斯的信，北约克郡档案馆，谢特兰郡的文献，ZNK X 1/2/222，并参见本书第二章。

204 "印度最近饥荒的情况"，《绅士杂志》41（1771 年 9 月）：402；"英国人在孟加拉的暴行"，《绅士杂志》42（1772 年 2 月）：69。

205 乔治和约翰·斯图尔特 1765 年 6 月 12 日写给哈利法克斯勋爵的信，TNA，CO5/582/186v，并参见本书第二章。

206 为 1779 年 7 月 7 日格林纳达新总督杜兰特伯爵颁布的法令进行辩护的一个备忘录给出了这一估计。这个法令废除了格林纳达的居民欠伦敦或大不列颠帝国任何地方的债权人的债务。这一估计被看作是一个"证据"。它说不列颠 1762 年征服格林纳达岛的时候，岛上有 16000 个黑人，不列颠的商业活动（奴隶贸易）又进口了 155000 个黑人到岛上，岛上就有 171000 个黑人。但是到了法国重新征服该岛时，岛上只有 36000 个黑人。这期间大约有 40000 个黑人"出口"到了法属殖民地，另外，每年大约减损百分之五的人口，也就是 8500 个。按照这个估计，"多减损"的黑人人口大约是 86500 个。这位匿名的作者认为，大不列颠的奴隶贸易只考虑利益，这些奴隶的死亡就是由于不列颠奴隶贸易的恶劣条件，尤其是奴隶喝海水。这摧毁了他们的"生命之根"，以至于他们在到达格林纳达岛之后，很多人在一到三年内就死了。"支持杜兰特伯爵 1779 年 7 月 7 日颁布的法令，以及对其做的思考"，没有日期，没有页码，保存在 AN–Col.，收到的信件，C/10a/3—1 盒。

207 "一个回来的官员说，1812 年 1 月 31 日的数据显示，23602 个黑人之中，死亡的有 819 个，出生的有 339 个；国内黑人劳工中死亡了 206 个，出生了 139 个，出生的减少使总人数减少了 553 个。"1809 年以来的 4 年中，死亡的人数比出生的人数多了 2519 个："按照这种死亡比例，不到 40 年就没有人了。"科洪：《财富、权力、资源》，第 375 页。

208　《苏格兰信使报》，1776 年 2 月 21 日。强调为我所加。

209　"黑人女孩贝尔或贝琳达的申诉状"，1771 年 9 月 13 日，NAS，JC26/193/3。

210　麦柯诺切："约瑟夫·奈特的备忘录"，第 13 页，NAS，CS235/K/2/2。

211　这是孔多塞在 1791 年一场反对奴隶制的论战中的话；"论公共教育"，收在 A. 孔多塞·奥孔诺和 M. F. 阿尔戈编：《孔多塞文集》，12 卷（巴黎，1847—49 年），7：198。

212　乔治·约翰斯通 1775 年 10 月 26 日就感谢在下议院发表的演讲，PH，第 18 卷，第 747 辑，乔治·约翰斯通 1777 年 2 月 25 日就布莱尔上校的提案在下议院发表的演讲，《国会记录》，6：283。

213　《对梅尔维尔总督的控诉的进展报告》，第 48 页，约翰 1765 年 10 月 1 日致克莱武勋爵的信，收在委员会的第四份报告中，《下议院文件集》，第 541 页。

第七章　观念的历史

1　"黑人女孩贝尔或贝琳达的申诉状"，1771 年 9 月 13 日，NAS，JC26/193/3；《苏格兰信使报》，1771 年 9 月 14 日，第 7717 期。

2　詹姆斯 1771 年 11 月 22 日写给约翰的信，JJLB-EUL，第 108 页；约翰 1778 年 12 月 6 日写给詹姆斯·巴尔曼的信，JA-CLA，第 6 函，PD239/6/32。

3　乔治·切尼：《身体的疾病，以及基于身体的意识疾病的自然疗法》，第 3 版（伦敦，1753 年），詹姆斯和路易莎死后编制的韦斯特哈尔图书馆的藏书清单中，这本书被记为"切尼……《身体和意识疾病的治疗》。""已故的詹姆斯·约翰斯通爵士的财产清单，"NAS，CC8/8/130/1733。

4　乔治·切尼：《身体的疾病，以及基于身体的意识疾病的自然疗法》，第 154 页。

5　"人被分成身体、灵魂和精神"，乔治·切尼：《自然宗教和天启宗教的哲学原则》，第 5 版（伦敦，1736 年），第 104 页。

6　基恩：《杂诗集》，第142—43页。

7　赫斯特·艾米·吉恩1822年12月10日写给詹姆斯·雷蒙德·约翰斯通的信，保存在JA—CLA，第25函，PD239/25/14，并参见本书第六章。

8　乔治·林赛·约翰斯通1801年11月25日就威廉·普尔特尼爵士成立印欧贸易委员会的提案在下议院发表的演讲，PH，第36卷，第297辑；乔治·约翰斯通1775年11月20日就美洲禁令法案在下议院发表的演讲，PH，第18卷，第1000辑。

9　帕特里克1755年9月15日写给威廉的信，HL—P，PU 713 [701]。

10　"毕业演讲"1788年9月24日，收在埃森豪尔特："瓦尔特·明托"，第290—91页。哲学家约翰·威瑟斯彭1788年5月24日就明托被任命为数学教授一事在给巴肯伯爵的信中以同样的口吻说："这个国家出现了许多新的想法、情感和行为方式，而这是欧洲人无法理解也无法相信的。"埃森豪尔特："瓦尔特·明托"，第290页。

11　威廉·普尔特尼：《东印度法案如果称为法律，对大不列颠制度将会有的影响》（伦敦，1783年），第22页。

12　"（假如）你让我们岛上的黑人得知他们的处境比自己原先认为的还要糟糕，唯一的后果就是增加他们发动暴乱的可能性。"威廉·普尔特尼爵士1805年2月28日在下议院第二次审议废除奴隶贸易提案时发表的演讲，《国会的辩论》，第3卷，第660辑。

13　休谟：《人类理智研究》，第228页。

14　"1810年罗马史讲座课导言"，收在《巴托尔德·格奥尔格·尼布尔历史与语言学文集》（波恩，1828年），第92—93页；巴托尔德·格奥尔格·尼布尔：《罗马史》，3卷，第3版（柏林，1828年），1：6；歌德1812年11月23日来信，收在苏珊娜·文克沃斯编译：《尼布尔生平及书信》，3卷（纽约，1852年），1：358。

15　贝尔纳·贝林：《历史与创造性的想象》（圣路易斯，密苏里，1985年），第10,13页；贝尔纳·贝林：《当代编年史的挑战》，载《美国历史评论》87，第1期（1982年2月）：1—24，第22页。在贝林看来，大西洋奴隶贸易的数据库是一个"独特的视角"，像时空望远镜一般，其"以一种前所未有的精确度和广度展现出一个全新的视野，并且不断地发掘着新的信息以及此前从未涉及的领域。"贝尔纳·贝林：《论奴隶贸易》，第245页。

16 这是安东尼·格拉夫顿对利奥波德·冯·兰克关于研究的目的的著名的说法——"事实究竟是怎样的"——的翻译，这一说法受到了尼布尔的启发。安东尼·格拉夫顿：《注脚：一段有趣的历史》（剑桥，麻省，1999 年），第 44，69 页。

17 R.G. 科林伍德：《历史的观念》（牛津，1961 年），第 215 页。

18 就像古哈曾经问到的："在帝国的故事中，我们能遗忘焦虑吗？"古哈：《帝国的局外人》，第 487 页。

19 "论技艺的日新月异"、"论兴趣"，收在休谟：《道德、政治、文学论集》，第 271，274，304 页；并参见罗斯柴尔德："大西洋世界"。

20 《人类精神发展史概述》，收在奥孔诺和阿尔戈：《孔多塞文集》，6：232—34。

21 同上。

22 约翰·约翰斯通：《致东印度公司股票持有者的信》，第 28—29 页。G.R. 艾尔顿把管理的历史描述为官方机构的历史，以及观念和"性格"的历史。G.R. 艾尔顿："都铎时期管理历史的问题和意义"，载《不列颠研究杂志》4，第 2 期（1965 年 5 月）：18—28，第 18—19 页。

23 哈尔托格：《美洲的男人和他们的妻子》，第 2，5 页。

24 莱布尼兹：《单子论及其他哲学作品》，罗伯特·拉塔译（牛津，1898 年），第 248 页。

25 贝蒂 1762 年 4 月 25 日写给威廉的信，HL-P，PU 425 [414]。

26 乔治 1759 年 10 月 2 日写给威廉的信，HL-P，PU 467 [450]。

27 玛莎·福特 1778 年 8 月 26 日写给乔治（约翰斯通）和约翰（约翰斯通）的信，署名为"深爱你们的母亲"，以及玛莎·福特 1778 年 9 月 12 日写给瓦尔特·明托的信，署名为"MF"，UMWCL-MS。

28 "胡萝卜"，1766 年 5 月 13 日，保存在 JJLB-EUL，无页码。

29 从任何形而上学的角度，这些信件都不是直接的。约翰斯通家族最有意思的一些信件是以信簿或者副本的形式保留下来的；另一些有意思的信有路易莎所保管的詹姆斯那封谈论悲伤和焦虑的信，或者贝蒂手里那封他们的父亲谈论布德旺税务管理问题的信。它们之所以栩栩如生，更多是因为它们的质朴。这些信件以一种不同寻常的方式向我们展现了这些兄弟姐妹是如何生活的：比如当亚当·斯密来访时男孩子们要共用一个房间；或者对贝蒂的厨房的描述（在亚当·弗格森所写的关于房地产事务的信中）；或者当詹姆斯和路易莎为了节省房租而搬进只有一间房的公寓里；亦或是当约翰于1770年12月在巴尔哥尼写信对亚历山大说他终于找到了失踪的那卷地图（大概是格林纳达的韦斯特哈尔种植园的地图），原来是约翰亲手包好了后被伊丽莎白·卡罗琳娜收起来了。

30　查尔斯·肯纳德1759年5月7日写给威廉的信，HL-P，PU 774 [750]；芭芭拉（母亲）1759年初写给乔治的信，EUL-L，La.II.73/71。

31　约翰1765年10月1日致克莱武勋爵的信，收在委员会的第四份报告中，《下议院文件集》，第537，541页。

32　"你知道从法律上而言，我是一个没有身份的人，我死时若没有立遗嘱，我所有的财产将归国王所有，因此我更需要立下一份遗嘱，事实上，自从有了属于自己的财产，我便时刻在身边保留着一份遗嘱。"威廉·杨格1785年9月10日从帕特纳写给詹姆斯·穆雷将军的信，收在穆雷：《五个儿子》，第200页。

33　关于路易莎的家族历史，参见本书第一章，注释92和93。

34　"代我向米克尔夫人和福特夫人问好，如果福特夫人和我亲爱的索菲亚小姐还在你那里的话。我很想知道她们现在的情况，以及什么时候会回来。"约翰1787年8月8日写给威廉·朱利叶斯·米克尔的信，WJM-Y。

35　约翰1772年12月29日写给威廉的信，HL-P，PU 658 [652]。

36　詹姆斯·雷蒙德·约翰斯通1815年4月27日写给安娜·伊丽莎白·戈尔敦的纸条，NAS，GD477/440。

37　詹姆斯·雷蒙德·约翰斯通1819年7月8日写给安娜·伊丽莎白·约翰斯通的信，NAS，GD477/440。"戈尔敦姨妈对我们尤其友好，"她的侄女伊丽莎白·卡罗琳·格雷在她的自传性的回忆录中写道："她着装古怪、行事冲动，并且总是放声大笑……她是这个世界上最善良、幽默和快乐的女人之一。"格雷："我一生的概要"，无页码。

38　韦斯特柯尔克老教区记录，见 www.scotlandspeople.gov.uk。

39　布莱克朋勋爵对安嫩岱尔贵族案件的评论，《格拉斯哥先驱报》的报道，1881

年 6 月 1 日，第 130 期和 1881 年 7 月 19 日，第 171 期。

40　"黑人女孩贝尔或贝琳达的陈述"，1771 年 7 月 4 日，"对黑人女孩贝尔或贝琳达的指控"，NAS，JC26/193/3。

41　1771 年 9 月 1 日写给贝蒂的信，和同年 10 月 30 日写给约翰的信，JJLB–EUL，第 84，96 页；维吉尔：《艾涅伊德》，第 1 册：604—5。

42　约瑟夫·奈特与巴林登的约翰·韦德伯恩爵士诉讼的摘要，1774 年，NAS，CS235/K/2/2，第 8—10 页；"与巴林登的约翰·约翰斯通已去世的仆人约瑟夫·奈特有关的备忘录，1775 年苏格兰巴林登法院审理约翰·约翰斯通爵士和约瑟夫·奈特的诉讼案件时的记录"，NAS，CS235/K/2/2，第 1 页。

43　航行记录，出航号 17465 和 17601，参见跨大西洋奴隶贸易数据库：wilson.library.emory.edu:9090/tast/database/search/faces。

44　在很多方面，约翰斯通家族的历史都与无名的路易·弗朗索瓦·皮纳格的历史截然相反，后者是阿兰·科尔班一项极有意思的研究的对象：《路易·弗朗索瓦·皮纳格的被找回的世界：在不为人知的踪迹中寻找（1798—1876 年）》（巴黎，1998 年）。约翰斯通家族成员的一生中发生了许许多多的事件，他们的不停地迁移、有良好的读写能力，在世界留下了很多的声音；路易·弗朗索瓦·皮纳格是一生都生活在诺曼底的贝勒米森林边的穷鞋匠，他所留下的唯一的"手稿，甚至是唯一的痕迹"是他去世前在建造公路的请愿书上画的一个叉子（第 287 页）。然而即使约翰斯通家族的生活中，也有大片的空白，尤其是他们家仆的生活中。贝尔或贝琳达没有留下任何文字，除了 1771 年 9 月 13 日两名公证人在佩斯代她写的诉状；贝尔或贝琳达碰了写诉状的笔，或者说他们说她碰过了那支笔。

45　大卫·休谟：《人性论》（牛津，1978 年），第 140 页；亨利·麦肯齐：《感知的人》（1771 年）（牛津，2001 年），第 4 页。

46　这是翰斯通家族在克拉克曼南郡约阿尔瓦的文献中的一函家信的一个注释，JA–CLA，第 9 函，PD239/9。一个历史学家所能找到的约翰斯通家族的信息都已经找到，因为在漫长的 18 世纪的某一时刻的某一个人做出了将特定的某一封信、一张报纸、一块亚麻布、一张贷款契据或者一张收据保留下来的决定；而且还因为其他人，如他们的孙女们、法庭工作人员或者律师助理收集了这些文献并将它们转移至别处。这些18、19世纪的个体选择保留下来的一切，随后又被一代又一代的人们保留了下来。我们没有找到1751年逮捕玛格丽特的逮捕证，没有找到军事法庭审判她从爱丁堡城堡逃跑时负责看守的士兵的审判记录，这些记录1746年被转移至伦敦，至少我们在苏格兰的国家文献中没有找到。不过，贝尔或贝琳达1771年7月4日的陈述记录作为法夫郡罪犯档案的一部分从库珀送到了佩斯，她在1771年9月13日呈交的申诉状，那份由詹姆斯·罗斯和托马斯·米奇尔签字、她本人只碰了写诉状的笔的申诉状，从佩斯送到了爱丁堡；她于1772年3月31日抵达北美的接收单从弗吉尼亚的威廉斯堡带回了爱丁堡。约翰斯通家族私人文献的命运，也是几代的各种选择和冲突的结果。许多与詹姆斯、路易莎和亨丽艾塔·劳拉的资产纠纷有关的法律文献、抵押契据和账单被保存了下来。诺福克郡档案馆有一捆文献记录了威廉对韦斯特哈尔种植园奴隶的出租价格的担忧，而这批文献的主人则是路易莎伯祖母的孙子、她的财产继承人；诺福克的另一批资料，路易莎的法律文献中充满了违反道德的内容，其中包括了她与第一任丈夫的离婚协议、后者的死亡证明、她的律师拉松先生的账单以及拉松先生的情书："世上最美丽的女性"。FHA-NRO，MC50/52/30；NRO，NRS 8349 24D5，并参见本书第一章。在布里斯托，威廉18世纪90年代聘请律师为韦斯特哈尔种植园打官司，这些律师手中保存的法律文献更多：名叫"约翰斯通"和"时尚"的奴隶的抵押契据；詹姆斯去世时与他在一起生活的仆人的名单，他支付的账单；以及威廉就"用另外一个成熟的奴隶来换皮埃尔"一事写给路易莎伯祖母之孙的律师的信。"亚历山大·约翰斯通头衔的概况"，1772年5月6日；"詹姆斯·约翰斯通爵士于伦敦去世之时与他一起生活的仆人名单"；"威廉1797年8月8日致林肯律师事务所的弗斯特和库克的信"，BUL-W，韦斯特哈尔庄园的文献，DM41/31，DM41/67/1，DM41/62/14。

　　47　金斯伯格和波尼，"姓名及其他"，第185—89页。比如，我们可以在伦敦的国家档案馆与"A2A"（它联合了其他400个英国档案馆）的联合目录数据库中查找"玛莎·福特"；可以在现代圣徒教会的网站（www.familysearch.org）上查找，这个网址的点击率超过了150亿次；可以在伦敦老贝利区1674至1834年的刑事案件的记录中查找，这些记录可以在 www.oldbaileyonline.org 网址查到（在这些记录中可查到1771年与萨缪尔·斯温顿住在一起的"黄褐色皮肤的小男孩"）；可以在坎特伯里审查遗嘱的法庭1384至1858年判定有效的遗嘱的数字化在线图片中查找，可以在英国出版的所有图书的数字化的和可查找的图片中查找，可以在 Gale Cengage 18世纪在线数据库（ECCO）中查找，它搜集了1700至1800年英国的出版物。在18世纪约翰斯通家族能够查找的材料中，由于材料和拼写的多样，名字非常容易被忽略掉。约翰的名字在吉拉姆·侯赛因和哈吉·穆斯塔夫的《穆塔可汗先生》中被写成" Mr Djonson"；在 ECCO 数据库里，可以通过输入"Djanfon"和"Djonfon"而查询到有关约翰的信息。吉拉姆·侯赛因：《穆塔可汗先生》，2：377，380，381。凯蒂·詹尼尼和格雷格·哈奇："现代圣徒耶稣基督教堂的家族历史图书馆"，载《系列评论》32，第2期（2006年6月），137—42。

48　参见雷威尔："制度和社会"。

49　理查德·艾夫登："借来的狗"，收在《理查德·艾夫登的肖像》（纽约，2002年），无页码。

50　关于"极其平滑地扫视百万像素"的"各种变化的经验"，以及"图像和信息在网络上的无缝连接，这种连接让你能够浏览随着时间不断变化的各种相互关联的虚拟世界"的情况，参见以下网站：http://churmura.com/general/photosynth-technology/18846/ 和 http://www.ted.com/talks/blaise_aguera_y_arcas_demos_photosynth.html。我非常感谢安东尼·格拉夫顿教授对海龙（Seadragon）和展示扩增实境地图（Blaise Aguera y Arcas）所做的讨论。

51　参见雅克·雷威尔："导论"，收在乔治·勒费弗尔：《1789年的大恐慌》（巴黎，1988年），7—23。

52　这是保存在诺福克郡档案馆的詹姆斯的一函信件中的注释，NRO, NRS 8194 24C2。

53　在纳米耶和布鲁克《国会史》这一关于18世纪英国政治生活的非常概要的著作中，有四个简短的人物传记：詹姆斯、威廉、乔治和约翰的传记（结尾处更为简短且不是非常直接地提到了路易莎和伊丽莎白·卡罗琳娜）。2002年我在爱丁堡大学图书馆的文献部要看的那份文献恰恰是詹姆斯的信簿，这些信件在很大程度上与女性有关：写给妹妹贝蒂的信、路易莎保管的信、路易莎本人所写的那封与彩票及期待有关的信。我希望约翰斯通家族的故事是一个同属于男性和女性的故事；这是一个与殖民地管理和国会演讲有关的故事，同时也是一个与锦缎和赡养费有关的故事，除此之外，这更是一个与 18 世纪日常生活有关的故事。詹姆斯留下的信件为我们打开了一扇观察家庭生活的窗户。由此，我们得以通过四名参与公共生活和议会事务的兄弟的线索将视野延伸至这个家族所有的兄弟姐妹，至少延伸至其他一些与他们生活在一起的个体那里。最后，身处各种家族危机中心的往往是约翰斯通家族的姐妹们：玛格丽特 1746 年因叛国罪被捕入狱、芭芭拉婚姻的破裂、贝蒂和母亲因印度布料的决裂。在这个庞大的家族之中，最为活跃和具有冒险精神的是伊丽莎白·卡罗琳娜和玛莎·福特，她们以个人而非士兵或者东印度公司雇员的身份只身踏上帝国之旅。然而约翰斯通兄弟姐妹们的信件，包括詹姆斯的信件和加利福尼亚亨廷顿图书馆收藏的威廉的不同寻常的信件，以及其他公共和私人档案馆收藏的信件，都只是与这个家族有关的各种信息来源之一，尤其是对于有多重身份和称呼的女性而言。我在前面给出的那份约翰斯通家族十四个孩子出生和受洗日期的清单，是借助苏格兰长老教会老教区文献的资料汇编而成的，后者可在"苏格兰官方谱系信息"网站（www.scotlands.people.gov.uk）上查询到。还原这个家族的婚姻和亲友关系的道路是迂回的：通过遗嘱、律师文献、家族历史网站、死亡证明以及历经两代、三代或四代人的财产纠纷。阿纳尔多·莫米格里亚诺就罗纳德·希姆成为了"道德历史学家"写道：人物传记法只是触及到个人而没有解释个人，"人们的精神趋向甚至没有他们的婚姻信息重要。"在希姆诉说的"出身、血统和血缘的事实"，以及个人的各种选择（这种选择也是道德的选择）的意义上，约翰斯通家族的历史可以说是一个家族关系的故事。罗纳德·希姆：《塔西佗》，2 卷（牛津，1958 年），2：561，莫米格里亚诺：《罗纳德·希姆》，第 75—76 页。

54　纳米耶和布鲁克的《国会史》顺带提及了詹姆斯反对奴隶贸易，反对向小商贩收税；但没有提到约翰斯通兄弟拥有奴隶或他们在西印度拥有庄园。威廉在该书以及苏格兰启蒙运动的历史中以"亚当·斯密和大卫·休谟之友"的身份出现。纳米耶和布鲁克：《国会史》，2：686，3：341，及布鲁克："导论"，1：1—204，第 172 页。

55　这是一个短命的公共历史研究项目 CASBAH（加勒比海黑人研究及亚洲历史）2002 年放在网上的"信息条目"之一，这些条目由苏格兰国家档案馆提供给 CASBAH。正是这些材料使我去找北方巡回法庭关于贝尔或贝琳达案件，并获得关于苏格兰奴隶法和杀婴事件以及贝尔或贝琳达抵达弗吉尼亚的接受单等重要历史文献。CASBAH "进展报告 17"（2001 年 10—11 月），其中与贝尔或贝琳达有关的信息直到 2010 年还可搜到，尽管 2004 年网上就说 CASHBAH "只是一个实验性项目""……该项目所有成员已从事其他研究。"参见 www.casbah.ac.uk//reports/progressreport17.stm 和 www.casbah.ac.uk/contact.stm。

56　拉奈吉特·古哈："钱德拉之死"，收在拉奈吉特·古哈编：《庶民研究：南亚历史和社会研究文集 5》（德里，1987 年）：135—65，第 138—39 页。

57　关于"恶的"或"虚假的"无限，参见黑格尔：《逻辑学》，A. V. 米勒译（纽约，1969 年），第 137 页。"小说素材那无限的、独特的本质……其中就具有一种'恶的'无限性。"一方面，根据卢卡奇所述，他以传记的形式被消解；另一方面，在《人间喜剧》之中，它在众多角色心理的统一之下被消解。卢卡奇：《小说理论》，第 81，108—9 页。

58　这是历史学家永恒的幻象：按照阿兰·科尔班的说法，"梦想一个集体的研究，梦想建立某种'pinagotiques 研究中心'并不是荒唐的。"科尔班：《找回的世界》，第 15 页。

59　我始终非常注意使用不同的形象语言，这也是 18 世纪通常的做法。这是故事的语言或历史小说的叙述语言。本书的第一部分明显是叙述性的（启程、回家、家族画像），故事开始于芭芭拉和詹姆斯·约翰斯通夫妇第一个孩子的出生，终结于这些孩子中最后一个死去且寿命最长的贝蒂的离世。这是 E.M. 福斯特意义上的故事，在《小说要素》中他说故事是"按时间进程叙述事件"。这不是故事的情节（"随意地叙述事件"）。不过我希望这是至少有一些故事成分的叙述，其"唯一的缺陷在于：使观众对接下来要发生的事情失去兴趣。"E.M. 福斯特：《小说要素》（1927 年）（伦敦，2005 年），第 42，87 页。还有一点也是我一直都很注意的，那就是这本书充满了（有时甚至多到令人炫目）不同姓名的个体，这些人不仅是这个故事中的人物，而且还带有约翰斯通家族和他们的亲友如此关注的内在和外在倾向的特征。这些个体的人物特征在本书的第一部分以及第二部分（关于帝国和启蒙）中都占据着重要的位置，第二部分不再是叙述，而是历史的场景或对历史的观察。本书最重要的是包含了很多细节。从这一层面上说，它算得上是一部历史专著（即托克维尔认为历史学家是一个了解发生在过去的事件的每一个细节但却对生活在过去的个体之间的真正关系以及人们的内心世界一无所知的人）。不过对细节进行描述也是小说家所掌握的技术。对于19世纪的小说，或者19世纪现实主义小说来说，这尤其是一种极为常见的技术。这是一门逼真化的技术，小说家知道一切，他选择描述一枚钻戒或者一段关于奴隶贸易的对话，并且给人以印象，似乎小说中的个体不仅仅是"一些人物"，而且几乎是真实存在的。历史学家那些在托克维尔看来是非常无趣的细节，那些应由子孙后代完成的任务（"历史的细节应留给后人做"）也是一门技术、一个幻象。巴尔扎克认为，小说的艺术便是"积累大量的事实，并且如其所是地描述它们。"然而"我比历史学家更好，因为我更自由"，他在《人间喜剧》的前言中写道："小说应比现实更美好……然而倘若细节不真实，那么它就只不过是一个华丽的谎言。"阿里克西·德·托克维尔：《旧制度与大革命：片断和注释》，2卷（巴黎，1952—53年），J.P.梅尔编，第2卷，第2部分，第29页；巴尔扎克：《人间喜剧1842年的前言》（伯恩茅斯，1980年），第9—10页。我非常感谢亚历山大·尼赫迈亚斯教授对以上问题的讨论。

60　斯密：《国富论》，第768页。对于福斯特来说，期望、好奇是"人类最低级的能力之一"。福斯特：《小说要素》，第87页。

61　"在漫长的旅途中，它们常常使我感到非常高兴，"乔治写道；不过他"丢了一些手稿，解释每一个故事所特有的暗示的注释就是为这些手稿而写的。"这段爱情故事在某种程度上与乔治及其父母的亲身经历有着许多相似之处："第一个故事的发生并非偶然并且准备继续发展。在第二部分，女孩怀孕了……医生们……她受到邻居的嘲讽和嫌弃。那个男人决定和她结婚：她对邻居傲慢无礼，男人受到她的控制。第三部分，是孩子的出生和受洗（字迹不可辨认）。第四个故事是孩子们如何接受教育继而出海远行。第五个故事讲述一名海军上校打败法国人任副市长并且在议会上大放厥词。最后一个讲述的是葬礼。"乔治在"10月1日"写给威廉的信，HL-P，PU 466 [461]，亨廷顿图书馆鉴定的日期是1759年10月1日。拜访卡姆登勋爵的是乔治·科尔布鲁克爵士："我先后拜访了卡姆登勋爵和大法官，请他们为我推荐一个加尔各答常任顾问的合适人选。……他对小说的喜爱非同寻常。在我拜访他的时候，发现他的会客厅的窗台上堆满了小说。"乔治·科尔布鲁克爵士：《回忆我讲给儿子亨利·托马斯·科尔布鲁克的东西》第一部分（伦敦，1898年），第170—71页。关于约翰斯通家族与科尔布鲁克，即1772年东印度公司董事长之间断断续续的友情，参见苏斯兰德：《东印度公司》，第189—90页。

62　"'如果我有机会接触到那些事物，也许我将更多地了解他的历史，因为我已掌握了最重要的部分。''他的历史！'我说。'不，你想怎么称呼它都可以'，副牧师说道，'与其说这是历史，不如称之为布道。'"麦肯齐：《感知的人》，第4页。

第八章　其他人

1　格雷：《1839年伊特鲁里亚墓地之旅》，第3版（伦敦，1843年），第2，3，6，12，73页。伊丽莎白·卡罗琳娜·约翰斯通·格雷认真地研究了巴托尔德·尼布尔的古代史。她在后来的研究中曾解释说，为了不让读者混淆原文和英文翻译，她对尼布尔《罗马史》的引用将全部放在注脚。汉密尔顿·格雷夫人：《伊特鲁里亚史》，3卷（伦敦，1844年），2：v。"在我的印象中，她是一个举止自然得体、身形苗条和优雅的女子，她有着一头漂亮的黑发和一双明亮的黑眼睛，表情温和。我从未怀疑过她的学识渊博和对工作的执着，"玛丽亚·埃奇沃思1843年在纽卡斯尔与伊丽莎白·卡罗琳娜见面后写道。《玛丽亚·埃奇沃思的生活与信件》，2卷（波士顿，1895年），2：656。

2　休谟《人性论》，第xix页。

3　"借来的狗"，收在艾夫登：《肖像》，无页码。

4　《我的一生》，收在休谟：《道德、政治、文学论集》，第xl页。

5　埃德蒙德1805年4月13日写给弗朗西斯·达纳的信，MHS，达纳家族的文献，第4盒，第1805函。亚历山大的遗嘱极不寻常地例示了金钱、继承权以及长子继承制之间的关系，勾勒了从詹姆斯和他的"男性继承人"，到"我的兄弟威廉·普尔特尼与现任妻子之外的任何妻子所生育的第一个男孩"，到乔治·林赛·约翰斯通（"倘若他能获得苏格兰法律认可成为我兄弟乔治·约翰斯通的合法儿子"），到约翰和吉迪恩的儿子们的一系列的继承顺序。亚历山大·约翰斯通的遗嘱，1783年1月24日公证，TNA，PROB 11/1099，并参见本书第三章。

6　贝蒂写给威廉的信，日期不明，HL–P, PU 411 [388]，詹姆斯·约翰斯通（父亲）1762年5月30日写给威廉的信，HL–P, PU 533 [549]。

7　乔治1778年10月30日写给瓦尔特·明托的信，UMWCL–MS。

8　"告诉她只要她在这里发脾气，我就会让她走开，"他们的母亲写道。"我的脾气向来就不好，不过我会在她父亲听她诉说完自己的委屈前尽量保持平静……你知道，她会因我没有把她用来打扮的东西寄给她而暴怒。她所渴望的两样东西，美貌和财富，我都无法满足她。倘若她能清醒一些，她会过得舒服很多的。"芭芭拉（母亲）在"1750年的最后一天"写给威廉的信，HL-P，PU 497 [511]。

9　芭芭拉（母亲）1759 年初写给乔治的信，EUL-L，La.II.73/71。

10　乔治 1759 年 10 月 2 日写给威廉的信，HL-P，PU 467 [450]。

11　詹姆斯 1770 年 7 月 8 日和 1772 年 1 月 22 日写给约翰的信，詹姆斯 1772 年 2月 17 日写给贝蒂的信，保存在 JJLB-EUL，第 18，128—29，138 页。威廉·科洪 1771年即将乘奴隶商船出海的前夕，以极为不同寻常的情感表达方式写信对格拉斯哥的妹妹说："除了你和姐姐珍妮以外，我不再有其他的朋友了……自从你出生的那日起，我对你，贝蒂的感情便无法用言语表达，我爱你就如同爱我那个尚不存在的妻子一般，倘若你和我的孩子同时遇到困难，而我只剩下一个先令，我也会将它掰成两半分给你们。"他同时还让她"从自身角度"考虑马上要来的婚事："这样你便能够不受任何人的约束而养活自己，两个性格不合的人的结合将会是不幸的……要遵循你自己的想法做事。"威廉·科洪在 1771 年 3 月 22 日从伦敦写给身在格拉斯哥的贝蒂·科洪的信，GCA，TD 301/6/1/8。

12　贝蒂 1759 年 10 月 9 日写给威廉的信，HL-P，PU 405 [397]。

13　瓦尔特·明托 1777 年 3 月 9 日写给大卫·明托的信，UMWCL-MS。

14　乔治·林赛·约翰斯通 1786 年 10 月 14 日从勒克瑙写给威廉·朱利叶斯·米克尔的信，WJM-Y。

15　亚历山大·帕特里克·约翰斯通的遗嘱，1799 年 11 月 20 日在贝拿勒斯立，1807 年 1 月 14 日在伦敦公证。TNA，PROB 11/1454。

16　詹姆斯·亚历山大：《四十年间的家族信件》（纽约，1860 年），2：342。

17　克莱武勋爵 1765 年 9 月 30 日和 1766 年 1 月 31 日致董事会的信，委员会的第三份报告，《下议院文件集》，第 395 页，委员会的第四份报告，《下议院文件集》，第 517—18 页。

18　芭芭拉（母亲）1764 年 12 月 22 日写给约翰的信，UMWCL-MS；瓦尔特·约翰斯通 1773 年 1 月 7 日写给威廉的信，HL-P，PU 739 [727]。

19　威廉·约翰斯通 1766 年 11 月 15 日写给詹姆斯·奥斯瓦尔德的信，第 IV 函，C。

20　"倘若我能知道小乔治的近况那便太好了，"约翰 1771 年 3 月 23 日写给亚历山大的信，JJLB-CLA，PD239/201/9；关于"我亲爱的索菲亚小姐，"参见约翰 1787 年 8 月 8 日写给威廉·朱利叶斯·米克尔的信，WJM-Y。

21　约翰 1785 年 10 月 5 日写给威廉的信，HL-P，PU 664 [656]。

22　约翰 1769 年 6 月 3 日写给詹姆斯·约翰斯通（父亲）的信，以及约翰 1771 年 3 月 23 日写给亚历山大的信，JJLB-CLA，PD239/201/9；约翰 1768 年 10 月 20 日写给威廉的信，HL-P，PU 643 [640]；约翰 1765 年 10 月 1 日致克莱武勋爵的信，收在委员会的第四份报告中，《下议院文件集》，第 537 页。

23　瓦尔特·约翰斯通 1773 年 1 月 7 日写给威廉的信，HL-P，PU 739 [727]。

24　约翰 1771 年 2 月 19 日致东印度公司董事会的信，IOR/E/1/55；约翰·约翰斯通：《致东印度公司股票持有者的信》，第 61 页。

25　威廉 1774 年 4 月 8 日写给 R. 彭伯顿先生的信的草稿，HL-P，PU 1914 [1544]。

26　乔治 1759 年 10 月 24 日写给詹姆斯·穆雷的信，NAS，GD32/24/11。

27　乔治·约翰斯通 1765 年 5 月 27 日发表的演讲，乔治和约翰·斯图尔特 1765 年 6 月 12 日致国务大臣的信，收在《密西西比州的档案》，第 188，194 页。

28　乔治·约翰斯通 1775 年 10 月 26 日就感谢在下议院发表的演讲，PH，第 18 卷，第 757 辑。

29　詹姆斯 1772 年 2 月 17 日写给贝蒂的信，詹姆斯 1772 年 8 月 22 日写给亚历山大的信，JJLB-EUL，第 139，164 页；约翰 1769 年 6 月 7 日写给约翰的信，JJLB-CLA，PD239/201/9。

30　贝蒂 1762 年 5 月 3 日写给威廉的信，HL-P，PU 426 [415]。

31　约翰 1787 年 8 月 8 日写给威廉·朱利叶斯·米克尔的信，WJM-Y。

32　詹姆斯 1771 年 10 月 30 日写给约翰的信，JJLB-EUL，第 96 页。

33　吉迪恩 1761 年 2 月 24 日写给威廉的信，HL-P，PU 490 [476]。

34　约翰·霍姆在 1766 年或者 1767 年就乔治从西佛罗里达归来的事写给詹姆斯·奥斯瓦尔德的信，收在奥斯尔德：《回忆录》，第 115 页。

35　芭芭拉（母亲）1764 年 12 月 22 日写给约翰的信，UMWCL—MS。

36　"代表"这个令人困惑的词在贝尔或贝琳达的生活中被用来意指人和土地的代表。现在对 18 世纪苏格兰黑人的情况已经有了一些有重要意义的研究：约翰·凯恩斯对苏格兰奴隶法的研究，罗杰·艾克里奇对苏格兰的囚犯的研究，黛博拉·西蒙兹对苏格兰杀婴事件的研究。对于 18 世纪印度的奴隶制和 18 世纪在不列颠的东印度人的情况也有一些重要的研究；对于 18 世纪在弗吉尼亚的东印度人也有一些研究。然而在花费几年时间试图在提交给东印度公司的请求将仆人带回英格兰的申请书中，在《弗吉尼亚公报》上刊的关于逃跑的契约工的启事中，以及在东印度公司商船航海日记中进一步寻找贝尔或贝琳达的任何信息都未果后，我就非常怀疑，是否能够以定量研究的历史学家欧内斯特·拉布鲁斯描述为"稳定的关系"、统计的"平均值"、"代表性的情况"、"有意义的有特色的典型的事实"的东西所要求的准确辨认出一个群体——这类群体中的任何一个。C.E. 拉布鲁斯：《旧制度末期和大革命开端时法国的经济危机》（巴黎，1943 年），第 122，134，171 页；C.E. 拉布鲁斯编：《法国经济和社会史》（巴黎，1970 年），3：xii。

37　T.C.霍维尔编：《国家审判案例》，34 卷（伦敦，1809—1826 年），第 20 卷，第 2，22 辑。

38　约瑟夫·奈特与巴林登的准男爵约翰·韦德伯恩爵士的诉讼摘要，1774 年，NAS，CS235/K/2/2。弗格森："约翰·韦德伯恩的情况"，第 1—2 页；麦柯诺切："约瑟夫·奈特的情况"，第 1 页。

39　我非常感谢约翰·凯恩斯教授对这些案例的分析，他即将出版的关于苏格兰奴隶法的著作将讨论这些案件。在萨摩塞特案和奈特与韦德伯恩的诉讼之后又发生了一些英格兰法庭纵容奴隶制的案件，而且许多英格兰和苏格兰律师都与奴隶经济有着不可忽视的关联。在若斯·帕雷看来，曼斯菲尔德对"萨摩塞特"案件的判决"完全不是决定性的"，"毫无疑问，（英格兰）法律继续默许奴隶制的存在"。然而 1772 年萨摩塞特案件和 1778 年奈特案件发生后，后来的案件不再敢明目张胆地维护奴隶制。据我的考察，在贝尔或贝琳达之后，没有任何一个个体在不列颠群岛上被法庭宣判为奴。参见若斯·帕雷："萨摩塞特之后：曼斯菲尔德、奴隶史和英格兰法律，1777—1830年"，收在《法律、犯罪和英格兰社会1660—1830年》，诺尔玛·兰达编（剑桥，2002年），165—84，尤其参见第172,181页；约翰·凯恩斯："萨摩塞特之后：来自苏格兰的一些证据"，载《自由之土》，苏·皮博和凯拉·格林伯格迪编，即将出版。

40　巡回法院于1771年5月在佩斯开庭时的陪审团成员名单，NAS，JC26/193/2。

41　弗格森："约翰·韦德伯恩的情况"，第3页；约翰·斯温顿1774年5月20日于佩斯做出的判决，NAS，SC49/6/134/3/3。

42　"黑人女孩贝尔或贝琳达的申诉状"，1771年9月13日，"黑人女孩贝尔或贝琳达的陈述"，1771年7月4日，NAS，JC29/193/3。

43　Abū al-Faẓl ibn Mubārak：《Ayeen Akbery：或Akber皇帝的制度》，弗朗西斯·格拉德温译，3卷（加尔各答，1786年），3：272。Madho Sarup Vats：《发掘哈拉帕》，收在《印度考古学年刊》12（1937年）（莱顿，1939年），1—9，第7页；乔纳森·帕里：《死在贝拿勒斯》（剑桥，1994年），第196页。

44　我非常感谢布瓦尼·拉曼教授提出的看法，贝尔或贝琳达到约翰斯通家最隐秘的地方生孩子有可能是想重复另一种仪式，即Khānazād的仪式，按照这一仪式，一个孩子出生在一个家庭，如果他的父亲是这个家的主人或家庭的人，孩子将自然成为这个家庭的一员。威廉·哈伊·麦克纳赫顿爵士：《Moohummudan的法律原则和判例》（加尔各答，1825年），第313页。

45　"我在爱丁堡、格拉斯哥、佩斯和斯特灵见到的监狱……破旧、肮脏，气味难闻，没有户外活动场所，还普遍缺水，"监狱改造者约翰·霍华德1779—83年参观过苏格兰和爱尔兰的监狱后写道，并列出了"可付给狱卒的工资"以及"可付给监狱官员的薪水"。对1787年格拉斯哥的监狱（流放的犯人监禁在此），他这样写道："大部分房间气味难闻，有的甚至潮湿难耐。没有人试图减轻这种不幸的情况，长久的监禁、铁链的束缚以及少得可怜的食物（每天只有价值两分钱的面包），这一切都将给犯人带去极度的痛苦和绝望。"约翰·霍华德：《英格兰和威尔士监狱的情况》，第3版（沃灵顿，1784年），第195—200页；约翰·霍华德：《欧洲主要传染病的概况》（沃灵顿，1789

年），第 75 页。约翰·斯温顿在任法官期间，曾多次向佩斯的地方长官提出关于改善"犯人待遇，并且保障他们在服刑期间的健康"、"男女分离"并且"定期让犯人清洗衣服并保持牢房清洁"的建议："监狱看守的工资是多少，由谁来支付？""约翰·斯温顿和顿斯南勋爵就监狱问题给佩斯地方长官的建议"，1795 年 9 月，PKA，佩斯堡档案馆，B59/24/11/117。

46　约翰·斯温顿十年前于佩斯郡任玛丽·布尔格斯杀婴案的主审法官，他与佩斯郡的地方长官一同负责将布尔格斯从一个县运到另一个县以及执行判决；参见本书第二章。玛丽·布尔格斯"未能获得律师的援助"并且"被处以绞刑，死后当众分尸"，这一事件在《苏格兰杂志》23（1761 年）中有报道，第 554，704 页；关于约翰·斯温顿1758 年被任命为佩斯郡主审法官的情况，参见《苏格兰环球年鉴》（爱丁堡，1758 年），第 54 页。

47　《弗吉尼亚公报》（普尔迪和迪克逊）威廉斯堡，1772 年 10 月 1 日。主人是布兰斯维克的托马斯·克劳福德，他从史密斯菲尔德的乔治·布莱尔手中买了贝琳达。有趣的是，许多关于逃跑的奴隶和仆人的启事都提到仆人和奴隶来自东印度："约翰·牛顿……一个来自亚洲的印度人"，"汤姆，又名恺撒，生于东印度"，"吉恩，一个东印度的黑人，生而为奴"，"克里斯皮恩，一个来自东印度的混血男孩"。《弗吉尼亚公报》（普尔迪和迪克逊），1776 年 7 月 13 日；《弗吉尼亚公报》（哈伊斯），1784 年 6 月 26 日；《弗吉尼亚公报》（尼克尔松），1786 年 1 月 14 日；《希拉德、诺福克和朴次茅斯公告》（查尔斯·维莱特），1794 年 12 月 10 日；"弗吉尼亚的奴隶制地理分布"，参见 www.vcdh. virginia.edu/gos/search。

48　"因此我希望你把凯特卖给一个好人家"，波士顿商人、英国海关官员、詹姆斯·萨摩塞特的主人、查尔斯·斯图尔特的好友詹姆斯·穆雷在 1765 年写道。他在1766 年写道："如果有人给你开价 50 镑，并且是一个好人家，就立即把多琳达卖掉，"他在 1767 年写道："如果未能给凯特找到一个好人家以及 80 英镑的开价，那么就将她送到这里来吧——她在这里对我们的作用比一个普通饲养员要大多了。"詹姆斯·穆雷 1765年 12 月 12 日和 1766 年 9 月 26 日写给亚历山大·邓肯的信，詹姆斯·穆雷 1767 年 1 月6 日写给托马斯·克拉克的信，MHS，詹姆斯·穆雷 1764—69 年的信件，Ms.N–571。

49　大卫·休谟：《自然宗教对话录》（1779 年）（剑桥，2007 年），第 34 页。

50　斯密：《道德情操论》，第 75，110 页。

51　斯密：《道德情操论》，第 13，135 页。在《道德情操论》中"眼睛"出现了 56 次，"想象"和"想象力"出现了 155 次，"其他人"出现了 84 次。

52　格雷：《墓地之旅》，第 2 页。

图书在版编目(CIP)数据

帝国豪门：18世纪史 ／（英）罗斯柴尔德著；巫语白译.
—北京：商务印书馆，2016（2016.11重印）
ISBN 978 - 7 - 100 - 12153 - 8

Ⅰ．①帝… Ⅱ．①罗… ②巫… Ⅲ．①家族－历史－英
国－18世纪 Ⅳ．①K835.610.9

中国版本图书馆CIP数据核字(2016)第067633号

帝国豪门：18 世纪史

〔英〕艾玛·罗斯柴尔德 著

巫语白 译

商 务 印 书 馆 出 版
（北京王府井大街36号 邮政编码 100710）
商 务 印 书 馆 发 行
三 河 市 尚 艺 印 装 有 限 公 司 印 刷
ISBN 978 - 7 - 100 - 12153 - 8

2016年4月第1版 开本 710×1000 1/16
2016年11月北京第2次印刷 印张 24 3/4

定价：65.00 元